Informatik-Fachberichte 161

Herausgegeben von W. Brauer
im Auftrag der Gesellschaft für Informatik (GI)

Peter Peinl

Synchronisation in zentralisierten Datenbanksystemen

Algorithmen, Realisierungsmöglichkeiten
und quantitative Analyse

Springer-Verlag
Berlin Heidelberg New York
London Paris Tokyo

Autor

Peter Peinl
Universität Stuttgart, Institut für Informatik
Azenbergstraße 12, 7000 Stuttgart

CR Subject Classifications (1987): H.2.2, I.6.3

CIP-Titelaufnahme der Deutschen Bibliothek.
Peinl, Peter:
Synchronisation in zentralisierten Datenbanksystemen : Algorithmen, Realisierungsmöglich-
keiten u. quantitative Analyse / Peter Peinl. – Berlin; Heidelberg; New York; Tokyo: Springer, 1987
    (Informatik-Fachberichte ; 161)
    Zugl. Kurzfassung von: Kaiserslautern, Univ., Diss.
    ISBN-13: 978-3-540-18752-3   e-ISBN-13: 978-3-642-73323-9
    DOI: 10.1007/978-3-642-73323-9
NE: GT

Vorwort

Diese Arbeit umfaßt in komprimierter Form die zentralen Aspekte und Ergebnisse meiner Dissertation am Fachbereich Informatik der Universität Kaiserslautern. Während meiner Tätigkeit als wissenschaftlicher Mitarbeiter wirkte ich dort am Projekt "Zuverlässigkeit und Kosten von Sicherungs- und Recovery-Techniken bei integrierten DB/DC-Systemen einschließlich Konsistenzprüfung und Revisionsunterstützung" mit, insbesondere auf den Themengebieten Leistungsanalyse von Synchronisationsverfahren in Datenbanksystemen, Leistungsmessung und -bewertung in DB/DC-Systemen, sowie Betriebssystemeinbettung von Datenbanksystemen.

Dem Leiter des Projekts, Herrn Prof. Dr. Theo Härder, möchte ich an dieser Stelle für die Anregung danken, mich mit dem Thema "Synchronisation in zentralisierten Datenbanksystemen" zu beschäftigen, sowie für viele Hinweise und Anregungen, die wesentlich zum Gelingen der Arbeit beigetragen haben.

Das gilt gleichermaßen für Herrn Prof. Dr. Andreas Reuter von der Universität Stuttgart, der nicht nur mit sehr viel Engagement das Korreferat der Dissertation übernommen hat, sondern mir nach meinem Wechsel an die Universität Stuttgart den nötigen Freiraum ließ, um die Niederschrift dieser Arbeit fertigzustellen.

Meinen Kollegen Peter Christmann, Horst Kinzinger, Klaus Küspert, Klaus Meyer-Wegener und Bernhard Mitschang sowie meiner Kollegin Andrea Sikeler danke ich für viele hilfreiche Gespräche und Diskussionen.

Mein Dank gilt weiterhin den Herren Volker Bohn, Wolfgang Käfer, Michael Profit und Bernd Sutter, die im Rahmen ihrer Projektarbeiten wesentliche Teile des Simulationssystems implementiert haben, und dem Regionalen Hochschulrechenzentrum Kaiserslautern, auf dessen Ressourcen ich für die Durchführung der Simulationsläufe angewiesen war.

Schließlich habe ich einer Reihe von Personen für ihre Hilfe bei der Umsetzung des Manuskripts in die druckfertige Version zu danken: Frau Andrea Schwarz und Frau Andrea Krahl haben mit viel Sorgfalt den überwiegenden Teil der Reinzeichnungen angefertigt, die restlichen haben Frau Petra Bohn und Frau Birgitt Fromkorth erledigt. Frau Agathe Rasbach hat den größten Teil der Reinschrift des Manuskriptes besorgt und auch große Mengen kurzfristig anfallenden Textes immer prompt erledigt. Ihnen allen danke ich für ihren Einsatz und die gute Zusammenarbeit.

Schließlich geht mein herzlichster Dank an alle hier Ungenannten, die mit ihrer moralischen Unterstützung entscheidend zum Gelingen der vorliegenden Arbeit beigetragen haben, insbesondere an meine Eltern.

Zusammenfassung

Synchronisation spielt eine zentrale Rolle bei der Aufrechterhaltung der Integrität in **Datenbanksystemen**. In dieser Arbeit wird der **Schwerpunkt** auf eine umfassende **Analyse** des Einflusses von **Synchronisationsmaßnahmen** auf das **Leistungsverhalten** von **zentralisierten Datenbanksystemen** gelegt. Nach einem knappen Abriß der konzeptuellen Aspekte der Synchronisation in Datenbanksystemen und einer Schilderung der wesentlichen Verfahren wird ausführlich auf die Aspekte der Implementierung von Synchronisationsmaßnahmen eingegangen. Neben dem Aufbau und der Realisierung der Synchronisationskomponente wird ihre Verflechtung mit anderen zentralen Komponenten eines Datenbanksystems, insbesondere der Systempufferverwaltung, genauer betrachtet. Für die Leistungsanalyse wird die bisher auf Synchronisationsverfahren nicht angewendete Methode der **Trace-getriebenen Simulation** eingesetzt. Sie wird anderen Methoden der Leistungsanalyse gegenübergestellt, und ihre Vorteile im Hinblick auf die Nachbildung des dynamischen Verhaltens von Datenbanksystemen werden deutlich gemacht.

Die empirische Analyse des Leistungsverhaltens von Synchronisationsverfahren fußt auf einem eigens entwickelten **Simulationssystem**, dessen **Detaillierungsgrad** hinsichtlich sowohl der statischen Struktur von als auch der dynamischen Abläufe in Datenbanksystemen bisherige Ansätze weit übersteigt. Neben der vollständigen Implementierung einer Reihe wichtiger Synchronisationsverfahren schließt dieses unter anderem die Systempufferverwaltung und eine Externspeicherverwaltung ein. Mit dem Modell läßt sich eine Fülle von Informationen über das Ablaufverhalten von Datenbanksystemen gewinnen, insbesondere eine Reihe zentraler Kosten- und Leistungsmaße zur Charakterisierung des Verhaltens der untersuchten Synchronisationsverfahren.

Im letzten Teil werden die durch systematische Variation einiger wesentlicher Parameter wie Ablaufparallelität und Systempuffergröße mit dem Simulationsmodell erzielten **quantitativen Ergebnisse** dargestellt und sorgfältig analysiert und daran die Tauglichkeit einiger neuartiger Synchronisationsverfahren für den Einsatz in Datenbanksystemen beurteilt.

Abstract

Synchronization (concurrency control) plays a key role in the preservation of integrity in database systems. This monograph gives a comprehensive **analysis** of the **impact** of **concurrency control** on the **performance of centralized database systems.** A short outline of the conceptual aspects of synchronization in database systems and a description of the relevant algorithms is followed by a thorough discussion of the implementational aspects of synchronization. Structure and implementation of the synchronization component in database systems as well as the interdependence between it and other important components, in particular buffer management, are investigated in detail. In this context, performance analysis rests on **trace-driven simulation,** a technique not previously applied to evaluating synchronization algorithms. By contrasting this performance analysis technique with others, the advantages of trace-driven simulation in the emulation of the dynamic behaviour of database systems are demonstrated.

A **simulation system** specifically designed to evaluate the performance of database concurrency control algorithms is used in the empirical analysis. The **level of detail** reached in the model, for the static structure as well as the dynamic behaviour of database systems, goes far beyond comparable approaches. In addition to the complete implementation of a number of promising concurrency control algorithms, the model also incorporates system buffer management and device management. Moreover, it yields a lot of information about the dynamic operation of database systems, in particular a number of key cost and performance measures characterizing the concurrency control algorithms investigated.

In the final part of this book, the **quantitative results** obtained through systematic variation of essential parameters, such as parallelism and system buffer size, are compiled. An elaborate analysis of the simulation results leads to an assessment of the applicability of several novel concurrency control algorithms to database systems.

Inhaltsverzeichnis

I. Einleitung

1. Einleitung

Die zunehmende Verbreitung und die große Bedeutung von Datenbanksystemen in praktischen Anwendungen beruhen in erster Linie auf ihrer Stellung innerhalb von rechnergestützten betrieblichen Informationssystemen. Datenbanksysteme fungieren darin als zentrale Instanz für die Verwaltung der operationalen Daten einer Unternehmung. Sie üben diese Rolle besonders wirkungsvoll aus, weil sie im Gegensatz zu herkömmlichen Dateisystemen oder benutzerspezifischen Eigenentwicklungen zur Lösung des Datenverwaltungsproblems eine Reihe von Anforderungen an die Organisation, die Handhabbarkeit und vor allem die Qualität der verwalteten Daten erfüllen [Här81b].

Die zentrale Kontrolle durch das Datenbanksystem unterstützt die übersichtliche Strukturierung und vereinfacht die Administration der operationalen Daten, die redundanzfrei abgespeichert der gemeinsamen Nutzung unterliegen. Hohe Benutzerschnittstellen mit mächtigen deskriptiven Anfragesprachen ermöglichen die leichte Handhabbarkeit der Daten und eröffnen Klassen von Benutzern mit unterschiedlichem Qualifikationsniveau den Zugang. Schließlich werden die Aufgaben der Anwendungsprogrammierung durch einen hohen Grad an Datenunabhängigkeit von denen der Datenverwaltung entkoppelt, ein entscheidender ökonomischer Vorteil im Hinblick auf Wartung, Pflege und Erweiterung von Anwendungen.

Darüber hinaus übernehmen Datenbanksysteme eine umfassende Garantie für die Integrität der ihnen anvertrauten Daten. Da letztere für die Unternehmung nicht selten eine lebenswichtige Ressource darstellen, ist die Verläßlichkeit dieser Zusicherung umso bedeutsamer, je weiter die Verantwortung über die Daten dem Datenbanksystem übertragen wird, insbesondere wenn die Daten außer auf den Speichermedien der Datenbank in keiner anderen Form existieren.

Im Rahmen der zentralen Kontrolle der Datenintegrität hat das Datenbanksystem geeignete Vorkehrungen zu treffen und bei Verletzungen der Sicherheits- und Integritätsbedingungen Maßnahmen zu ergreifen, die jederzeit die Sicherheit, die Korrektheit und die Vollständigkeit der Daten automatisch und für den Benutzer transparent gewährleisten bzw. wiederherstellen. Nach den Arten und Ursachen von Gefahren für die Datenintegrität lassen sich vier hauptsächliche Aspekte des Integritätsbegriffes unterscheiden [HäRe81]:

[1] Die Zentralisierung der operationalen Daten mit dem Ziel ihrer gemeinsamen Nutzung schafft prinzipiell eine Vielzahl von Möglichkeiten zu ihrer mißbräuchlichen Verwendung. Um die hohen Sicherheitsbedürfnisse der Benutzer zufriedenzustellen, muß durch Maßnahmen zur **Zugriffskontrolle** jede Art von unberechtigtem Zugriff oder unerlaubter Manipulation sicher ausgeschlossen werden.

[2] Die Qualität der in der Datenbank abgelegten Daten wird primär von ihrer inhaltlichen Korrektheit bestimmt. Die **logische Integrität** der Daten setzt voraus, daß die erfahrungsgemäß recht zahlreichen und komplexen inhaltlichen Abhängigkeiten zwischen den Objekten der realen Welt sich in angemessenem Umfang auch in den mit den Konstrukten zumeist einfacher Datenmodelle definierten Repräsentanten in der Datenbank wiederfinden. Dazu bedarf es einerseits der Bereitstellung sprachlicher Hilfsmittel zur Formulierung semantischer Integritätsbedingungen und andererseits ihrer automatischen Überprüfung durch das Datenbanksystem.

[3] Auch die **physische Integrität** der Daten ist permanent bedroht. Fehler im Anwendungsprogramm, im Datenbanksystem selbst, im Betriebssystem oder an den Speichermedien,
um nur einige zu nennen, hinterlassen die Datenbank, ohne entsprechende Vorsorgemaßnahmen, potentiell in inkonsistenten Zwischenzuständen, die mit dem Verlust der
Vollständigkeit der Daten einhergehen. Dem hat das Datenbanksystem durch geeignete
Maßnahmen zur Datensicherung und -wiederherstellung entgegenzuwirken [Reu81].

[4] Anders als bei der privaten Datenhaltung mit eineindeutiger Zuordnung von Daten und
ihren Eigentümern organisieren Datenbanksysteme den gemeinsamen, zeitlich parallelen
Zugang einer potentiell großen Anzahl von Benutzern zu einer Ansammlung allgemein
interessierender Daten. Bei vollkommen freizügiger Manipulation des Datenbestandes
durch parallele Benutzer sind Anomalien unterschiedlicher Art denkbar, zu denen es bei
strikt sequentieller Verarbeitung keine Entsprechung gibt. Zur Aufrechterhaltung der
Ablaufintegrität hat daher das Datenbanksystem mittels geeigneter Synchronisationsmaßnahmen eine hinreichende Disziplin paralleler Aktivitäten zu erzwingen, die solche
unerwünschten Wechselwirkungen verhindert.

Maßnahmen zur Integritätssicherung verursachen erfahrungsgemäß hohe Kosten. Zum einen
schlagen diese auf der Seite des Anbieters bzw. Entwicklers von Datenbanksystemen im Verlauf der Implementierung und danach bei Wartung und Pflege zu Buche. So nimmt nach der
Einschätzung erfahrener Systementwickler [GMBL81] die Komplexität des Programmcodes
von Funktionen zur Datenmanipulation durch die Integration von Fehlerbehandlungsmaß-
nahmen um 30 Prozent zu. Quantitativer Ausdruck dieser Beobachtung ist eine um 20 Prozent größere Länge entsprechender Programmstücke gegenüber solchen ohne Fehlerbehand-
lungsmaßnahmen. Zum anderen tragen Integritätssicherungsmaßnahmen im laufenden
Betrieb eines Datenbanksystems recht erheblich zur dynamischen Pfadlänge bei der Abwicklung von Benutzeraufträgen bei.

Auf dem Markt erhältliche Datenbanksysteme umfassen in der Regel nur sehr einfache, grobe
und billig zu realisierende Konzepte zur Zugriffskontrolle und bürden aufgrund des Fehlens
leistungsfähiger Techniken zur automatischen Überprüfung dem Benutzer in Gestalt des
Anwendungsprogrammierers fast vollständig die Last der Bewahrung der logischen Datenintegrität auf. Bestenfalls werden rudimentäre Hilfsmittel zur Einhaltung von Datenmodell-Inva-
rianten und Datenformaten angeboten.

Dagegen sind auch weitaus die meisten kommerziell verfügbaren Datenbanksysteme mit Vorkehrungen zur Datensicherung und -wiederherstellung sowie zur Isolation paralleler
Aktivitäten im Mehrbenutzerbetrieb im Sinne des allgemein akzeptierten Transaktionsparadigmas [Gra81, Här81a] ausgestattet. Dabei kommen eine Fülle unterschiedlicher Techniken
und Verfahren zum Einsatz, die sich sowohl hinsichtlich ihrer Komplexität als auch ihrer Leistungsfähigkeit unterscheiden. Da sich gerade dieses Gebiet eines außergewöhnlich regen
Forschungsinteresses erfreut, sind darüber hinaus zahlreiche Vorschläge bekannt, die bisher
noch keinen Eingang in existierende Systeme gefunden haben.

Fragen zur Wahrung der physischen Datenintegrität sind theoretisch gut untersucht
[Reu81, HäRe83b, Koh81, BGH83] und auch im Hinblick auf die quantitative Analyse der eingesetzten Verfahren sehr ausführlich behandelt [Reu84].

Grundsätzlich anders ist hingegen der **Entwicklungsstand** auf dem Gebiet der **Sicherstellung der Ablaufintegrität** zu beurteilen. Während der Stand der Wissenschaft durch die Publikation immer neuer Techniken und Verfahren geradezu stürmisch voranschreitet, ist der Stand der Technik durch den fast ausschließlichen Einsatz sogenannter Sperrverfahren zur Isolation paralleler Transaktionen im Mehrbenutzerbetrieb gekennzeichnet.

Der geschilderte Zustand ist aus mehreren Gründen wenig befriedigend:

[1] Erstens erheben etliche Vorschläge den Anspruch, viele der unerwünschten, für den Benutzer sichtbaren Begleiterscheinungen der üblichen Sperrverfahren, wie etwa die Verlängerung der Antwortzeit aufgrund von konfliktbedingten Blockierungen oder die vom Datenbanksystem zur Behebung von Verklemmungen erzwungenen Rücksetzungen, ganz zu beseitigen oder wenigstens nachhaltig zu mildern.

[2] Zweitens wird den vorgeschlagenen Verfahren häufig ein beträchtlich verringerter Verbrauch an Systemressourcen und eine geringere algorithmische Komplexität zugeschrieben.

[3] Drittens ist aufgrund steigender Leistungsanforderungen an transaktionsverarbeitende Systeme (1000 Transaktionen pro Sekunde werden schon in naher Zukunft für notwendig gehalten [GGGH85, HäMe85]) und des stetigen Anwachsens der erreichbaren Prozessorgeschwindigkeit eine Zunahme der internen Verarbeitungsparallelität zu erwarten, auf die eine Reihe von Vorschlägen zu Synchronisationsmaßnahmen zugeschnitten sind.

Worin liegt also im Lichte der vorgeblichen Vorteile neuerer Techniken und Verfahren die Ursache für die offenkundige **Diskrepanz** zwischen dem **Stand der Wissenschaft** und dem **der Technik** begründet ?

Vor einer detaillierten Analyse des Problems mögen drei Hypothesen aufgestellt werden ·

[1] Rein ökonomische Überlegungen haben zu dem Ergebnis geführt, daß die erzielbaren Leistungsverbesserungen den geschätzten Implementierungsaufwand nicht rechtfertigen.

[2] Über den wirtschaftlichen Aspekt hinaus sind technische Schwierigkeiten von Bedeutung. Bei der zentralen Stellung der Synchronisationskomponente, die in der Hauptsache für die Wahrung der Ablaufintegrität verantwortlich ist, und den vielfältigen Verflechtungen mit anderen Systemkomponenten [HäRe80] können neue Konzepte weitreichende Auswirkungen auf die Struktur anderer Teile des Systems haben.

[3] Die angeblichen Vorteile neuer Verfahren sind so wenig überzeugend nachgewiesen, daß von der Erprobung in einem kommerziellen Datenbanksystem bisher abgesehen wurde.

Tatsächlich stellt gerade die zuletzt genannte Hypothese den Schwachpunkt eines großen Teils der neueren Methoden heraus. Zwar herrscht inzwischen Einigkeit über die formalen Kriterien, die bei der Überprüfung der Korrektheit von Synchronisationsalgorithmen anzulegen sind. Auf dem Sektor der quantitativen Bewertung solcher Verfahren dagegen zeigt sich eine ausgesprochene Meinungsvielfalt. Dies und der generell bei anspruchsvollen und aussagekräftigen Leistungsanalysetechniken unvermeidliche Aufwand führen denn auch zur Beschränkung vieler Autoren auf reine Verfahrensvorschläge, teilweise in Verbindung mit Korrektheitsbeweisen. Daneben wird oft die vermeintliche Überlegenheit gegenüber dem Status quo nur durch spärliche und vage Argumente qualitativer Art zu untermauern versucht.

Obwohl in jüngster Zeit eine nicht unbeträchtliche Anzahl von Untersuchungen zur Leistungsfähigkeit von Synchronisationsverfahren durchgeführt wurde [TGS84], sind die darin gewonnenen Resultate alles andere als schlüssig. Hauptursache für die Widersprüchlichkeit der Ergebnisse ist das Fehlen eines Konsensus über die grundlegenden Maße und Methoden der Leistungsanalyse für Synchronisationsverfahren. So gehen etwa die Ansätze bezüglich der Methoden, des Detaillierungsgrades von Modellen und Analysen und der relevanten Kosten- und Leistungsmaße weit auseinander.

Diese Tatsache in Verbindung mit der zentralen Bedeutung, die der Synchronisationskomponente heute unzweifelhaft zukommt und die in Zukunft weiter zunehmen wird, ist Grund genug, sich in der vorliegenden Arbeit schwerpunktmäßig mit der **Synchronisation in Datenbanksystemen** zu befassen. Allerdings zielt die Arbeit aufgrund der geschilderten Situation nicht darauf ab, den vielen existierenden Verfahrensvorschlägen weitere hinzuzufügen. Sie will vielmehr einen grundsätzlichen Beitrag zur Leistungsanalyse von Synchronisationsverfahren auf der Basis einheitlicher Analysemethoden und -modelle und vergleichbarer Kostenmaße leisten, um die Frage nach der Über- oder Unterlegenheit herkömmlicher Verfahren möglichst schlüssig zu beantworten.

Infolgedessen ist das Hauptaugenmerk nicht auf die Beschreibung von Algorithmen, sondern auf die Darstellung und Begründung der entwickelten Analysetechnik und der Interpretation der gewonnenen Ergebnisse gerichtet.

Der verfolgte Ansatz beschreitet dabei im Vergleich zu anderen neue Wege, und zwar vor allem in folgenden Punkten.

Zur Analyse des Leistungsverhaltens von Synchronisationsverfahren wird ein **Simulationsmodell** entwickelt und benutzt, dessen Detaillierungsgrad eine außerordentlich präzise Wiedergabe sowohl der statischen Struktur als auch der dynamischen Abläufe in einem Datenbanksystem gestattet. Über die reine Zweckbestimmung hinaus werden wesentliche und teilweise neue Modellierungstechniken zur getreuen Abbildung des Mehrbenutzerbetriebes in Datenbanksystemen demonstriert.

Die Feinheit der Modellierung der Synchronisationskomponente in Datenbanksystemen und ihrer Interdependenzen mit anderen zentralen Komponenten gibt einen tiefen Einblick in grundlegende **Implementierungsaspekte** der begutachteten Synchronisationsverfahren. Daran lassen sich die Abhängigkeiten von bzw. die Annahmen über verfügbare Konzepte in anderen Komponenten hervorragend aufzeigen. Obwohl dieser Aspekt mit ausschlaggebend für die praktische Tauglichkeit der Verfahren ist, wurde eine solche Analyse bisher zumeist unterlassen.

Die noch so zweckmäßige Auswahl der relevanten Komponenten und ihre gleichermaßen sorgfältige Modellierung allein hieße jedoch auf halbem Wege stehenzubleiben. Wirklich aussagekräftige Resultate werden bei derart komplexen Sachverhalten nur in Verbindung mit angemessenen **Lastmodellen** erzielt, die die charakteristischen Merkmale realer Anwendungen hinreichend exakt widerspiegeln [Eff81,Reu81]. Getragen von dieser Erkenntnis basiert der hier verfolgte Ansatz im großen Unterschied zu allen anderen bekannten auf einem realitätsnahen Lastmodell in Form sogenannter Seitenreferenz–Strings[1] aus praktischen

---

[1] Dafür hat sich auch die Bezeichnung Trace eingebürgert.

kommerziellen Anwendungsumgebungen [Dre81]. Es ist denn auch ein weiteres Anliegen dieser Arbeit, die Eigenarten und die besonderen Vorteile Trace-getriebener Simulation des Mehrbenutzerbetriebs an einem konkreten Beispiel zu veranschaulichen.

Simulations- und Lastmodell bilden gemeinsam das Fundament für das wichtigste und letztendliche Anliegen der Arbeit : die **umfassende Analyse des Leistungsverhaltens von Datenbanksystemen unter dem Einfluß unterschiedlicher Synchronisationsverfahren.**

Ein Hauptproblem jeglicher Art von Leistungsanalyse ist die Definition einheitlicher Leistungs- und Kostenmaße und ihre wertmäßige Bestimmung als Funktion ausgewählter Parameter. Die wertmäßige Bestimmung wird mit dem Simulationsmodell vorgenommen. Sein Detaillierungsgrad in Verbindung mit der erfolgten Einbeziehung weiterer zentraler Komponenten eines Datenbanksystems, neben der eigentlich interessierenden Synchronisationskomponente, macht eine Fülle von Größen direkt meßbar.

Sie beschreiben das Ablaufverhalten des Datenbanksystems hinreichend gut und eignen sich zur Definition von Kosten- und Leistungsmaßen. Auf der anderen Seite ist der große Realitätsbezug des Lastmodells Garant für die Relevanz der auf empirischer Basis ermittelten Ergebnisse. Ein vordringliches Ziel der Untersuchung ist die Bestimmung wesentlicher Einflußfaktoren für das Leistungsverhalten von Synchronisationsverfahren und, wenn möglich, eine quantitativ gesicherte Reihung der betrachteten Algorithmen.

Orientiert an den soeben angeführten Zielen und den gesetzten Schwerpunkten ist die Arbeit in vier Teile gegliedert. Zunächst (Teil II) werden die Konzepte der Synchronisation in Datenbanksystemen behandelt, danach (Teil III) werden die Implementierungsaspekte von Synchronisationsmaßnahmen diskutiert. Die beiden verbleibenden Teile beschäftigen sich mit der Leistungsanalyse von Synchronisationsverfahren. Teil IV konzentriert sich dabei mehr auf die konzeptionellen Aspekte des Themas, wie Methoden und Modellbildung, Teil V hat die durchgeführte empirische Untersuchung des Leistungsverhaltens von Datenbanksystemen unter dem Einfluß unterschiedlicher Synchronisationsverfahren zum Gegenstand. Abschließend werden die Ergebnisse in einer Zusammenfassung kritisch gewürdigt und ein Ausblick auf weitere interessante Problemkreise gegeben. Zur besseren Übersicht werden im folgenden die Struktur und die inhaltlichen Schwerpunkte der einzelnen Teile kurz umrissen.

Teil II liefert mit den **konzeptionellen Grundlagen der Synchronisation** in Datenbanksystemen eine Übersicht über den gegenwärtigen Stand der Wissenschaft. Zu Anfang steht eine kurze Betrachtung der Synchronisationsproblematik in Betriebssystemen und Programmiersprachen, weil verwandte Problemstellungen dort früher in Erscheinung traten und auch frühzeitig Lösungen vorgeschlagen wurden, die vielfach zum Ausgangspunkt für entsprechende Ansätze in Datenbanksystemen wurden. Anschließend werden die Eigenarten und speziellen Probleme der Synchronisation in Datenbanksystemen verdeutlicht. Wegen der großen Anzahl bekannter Implementierungsformen von Datenbanksystemen und einem entsprechend weiten Umfang der Synchronisationsproblematik in ihrer allgemeinen Form wird die Betrachtung bereits im Hinblick auf die Leistungsanalyse auf den **zentralisierten Fall** beschränkt. Teil II beinhaltet vor allem die Darstellung und Erläuterung eines allgemeinen Klassifikationsschemas für Synchronisationsverfahren in zentralisierten Datenbanksystemen. Schließlich wird ein knapper Überblick über die bekannten Synchronisationsverfahren gegeben und diese im Hinblick auf das Klassifikationsschema eingeordnet und bewertet.

Teil III geht sehr ausführlich auf die **Implementierungsaspekte** ein, wobei naturgemäß das Hauptaugenmerk auf die empirisch untersuchten Verfahren gerichtet ist. An dieser Stelle fließen zahlreiche Erfahrungen und Erkenntnisse ein, die beim Entwurf und der Implementierung des später zu Zwecken der Leistungsanalyse benutzten Simulationssystems gesammelt wurden. Dabei ist sowohl die Synchronisationskomponente mit ihren Schnittstellen, internen Datenstrukturen etc. von Interesse als auch ihre Verflechtung mit anderen zentralen Komponenten eines Datenbanksystems. Die Frage, inwieweit herkömmliche Konzepte und Implementierungen etwa der Systempufferverwaltung den Anforderungen neuartiger Synchronisationsverfahren genügen können, wird ebenfalls behandelt.

Teil IV schlägt die Brücke zur **Leistungsanalyse von Synchronisationsverfahren**. Ziel ist die kritische Würdigung der Ansätze auf diesem Gebiet und die Gegenüberstellung mit dem für diese Arbeit entwickelten. Zu diesem Zweck werden zuerst die **methodischen Grundlagen** der Leistungsanalyse mit Blickrichtung auf das spezielle Untersuchungsobjekt geschildert. Ein einfaches Klassifikationsschema der in Frage kommenden Analysetechniken ermöglicht es, die speziellen Anforderungen für die Untersuchung von Synchronisationsverfahren, die dabei auftretenden Probleme sowie die Stärken und Schwächen einzelner Methoden systematisch abzuhandeln. Die Definition geeigneter Kosten- und Leistungsmaße und die Begründung ihrer Sinnfälligkeit und Aussagekraft spielen dabei die Hauptrollen. Das so aufgebaute methodische Gerüst bildet alsdann den Rahmen für eine kompakte Zusammenstellung des Standes der Wissenschaft. Die recht zahlreichen Studien, die sich bislang schon mit diesem Thema auseinandergesetzt haben, werden nach dem entworfenen Schema klassifiziert; wesentliche Ergebnisse werden dabei dargestellt. Einige typische Vertreter werden exemplarisch etwas näher beleuchtet. Die dort zutage tretenden Schwächen lassen sich zur Rechtfertigung des in dieser Arbeit gewählten Ansatzes heranziehen. Als zweiter Schwerpunkt von Teil IV werden anschließend die wesentlichen Bestimmungsfaktoren des implementierten Simulationssystems erörtert. Darunter fällt einerseits die rein beschreibende Darstellung, andererseits werden aber auch die maßgeblichen Gründe für die bedeutsamen Entscheidungen beim Systementwurf und bei der Auslegung der einzelnen Komponenten plausibel gemacht, sofern dies nicht bereits in Teil III geschehen ist. Im Rahmen der Systembeschreibung werden sowohl die statische Struktur des Modells umfassend dargelegt als auch der dynamische Ablauf eingehend illustriert.

Teil V schließlich beschreibt und erklärt die durchgeführte **empirische Leistungsanalyse von Synchronisationsverfahren für zentralisierte Datenbanksysteme**, soweit das bei der Fülle des Datenmaterials überhaupt machbar ist. Unverzichtbar bei der Beurteilung des Leistungsvergleiches ist die gründliche Analyse der die Simulation treibenden Lasten. Soweit nötig werden statistische Kenngrößen zu ihrer Charakterisierung und ihre besonderen Eigenarten angeführt sowie ihre Allgemeingültigkeit kritisch hinterfragt. Gleichermaßen großen Einfluß auf die Analyse haben die vom Simulationsmodell gebotenen Instrumentierungsmöglichkeiten und die konkreten Parametrisierungen, deren Angemessenheit nachgewiesen werden muß. Neben der Verdeutlichung dieser Randbedingungen obliegt Teil V die Darstellung und eingehende Interpretation der quantitativen Resultate der Leistungsuntersuchung und der daraus zu ziehenden Schlußfolgerungen, nachdem in Teil III (Implementierungsaspekte) bereits mit einigen qualitativen Aussagen über die Tauglichkeit der Synchronisationsverfahren ein grober Rahmen abgesteckt worden ist.

Im Rahmen dieser Diskussion wird die Systematik der durchgeführten Simulationsreihen erläutert. Die untersuchten Einflußfaktoren werden aufgezählt, und es wird ein Abriß der verwerteten Meßgrößen gegeben. Es wird versucht, die Frage zu klären, inwieweit und unter Berücksichtigung welcher Kosten- und Leistungsmaße die neuartigen Synchronisationsverfahren den herkömmlichen, in der Praxis vorherrschenden über- oder unterlegen sind. Letztendlich wird eine quantitativ fundierte Reihung der Verfahren angestrebt, zumindest für bestimmte Betriebssituationen, falls sich derart allgemeingültige Aussagen nicht ableiten lassen sollten. Aufgrund des Detaillierungsgrades des Simulationsmodells lassen sich darüber hinaus eine Fülle von Erkenntnissen gewinnen, die das Betriebsverhalten eines Datenbanksystems, etwa der Systempufferverwaltung oder der Externspeicherverwaltung, ganz allgemein betreffen. Auch sie sind Bestandteil der Diskussion in Teil V.

Teil VI zieht ein Resümee der wichtigsten Ergebnisse und Erkenntnisse der Arbeit.

II. Konzepte der Synchronisation in Datenbanksystemen

2. Synchronisation in parallelverarbeitenden Systemen und ihre speziellen Aspekte bei Datenbanksystemen

2.1. Synchronisation in Programmiersprachen und Betriebssystemen und historischer Abriß der Entwicklung auf dem Gebiet der Datenbanksysteme

Synchronisation als die planvolle Koordinierung gleichzeitig ablaufender, miteinander konkurrierender Aktivitäten ist in ihrer Reichweite keinesfalls auf Datenbanksysteme beschränkt. Vielmehr stellt sie eines der grundlegenden Prinzipien zur Organisation des Ablaufs technischer und sozialer Systeme dar. Deshalb sind auch die in Rechensystemen eingesetzten Maßnahmen zur Synchronisation in der Mehrzahl zweckmäßige Adaptionen menschlicher Verhaltensmaßregeln bei gleichartigen Problemstellungen. Als Beispiel möge der einfachste und in den meisten kommerziellen Datenbanksystemen realisierte Mechanismus, der Schutz von Objekten vor dem gemeinsamen Zugriff durch Sperren, englisch : Locks, dienen. Eine alternative Übersetzung des Wortes, Schloß, macht die Analogie zur physischen Absicherung von körperlichen Gegenständen offenbar. Einige anschauliche Beispiele ähnlicher Provenienz sind in [Lam83] illustriert. In [CES71] werden etwa zum Phänomen der Verklemmung in Datenbank- und Betriebssystemen äquivalente Erscheinungen des alltäglichen Lebens und ihre Behandlung betrachtet.

Da in Rechensystemen weit vor der Entwicklung von Datenbanksystemen Probleme der Synchronisation auftraten und gelöst wurden und Datenbanksysteme teilweise die dort vorgefundenen Lösungen übernahmen oder auf ihrer Basis aufbauten, ist es sicherlich sinnvoll, an den Anfang der Betrachtung einen **Vergleich** mit **verwandten Konzepten** in **Betriebssystemen** und die Formulierung und Behandlung von Parallelität in **Programmiersprachen** zu stellen.

Gewöhnlich werden die Verwaltungs- und Ablaufeinheiten in Betriebssystemen als Prozesse bezeichnet. Innerhalb eines Prozesses erfolgt die Verarbeitung sequentiell. Zur Erfüllung einer gemeinsamen Aufgabe ist es jedoch in der Regel zu wohldefinierten Zeitpunkten erforderlich, daß Prozesse gezielt Informationen austauschen, d.h. kommunizieren. Zur Koordination dieses Austausches sind geeignete Synchronisationsmaßnahmen einzusetzen, die eine gewisse Disziplin der beteiligten Prozesse erzwingen und den Transfer von Information nur zu ganz bestimmten Zeitpunkten zulassen.

Als Medium zur Ablage bzw. Weitergabe prozeßübergreifender Information wurde zuerst ein gemeinsam adressierbarer Speicherbereich vorgeschlagen. Der primitivste und früheste Mechanismus zur Realisierung des **wechselseitigen Ausschlusses** (mutual exclusion) auf solchen Bereichen, das Semaphor [Dij68], muß gewissermaßen als der Ahnherr der Sperren in Datenbanksystemen angesehen werden. Semaphore bzw. sehr ähnliche Konzepte spielen bei der Implementierung von Datenbanksystemen und der Einbettung derselben in Betriebssysteme aus Effizienzgründen auch heute noch eine große Rolle [BGMP79, GrWa79, HäPe84, Här79b, PeRe83b], sind jedoch für die in dieser Arbeit im Mittelpunkt stehende Synchronisation auf Transaktionsebene nicht von Belang und werden allenfalls am Rande gestreift.

Der seriellen, durch Semaphore erzwungenen Benutzung von gemeinsamen Speicherbereichen folgte sehr bald die Erweiterung auf die gleichzeitige Mehrfachnutzung durch mehrere lesende Prozesse als Paradigma nach, welches unter dem Stichwort **Reader-writer-Problem** in die Literatur [CHP71] eingegangen ist und zum Vorbild für das einfachste Sperrverfahren in Datenbanksystemen wurde.

Da Semaphore als Synchronisationsprimitive sehr schwer zu handhaben und deshalb fehleranfällig sind, wurden wenig später vielfältige Bemühungen unternommen, geeignete, leicht verständliche und einfach zu handhabende Konstrukte als Bestandteile von Programmiersprachen zur Spezifikation paralleler Systeme zu entwickeln. **Kritische Abschnitte** [Bri72, Bri75], **Monitore** [Hoa74] und **Path-expressions** [Hab75] markieren einige der Meilensteine auf einem Weg, dessen Ende im Grunde genommen heute noch nicht abzusehen ist. Neben gemeinsamen Speicherbereichen zur Kooperation paralleler Prozesse entwickelte sich die **nachrichtenorientierte Kommunikation** mit zugehörigen Synchronisationsprimitiven als alternatives Organisationsprinzip [And83, Bri73, Hoa78], das heutzutage in großen verteilten Betriebssystemen eine Hauptrolle spielt. Ausführliche Übersichten mit einer Klassifikation der vorgeschlagenen Konzepte für die Synchronisation und Kommunikation in Betriebssystemen sind in [AnSc81, MoSi81] enthalten.

Allen Ansätzen im Betriebssystembereich ist jedoch gemeinsam, daß die Zahl der Objekte, auf denen eine Zugriffssynchronisation stattfinden muß, im allgemeinen recht klein ist und die Objekte eindeutig benannt sind. Zudem ist in der Regel keine objektübergreifende Synchronisation erforderlich, die Zugriffshistorie über den Ablauf eines Prozesses hinweg spielt keine Rolle. Erst in jüngster Zeit gibt es Bestrebungen, dem Transaktionskonzept in Datenbanksystemen vergleichbare Konzepte auch in Betriebssystemen verfügbar zu machen, wie in [SpSc83] geschildert wird.

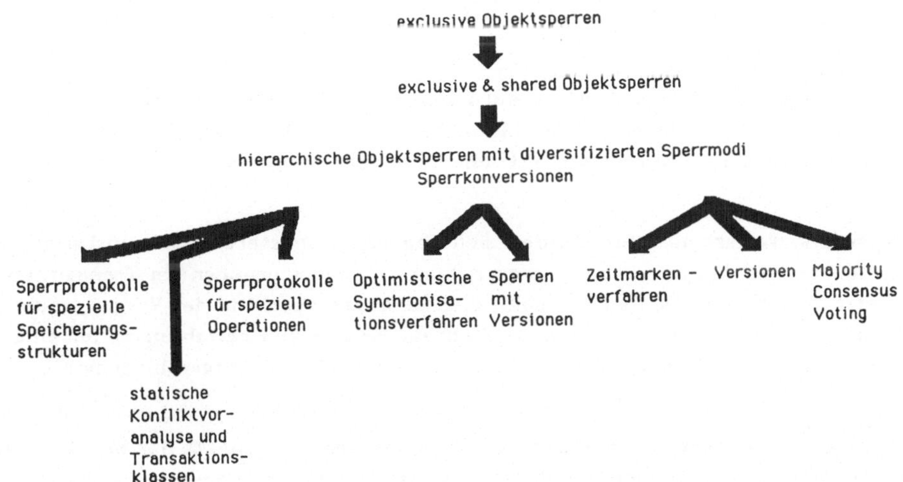

Bild 2.1: Historische Entwicklung bei der Synchronisation in Datenbanksystemen

Nach der Adaption der Lösungen des Reader-writer-Problems auf die Anforderungen von Datenbanksystemen nimmt die Entwicklung auf diesem Gebiet ihren eigenen Verlauf. Sie ist in Form eines **Stammbaumes** in Bild 2.1 in einer sicherlich subjektiven Sicht wiedergegeben, die trotzdem für das weitere Verständnis hilfreich sein kann. Eine schon speziell auf Datenbanksysteme zugeschnittene Generalisierung der von Betriebssystemen übernommenen

Techniken in der Wurzel des Baumes stellen die in [GLPT76] erstmals beschriebenen **hierarchischen Objektsperren** mit diversifizierten Sperrmodi dar. Etwa zur gleichen Zeit wurden in [EGLT76] die Grundlagen für die formale Beschreibung paralleler Aktivitäten auf einer gemeinsam genutzten Datenbank und die Definition ihrer Korrektheit gelegt. Im wesentlichen spiegeln die bis hierhin beschriebenen Verfahren, mit unbedeutenden Einschränkungen, immer noch den heutigen Stand der Technik wider.

Ausgehend von diesen recht einfachen Ansätzen ist die Literatur spätestens ab diesem Zeitpunkt der kommerziellen Entwicklung weit vorangeeilt, vielfach ohne die vorgeschlagenen Algorithmen im Lichte realer Datenbanksysteme zu bewerten. Rein quantitativ gesehen ist wohl kaum ein Teilbereich der Forschung über Datenbanksysteme mit einer ähnlichen Fülle von Publikationen bedacht worden wie die Synchronisation, weshalb jede Darstellung im Hinblick auf Vollständigkeit Zugeständnisse machen muß. Die Vielzahl von Literaturstellen begründet den weitgehenden Verzicht auf weitere Angaben. Die Referenzen werden an geeigneter Stelle in den folgenden Kapiteln spezifiziert. In der unteren Hälfte von Bild 2.1 symbolisiert die vom Begriff der hierarchischen Objektsperren ausgehende Pfeilschar die nachfolgende stürmische Entwicklung auf dem Gebiet der Synchronisation in Datenbanksystemen. Es wurde nicht weiter versucht, einzelne Verfahren aufeinander zurückzuführen. In der Mitte und dem rechten Drittel von Bild 2.1 ist eine Auswahl derjenigen Verfahren aufgetragen, die keine Strukturierung der Objekte, deren Zugriff synchronisiert werden muß, voraussetzen bzw. eine eventuell vorhandene Struktur außer acht lassen. Des weiteren kennen diese Synchronisationsverfahren nur zwei Arten von Operationen auf Objekten, nämlich Lesen und Schreiben. Auch machen sie sich keinerlei Annahmen über die Menge der von einer Transaktion berührten Objekte zunutze. Die drei letztgenannten Annahmen werden einzeln oder in Kombination von den im linken Drittel von Bild 2.1 gruppierten Synchronisationsverfahren fallengelassen.

Insbesondere für die Synchronisation auf **baumartigen Speicherungsstrukturen** sind diverse Optimierungen vorgeschlagen worden. Ähnliches wird durch die Anreicherung der Semantik von Operationen über die rein syntaktische Unterscheidung zwischen Lesen und Schreiben hinaus angestrebt.

Optimistische Verfahren unterscheiden sich von den bisher erwähnten, historisch gesehen früher bekannten Verfahren durch das Fehlen von Blockierungen im Transaktionsablauf. **Versionen** ermöglichen es, den Transaktionen beim Lesezugriff in der Vergangenheit gültige Zustände von Datenobjekten sichtbar zu machen. **Zeitmarken-Verfahren** stellen eine weitere, etwa zum gleichen Zeitpunkt wie die optimistischen Verfahren vorgeschlagene Alternative zu Sperrverfahren dar.

Die Schlagworte **Majority-consensus** und **Voting** beschreiben Aspekte der Synchronisation in verteilten Datenbanksystemen, bei denen dasselbe Objekt als Kopie gleichzeitig in mehreren Knoten des Datenbanksystems residieren kann. Die beiden letzten Verfahren sind nur in verteilten Datenbanksystemen einsetzbar, alle anderen Algorithmen lassen sich nach geeigneten Modifikationen für die Synchronisation sowohl in zentralisierten als auch in verteilten Datenbanksystemen einsetzen.

Die in Bild 2.1 unterhalb der genannten Begriffe angeordnete Pfeilschar soll andeuten, daß auch Kombinationen der jeweiligen Verfahren und Verfahrensklassen durchaus denkbar sind und auch publiziert wurden. Die verwirrende Vielfalt in Bild 2.1 , die durch die Anordnung der Verfahren nach ihrer historischen Entstehung zustandekommt, macht die Notwendigkeit einer systematischeren Einordnung nach klar unterscheidbaren Klassifikationskriterien offenkundig. Eine solche Klassifikation wird in Kapitel 3 versucht.

2.2. Implementierungsformen von Datenbanksystemen

Neben den üblichen **zentralisierten Datenbanksystemen** mit einem einzigen oder mehreren eng gekoppelten Prozessoren erlangen aufgrund neuerer technologischer Entwicklungen **dezentralisierte Rechnerstrukturen** mit mehreren Prozessoren eine immer größere Bedeutung. Zu Anfang hielten mit dem Aufkommen relativ preiswerter, dezentral einsetzbarer Rechnersysteme bestehend aus Prozessor, Hauptspeicher und eigenen externen Speichermedien, die **ortsverteilten Datenbanksysteme** [BEKK84] ihren Einzug. Bei diesen werden mehrere geographisch verteilte Systeme über relativ langsame Kommunikationsmedien miteinander vernetzt. Obwohl die Daten in der Regel über mehrere Knoten partitioniert werden und eventuell Replikation der Daten als Mittel zur Beschleunigung des Zugriffs eingesetzt wird, ist es unter anderem das Ziel solcher Systeme, die physische Verteilung der Rechnerleistung und der Daten an der Benutzerschnittstelle nicht sichtbar werden zu lassen (Ortstransparenz von Daten, Verarbeitung und Kontrolle).

Bezüglich der sinnvollerweise einsetzbaren Synchronisationsverfahren [Dad81a, Dad81b] und der Determinanten ihres Leistungsverhaltens ergeben sich gegenüber dem zentralisierten Fall wesentlich andere Gesichtspunkte. Die Ursache liegt in dem aufgrund der örtlichen Verteilung ins Spiel gebrachten, im Vergleich zur Prozessorgeschwindigkeit und Hauptspeicher-Zugriffszeit relativ langen Kommunikationsverzögerungen. Zusätzlich zum Problem, wie, d.h. mit welchem Verfahren, synchronisiert werden soll, ist hier die Frage schlüssig zu beantworten, wo, d.h. auf welchem oder gegebenenfalls auf welchen Knoten, die Synchronisation vorgenommen werden soll. Entscheidende Bedeutung zur Erreichung eines befriedigenden Leistungsverhaltens kommt dabei einer angepaßten Lastbalancierung zu, deren Aufgabe es ist, die Verarbeitungseinheiten möglichst den Knoten im verteilten Datenbanksystemen zuzuweisen, die momentan die benötigten Daten verfügbar haben und auch möglichst autorisiert sind, ohne Kommunikationsverzögerung über die Verwendung der Daten zu entscheiden.

Synchronisation und Lastbalancierung sind ebenfalls Schlüsselkonzepte bei der Realisierung von **Mehrrechner-Datenbanksystemen,** deren einzelne Komponenten räumlich eng benachbart angeordnet sind. Diese Systeme werden als geeignet angesehen, die erforderliche Leistung für Anwendungen mit besonders hohen Durchsatzanforderungen bei gegebenen Antwortzeit-Restriktionen bereitzustellen (1000 Transaktionen pro Sekunde vom Typ Kontenbuchung [Anon85]). Dabei ist primär nicht an herkömmliche eng gekoppelte Hardwarestrukturen mit mehreren Prozessoren, deren Transparenz schon vom Betriebssystem gegenüber den Prozessen gewährleistet wird, auf einem gemeinsamen Hauptspeicher und gemeinsamer Peripherie gedacht, weil die erwartete technologische Entwicklung mit dem Leistungsbedarf dieser sehr speziellen Anwendungen nicht Schritt hält. Vielmehr werden sogenannte nahe und lose Kopplungen [HäRa85] ins Auge gefaßt, bei denen jeweils ein Prozessor mit ihm exklusiv zugeordnetem Hauptspeicher über ein schnelles Kommunikationsmedium mit anderen Einheiten des beschriebenen Typs verbunden ist und alle diese Einheiten über eigens konstruierte neuartige Hardwareeinrichtungen gemeinsam auf eine Menge externer Speichermedien zugreifen können. Auch in diesen Systemkonfigurationen kommt der Synchronisation eine entscheidende Rolle zu [ReSh84]. Auf der rein algorithmischen

Ebene unterscheiden sich die denkbaren Synchronisationsverfahren für ortsverteilte Datenbanksysteme und lose bzw. nah gekoppelte Datenbanksysteme nicht. Die praktische Eignung eines Synchronisationsverfahrens wird jedoch in beiden Konfigurationen durch wesentlich unterschiedliche Leistungsmerkmale der zugrundeliegenden Kommunikationsmedien bestimmt, die die einzelnen Rechner miteinander verbinden. Generell gilt dagegen für alle verteilten Systeme im Gegensatz zu den zentralisierten, daß der Kommunikationskostenanteil einen Hauptbestimmungsfaktor für die Leistungsfähigkeit eines Synchronisationsverfahrens darstellt.

Bei der hier beschriebenen Untersuchung wird allerdings nicht der Versuch gemacht, auch noch Verteilungsaspekte einzubeziehen. Vielmehr wird ein **zentralisiertes Datenbanksystem betrachtet,** dessen Rechnerleistung von einem Prozessor (bei der Abstraktionsstufe des später vorgestellten Simulationsmodells wäre auch ein Komplex von mehreren eng gekoppelten Prozessoren denkbar) geliefert wird, der über Hautspeicher und Peripherie in Form von externen Speichermedien verfügt. Die Beschränkung auf den zentralisierten Fall erlaubt im Hinblick auf die Leistungsanalyse eine wesentlich tiefergehende, exaktere Modellierung des Datenbanksystems, als es bei Einschluß von Verteilungsaspekten mit einigermaßen vertretbarem Aufwand möglich gewesen wäre.

3. Klassifikation von Synchronisationsverfahren in Datenbanksystemen

3.1. Probleme der und Ansätze zur Klassifikation von Synchronisationsverfahren in Datenbanksystemen

Die Vielzahl der unterschiedlichen Verfahren, die in der Illustration der historischen Entwicklung auf dem Gebiet der Synchronisation in Datenbanksystemen in Bild 2.1 zum Ausdruck gebracht wurde, macht die Dringlichkeit einer Systematik offenkundig. Das gilt umso mehr, als Bild 2.1 lediglich einen begrenzten Ausschnitt der Entwicklung wiedergibt, wobei, um nur ein Beispiel zu nennen, Aspekte der Verteilung von Daten und deren Kontrolle in Bild 2.1 weitgehend unberücksichtigt bleiben. Die Menge der verschiedenen Verfahren findet ihren Niederschlag in einer mindestens ebenso großen Anzahl von Publikationen, deren ausführliche Erörterung und kritische Würdigung den Umfang dieser Arbeit sicherlich um ein Drittel bis zur Hälfte ausdehnen würde. Gleichermaßen ließe sich das Literaturverzeichnis der Arbeit in dieser Hinsicht mühelos um noch einmal wenigstens 100 Referenzen erweitern, wollte man dem Anspruch auf Vollständigkeit einigermaßen gerecht werden. Da der Schwerpunkt dieser Arbeit jedoch auf den Aspekt der Leistungsanalyse gelegt wurde, wird ein solcher Anspruch nicht erhoben.

Zur Beurteilung der Verfahren und zur Einordnung der zahlreichen publizierten Vorschläge kann eine Systematik im Sinne einer **Klassifikation** von großem Nutzen sein, insbesondere um **grundlegende Konzepte** und lediglich marginale Verbesserungen auseinanderhalten zu konnen. Solche Klassifikationen wurden zuvor schon in [BeGo79, BeGo80, BeGo81, BeGo83, BSW79, Dad81a, Koh81] versucht, wobei [BeGo79, BeGo82, Koh81] mehr den Charakter einer Übersicht und Aufzählung als den einer Klassifikation haben. Alle zuvor aufgeführten Referenzen beschränken sich auf die Einordnung solcher Verfahren, die sich in den Rahmen eines der formalen Modelle der Serialisierungstheorie einpassen lassen, andere Verfahren werden in den zitierten Referenzen nur am Rande erwähnt.

In [BSW79] werden die von den Synchronisationsverfahren erzeugten Schedules auf ihre formalen Eigenschaften hin untersucht und bestimmte Inklusionsbeziehungen aufgezeigt und streng formal bewiesen. Allerdings beruht ein großer Teil der dort gemachten Unterscheidungen auf der Existenz blinder Schreibvorgänge, deren Sinnfälligkeit jedoch stark in Zweifel zu ziehen ist. [BeGo81] stellen ein Klassifikationsschema für Synchronisationsverfahren in verteilten Datenbanksystemen vor, mit dem über 50 Varianten von Sperrprotokollen und Zeitmarken-Verfahren (siehe dazu auch Kapitel 4) unterschieden werden können. Als Kritikpunkt muß auch gegen [BeGo81] angeführt werden, daß die Vielfalt der dort aufgezeigten Alternativen im wesentlichen von der Annahme der Existenz blinder Schreibvorgänge in realen Datenbanksystemen lebt, ohne diese Annahme jedoch auf einen viel kleineren Kern schrumpft. Ähnliche Argumente lassen sich auch gegen die in [BeGo83] vorgenommene Untersuchung von Mehr-Versionen-Synchronisationsverfahren ins Feld führen.

Die Klassifikation sämtlicher Vorschläge für Synchronisationsmaßnahmen gestaltet sich unter anderem deshalb so **schwierig,** weil besonders in jüngster Zeit über die auch in den oben angeführten Referenzen betrachteten Verfahren hinaus eine **Reihe von Ansätzen** veröffentlicht wurde, die in der einen oder anderen Form **von den Grundannahmen einfacher Objekt-, Operations- und Transaktionsmodelle abweichen.** Auch in der in den folgenden Abschnitten geschilderten Klassifikation ist es wegen der Heterogenität der Ansätze und der Begrenzung des Umfangs der Arbeit nicht gelungen, eine derart umfassende Charakterisierung der Synchronisationsverfahren in Datenbanksystemen vorzunehmen. Vielmehr werden in Entsprechung zu den oben genannten Klassifikationsversuchen nur solche Verfahren miteinbezogen, die sich mit dem einfachen formalen Modell nach [EGLT76] beschreiben lassen.

Einige der wichtigsten dieser Verfahren, ganz speziell aber die in dieser Arbeit der Leistungsanalyse unterzogenen, werden hinsichtlich ihrer Funktionsweise in Kapitel 4 dann genauer betrachtet.

3.2. Methoden zur Isolation von Objekten

Obwohl zumindest ein Teil der Synchronisationsverfahren bei der Nachprüfung der Serialisierbarkeit von Ablauffolgen ganz ähnliche Mittel benutzt wie die Serialisierungstheorie, nämlich graphenförmige Darstellungen von Eingabe-Ausgabe-Beziehungen, so sind die Blickrichtung von Synchronisationsverfahren auf der einen Seite und die der Serialisierungstheorie auf der anderen Seite grundverschieden. Die **Serialisierungstheorie** arbeitet **vergangenheitsorientiert**, die **Synchronisationsverfahren** dagegen **zukunftsorientiert**. Bei der Serialisierungstheorie geht es zunächst nur darum, im Rahmen einer A-posteriori-Analyse eine boolesche Entscheidung über die Existenz einer äquivalenten seriellen Schedule zu einer vorgegebenen zu fällen, Synchronisationsverfahren müssen unter allen Umständen dem Zustandekommen solcher nicht serialisierbaren Abläufe vorbeugen und dies gegebenenfalls durch Rücksetzung von laufenden Transaktionen erzwingen. Bild 3.1 illustriert den Gegensatz der A-posteriori-Betrachtungsweise der Serialisierungstheorie zur A-priori-Betrachtungsweise der Synchronisationsverfahren.

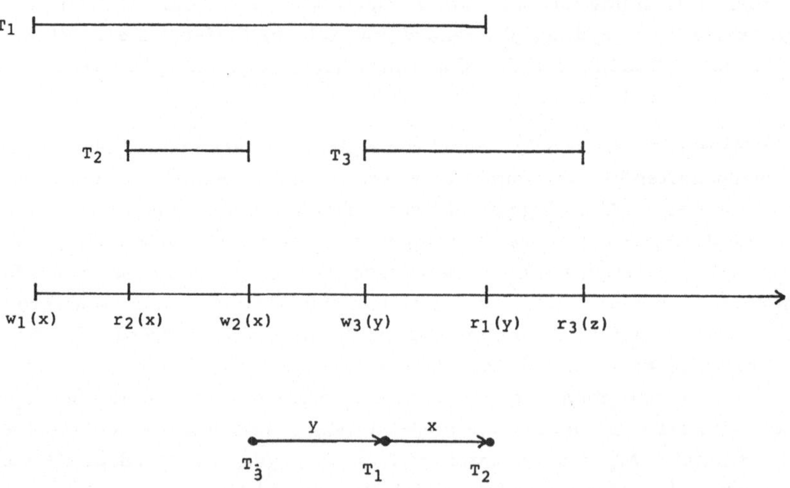

Bild 3.1: Serialisierbare, mit dem Transaktionsparadigma unverträgliche Schedule (Abhängigkeit von nicht freigegebenen Änderungen)

In dem Bild ist ein serialisierbarer Ablauf dreier Transaktionen, die die Objekte x, y und z manipulieren, gezeigt, und zwar einmal in Form der abgelaufenen Schedule und zum anderen mittels des Serialisierungsgraphen. Der Serialisierungsgraph wird erst nach der Beendigung der Transaktionen konstruiert, wobei zurückgesetzte Transaktionen unberücksichtigt bleiben, d.h. als folgenlos für die übrige Verarbeitung angesehen werden. Für Abläufe unter der Kontrolle eines Synchronisationsverfahrens ist diese Vorgehensweise dagegen nicht praktikabel. Wird die Schedule in Bild 3.1 in ihrer zeitlichen Entstehung genauer analysiert, dann wird offenbar, daß Transaktion T_2 beim Lesen des neuen, durch Transaktion T_1 erzeugten Wertes von Objekt x ihr Überleben von dem von Transaktion T_1 abhängig macht. Eine ähnliche Situation ergibt sich beim Lesen des Objektes y durch Transaktion T_1 vor dem Ende der ändernden Transaktion T_3. Andererseits werden sowohl T_2 als auch T_1 in Bild 3.1 zeitlich vor den Transaktionen abgeschlossen, deren erfolgreiche Beendigung sie voraussetzen. Die Verhinderung solcher Abhängigkeiten von nicht freigegebenen Änderungen, als eine der wesentlichen Eigenschaften des Transaktionsparadigmas, verbietet jedoch eine derartige Vorgehensweise, weshalb die in Bild 3.1 dargestellte Schedule unter der Kontrolle eines korrekt synchronisierenden Datenbanksystems niemals in dieser Form zum Ablauf käme.

Um derartige **Abhängigkeiten von nicht freigegebenen Änderungen zu verhindern**, bedarf es geeigneter **Methoden zur Isolation der Objekte** der von parallelen Transaktionen manipulierten Datenbank. Das Datenbanksystem hat diese Methoden zu implementieren und den Synchronisationsverfahren als Basismechanismen zur Verfügung zu stellen. Die Nutzung dieser Mechanismen durch Synchronisationsverfahren zur Gewährleistung der Serialisierbarkeit aller Transaktionsabläufe wird dann in den auf diesen Abschnitt folgenden Abschnitten behandelt. Hier werden in bezug auf die Isolation von Objekten drei Methoden, nämlich **temporäre Arbeitskopien des Objekts, Objektversionen und Objektreplikate,** unterschieden. Der Vollständigkeit halber wird als vierte Methode noch der Verzicht auf spezielle Isolationsmethoden hinsichtlich der Objekte angeführt. Die Replikation von Objekten als eines der Basiskonzepte verteilter Datenbanksysteme wird jedoch nur am Rande behandelt, da der Schwerpunkt dieser Arbeit auf zentralisierten Datenbanksystemen liegt.

[ORI] Die einfachste Methode zur Behandlung von Objekten, die auch den zuerst vorgeschlagenen Synchronisationsverfahren (RX-Sperrverfahren) zugrundeliegt und in fast allen kommerziellen Datenbanksystemen angewendet wird, verzichtet auf besondere Konzepte zur Isolation von Objekten. Statt dessen wird ein zu änderndes Objekt direkt modifiziert, die Auswirkungen der Änderung werden im Prinzip unmittelbar für alle Transaktionen, denen der Zugriff gestattet ist, sichtbar. Diese Methode wird hier mit **Objektoriginal** bezeichnet. Die sofortige Sichtbarkeit der Änderungen für andere Transaktionen impliziert, daß das Synchronisationsverfahren durch geeignete zusätzliche Maßnahmen sicherstellen muß, daß maximal eine Änderungstransaktion ein bestimmtes Objekt modifiziert. Auf der einen Seite bedeutet diese Bedingung eine erhebliche Einschränkung der Freiheitsgrade bei der Konzipierung von Synchronisationsverfahren, auf der anderen Seite stellt die Verwaltung der Objekte an das Datenbanksystem keine größeren Ansprüche.

Die im Hinblick auf den möglichen Grad von Parallelverarbeitung gravierende Restriktion, entweder nur eine Änderungstransaktion oder mehrere Lesetransaktionen aus Gründen der Konsistenzerhaltung auf einem Objekt zuzulassen, kann nur durch die konzeptionelle Trennung der Änderung und ihrer Sichtbarmachung aufgehoben werden. Zu diesem Zweck wird die Einzigartigkeit eines Objektes aufgegeben und zwischen mehreren gleichzeitig existierenden Zuständen unterschieden. Bei dem hier betrachteten einfachen Objektmodell bedeutet das, daß zu einem Zeitpunkt vom Datenbanksystem mehrere Werte für ein Objekt gehalten und unterschieden werden müssen.

[KOP] Eine Möglichkeit zur Isolation von Objekten besteht darin, Änderungen nicht mehr unmittelbar nach ihrer Durchführung anderen Transaktionen sichtbar zu machen. Statt dessen werden sie zunächst der Änderungstransaktion als **Kopie** in einem eigenen Arbeitsbereich zur Verfügung gestellt. In der Kopie ist der von der betreffenden Transaktion erzeugte Wert gespeichert. Die temporäre Natur der Kopie impliziert, daß sie je nach Ausgang der Transaktionsverarbeitung entweder ohne Auswirkungen auf parallele Transaktionen wieder vernichtet werden oder nach Sicherstellung der Serialisierbarkeit des Transaktionsablaufes in einen gültigen Objektzustand umgewandelt werden kann, der auch anderen Transaktionen zugänglich gemacht wird. Erst die Umwandlung führt im formalen Modell zur Beschreibung von Schedules im Sinne der Serialisierungstheorie zu einer Schreiboperation. Prinzipiell bestünde die Möglichkeit einer noch weitergehenden Auslegung des Konzepts temporärer Kopien, etwa in dem Sinne, daß anderen Transaktionen der Inhalt einer Kopie noch vor der Freigabe durch die erzeugende Transaktion zugänglich gemacht und von dieser eventuell als Ausgangsbasis zur Erzeugung einer eigenen Kopie [StRo81] genutzt wird. Durch geeignete Konzepte, wie das der Kontrollbereiche (spheres of control [Dav78]), könnten auch solche Abhängigkeiten von nicht freigegebenen Änderungen zur Erhöhung der Parallelverarbeitung genutzt werden. Für die abhängigen Transaktionen birgt diese Vorgehensweise allerdings das Risiko von Rücksetzungen infolge von Abbrüchen der Transaktionen, deren nicht freigegebene Änderungen als Eingabe benutzt wurden. Wegen der relativ geringen Bedeutung solcher Vorschläge wird dieser Ansatz hier jedoch außer acht gelassen.

[VER] Wenn Änderungen zunächst durch die Erzeugung privater, transaktionsspezifischer Kopien isoliert werden, dann ist zu jedem beliebigen Zeitpunkt zumindest ein gültiger, d.h. von einer erfolgreich beendeten Transaktion erzeugter Zustand des Objektes zur Befriedigung lesender Zugriffe verfügbar. Die Verallgemeinerung dieses Konzeptes, nämlich die Bereithaltung mehrerer solcher Zustände, führt zum Begriff der **Version**. Die Vorhaltung einer ausreichenden Anzahl von Versionen eines Objektes ermöglicht es, reine Lesetransaktionen durch das Datenbanksystem völlig unbeeinflußt von eventuellen parallelen Änderungstransaktionen abwickeln zu lassen, was allerdings auf Kosten der Aktualität der gelesenen Daten geht.

[REP] Darüber hinaus besteht in verteilten Datenbanksystemen die Möglichkeit, dasselbe Objekt in mehreren Knoten des Netzes abzuspeichern. Für diese Art von Objektvervielfachung wird häufig der Begriff **Replikat** (englisch: replica) benutzt. Wegen der Orthogonalität des Konzeptes der Replikation zu den beiden anderen Konzepten können innerhalb eines Knotens einer verteilten Datenbank selbstverständlich zusätzlich Kopien und Versionen geführt werden.

Bild 3.2 zeigt ein Ablaufszenarium von 5 Transaktionen unter Verwendung von Kopien und Versionen. Die Zeitpunkte von Änderungen, die zur Erzeugung einer privaten Kopie eines Objekts führen, sind durch den Buchstaben m gekennzeichnet, Lesen und Schreiben in dem zuvor definierten Sinne durch die Buchstaben r und w. Die Superskripte bezeichnen unterschiedliche Versionen desselben Objektes. In der unteren Hälfte von Bild 3.2 ist zur Verdeutlichung der Eingabe-Ausgabe-Beziehungen der Transaktionen noch ihr zugehöriger Serialisierungsgraph aufgeführt, wobei die Kanten zwischen den Transaktionen mit der Versionsbezeichnung, über die eine Abhängigkeit der Transaktionen zustandekommt, versehen sind. Bei der Konstruktion des Graphen ist weiterhin unterstellt, daß die in der Schedule enthaltenen Schreibvorgänge nicht blind erfolgen.

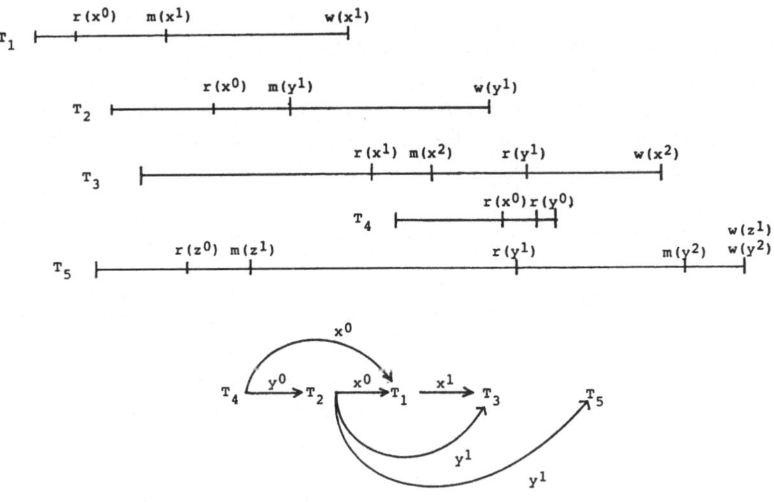

Bild 3.2: Transaktionsabläufe unter Verwendung von Kopien und Versionen

In der in Bild 3.2 skizzierten Schedule liest Transaktion T_1 zuerst die aktuelle Version des Objekts x (x^0) und ändert sie wenig später ($m(x^1)$). Bei dem mit x^1 bezeichneten Zustand des Objekts x handelt es sich um eine private Kopie von T_1, die erst mit dem Ende dieser Transaktion in die Datenbank eingebracht und damit anderen Transaktionen sichtbar gemacht wird ($w(x^1)$). Deshalb ist es T_2 auch möglich, die aktuelle Version x^0 zu lesen, während T_1 schon eine neuere vorbereitet. Das Lesen von x^0 durch T_2 hat die Einordnung von T_2 vor T_1 in der äquivalenten seriellen Schedule zur Konsequenz. Transaktion T_3 dagegen sieht die von T_1 durchgeführte Änderung am Objekt x ($r(x^1)$) und bereitet ihrerseits eine weitere Version (x^2) vor, die aber bis zum Ende von T_3 noch im Status einer Kopie verbleibt. Durch die Erzeugung einer zweiten Version von x kommt T_3 in der äquivalenten seriellen Schedule hinter T_1 zu liegen und auch hinter T_2, weil T_3 anschließend noch die von T_2 erstellte Version y^1 sieht. Transaktion T_4 kann unbeeinflußt von allen anderen Transaktionen ihre beiden Leseoperationen bezüglich x und y durchführen, denn ihr wird vom Datenbanksystem die jeweils älteste bereitgehaltene Version der beiden Objekte (x^0 und y^0) zugeteilt. Damit gelangt T_4 an den Beginn der äquivalenten seriellen Schedule, wie auch Bild 3.2 veranschaulicht. Transaktion T_5 schließlich sieht den von T_2 erzeugten Wert von y (y^1) und aktualisiert ihn weiter ($m(y^2)$), wodurch T_5 in der äquivalenten seriellen Ablauffolge hinter T_2 zu liegen kommt. Ohne das Konzept der privaten Kopien hätte beispielsweise T_2 den neuen, noch nicht freigegebenen Wert von x gesehen und wäre dadurch vom Überleben dieser Transaktion abhängig geworden. In ähnlicher Weise würde auch der erfolgreiche Abschluß von T_4 über Objekt x von T_3 untrennbar an den von T_3 gebunden.

Für die in Bild 3.2 skizzierte Schedule läßt sich zwar mit Hilfe des Serialisierungsgraphen in einer Ex-post-Betrachtung die Äquivalenz zu einer seriellen Schedule nachweisen, über die Funktionsweise des benutzten Synchronisationsverfahrens und die von ihm während des Ablaufs der Transaktionen ergriffenen Maßnahmen zur Gewährleistung der Serialisierbarkeit macht Bild 3.2 dagegen keine Aussage. Lediglich die Bereitstellung je einer temporären Kopie als Maßnahme zur Isolation von Änderern desselben Objekts untereinander und von parallelen Lesern läßt sich anhand des Bildes nachvollziehen. Auf die bei der Zuteilung von Versionen an Transaktionen verfolgte Strategie erlaubt Bild 3.2 ebenfalls kaum Rückschlüsse. Offensichtlich werden aber auch ältere Versionen als die aktuelle gehalten und Transaktionen bei Lesezugriffen zugewiesen.

3.3. Methoden zur Feststellung und Gewährleistung der Serialisierbarkeit

Besonders die beiden zuletzt genannten Aspekte, nämlich ob und in welcher Art temporäre Kopien zur Isolation von Transaktionen durch ein Synchronisationsverfahren herangezogen werden und ob und wieviele Versionen eines Objekts vom Datenbanksystem bereitgehalten und nach welchen Regeln sie den Transaktionen zugewiesen werden, ist ein entscheidendes Kriterium zur Beurteilung und Einordnung von Synchronisationsverfahren. Die Nutzung von Versionen und Kopien wiederum hängt entscheidend von den Methoden ab, die das Datenbanksystem zur Überprüfung der Serialisierbarkeit einsetzt. Eines der wesentlichen Kriterien zur Klassifikation von Synchronisationsverfahren ist dabei der **Zeitpunkt** innerhalb des Transaktionsablaufs, zu dem die **Serialisierbarkeit** der Transaktion **überprüft wird.**

Zur Charakterisierung der möglichen Zeitpunkte bietet sich eine Phasenzerlegung des Transaktionsablaufs an. Nach der allgemein akzeptierten Betrachtungsweise zerfällt die Abwicklung einer Transaktion durch das Datenbanksystem in die BOT(begin of transaction)-Verarbeitung, eine Phase der anwendungsbezogenen Transaktionsverarbeitung (Verarbeitungsphase) und die EOT(end of transaction)-Verarbeitung. Ein Anwendungsprogramm signalisiert dem Datenbanksystem den Wunsch auf Inanspruchnahme seiner Dienste mittels eines BOT-Aufrufs, woraufhin die nötigen Betriebsmittel zur Bearbeitung der Transaktion bereitgestellt werden. Daran schließt sich die eigentliche Verarbeitungsphase an, in der die Anforderungen des Transaktionsprogramms durch das Datenbanksystem erledigt werden. Das Ende der Verarbeitungsphase wird vom Transaktionsprogramm schließlich durch einen EOT-Aufruf angezeigt. Auf diesen hin überprüft das Datenbanksystem im Rahmen einer zweiphasigen EOT-Verarbeitung zunächst die Zulässigkeit der Transaktion und stellt bei einem positiven Ergebnis der Prüfung das Überleben der Transaktion durch geeignete Maßnahmen sicher (Phase 1). Anschließend werden die Änderungen der Transaktion global sichtbar gemacht (Phase 2).

3.3.1. Überprüfung der Serialisierbarkeit während der BOT-Verarbeitung

Die einfachste und am längsten bekannte Methode zur Sicherstellung der Serialisierbarkeit beruht auf der **Überprüfung** der Zugriffswünsche der Transaktionen als **Bestandteil der BOT-Verarbeitung** und die Zulassung nur solcher Transaktionen, die unabhängig von ihrer Verarbeitungsgeschwindigkeit auf keinen Fall miteinander in Konflikt geraten können. Transaktionen haben demzufolge mit der BOT-Anforderung alle Objekte zu spezifizieren, die im Verlauf der Verarbeitungsphase berührt werden, und ihren Zugriffsmodus. Aufgrund dieser Informationen ist dem Datenbanksystem eine genaue Analyse der beim Parallelablauf der Transaktionen denkbaren Konfliktsituationen möglich. Potentiell in Konflikt geratende Transaktionen können dann vorbeugend sequentialisiert werden. Diese sogenannte Preclaiming-Strategie [CDT74, Lom76] ist aus entsprechenden Lösungsansätzen auf dem Gebiet der Betriebssysteme abgeleitet. Ihr Hauptvorteil liegt in der garantierten Vermeidung von Rücksetzungen zur Gewährleistung der Serialisierbarkeit. Andere Methoden, die kein Wissen über die Zugriffsabsichten von Transaktionen ausnutzen können, erlauben zwangsläufig die Entstehung von Situationen, in denen nur noch die Rücksetzung einer laufenden Transaktion das Entstehen einer nicht serialisierbaren Schedule verhindert. Andererseits besitzen Preclaiming-Strategien einen gravierenden Nachteil, der dazu führt, daß sie in Datenbanksystemen kaum zum Einsatz kommen. In typischen Anwendungen fällt es nämlich außerordentlich schwer, in einem Transaktionsprogramm die von ihm benötigten Objekte im voraus präzise zu spezifizieren, wobei zur Begründung der wertabhängige Zugriff genügen möge. In der Regel lassen sich lediglich Obermengen der berührten Objekte angeben, die allerdings die mögliche Parallelverarbeitung bei Anwendung der Preclaiming-Strategie drastisch reduzieren. Die meisten Synchronisationsverfahren verzichten deshalb auf die Vorabspezifikation aller Zugriffswünsche und erlauben den Transaktionsprogrammen die inkrementelle Anforderung von Datenobjekten, wodurch die Entscheidung über die Serialisierbarkeit von Transaktionsabläufen mindestens bis zur Verarbeitungsphase verschoben wird.

3.3.2. Überprüfung der Serialisierbarkeit während der Verarbeitungsphase

Erfolgt die **Überprüfung** der Serialisierbarkeit als **Bestandteil der Verarbeitungsphase** einer Transaktion, dann muß das Datenbanksystem vor der Durchführung jedes einzelnen Zugriffs sicherstellen, daß durch seine Gewährung keine nicht serialisierbare Schedule entstehen kann. Eine denkbare Methode zur Erfüllung dieser Anforderung wäre die Aufzeichnung sämtlicher Zugriffe aller laufenden bzw. abgelaufenen Transaktionen und deren dynamische Verwaltung in Form eines Serialisierungsgraphen durch das Datenbanksystem. Durch die versuchsweise Einfügung der durch den verlangten Zugriff auf ein Objekt hinzukommenden Kanten in den Graphen und eine anschließende Zyklensuche ließe sich so die Gefährdung der Ablaufintegrität ausschließen. Allerdings müßte dabei darauf geachtet werden, daß keinerlei Abhängigkeiten von nicht freigegebenen Änderungen bei der Gewährung eines Zugriffs zustandekommen. Dies wäre leicht durch die Verwendung temporärer Kopien zu garantieren. Die praktische Nutzung dieser einfachen Übertragung der Vorgehensweise der Serialisierungstheorie in einen Synchronisationsalgorithmus verbietet sich jedoch aus anderen Gründen. So wächst etwa der Umfang des Serialisierungsgraphen mit jedem Zugriff, was den Aufwand für die Speicherung und die Wartung der zugehörigen Datenstrukturen immer weiter ansteigen läßt. Ähnliches gilt für die Zyklensuche in einem potentiell unbeschränkten Graphen.

Wie im folgenden gezeigt wird, können jedoch dynamische Ausschnitte des Serialisierungsgraphen in einer Weise abgegrenzt und verwaltet werden, daß die Überprüfung der Serialisierbarkeit mit deutlich geringerem Aufwand realisiert werden kann. Andererseits beschreibt der vollständige Serialisierungsgraph die an der Datenbank vorgenommenen Manipulationen und die Interdependenzen der abgelaufenen Transaktionen auf die denkbar präziseste Art und Weise. Der mit der Weglassung von Teilen des Serialisierungsgraphen verbundene Informationsverlust wird unter Umständen mit unnötigen Rücksetzungen von Transaktionen erkauft. Wenn bei der Überprüfung der Serialisierbarkeit wegen fehlender Informationen nicht entschieden werden kann, ob eine Transaktion mit den bisher abgelaufenen zu einer serialisierbaren Schedule vereinigt werden kann, dann besteht keine Alternative dazu, immer die ungünstigste Annahme bezüglich der nicht bekannten Eingabe-Ausgabe-Beziehungen zu machen und die Transaktion sicherheitshalber zurückzusetzen. So betrachtet umschreibt das **Fehlen eines Zyklus im Serialisierungsgraphen** eine **notwendige und hinreichende Bedingung für die Serialisierbarkeit** einer Schedule. Synchronisationsverfahren, die keine vollständige Information über die Eingabe-Ausgabe-Beziehungen der abgelaufenen Transaktionen besitzen, prüfen also nur hinreichende Bedingungen ab. Je weniger dabei die tatsächlich entstandenen Interdependenzen der Transaktionen berücksichtigt werden können, desto größer fällt tendenziell die Anzahl der unnötigerweise zurückgesetzten Transaktionen aus.

3.3.3. Überprüfung der Serialisierbarkeit durch Sperren

Die am längsten bekannte und am weitesten verbreitete Methode zur dynamischen Überprüfung und Gewährleistung der Serialisierbarkeit von Transaktionsabläufen basiert auf dem Konzept der **Sperre**. Sperren fungieren als Platzhalter der noch nicht abgeschlossenen Transaktionen an den von ihnen berührten Objekten. Um eine korrekte Synchronisation zu gewährleisten, müssen Sperren von allen anderen Transaktionen in der Weise beachtet werden, daß der Zugriff auf ein Objekt nur dann ausgeführt wird, wenn zuvor eine entsprechende Sperre auf dem Objekt erworben wurde. Es ist klar, daß die Ablaufintegrität nur dann gefährdet werden kann, wenn mindestens eine der beteiligten Transaktionen die Absicht bekundet, das betreffende Datenobjekt ändern zu wollen. Durch die Definition unterschiedlicher Sperrmodi in Anlehnung an die möglichen Zugriffsmodi Lesen und Schreiben und die Aufstellung geeigneter Kompatibilitätsregeln zwischen den Sperrmodi können Abhängigkeiten von nicht freigegebenen Änderungen sehr einfach verhindert werden. Das Aufeinandertreffen zweier Sperranforderungen auf demselben Objekt, wobei der Zugriffsmodus mindestens einer Transaktion ihre Änderungsabsicht kundtut, stellt einen sicheren Indikator für einen Konflikt dar. **Also sind Sperren Hilfsmittel zur dynamischen Erkennung von Konflikten.** Die Existenz von Konflikten ist andererseits eine der notwendigen, aber nicht hinreichenden Voraussetzungen für die Entstehung nicht serialisierbarer Schedules.

Jeder Konflikt, der durch das Zusammentreffen von Sperranforderungen offenkundig gemacht wird, bedingt die dynamische Überprüfung der Serialisierbarkeit und zieht eventuell weitere Maßnahmen nach sich.

[GA] Die komplexeste Lösung, die potentiell aber auch die geringste Anzahl unnötiger Rücksetzungen bewirkt, basiert auf der **Verwaltung eines relevanten Ausschnittes des Serialisierungsgraphen** (Graphanalyse (GA)) der ablaufenden Transaktionen [Bay76, BHR80, GLPT76]. Bei jedem Konflikt werden entsprechende Kanten in einen Graphen eingetragen und dieser auf die Existenz von Zyklen getestet. Wird ein solcher erkannt, dann muß die Zyklenfreiheit des Graphen durch Rücksetzung einer oder mehrerer Transaktionen wiederhergestellt werden, andernfalls hängt die weitere Vorgehensweise von der bezüglich der Isolation der Datenobjekte verfolgten Strategie ab. Der Einsatz temporärer Kopien erlaubt prinzipiell die sofortige Weiterbearbeitung der Transaktion, ansonsten ist die den Konflikt verursachende Transaktion zu blockieren. Dementsprechend wird der verwaltete Graph entweder mit Abhängigkeitsgraph oder mit Wartegraph bezeichnet.

[ZM] Zwar erlaubt der dynamische Ausschnitt des Serialisierungsgraphen den denkbar exaktesten Überblick über die Eingabe-Ausgabe-Beziehungen aller vom Datenbanksystem bedienten Transaktionen, jedoch wird vielfach [BEHR80, BEHR81, BEHR82, BSR80, RSL80, KiPf85] argumentiert, daß die Wartung des Graphen und die Zyklensuche einen nicht zu rechtfertigenden Aufwand verursachen. Dieses Argument trifft ganz besonders auf verteilte Datenbanksysteme zu, in denen jede Zyklensuche bei dezentraler Verwaltung der Sperren mit dem Versenden einer unter Umständen beachtlichen Anzahl von Nachrichten verbunden ist. Statt dessen werden Methoden zur Sicherstellung der Serialisierbarkeit propagiert, die ohne die Verwaltung eines Graphen auskommen aber auch Rücksetzungen serialisierbarer Transaktionen erzwingen. Anstatt der sich bei der Graphenanalyse dynamisch ergebenden Einordnung der Transaktionen in die äquivalente serielle Schedule wird vorgeschlagen, eine A-priori-Ordnung der Transaktionen über die Zuweisung einer **Zeitmarke** (ZM) im Rahmen der BOT-Verarbeitung zu etablieren. Geraten zwei Transaktionen in Konflikt, welcher wieder mit Hilfe von Sperren auf Datenobjekten erkannt wird, dann überlebt die zweite Transaktion nur, wenn ihre Zeitmarke in der richtigen Relation zu der der anderen Transaktion steht. Diese Methode tendiert allerdings zu einer großen Anzahl unnötiger Rücksetzungen. In [BEHR80] wird deshalb eine darüber hinausgehende Optimierung dieser A-priori-Ordnung über Zeitmarken in der Weise vorgeschlagen, daß diese nicht mehr unmittelbar mit dem BOT einer Transaktion zugewiesen werden, sondern nur beim Auftreten des ersten Konflikts. Durch diese Verbesserung wird wenigstens der erste Konflikt einer Transaktion immer durch die Zuteilung einer geeigneten Zeitmarke ohne Rücksetzung überstanden.

[ZI] In [BEHR81, BEHR82] wird diese Idee durch die Verwendung sogenannter **Zeitintervalle** (ZI) weiter verfeinert. Dabei startet eine Transaktion zunächst mit einem unendlichen Zeitintervall, das bei der Erkennung eines Konfliktes dynamisch verkleinert wird. Genau wie bei Zeitmarken implizieren die Zeitintervalle eine Ordnung der Transaktionen in der äquivalenten seriellen Schedule, die aber erst zur Laufzeit der Transaktionen und nicht bereits zum BOT-Zeitpunkt festgelegt wird. Geraten zwei Transaktionen in Konflikt, dann ist eine Rücksetzung nur dann unvermeidlich, wenn beider Zeitintervalle disjunkt sind und in der falschen zeitlichen Relation zueinander stehen. Überlappen sich die Zeitintervalle zweier Transaktionen bei einem Konflikt, dann kann die richtige Ordnung der Transaktionen immer durch Verkürzung der Intervalle am einen oder anderen Ende hergestellt werden. Nach [BEHR81, BEHR82] vermindert diese Optimierung die Anzahl unnötiger Rücksetzungen.

[RS] Die primitivste und für das Datenbanksystem mit dem geringsten Aufwand verbundene Reaktion auf die Erkennung eines Konflikts besteht in der **bedingungslosen Rücksetzung** der ihn verursachenden Transaktion. Eine Implementierung dieser Verfahrensalternative in einem realen Datenbanksystem ist vermutlich wegen der potentiell sehr großen Anzahl unnötiger Rücksetzungen nie vorgenommen worden, sondern war lediglich der Gegenstand von analytischen Untersuchungen ihres Leistungsverhaltens [Tay84].

Trotz der Verschiedenartigkeit der konkreten Algorithmen ist **allen Sperrverfahren** in dem hier verstandenen Sinne **gemeinsam,** daß sie **erstens** unmittelbar bei **jedem Zugriff Maßnahmen zur Überprüfung der Serialisierbarkeit** ergreifen, die zu Blockierungen oder

Rücksetzungen führen können. **Zweitens,** und das wird noch bei der beispielhaften Diskussion einiger der wesentlichen zu dieser Klasse zu zählenden Verfahren deutlich werden, sind die Kompatibilitätsregeln der Verfahren so definiert, daß **auf demselben Objekt niemals zwei Änderungstransaktionen gleichzeitig** aktiv sein können. Diese Vorgehensweise trägt dem Gedanken Rechnung, daß ein solcher Fall nur bei der Zulassung blinder Schreiboperationen nicht zur Nicht-Serialisierbarkeit und damit zu einer Rücksetzung führt. Für den Fall, daß eine zweite Transaktion ein Objekt zum ändernden Zugriff anfordert, erfolgt bei allen Sperrverfahren zumindest die Blockierung der zweiten Änderungstransaktion.

3.3.4. Überprüfung der Serialisierbarkeit durch Zeitmarken

Im vorausgehenden Abschnitt wurde bereits die Möglichkeit aufgezeigt, durch die Zuweisung von Zeitmarken an Transaktionen a priori eine Ordnung der Transaktionen in der äquivalenten seriellen Schedule festzulegen, auf die beim Auftreten von Konflikten zurückgegriffen werden kann. Es werden dann nur solche Zugriffe gestattet, die mit dieser Reihenfolge in Einklang stehen. Im vorangehenden Abschnitt wurden Konflikte mit Hilfe von Sperren erkannt und auf die Zeitmarken-Ordnung nur dann Bezug genommen, wenn mindestens zwei noch nicht beendete Transaktionen auf einem Datenobjekt in Konflikt gerieten. Die reinen Zeitmarken-Verfahren benutzen dagegen zur **Aufdeckung von Konflikten** keine Sperren, sondern ebenfalls **Zeitmarken an den Datenobjekten,** die durch die Zugriffe von Transaktionen fortgeschaltet werden. Der Zugriff einer Transaktion auf ein Objekt wird nur dann zugelassen, wenn die Zeitmarken von Transaktion und Objekt in der richtigen Relation zueinander stehen, andernfalls wird die Transaktion zurückgesetzt. Aufgrund der Notwendigkeit, auch bei Zeitmarken-Verfahren Abhängigkeiten von nicht freigegebenen Änderungen auszuschließen, ergibt sich unter Umständen die Notwendigkeit, **Zugriffe** zunächst zu **blockieren.**

Zeitmarken-Verfahren erzwingen eine Schedule, die äquivalent zu der seriellen Ausführung der Transaktionen in Zeitmarken-Ordnung ist. Letztere entspricht genau der BOT-Reihenfolge, wenn die realen Anfangszeitpunkte der Transaktionen als Zeitmarken dienen. Die wesentlich restriktivere Vorgehensweise der reinen Zeitmarken-Verfahren im Vergleich zu der der Kombination von Sperrverfahren und Zeitmarken anstelle der Abhängigkeitsgraphanalyse veranschaulicht das folgende Beispiel. Wenn zwei Transaktionen T_i und T_j mit den Zeitmarken i bzw. j und i<j unter der Kontrolle eines Zeitmarken-Verfahrens dasselbe Datenobjekt x nacheinander modifizieren, dann gelingt dies ohne Rücksetzung der Transaktion mit der kleineren Zeitmarke (T_i) nur dann, wenn T_i das Objekt gemessen an der realen Zeit früher als T_j modifiziert. Das im vorangehenden Abschnitt skizzierte Sperrverfahren würde es dagegen zulassen, daß T_i das Objekt später als T_j ändert, sofern T_j zu diesem Zeitpunkt bereits beendet ist. Dann wäre auf dem Objekt keine Sperre mehr gesetzt und der Vergleich von Zeitmarken würde sich erübrigen. Insofern tendieren die reinen Zeitmarken-Verfahren, die in Kapitel 4 noch etwas ausführlicher behandelt und an Beispielen mit den anderen Synchronisationsverfahren auf der Basis des einfachen Objektmodells verglichen werden, zu einer größeren Anzahl unnötiger Rücksetzungen. Die Zeitmarken-Verfahren verdanken ihre Existenzberechtigung hauptsächlich der sehr effizienten Überprüfung der Serialisierbarkeit, die auch in einem verteilten Datenbanksystem lokal durchgeführt werden kann [BSR80, BeGo80].

3.3.5. Überprüfung der Serialisierbarkeit während der EOT-Verarbeitung

Im Gegensatz zu den bisher geschilderten Synchronisationsmechanismen, die Blockierungen während der Verarbeitungsphase einer Transaktion erlauben, unternehmen die in diesem Abschnitt diskutierten Synchronisationsverfahren während der Verarbeitungsphase keine Anstrengungen, um die Serialisierbarkeit der Abläufe zu überprüfen, sondern verschieben alle derartigen Aktivitäten in die EOT-Verarbeitung. Das **ungehinderte Vorankommen der Transaktionen in der Verarbeitungsphase** macht den Hauptvorteil dieser Klasse von Verfahren aus, denn es eröffnet die Möglichkeit einer effektiven Auslastung der Betriebsmittel und kurze Antwortzeiten für den Fall, daß die Anzahl der unnötigen Rücksetzungen nicht allzu groß ausfällt. Die Bewahrung der Ablaufintegrität setzt allerdings das Verbergen sämtlicher Änderungen nicht beendeter Transaktionen vor parallelen Transaktionen durch die Heranziehung temporärer Kopien voraus. Die Nicht-Überprüfung der Serialisierbarkeit während der Verarbeitungsphase bedeutet hingegen nicht, daß hinsichtlich der ausgeführten Zugriffe auf Datenobjekte keinerlei Informationen gesammelt werden müssen. Um in der EOT-Verarbeitung überhaupt irgendwelche Aussagen über die möglicherweise in der Verarbeitungsphase aufgetretenen Konflikte und deren Auswirkungen auf die Serialisierbarkeit von Transaktionen machen zu können, bedarf es zumindest der Aufzeichnung aller in der Verarbeitungsphase zugegriffenen Objekte. Darüber hinaus ist der Zugriffsmodus von Interesse.

Auf der Basis dieser Informationen entscheiden die in [KuRo81] erstmals vorgeschlagenen **optimistischen Synchronisationsverfahren** über die Serialisierbarkeit von Transaktionsabläufen. Dabei wird versucht, die Transaktionen in EOT-Reihenfolge zu validieren, d.h. aufgrund der verfügbaren Informationen sicherzustellen, daß der Ablauf im Mehrbenutzerbetrieb äquivalent zur seriellen Ausführung aller Transaktionen in der Reihenfolge des Eintritts in die EOT-Verarbeitung ist. In dem hier beschriebenen einfachsten Fall wird dabei des weiteren eine Sequentialisierung der EOT-Verarbeitung unterstellt. Da bei der Verfügbarkeit der genannten Informationen die exakten Eingabe-Ausgabe-Beziehungen der abgelaufenen Transaktionen unbekannt bleiben, haben die optimistischen Synchronisationsverfahren keine andere Wahl, als bei der Feststellung von Überschneidungen der Objektmengen parallel bearbeiteter Transaktionen immer den ungünstigsten Fall anzunehmen und eine Rücksetzung einzuleiten. Alternativen bei der Realisierung optimistischer Synchronisationsverfahren und die genauen Validierungsregeln sind in Kapitel 4 abgehandelt.

Das Informationsdefizit der optimistischen Synchronisationsverfahren könnte im Prinzip auch durch die Aufzeichnung der Eingabe-Ausgabe-Beziehungen beim Ablauf der Transaktionen beseitigt werden. Eine solche Lösung läuft auf die Rekonstruktion des relevanten Ausschnittes aus dem Serialisierungsgraphen am Ende der betreffenden Transaktion hinaus und würde eine viel exaktere Überprüfung der Serialisierbarkeit ermöglichen. Sie ist allerdings in der Literatur bisher wohl hauptsächlich mit dem Argument nicht vorgeschlagen worden, daß die Überprüfung des Graphen auf Zyklen wiederum zu aufwendig wäre.

3.3.6. Verteilung der Überprüfung der Serialisierbarkeit auf die Verarbeitungsphase und die EOT-Verarbeitung

Selbstverständlich ist auch die Verteilung von Maßnahmen zur Überprüfung der Serialisierbarkeit auf die Verarbeitungsphase und die EOT-Verarbeitung durchführbar und wird auch von einigen Synchronisationsverfahren praktiziert. So läßt sich etwa bei bestimmten

Varianten von Sperrverfahren, die temporäre Kopien verwenden (RAX, RAC), die Zyklenanalyse des Abhängigkeitsgraphen bis in die EOT-Verarbeitung hinein verschieben. Auf der anderen Seite sind auch bei optimistischen Synchronisationsverfahren insbesondere im Hinblick auf das Zusammentreffen mehrerer paralleler Änderungstransaktionen auf demselben Datenobjekt Maßnahmen zur vorzeitigen Erkennung einer derartigen Situation angebracht, denn sie bedingt zwangsläufig das Scheitern einer der beiden Transaktionen in der EOT-Verarbeitung.

4. Synchronisationsverfahren ohne Berücksichtigung einer Objektstruktur

4.1. Synchronisation unter der Kontrolle von Sperrverfahren

Sperrverfahren sind deshalb an den Anfang der etwas ausführlicheren Darstellung der wichtigsten Synchronisationsverfahren gestellt, weil sie einerseits zur Zeit in allen marktgängigen Datenbanksystemen zum Einsatz kommen und andererseits historisch betrachtet zuerst zur Lösung des Synchronisationsproblems in Datenbanksystemen vorgeschlagen wurden.

Um die Serialisierbarkeit der Transaktionsabläufe sicherstellen und überprüfen zu können und Abhängigkeiten von nicht freigegebenen Änderungen zu verhindern, sind nach [EGLT76]

[1] vor dem Zugriff auf Objekte jeweils Sperren in einem dem Zugriffsmodus entsprechenden Modus zu erwerben,

[2] die Sperren anderer Transaktionen zu beachten,

[3] Sperren auf dasselbe Objekt im Verlauf einer Transaktion genau einmal anzufordern,

[4] Sperren zweiphasig anzufordern und freizugeben, d.h. keine Sperre vor dem Erwerb der letzten Sperre durch eine Transaktion freizugeben,

[5] und alle Sperren nach Ende der Transaktion freizugeben.

Zur Verhinderung von Abhängigkeiten von nicht freigegebenen Änderungen muß Regel [4] dieses sogenannten **2-Phasen-Sperrprotokolls** dahingehend verschärft werden, daß alle Sperren bis zum Ende der Transaktion zu halten sind.

Wesentliche Parameter von Sperrverfahren sind die **Anzahl und die Art** der von ihnen benutzten **Sperrmodi** und die zwischen ihnen definierten **Verträglichkeiten** (Kompatibilitäten). Üblicherweise werden sie in Gestalt der sogenannten **Kompatibilitätsmatrix** graphisch veranschaulicht. Bild 4.1 zeigt die entsprechenden Matrizen für die im folgenden diskutierten 4 Varianten von Sperrverfahren bis auf die des RAC_n-Verfahrens.

	R	X
R	+	−
X	−	−

	R	A	X
R	+	+	−
A	+	−	−
X	−	−	−

	R	A	C
R	+	+	+
A	+	−	−
C	+	−	−

a) RX-Verfahren   b) RAX-Verfahren   c) RAC-Verfahren

Bild 4.1 : Kompatibilitätsmatrizen für Sperrverfahren

Jeweils in der am weitesten links stehenden Spalte der Matrix ist der Modus eingetragen, in dem die Sperre von der Transaktion angefordert wird. In der Kopfzeile der Matrix ist der aktuelle Sperrmodus des Objekts angeführt, der sich aus den zum Zeitpunkt der betrachteten Anforderung gewährten Sperren ergibt. Die Einträge in der Matrix spezifizieren, ob eine angeforderte Sperre bei dem in der Kopfzeile angeführten Objektmodus sofort gewährt (+) werden kann oder nicht (−). Im dem zuletzt genannten Fall sind eventuell Maßnahmen zur Erkennung einer möglichen Nicht-Serialisierbarkeit im Sinne der Erörterungen von

Kapitel 3 zu ergreifen. Strenggenommen fehlt bei den Matrizen von Bild 4.1 jeweils eine Spalte für den Objektmodus, der durch das Fehlen von Sperren gekennzeichnet ist. Da eine Sperre in dieser Situation unabhängig vom Anforderungsmodus und von Verfahren sofort gewährt wird, wurde auf eine entsprechende Spalte in Bild 4.1 verzichtet.

4.1.1. Das RX-Sperrverfahren

Das sogenannte RX-Verfahren als das älteste und am besten bekannte Sperrverfahren ist nur der Vollständigkeit halber erwähnt. Es erlaubt zwar mehreren gleichzeitigen Transaktionen das Lesen eines Objekts, allerdings schließt eine Änderungstransaktion alle anderen vom Zugriff auf das modifizierte Objekt aus. Durch die beim RX-Verfahren festgelegten Kompatibilitätsregeln wird implizit die Abhängigkeit von nicht freigegebenen Änderungen ausgeschlossen, da ein modifiziertes Objekt dem Zugriff anderer Transaktionen bis zum Ende der Änderungstransaktion vorenthalten wird. Isolationsmechanismen wie temporäre Kopien und Versionen werden deshalb vom RX-Sperrverfahren nicht benötigt, es ist auf die in Kapitel 3 mit Objektoriginal bezeichnete Technik hin ausgerichtet.

4.1.2. Die RA-Sperrverfahren

Die geringe Kompatibilität der Sperrmodi beim RX-Verfahren, die die Parallelverarbeitung beim Vorhandensein von Änderungstransaktionen sehr stark einschränkt, bildete den Ausgangspunkt für die von Bayer et al. [BHR80, Elh82] vorgeschlagenen beiden Weiterentwicklungen, die unter den Bezeichnungen RAX- und RAC-Verfahren in die Literatur eingegangen sind. Die konsequente Fortsetzung der zu den beiden genannten Verfahren hinleitenden Idee führt zu dem hier mit RAC_n-Verfahren bezeichneten Synchronisationsalgorithmus. Allen drei Verfahren gemeinsam ist die Einführung eines weiteren Sperrmodus, des A-Modus (A steht für Analyse [BHR80]), der zur Absicherung ändernder Zugriffe herangezogen wird. Aus den Kompatibilitätsmatrizen von Bild 4.1 läßt sich ablesen, daß die Anzahl der verträglichen Kombinationen der Sperrmodi von Verfahren zu Verfahren zunimmt.

Der Hauptunterschied der drei Verfahren zum herkömmlichen RX-Verfahren besteht in der **Zulassung von Lesern auf Objekten, die zur gleichen Zeit Änderungen unterworfen sind.** Zur Gewährleistung der Serialisierbarkeit muß allerdings dafür gesorgt werden, daß die lesenden Transaktionen keine inkonsistenten Zwischenzustände zu sehen bekommen, d.h. Abhängigkeiten von nicht freigegebenen Änderungen sind durch entsprechende Isolationsmaßnahmen auszuschließen. Aus diesem Grunde wird den Lesern jeweils eine Version des Objektes zur Verfügung gestellt, wogegen die Änderer eine private Kopie manipulieren, die entsprechend der in Kapitel 3 gemachten Bemerkungen erst nach Sicherstellung der Serialisierbarkeit der Abläufe im Rahmen der EOT-Verarbeitung als aktuelle Version in die Datenbank eingebracht wird.

Die Verarbeitung der privaten Kopie wird bei allen drei Verfahren durch das Setzen einer A-Sperre geschützt. Wie aus Bild 4.1 zu ersehen ist, verträgt sich der A-Modus in allen Fällen mit dem R-Modus, läßt also beliebig viele parallele Leser zu einem Änderer zu. Andererseits wird durch die Inkompatibilität des A-Modus mit sich selbst die **physische Serialisierung von Schreibern auf einem Objekt** erzwungen. Der Hauptunterschied der RA-Verfahren besteht in der Anzahl von ihnen verwendeten Versionen. Das RAX-Verfahren benötigt neben einer eventuellen temporären Kopie für Änderungstransaktionen genau eine Version, das RAC-Verfahren dagegen greift in bestimmten Betriebssituationen auf zwei Versionen zurück. Beim RAC_n-

Verfahren ist die Anzahl der Versionen ein beliebiger aber fest zu wählender Parameter, der durch den Index in der Verfahrensbezeichnung zum Ausdruck gebracht wird.

4.1.3. Das RAX-Sperrverfahren

Wie sich durch den Einsatz temporärer Kopien bei den RA-Verfahren die Parallelität von Transaktionen gegenüber dem RX-Verfahren erhöhen kann, wird anhand von Bild 4.2 am Beispiel des RAX-Verfahrens illustriert. Die beiden anderen RA-Verfahren verhalten sich in derselben Situation ganz ähnlich.

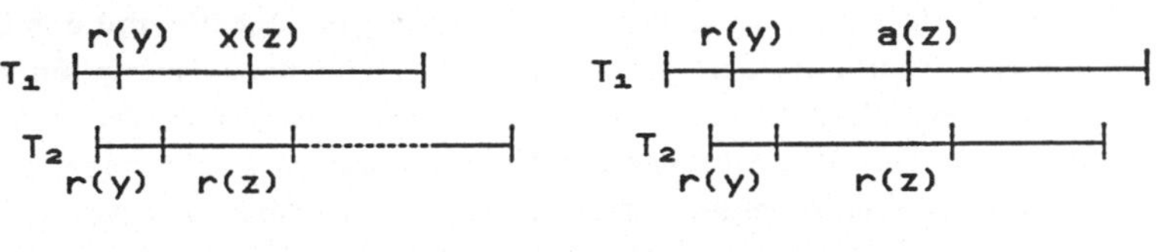

RX-Synchronisation   RAX-Synchronisation

Bild 4.2: Erhöhung der Ablaufparallelität beim RAX-Verfahren

Beim RX-Verfahren führt die Anforderung einer R-Sperre auf Objekt z durch Transaktion T_2 zur Verzögerung (in Bild 4.2 durch Strichelung angedeutet) derselben. Dagegen kann Transaktion T_2 beim RAX-Verfahren wegen der Verträglichkeit von R- und A-Modus ohne Blockierung zu Ende kommen. Die äquivalenten seriellen Ablauffolgen unterscheiden sich jedoch in beiden Fällen. Beim RX-Verfahren sieht Transaktion T_2 bereits den neuen Wert von z (d.h., Transaktion T_1 kommt in der äquivalenten seriellen Schedule vor T_2), beim RAX-Verfahren beendet sich T_2, bevor der neue Wert von z in die Datenbank eingebracht ist (T_2 vor T_1).

Das Setzen einer A-Sperre durch eine Transaktion T_i auf ein von Transaktion T_j im R-Modus gehaltenes Objekt bedeutet im Hinblick auf die Serialisierungsreihenfolge, daß Transaktion T_i in der äquivalenten seriellen Schedule nach Transaktion T_j angeordnet wird, da T_j den Wert des Objektes vor der Modifikation durch T_i zu sehen bekommt. Um solche Abhängigkeiten explizit zu machen, wird die X-Sperre benutzt. Würde nämlich zugelassen, daß Transaktionen nur nach den durch den R- und A-Modus vorbestimmten Kompatibilitätsregeln ablaufen und ihre Änderungen bei EOT in die Datenbank einbringen, so wäre auch der in Bild 4.3 gezeigte, nicht serialisierbare Ablauf möglich.

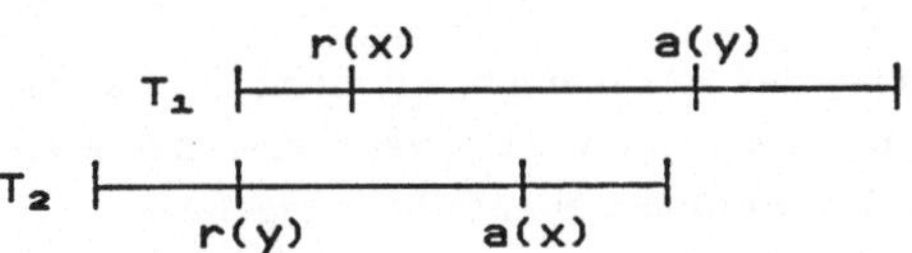

Bild 4.3 : Notwendigkeit von X-Sperren beim RAX-Verfahren

Für die Serialisierbarkeit des in Bild 4.3 gezeigten Ablaufs ist es erforderlich, daß entweder Transaktion T_1 den neuen Wert von Objekt x sieht (T_2 vor T_1) oder T_2 den modifizierten Inhalt von y (T_1 vor T_2), da es nur diese beiden Permutationen zweier Transaktionen gibt. Die Eingabe-Ausgabe-Beziehungen der Transaktionen in Bild 4.3 entsprechen jedoch weder dem einen noch dem anderen Fall. Inkonsistenzen dieser Art werden vom RAX-Verfahren dadurch erkannt, daß eine Änderungstransaktion bei der **EOT-Behandlung** zunächst **alle A-Sperren in den X-Modus** zu **konvertieren** hat. Eine Konversion ist erst dann möglich, wenn der letzte Leser das Objekt freigegeben hat. Frühestens zu dem Zeitpunkt, zu dem alle A-Sperren in X-Sperren umgewandelt worden sind, dürfen die Änderungen anderer Transaktionen zugänglich gemacht werden.

Bloßes Warten auf die Freigabe der R-Sperren auf einem zur Konversion anstehenden Objekt liefert, wie Bild 4.3 illustriert, keine korrekte Lösung des Problems, da jede der beteiligten Transaktionen auf das Ende der anderen warten würde. In der Terminologie der Serialisierungstheorie würde durch die Zulassung der in Bild 4.3 gezeigten Zugriffe und das Einbringen der zunächst vorläufigen Modifikationen ein Zyklus im Serialisierungsgraphen entstehen. Von den im dritten Kapitel aufgezählten Techniken zur Erkennung und Verhinderung derartiger Situationen wird in der Folge immer die Graphenanalyse zugrundegelegt. Bei den RA-Verfahren werden im Graphen einerseits Wartebeziehungen wegen unverträglicher Sperranforderungen eingetragen und andererseits Vorrangbeziehungen durch Kanten explizit gemacht, die beim Lesen von Versionen auf Objekten entstehen, die gleichzeitig aktualisiert werden. Der auf diese Weise dynamisch konstruierte Graph wird mit **Abhängigkeitsgraph** bezeichnet.

Um in jedem Falle die Serialisierbarkeit der Transaktionsabläufe garantieren zu können, sind bestimmte Regeln bezüglich der Eintragung von Kanten in den Abhängigkeitsgraphen einzuhalten. Üblicherweise wird bei der Blockierung einer Transaktion eine Eintragung vorgenommen, beispielsweise wenn zwei Anforderungen im A-Modus aufeinandertreffen oder eine X-Sperre mit einer beliebigen anderen Sperre kollidiert. Bezüglich der Lese-Schreib-Abhängigkeiten über R- und A-Sperren sind prinzipiell zwei Vorgehensweisen denkbar. Zum einen könnten die entsprechenden Kanten schon beim Setzen der A- oder R-Sperre eingetragen und sofort die Entstehung eines Zyklus geprüft werden. Zum anderen könnte die Eintragung bis zur EOT-Verarbeitung der Transaktion (Konvertierung A nach X) hinausgeschoben werden. In diesem Fall werden alle Kanten einer Transaktion auf einmal Bestandteil des Abhängigkeitsgraphen. Die erste Vorgehensweise zeichnet sich durch eine möglichst frühzeitige Erkennung nicht serialisierbarer Abläufe aus. Die unter Umständen teure Zyklensuche ist dann aber bei jeder einzelnen Einfügung vorzunehmen. Bei der zweiten geschilderten Vorgehensweise ist für alle von einer Transaktion gesetzten A-Sperren nur eine Zyklensuche erforderlich. Weil Rücksetzungen aufgrund von Lese-Schreib-Abhängigkeiten immer erst am Ende einer Transaktion erfolgen, werden allerdings Betriebsmittel in größerem Umfang als bei sofortiger Rücksetzung verschwendet.

Bild 4.4 demonstriert die Arbeitsweise des RAX-Verfahrens noch einmal an einem etwas umfangreicheren Beispiel. Der Abhängigkeitsgraph wird jeweils erst bei EOT aktualisiert. Seine Gestalt ist zu einigen wesentlichen Zeitpunkten ebenfalls angegeben.

Bis zum Zeitpunkt t_1 können alle Sperren sofort gewährt werden, da sie entweder auf ein freies Objekt treffen oder mit den bis dahin gesetzten verträglich sind. Die von Transaktion T_4 angeforderte A-Sperre auf Objekt i ist nicht kompatibel mit der von Transaktion T_2. Deshalb muß T_4 auf das Ende von T_2 warten. T_2 erreicht dann zum Zeitpunkt t_2 das Ende der Verarbeitungsphase. Zur Überprüfung der Serialisierbarkeit ist in der EOT-Verarbeitung die A-Sperre auf i in eine X-Sperre umzuwandeln. Dabei wird erkannt, daß die noch laufende Transaktion T_1 den alten Zustand von i gesehen hat, mithin T_2 das Ende von T_1 erwarten muß.

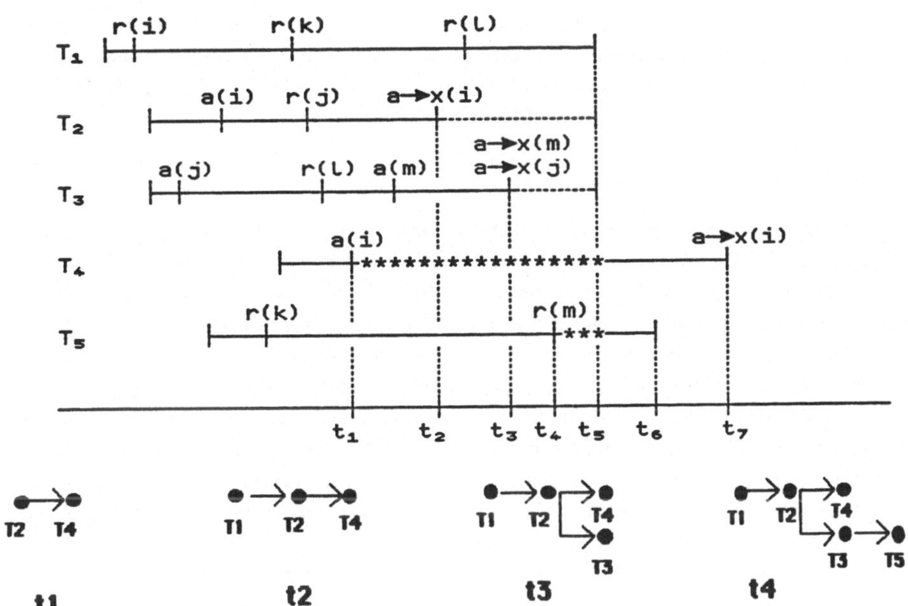

Bild 4.4: Funktionsweise des RAX-Verfahrens

Dies wird durch Eintragung einer entsprechenden Kante in den Abhängigkeitsgraphen vermerkt. Bei t_3 gelangt T_3 ans Ende der Verarbeitungsphase. Da das Objekt m bisher nur von dieser Transaktion berührt wurde, bleibt der Abhängigkeitsgraph durch die Konversion unverändert. Dagegen wird bei der Umwandlung der Sperre auf Objekt j erkannt, daß das Ende von T_2 abzuwarten ist. Bei t_4 fordert Transaktion T_5 eine Lesesperre für das von T_3 im X-Modus gehaltene Objekt m und wird deaktiviert. Zum Zeitpunkt t_5 schließlich gibt Transaktion T_1 ihre Bereitschaft zur Beendigung bekannt. Da sie nur Lesesperren besitzt, kann die EOT-Verarbeitung abgeschlossen werden. Dabei wird erkannt, daß nach Entfernung von Transaktion T_1 aus dem Graphen T_2 auf keine andere Transaktion mehr wartet. Ihre EOT-Verarbeitung wird deshalb ebenfalls abgeschlossen. Dazu werden zuerst ihre Änderungen (i) in die Datenbank eingebracht und bei der Freigabe der Sperren die wegen der X-Sperre wartende Transaktion T_5 deblockiert. Nachdem der Knoten T_2 aus dem Abhängigkeitsgraphen entfernt worden ist, kann auch T_3 abgeschlossen werden. Nach Freigabe ihrer Änderungen und Sperren setzt auch Transaktion T_4 ihre Verarbeitung fort, weil die X-Sperre auf i entfallen ist. Die vorletzte noch aktive Transaktion wird ohne weitere Unterbrechung zum Zeitpunkt t_6 beendet, weil sie ihre Objekte nur gelesen hat. Schließlich kann auch T_4 ihre A-Sperre auf i in eine X-Sperre konvertieren (t_7).

Die Transaktionen gehen in der eben aufgezählten Reihenfolge in die äquivalente serielle Schedule ein. Die Verzögerung des Transaktionsendes bis zur erfolgreichen Konversion aller A-Sperren bedingt, daß dem Benutzer das erfolgreiche Ende der Transaktion erst nach dem Verschwinden aller Leser auf den von ihm geänderten Objekten signalisiert werden darf. Das Überleben der Transaktion ist jedoch schon in dem Moment sichergestellt, in dem nach dem Eintragen aller für die Konversion der A-Sperren in X-Sperren notwendigen Kanten die

Zyklenfreiheit des Graphen erkannt wird. Aus der Sicht des Datenbanksystems könnte die EOT-Verarbeitung der Transaktion bereits zu diesem Zeitpunkt abgeschlossen werden. Das Einbringen der Änderungen müßte allerdings in der Weise vonstattengehen, daß diese Änderungen noch aktiven Lesetransaktionen verborgen blieben.

4.1.4. Das RAC-Sperrverfahren

Das Setzen der X-Sperren beim RAX-Verfahren erzwingt die exklusive Kontrolle einer Transaktion über alle von ihr geänderten Objekte während der EOT-Verarbeitung. In diesem Zustand läßt sich die alte Version ohne Gefährdung der Ablaufintegrität durch die neue ersetzen. Um nicht mit dem Abschluß der EOT-Verarbeitung auf eine Vielzahl von Lesern auf der noch aktuellen Version warten zu müssen, wurde das RAC-Verfahren vorgeschlagen. Bei diesem werden die A-Sperren im Verlauf der EOT-Verarbeitung in C-Sperren umgewandelt. Wie Bild 4.1 deutlich macht, sind R- und C-Sperren miteinander verträglich. Die Ablaufintegrität wird beim RAC-Verfahren dadurch gesichert, daß bei der Umwandlung der A- in die C-Sperre die gültige Version nicht durch die private Kopie überschrieben wird, sondern diese vielmehr als neue zweite Version zusätzlich zur alten aufbewahrt wird. Somit erfüllt die **C-Sperre** eine **Platzhalterrolle** zur **Anzeige der Existenz zweier Versionen** eines Objekts. Durch die Unverträglichkeit des C-Modus mit sich selbst und dem A-Modus wird erreicht, daß zu einem Zeitpunkt maximal zwei verschiedene Objektversionen existieren können und auch maximal eine Änderungstransaktion pro Objekt zugelassen ist. Diese beiden Versionen werden zur Abkürzung auch mit alter und neuer Version bezeichnet.

Existieren zwei Objektversionen, dann muß beim Zugriff eine Auswahlentscheidung getroffen werden, und zwar in der Weise, daß die Serialisierbarkeit der Schedule aufrechterhalten wird. Zu diesem Zweck wird wie schon beim RAX-Verfahren ein Abhängigkeitsgraph verwaltet, dessen Konstruktionsregeln für das RAC-Verfahren geringfügig erweitert werden müssen. Bei der Konversion werden Kanten zwischen Lesern und Änderern in gleicher Weise wie beim RAX-Verfahren eingefügt und der Abhängigkeitsgraph auf Zyklen überprüft. Verläuft der Test negativ, dann werden alle A-Sperren atomar in C-Sperren umgewandelt und die neuen Versionen für Folgetransaktionen sichtbar gemacht. Fordert anschließend eine Transaktion eine R-Sperre für ein solches Objekt, dann wird zuerst versucht, ihr die neue Version zuzuteilen, d.h. sie in der äquivalenten seriellen Schedule zeitlich nach der die C-Sperre besitzenden Transaktion einzuordnen. Dies wird anschließend durch eine Kante im Abhängigkeitsgraphen dokumentiert. Entsteht dabei ein Zyklus, dann muß die Transaktion mit der alten Version vorliebnehmen. Beim RAC-Verfahren resultiert eine Leseanforderung niemals in der Blockierung oder Rücksetzung einer Transaktion. Die Arbeitsweise des Verfahrens wird noch an einem etwas umfangreicheren Beispiel in Bild 4.5 demonstriert.

Bis zum Zeitpunkt t_2 können in Bild 4.5 alle Sperren ohne Verzögerung gewährt werden. Dann tritt Transaktion T_1 in die EOT-Verarbeitung ein. Über Objekt i besteht mit T_2 eine Vorrangbeziehung, die aber keinen Zyklus einführt. T_1 kann erfolgreich beendet werden, die alte Version des Objekts i muß jedoch für T_2 aufbewahrt werden. Zum Zeitpunkt t_3 fordert T_3 eine R-Sperre auf i an. Das Zuordnen der neuen Version ist zulässig, denn es führt zur zyklenfreien Eintragung einer Kante in den Abhängigkeitsgraphen. Bei t_4 verlangt T_3 eine A-Sperre auf k, welches bereits T_2 in demselben Modus zugeordnet ist. Daraufhin wird T_3 blockiert, bis T_2 die benötigte Sperre freigibt. Bei t_5 beendet T_2 die Verarbeitungsphase, wobei sie ihre A-Sperre auf k konvertieren muß. Dadurch kommt T_2 in der äquivalenten

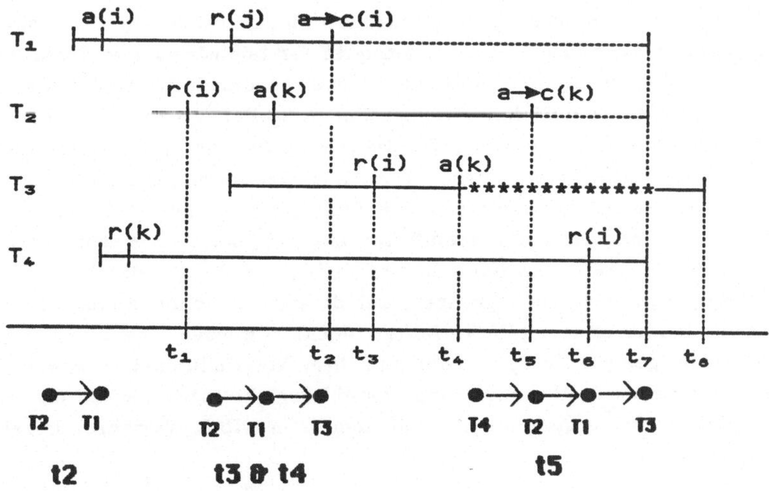

Bild 4.5: Funktionsweise des RAC-Verfahrens

seriellen Schedule hinter T_4 zu liegen. Bei t_8 will Transaktion T_4 Objekt i lesen. Würde die neue Version zugewiesen, dann müßte Transaktion T_4 nach T_1 in die äquivalente serielle Schedule eingereiht werden, was einen Zyklus im Abhängigkeitsgraphen hervorrufen würde. Deshalb ordnet das Datenbanksystem T_4 die alte Version zu. Bei t_7 terminiert T_4 und gibt alle Sperren frei. T_2 kann nun ebenfalls abgeschlossen werden. Erst zu diesem Zeitpunkt dürfen ihre R- und C-Sperren freigegeben und die alte Version von k vernichtet werden. Entsprechendes gilt nun auch für T_1. Nachdem T_2 die C-Sperre auf k zurückgegeben hat, kann T_3 fortgesetzt werden. Die Reihenfolge, in der die Transaktionen ihre Änderungen sichtbar machen, lautet also: T_1, T_2, T_4, T_3, wogegen die äquivalente serielle Schedule folgendermaßen aussieht : T_4, T_2, T_1, T_3.

4.1.5. Das RAC_n-Sperrverfahren

Mit dem hier RAC_n-Verfahren genannten Synchronisationsalgorithmus wird der vom RX- über das RAX- zum RAC-Sperrverfahren führende Weg bzw. die dabei zugrundeliegende Idee konsequent fortgeführt. Blockierte beim RX-Verfahren ein einziger Schreiber noch alle anderen Aktivitäten hinsichtlich des mit einer X-Sperre belegten Datenobjekts, so wurde dieses Problem durch Einführung der A-Sperre und einer temporären Kopie zumindest für die Dauer der Verarbeitungsphase befriedigend gelöst. Das Setzen von X-Sperren zur Erreichung der exklusiven Kontrolle der in der EOT-Verarbeitung befindlichen Transaktion über die von ihr modifizierten Objekte beschränkt jedoch die Parallelverarbeitung zeitweise genauso stark wie das RX-Verfahren. Diesem Problem wird durch die Einführung der C-Sperre die Schärfe genommen. Bei der Verwendung von C-Sperren ist in jedem Fall sichergestellt, daß Zugriffe im lesenden Modus unverzögert gewährt werden können. Allerdings besitzt auch das RAC-Verfahren immer noch den Nachteil, daß Änderungstransaktionen, die auf ein im C-Modus gehaltenes Objekt treffen, erst dann fortgesetzt werden können, wenn alle diejenigen Transaktionen abgeschlossen sind, die eventuell die alte Version noch einmal benötigen könnten. Letzteres wird durch Analyse des Abhängigkeitsgraphen festgestellt.

Dieser Restriktion der Parallelverarbeitung läßt sich dadurch begegnen, daß **sofort nach der Erzeugung der neuen Version der Änderungszugriff für höchstens eine Transaktion erlaubt** und genau wie bei den bisher beschriebenen Verfahren durch die Erstellung einer temporären Kopie von allen parallelen Transaktionen isoliert wird. Bei Beendigung der Verarbeitungsphase wird dann, sofern der Serialisierbarkeit der Transaktion nichts im Wege steht, die temporäre Kopie in eine dritte Version umgewandelt und diese vom Datenbanksystem aufbewahrt. Im Prinzip ließe sich die Erzeugung weiterer Versionen beliebig fortsetzen, so daß bei besonders häufig geänderten Datenobjekten eine sehr große Anzahl von Versionen zu verwalten wäre. Es liegt deshalb nahe, die Anzahl der Versionen auf einen festen, aber beliebigen Wert zu begrenzen, bei dessen Erreichen Änderungstransaktionen genau wie bei den beiden anderen RA-Verfahren blockiert werden. Die Umsetzung dieser Idee durch die Definition geeigneter Sperrmodi und ihrer Verträglichkeiten sowie die adäquate Erweiterung der Regeln zur Aktualisierung des Abhängigkeitsgraphen zu einem vollständig spezifizierten Algorithmus ergibt das hier mit dem Namen RAC_n-Verfahren bezeichnete Synchronisationsprotokoll.

Die Darstellung der Sperrmodi und ihrer Verträglichkeiten in der Form einer herkömmlichen Kompatibilitätsmatrix bereitet dabei erhebliche Schwierigkeiten. Sie beruhen auf der Vermischung mehrerer sehr unterschiedlicher Aspekte in den Kompatibilitätsmatrizen der RA-Verfahren. Dies soll am Beispiel des RAC-Verfahrens etwas verdeutlicht werden. Bei ihm wird durch den Objektmodus in der Kopfzeile der Kompatibilitätsmatrix der Zustand des gesperrten Objekts, d.h. die Anzahl der von ihm existierenden Versionen bzw. temporären Kopien ausgedrückt. Dagegen legen die Einträge in den für die Anforderung von R- und A-Sperren vorgesehenen Zeilen fest, ob in dem entsprechenden Objektzustand eine weitere Transaktion zugelassen werden kann. Die letzte Zeile der Kompatibilitätsmatrix macht im Grunde genommen nur explizit, daß die Erzeugung der neuen Version auch dann erfolgen kann, wenn das Objekt noch von anderen Transaktionen gelesen wird. Die Minus-Zeichen in der der C-Sperre zugeordneten Zeile bringen nur noch einmal zum Ausdruck, daß das Zusammentreffen einer A-Sperre mit einer C-Sperre bzw. zweier C-Sperren auf demselben Objekt vom RAC-Protokoll verhindert wird, haben also die Bedeutung unmöglich statt unverträglich.

Insofern ist es zur Beschreibung des RAC_n-Verfahrens günstiger, auf der einen Seite nur die beiden Anforderungsmodi von Transaktionen, R und A, und auf der anderen Seite die Objektzustände zu unterscheiden. Der Zustand, in dem genau eine Version des Objekts existiert, wird hier mit C_1 bezeichnet. Kommt nun eine temporäre Kopie für eine Änderungstransaktion hinzu, dann erfolgt der Übergang in den Zustand AC_1. Diese beiden entsprechen den Zuständen R und A des RAC-Verfahrens. Existieren zwei Versionen, aber keine temporäre Kopie für einen Schreiber, dann lautet der Zustand C_2. Entsprechend lassen sich Zustände C_i ($1 \leq i \leq n$) und AC_i mit ($1 \leq i \leq n-1$) definieren. Im Zustand C_i können dann sowohl R- als auch A-Sperren gewährt werden, im Zustand AC_i dagegen müssen Anforderungen im A-Modus verzögert werden. Die Beschränkung auf höchstens n Versionen wird dadurch erreicht, daß im Zustand C_n keine A-Sperren mehr gewährt werden. Die Auswahl von Versionen und die Freigabe von Versionen verläuft ganz entsprechend zum RAC-Verfahren durch Analyse des Abhängigkeitsgraphen.

4.2. Synchronisation unter der Kontrolle optimistischer Verfahren

Grundverschieden von der Vorgehensweise der Sperrverfahren ist die der optimistischen Synchronisationsverfahren. Während die **Überprüfung der Serialisierbarkeit** bei Sperrverfahren weitgehend schon in der Verarbeitungsphase durchgeführt wird, **verschieben die optimistischen Verfahren** entsprechende Tests **bis zur EOT-Verarbeitung.** Innerhalb der Verarbeitungsphase werden alle Modifikationen auf temporären Kopien ausgeführt und dadurch gegenüber parallelen Transaktionen isoliert. Die durchgeführten Zugriffe einer Transaktion werden lediglich mit Hilfe von Datenstrukturen aufgezeichnet, die üblicherweise als Lese- und Schreibmenge bezeichnet werden.

Durch diese Vorgehensweise erlauben es die optimistischen Verfahren, und das wird als einer ihrer Hauptvorteile herausgestellt [KuRo81], **Transaktionen blockierungsfrei** zu verarbeiten, eine in Anwendungsumgebungen mit kritischen Antwortzeit-Anforderungen unter Umständen sehr nützliche Eigenschaft. Außerdem entfällt der mit der Verwaltung von Sperren verbundene Aufwand. Ebenfalls verzichtet werden kann auf die dynamische Verwaltung eines Abhängigkeitsgraphen und die unter Umständen sehr kostspielige Zyklensuche.

Während bei Sperrverfahren zumindest in der Variante, die den Abhängigkeitsgraphen zum frühestmöglichen Zeitpunkt aktualisiert, beim Eintritt in die EOT-Verarbeitung feststeht, daß die Transaktion aus Serialisierbarkeitserwägungen nicht zurückgesetzt werden muß, muß diese Frage bei optimistischen Verfahren als erster Schritt der EOT-Verarbeitung geklärt werden (**Validierungsphase** [KuRo81]). Verläuft die Validierung erfolgreich, dann wird das Überleben der Transaktion durch Schreiben der Protokollinformation sichergestellt. Anschließend können die Änderungen der Transaktion eingebracht werden (**Schreibphase** [KuRo81])

In der Validierungsphase stehen dem Synchronisationsverfahren die Lese- und Schreibmengen der ablaufenden und gegebenenfalls die schon beendeter Transaktionen als einzige Information zur Entscheidungsfindung zur Verfügung. Hinreichende Bedingungen für die Serialisierbarkeit sind unter dieser Voraussetzung entweder die **Disjunktheit der Objektmengen** zweier Transaktionen oder die **zeitlich nicht überlappende Ausführung** der betreffenden Transaktionen [Här84a]. Da bei Überlappungen der Objektmengen keine Aussage darüber getroffen werden kann, welcher der beiden Zugriffe zuerst erfolgte, müssen die optimistischen Synchronisationsverfahren in diesem Fall immer zur Maßnahme der Rücksetzung greifen, um die Ablaufintegrität auf jeden Fall zu garantieren. Die zunächst optimistische Annahme, daß derartige Überlappungen der Objektmengen ein extrem seltenes Ereignis darstellen, verlangt also beim tatsächlichen Eintritt einer solchen als unwahrscheinlich eingestuften Situation eine pessimistische Vorgehensweise. Eine weitere Grundannahme des optimistischen Ansatzes ist daher die **relative Seltenheit von Konflikten** auf Datenobjekten in realen Anwendungsumgebungen von Datenbanksystemen. Je nachdem ob eine Transaktion in der Validierungsphase gegen die gerade ablaufenden Transaktionen validiert oder gegen die bereits beendeten, wird zwischen **vergangenheitsorientierten Verfahren,** auch **BOCC** (backward oriented optimistic concurrency control)- **Verfahren** genannt, und **zukunftsorientierten Verfahren,** die auch als **FOCC** (forward oriented optimistic concurrency control)- **Verfahren** bezeichnet werden, unterschieden.

4.2.1. Die BOCC-Verfahren

Die einfachste Form der BOCC-Variante wird im folgenden anhand von Bild 4.6 erläutert. Die Darstellungstechnik entspricht weitgehend der in den vorangehenden Kapiteln verwendeten, der Buchstabe m bezeichnet die vorläufige Modifikation des Objekts (Kopie). Da blindes Ändern als wenig sinnvolle Operationssemantik anzusehen ist, bedingt die Modifikation eines Objekts in Bild 4.6 seine Aufnahme sowohl in die Lese- als auch die Schreibmenge der Transaktion. Bei allen Betrachtungen wird davon ausgegangen, daß die Validierung der Transaktionen im Sinne eines kritischen Bereiches physisch sequentiell abläuft. Wege zur Parallelisierung der Validierungsphase werden etwa in [KuRo81] vorgeschlagen.

In Bild 4.6 erreicht T_2 als erste der vier Transaktionen die Validierungsphase. Das BOCC-Verfahren versucht sicherzustellen, daß die Transaktion hinter allen schon beendeten Transaktionen in die äquivalente serielle Schedule eingeordnet werden kann. Aufgrund der zuvor aufgestellten Kriterien hat eine Validierung nur gegen die Transaktionen zu erfolgen, die zu irgendeinem Zeitpunkt parallel mit T_2 abgelaufen und schon beendet sind (zeitlicher Ausschluß). In dem Beispiel wurde vor dem Ende von T_2 noch keine andere Transaktion validiert, so daß T_2 überlebt und ihre Änderungen in die Datenbank einbringen darf. Somit wird T_2 an den Anfang der äquivalenten seriellen Schedule gestellt.

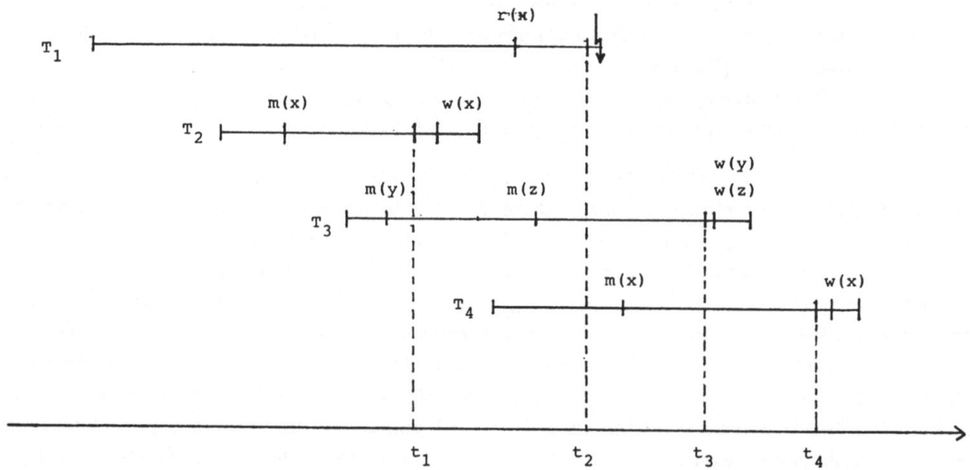

Bild 4.6: Funktionsweise des BOCC-Verfahrens

Als einfaches Hilfsmittel zur Bestimmung der Menge der Transaktionen, gegen die jeweils zu validieren ist, läßt sich vorteilhaft ein globaler **Validierungszähler** einsetzen, der jeweils am Ende der EOT-Verarbeitung fortgeschaltet wird. Wenn sich jede Transaktion im Rahmen der BOT-Verarbeitung den momentanen Wert dieses Zählers merkt, dann weiß sie in der Validierungsphase, welche Transaktionen vor ihrem Start bereits abgeschlossen waren.

Zum Zeitpunkt t_2 erreicht T_1 das Ende der Verarbeitungsphase und erkennt, daß sie nur gegen T_2 validieren muß. Da es das Ziel des BOCC-Verfahrens ist, T_1 nach T_2 in die äquivalente serielle Schedule einzuordnen, muß sichergestellt sein, daß T_1 alle von T_2 geänderten Objekte im modifizierten Zustand gesehen hat. Da die Inhalte der Lese- und Schreibmengen lediglich besagen, daß T_1 das von T_2 geänderte Objekt x gelesen hat, aber keine Aussage über den Zeitpunkt machen, muß der ungünstigste Fall angenommen werden, daß nämlich T_1 den alten Wert gelesen hat, obwohl dem in dem Beispiel von Bild 4.6 nicht so ist. **Validierungskriterium des BOCC-Verfahrens ist also die Disjunktheit der Lesemenge** der validierenden Transaktion **mit den Schreibmengen** aller gleichzeitig ablaufenden, vorher beendeten Transaktionen.

In Bild 4.6 tritt anschließend T_3 zum Zeitpunkt t_3 in die Validierungsphase ein. Da T_1 zuvor zurückgesetzt wurde, hat T_3 ihre Lesemenge nur mit der Schreibmenge von T_2 zu vergleichen und kann, da keine Überlappung vorliegt, erfolgreich abgeschlossen werden. Dasselbe gilt für T_4. Zwar ändert sie ebenfalls das von T_2 modifizierte Objekt x, jedoch ist aufgrund des zeitlichen Ausschlusses beider Transaktionen sichergestellt, daß T_4 den von T_2 erzeugten Wert als Eingabe erhält.

Die Disjunktheit von Lese- und Schreibmengen allein reicht als Validierungskriterium nur dann aus, wenn über die Serialisierung der Validierungsphase hinaus die Schreibphase in den kritischen Abschnitt miteinbezogen wird, wie das in Bild 4.6 unterstellt ist. Wird diese Annahme aufgehoben, dann muß zusätzlich erreicht werden, daß die Transaktionen ihre Änderungen in Validierungsreihenfolge in die Datenbank einbringen. Am einfachsten läßt sich das dadurch erzwingen, daß Transaktionen, die in der Schreibphase parallel ablaufen, disjunkte Schreibmengen besitzen müssen. Beim Ausschluß blinden Schreibens ist das implizit der Fall, denn die Lesemenge enthält die Schreibmenge einer Transaktion.

Das beschriebene einfache BOCC-Verfahren führt zu zahlreichen unnötigen Rücksetzungen, wie etwa der von T_1 in Bild 4.6, und erkennt andererseits in vielen Fällen die Nicht-Serialisierbarkeit von Transaktionsabläufen erst sehr spät. Aus diesem Grund wurden in der Literatur etliche Optimierungsvorschläge [PSU82a, PSU82b, UPS83] beschrieben, die wenigstens einen Teil der unnötigen Rücksetzungen zu vermeiden erlauben. Die Rücksetzung von T_1 in Bild 4.6 wird dadurch verursacht, daß die Transaktion gegen T_2 validiert, obwohl sie x erst nach dem Ende der Einbringphase von T_2 liest. Eine genauere Eingrenzung des Validierungsbereiches wäre etwa dann möglich, wenn alle Objekte in der Schreibphase mit dem Wert des Validierungszählers versehen würden. Der Wert des Validierungszählers übernimmt dabei die Funktion einer Zeitmarke, die beim Lesezugriff nachfolgender Transaktionen ausgenutzt werden kann. Bei der Validierung einer Transaktion müßte dann nur noch gegen die Schreibmengen derjenigen Transaktionen verglichen werden, deren Validierungszähler größer ist als das Minimum der in der Lesephase vorgefundenen Zeitmarken.

In ähnlicher Weise könnten die mit den Objekten gespeicherten Zeitmarken auch zur frühzeitigen Erkennung nicht serialisierbarer Abläufe eingesetzt werden. Wenn etwa eine Transaktion erkennt, daß die Zeitmarke eines gelesenen Objekts größer ist als der Wert des Validierungszählers bei BOT, dann ist bereits beim Lesen des betreffenden Objekts sicher, daß die Transaktion scheitern wird, denn das gelesene Objekt ist Bestandteil einer Schreibmenge, gegen die später validiert wird. Diese Variante des BOCC-Verfahrens wird hier mit **BOCCT** bezeichnet.

4.2.2. Die FOCC-Verfahren

Bei den FOCC-Verfahren validiert eine Transaktion gegen sämtliche gerade aktiven Transaktionen, wie das in Bild 4.7 veranschaulicht ist.

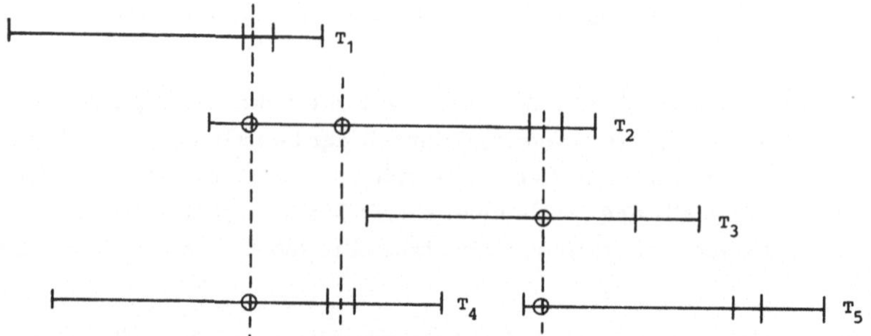

Bild 4.7: Funktionsweise des FOCC-Verfahrens

Hinsichtlich der Einordnung der Transaktionen in die äquivalente serielle Schedule gilt das bei den BOCC-Verfahren Gesagte. Damit die Transaktionen in Validierungsreihenfolge in die äquivalente serielle Schedule eingeordnet werden können, muß sichergestellt werden, daß alle nach einer bestimmten Transaktion T_i validierten Transaktionen T_j sämtliche Änderungen von T_i sehen. Deshalb ist bei der Validierung von T_i **die Disjunktheit der Schreibmenge von T_i mit den Lesemengen der** T_j zu überprüfen. Das ist in Bild 4.7 durch die vertikalen gestrichelten Linien symbolisiert. Ergibt sich bei diesem Test eine nicht leere Durchschnittsmenge, dann ist die Serialisierbarkeit der Schedule in Gefahr. In diesem Fall bestehen hinsichtlich der weiteren Vorgehensweise mehrere Alternativen [Här84a]:

[FOCCA] Zum ersten könnte die validierende Transaktion zurückgesetzt werden.

[FOCCK] Zum zweiten könnten die laufenden Transaktionen, deren Lesemengen sich mit der Schreibmenge der validierenden Transaktion überschneiden, zurückgesetzt werden.

[FOCCD] Zum dritten könnte die Validierung der betreffenden Transaktion verzögert werden, bis die in Konflikt stehenden Transaktionen zum Abschluß kommen.

[FOCCH] Darüber hinaus sind beliebige hybride Strategien denkbar.

Die konzeptionellen Vor- und Nachteile der verschiedenen Varianten werden in [Här84a] diskutiert. Bei allen FOCC-Verfahren ist die Abwicklung der Validierung unter dem Schutz eines kritischen Abschnitts unbedingte Voraussetzung für die Korrektheit der Validierungsentscheidung, da die Lesemengen der aktiven Transaktionen beim Vergleich eingefroren werden müssen. Das bedeutet, daß während der Validierungs- und der Einbringphase einer Transaktion keine neuen Objekte von anderen Transaktionen gelesen werden dürfen. Im ungünstigsten Fall impliziert diese Anforderung die Unterbrechung jeglicher Bearbeitung von Benutzeraufträgen während der Validierung. Die **effiziente Implementierung der Validierungs- und Einbringphase ist der kritischste Punkt für die Praktikabilität der FOCC-Variante.** Darauf genauer einzugehen, verbietet sich jedoch wegen des Umfangs und Detaillierungsgrades der dazu notwendigen Erörterungen.

4.3. Synchronisation unter der Kontrolle von Zeitmarken-Verfahren

Bei Zeitmarken-Verfahren wird die **äquivalente serielle Schedule** bereits beim **Start der Transaktion** dadurch **festgelegt,** daß einer Transaktion eine Zeitmarke zugeordnet wird, die ihre Einordnung in die äquivalente serielle Schedule bestimmt. Das Datenbanksystem hat dann beim Ablauf der Transaktionen durch geeignete Maßnahmen sicherzustellen, daß nur solche Zugriffe gewährt werden, die der Verarbeitungsreihenfolge in der äquivalenten seriellen Schedule entsprechen. Dazu versieht das Datenbanksystem alle Objekte mit Zeitmarken, in denen vermerkt ist, welche Transaktion das Objekt zuletzt gelesen bzw. geändert hat. In dem hier beschriebenen Algorithmus (basic t/o [BeGo80]) wird für jeden der beiden Zugriffsmodi eine eigene Zeitmarke, die sogenannte Lese-Zeitmarke bzw. die Schreib-Zeitmarke verwaltet. Um sicherzustellen, daß die Verarbeitung entsprechend der vordefinierten Ordnung erfolgt, werden im Prinzip nur solche Zugriffe gestattet, die die Zeitmarken der Objekte erhöhen. Transaktionen mit einer kleineren Zeitmarke als der des Objektes werden beim Zugriff zurückgesetzt[1].

Bei der Umsetzung dieser Idee in einen konkreten Algorithmus muß allerdings das Problem der Abhängigkeiten von nicht freigegebenen Änderungen berücksichtigt werden. Das bedeutet, daß Änderungen von Transaktionen, selbst wenn die Zeitmarken der Transaktion und des Objekts in der richtigen Relation zueinander stehen, frühestens dann eingebracht werden dürfen, wenn die Transaktion das Ende der Verarbeitungsphase erreicht hat. Es ist nämlich durchaus denkbar, daß die Änderung eines Objekts durch eine Transaktion aufgrund der Zeitmarken-Ordnung zulässig ist, eine andere Operation innerhalb derselben Transaktion dagegen nicht. Zum Ausschluß solcher Fälle wird, ähnlich wie bei den RA-Verfahren, das Einbringen der Änderungen in die Datenbank bis zum Transaktionsende verzögert, alle Modifikationen werden zunächst auf privaten Kopien des Objekts vorgenommen. Um zu gewährleisten, daß alle Schreibzugriffe einer Transaktion zugelassen werden können, muß der Wert der Zeitmarke bis zum endgültigen Einbringen der Änderung konstant gehalten werden. Zu diesem Zweck werden **Anwartschaften** (Prewrite) vergeben, die die Garantie dafür bieten, daß das zugehörige Einbringen der Änderungen nicht an der Zeitmarken-Ordnung scheitern kann. Dies bedeutet für den Synchronisationsalgorithmus, daß nach Akzeptierung einer Prewrite-Operation mit der Zeitmarke i Leseoperationen mit größeren Zeitmarken verzögert werden, bis die korrespondierende Schreiboperation ausgeführt wurde. Dasselbe gilt für weitere Prewrite-Operationen. Die verzögerten Operationen werden in objektbezogenen Warteschlangen verwaltet. Sie werden in Anlehnung an [BeGo80] mit Read-queue, Prewrite-queue und Write-queue bezeichnet. Das Verhalten des Basic-t/o-Verfahrens läßt sich durch die folgenden Algorithmen beschreiben.

Min-Rts, Min-Pts und Min-Wts geben die Werte für die kleinsten Zeitmarken (ts = timestamp) von Transaktionen in der Read-queue, der Prewrite-queue und der Write-queue an. Die Operationen Enqueue und Dequeue fügen in Zeitmarken-Reihenfolge in die Warteschlange ein bzw. entfernen das erste Element. Einzelheiten zum Algorithmus können [Pei85] entnommen werden, aus dem auch das Beispiel in Bild 4.8 stammt.

---

1) Diese Darstellung ist gegenüber der tatsächlichen Vorgehensweise an einigen Stellen vereinfacht.

READ(x,ts)

        IF ts < Wts(x)
        THEN reject
        ELSE
         IF ts > min-Pts
         THEN enqueue_read
         ELSE
           BEGIN Rts(x) := max(RTS(x),ts);
                        read(x)
           END

PREWRITE(x,ts)

        IF ts < Rts(x) or ts < Wts(x)
        THEN reject
        ELSE enqueue_prewrite

WRITE(x,ts)

        IF no corresponding prewrite
        THEN error
        ELSE
         IF ts = min-Pts and ts > min-Rts
         THEN
          BEGIN
                   dequeue_prewrite;
                   Wts(x) := ts;
                   write(x);
                   REPEAT
                    REPEAT
                    IF READ(head(read_queue)) is successful
                    THEN dequeue_read
                   UNTIL NOT successful;
                   IF WRITE(head(write_queue)) is successful
                   THEN dequeue_write
                   UNTIL NOT successful
         END
        ELSE enqueue_write

Bild 4.8 zeigt eine Reihe von Operationen mehrerer Transaktionen jeweils auf demselben Objekt und ihre Behandlung durch das Basic-t/o-Verfahren. Die Operationen werden mit den Buchstaben r (read), p (prewrite) und w (write) abgekürzt und sind mit der Nummer der ausführenden Transaktion subskribiert. Des weiteren sind der Aufbau der objektbezogenen Warteschlangen nach jeder Operation und die Werte der beiden Zeitmarken angegeben.

```
            r₃  p₃   r₆   r₄   r₁   p₅   w₃      p₇   w₇   w₅
        ────┼───┼────┼────┼────┼────┼────┼──────┼────┼────┼────

  Rts   0 3    3    3    3    3    3    3 4    4    4    4 6 6
  Wts   0 0    0    0    0    0    0    3 3    3    3    5 5 7

  r_q             6    4    4    4    4 6    6    6    6
                       6    6    6    6

  p_q        3    3    3    3    3    5 5    5    5    7 7
                                5              7    7

  w_q                                      7       7 7
```

Bild 4.8: Ablauf beim Basic-t/o-Verfahren

Die erste Operation (r_3) kann ohne Verzögerung durchgeführt werden. Anschließend wird eine Prewrite-Operation (p_3) für Transaktion T_3 in die entsprechende Warteschlange eingereiht. Bis zum Eintreffen der zugehörigen Schreibanforderung während der EOT-Verarbeitung der Transaktion dürfen keine Lesevorgänge mit größeren Zeitmarken mehr zugelassen werden. Transaktion T_1 darf jedoch lesen, weil die zum Prewrite gehörende Änderung noch nicht eingebracht wurde. Letzteres wird durch den Wert der Schreib-Zeitmarke (0) angezeigt. Die Prewrite-Operation (p_5) von Transaktion T_5 wird ebenfalls gepuffert. Danach wird der erwartete Schreibaufruf (w_3) von Transaktion T_3 empfangen, der unter Erhöhung der Schreib-Zeitmarke sofort ausgeführt werden kann. Daraufhin wird Transaktion T_4 fortgesetzt (r_4), die Leseanforderung von T_6 muß dagegen weiter verzögert werden, da Transaktion T_5 noch nicht geschrieben hat. Die folgenden beiden Operationen sind ebenfalls zu puffern. Erst mit dem Schreibaufruf von Transaktion T_5, der zum ersten Prewrite in der Schlange korrespondiert und demnach sofort abgewickelt werden kann, leeren sich die restlichen Warteschlangen.

Das hier geschilderte kleine Beispiel beschreibt lediglich die einfachste Form der Zeitmarken-Verfahren, zu der zahlreiche Alternativen bestehen [BeGo80].

4.4. Das Verhältnis von Zeitmarken-Verfahren zu Sperrverfahren und optimistischen Verfahren

In dem für die empirische Untersuchung des Leistungsverhaltens von Datenbanksystemen unter dem Einfluß unterschiedlicher Synchronisationsverfahren entwickelten Simulationssystem (Kapitel 8) sind bis auf das RAC_n-Verfahren und die Zeitmarken-Verfahren alle bisher geschilderten Synchronisationsalgorithmen implementiert.

Beim Verzicht auf die Zeitmarken-Verfahren waren neben pragmatischen Erwägungen zur Begrenzung von Umfang und Komplexität des zu entwickelnden Programmsystems folgende Überlegungen ausschlaggebend. Zum einen ist es auf die Nachbildung von zentralisierten Datenbanksystemen hin konzipiert, Zeitmarken-Verfahren dagegen haben ihren Ursprung in der Beschäftigung mit verteilten Datenbanksystemen und sind überwiegend auf deren Eigenschaften und Anforderungen zugeschnitten [BeGo79, BeGo80, BeGo81, BSR80]. Zum anderen verhalten sich **Zeitmarken-Verfahren** im Hinblick auf die mögliche Parallelität **je nach Implementierung** im einen Extrem sehr ähnlich **wie Sperrverfahren** und im anderen Extrem

wie optimistische Synchronisationsverfahren. Im letztgenannten Fall zwingen die Zeitmarken-Verfahren ähnlich häufig wie das BOCC-Verfahren zu Rücksetzungen.

Um die Atomizität einer Transaktion und die Isolation von anderen Transaktionen zu gewährleisten, darf mit dem Einbringen der Änderungen nicht begonnen werden, bevor feststeht, daß der Zeitmarken-Vergleich auf allen modifizierten Objekten ein positives Ergebnis liefert. Da Änderungen bis EOT nicht sichtbar gemacht werden, ergibt sich ein **beträchtlicher zeitlicher Spielraum für den Aufruf der Prewrite-Operation.** Dieser reicht vom ersten Änderungszugriff bis zur EOT-Behandlung. Obwohl dazwischen beliebige Abstufungen vorstellbar sind, werden hier nur die beiden Extrema, d.h. Akkumulierung aller Prewrites im Zuge der EOT-Behandlung auf der einen und sofortiger Aufruf der Prewrite-Operation beim Erkennen des Änderungswunsches auf der anderen Seite betrachtet.

Das Hinausschieben aller Prewrites bis EOT hat den Vorteil, der Transaktion bis dahin ein relativ ungestörtes Vorankommen zu ermöglichen, daher die Verwandtschaft zu den optimistischen Synchronisationsverfahren. Gleichzeitig führen Konflikte, die bei rechtzeitiger Beanspruchung des mit Prewrite verbundenen Rechts zur Änderung durch Verzögerung hätten aufgelöst werden können, zu Rücksetzungen von Transaktionen. Die Zusammenfassung aller Prewrites gegen Ende der Transaktion ist durchaus mit der Validierung bei optimistischen Synchronisationsverfahren in der BOCC-Variante zu vergleichen. Die Ähnlichkeit der Zeitmarken-Verfahren mit Sperrverfahren, insbesondere der RX-Variante, wird offenbar, wenn in Aussicht genommene Änderungen sofort mittels Prewrite abgesichert werden. Bei genauerer Betrachtung der dynamischen Abläufe, die das genannte Protokoll zuläßt, läßt sich unschwer erkennen, daß jedes Prewrite eine dem Setzen einer X-Sperre vergleichbare Wirkung hat. Mehr noch, zu jeder zulässigen Folge von Zugriffsanforderungen und Zugriffsgewährungen existiert eine identische Folge, wenn mit dem RX-Sperrverfahren synchronisiert wird. In der umgekehrten Richtung dagegen besitzt diese Aussage keine Gültigkeit [Dad82]. In dieser Ausprägung beschränken also die Zeitmarken-Verfahren die Parallelität noch mehr als das restriktivste der betrachteten Sperrverfahren.

Anstelle eines formalen Beweises soll die Richtigkeit der aufgestellten Behauptungen, die mitentscheidend für den Verzicht auf die Simulation von Zeitmarken-Verfahren waren, mit Hilfe eines kleinen Beispielszenariums intuitiv verdeutlicht werden.

Bild 4.9 stellt in einer kompakten Zusammenfassung die beiden skizzierten Varianten der Zeitmarken-Verfahren auf der einen Seite den optimistischen Synchronisationsverfahren und dem RX-Sperrverfahren auf der anderen Seite gegenüber. Die Variante der Zeitmarken-Verfahren mit **sofortiger Anforderung** einer **Prewrite-Operation** beim ändernden Zugriff wird im folgenden mit **ZMS**, die Variante, die die Prewrites **erst bei EOT** anfordert, mit **ZMV** abgekürzt.

Dieser qualitative Vergleich der Synchronisationsverfahren beruht auf der Untersuchung mehrerer denkbarer Ablauffolgen zweier Transaktionen und soll einen Eindruck von Rücksetzungsursachen und in geringerem Maße von Rücksetzungshäufigkeiten geben. In Bild 4.9 konkurrieren zwei Transaktionen um ein gemeinsames Objekt O in der Absicht, es zu modifizieren. Bei beiden Transaktionen geht der Änderung jeweils ein Lesezugriff voran, wodurch blindes Schreiben ausgeschlossen wird.

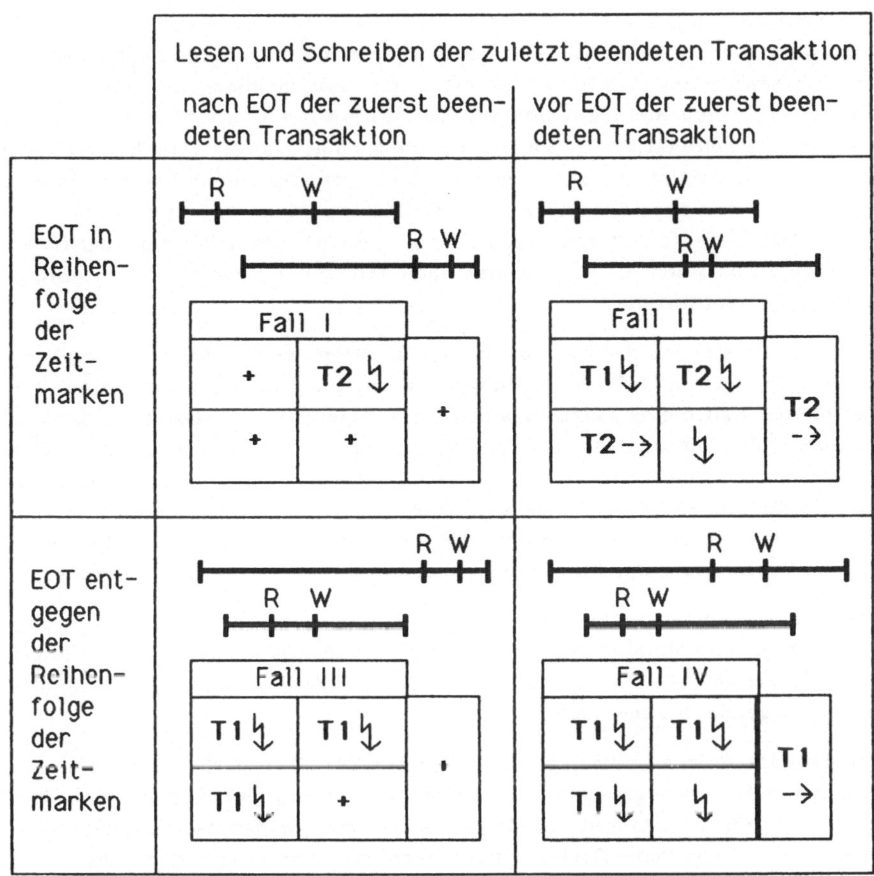

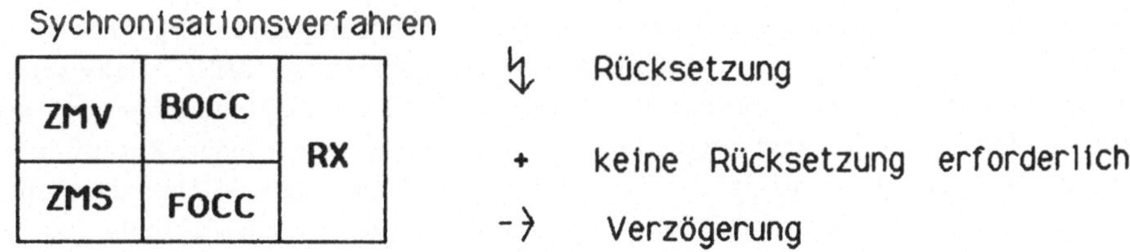

Bild 4.9: Szenarium zur Verdeutlichung der Unterschiede und Gemeinsamkeiten verschiedener Klassen von Synchronisationsverfahren

Die zeitliche Anordnung der Zugriffe ist in Bild 4.9 bewußt so gewählt, daß zwischen dem Lesen und Schreiben einer Transaktion keine Operation der anderen liegt. Das dient unter anderem der Vermeidung von Schwierigkeiten im Zusammenhang mit der Konversion von Sperren und ist, vom Standpunkt der Synchronisation her betrachtet, äquivalent zu einer atomaren Lese-Schreib-Aktion. In Bild 4.9 wird davon ausgegangen, daß die Vergabe der Zeitmarken an die Transaktionen gemäß einer mit der physikalischen Zeit verträglichen linearen Ordnung erfolgt. Bezüglich der EOT-Zeitpunkte läßt sich dann unterscheiden, ob die Transaktionen in BOT-Reihenfolge terminieren oder umgekehrt, bezüglich der Zugriffszeitpunkte, ob die zweite Transaktion das Objekt erst nach EOT der ersten zum Lesen anfordert oder noch während deren Laufzeit.

Die graphische Darstellung der sich aus der Kombination der zwei Kriterien ergebenden Fälle steht im Mittelpunkt von Bild 4.9. Je ein Quadrat ist einem der Fälle zugeordnet und enthält in seiner oberen Hälfte eine Skizze des zeitlichen Ablaufs der Transaktion. Links der horizontal verlaufenden Geraden, die eine Transaktion repräsentiert, ist ihre Zeitmarke zu sehen, auf der Geraden sind die Zeitpunkte der Zugriffe markiert. Aus Platzgünden wurde auf die explizite Darstellung einer Zeitachse verzichtet, implizit wird ein Verlauf von links nach rechts unterstellt. In der unteren Hälfte eines Quadranten symbolisieren Piktogramme das Ergebnis der Operationenfolge für die fünf untersuchten Synchronisationsverfahren.

Die Resultate sind in einen kräftig umrandeten Kasten eingetragen, über die räumliche Zuordnung der darin befindlichen Fächer zu Synchronisationsverfahren gibt die Legende zu Bild 4.9 genau wie über die Bedeutung der Piktogramme Auskunft. Für das Beispielszenarium läßt sich das folgende Resümee ziehen.

Alle vier Ablauffolgen genügen zweifelsohne dem Serialisierbarkeitskriterium, so daß vom Standpunkt der Ablaufintegrität her in keinem Fall die Notwendigkeit für eine Rücksetzung besteht. Das RX-Sperrverfahren ist allerdings das einzige der betrachteten Synchronisationsverfahren, bei dem keine Rücksetzung vorkommt. Konflikte bei den in der rechten Bildhälfte zusammengestellten Fällen II und IV werden erfolgreich durch Verzögerung von Transaktionen aufgelöst. Sowohl die optimistischen Synchronisationsverfahren als auch die Zeitmarken-Verfahren kommen dagegen nicht umhin, in mehreren Situationen Transaktionen zurückzusetzen. Die BOCC-Variante bricht in allen Fällen eine der beiden Transaktionen ab, die FOCC-Variante kommt nur in zwei Fällen zu einem negativen Ergebnis, ebenso wie das Zeitmarken-Verfahren mit sofortiger Prewrite-Anforderung (ZMS). Dazwischen liegt die Zeitmarken-Variante mit Prewrite-Verzögerung (ZMV) bis EOT mit insgesamt drei Rücksetzungen. Die beiden Rücksetzungen bei ZMS beruhen auf der A-priori-Zuteilung von Zeitmarken an Transaktionen, die in der aktuellen Ablauffolge unglücklicherweise entgegen ihrer vordefinierten Ordnung zugreifen. Das BOCC-Verfahren ist deshalb so anfällig für Rücksetzungen, weil die tatsächlichen Zugriffszeitpunkte keine Rolle spielen, sondern allein die zeitliche Überlappung der Transaktionsausführungen und Objektmengen den Ausschlag geben. Durch die Verzögerung der Prewrite-Operationen kommt bei der ZMV-Variante dieser Faktor zur restriktiven A-priori-Ordnung der Transaktionen hinzu und führt verstärkt zu Rücksetzungen. Das relativ gute Abschneiden der FOCC-Variante im Vergleich zur BOCC-Variante wird vor allem dadurch bestimmt, daß die Validierung bei FOCC im Mittel auf nur zur Hälfte abgearbeitete Transaktionen mit entsprechend kleineren Objektmengen trifft, im Gegensatz zu BOCC, wo nur die Ergebnisse kompletter Transaktionen verglichen werden.

III. Implementierungsaspekte der Synchronisation in Datenbanksystemen

Im Anschluß an die Darstellung der konzeptionellen Grundlagen der Synchronisation in Datenbanksystemen, bei der insbesondere die Algorithmen auf einer recht abstrakten, "rechnerfernen" Beschreibungsebene behandelt wurden, setzt sich Teil III mit den Implementierungsaspekten des Synchronisationsproblems auseinander. Wurde in den vorangegangenen Kapiteln die Synchronisation noch weitgehend losgelöst von anderen zentralen Funktionen eines Datenbanksystems betrachtet, eine auf der konzeptionellen Ebene durchaus zulässige Vorgehensweise, so kommen auf der Implementierungsebene die vielfältigen Verflechtungen mit anderen zentralen Funktionen weitaus stärker ins Spiel und müssen dementsprechend bei der Darstellung berücksichtigt werden.

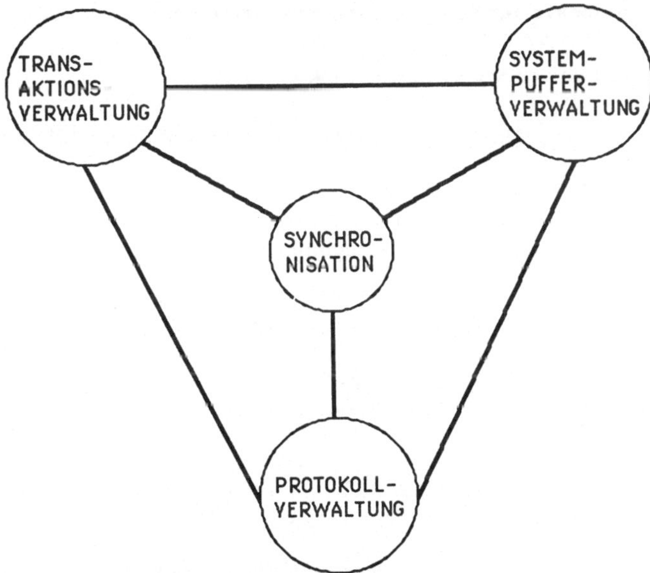

Bild 5.1: Wechselseitige Abhängigkeiten zentraler Funktionen eines Datenbanksystems mit der Synchronisationsfunktion

Die bedeutsamsten wechselseitigen Abhängigkeiten bestehen mit der Transaktionsverwaltung, der Systempufferverwaltung und der Protokollverwaltung, wie es Bild 5.1 in Anlehnung an [HäRe80] zum Ausdruck bringt. Über die dort geschilderten Abhängigkeiten hinaus ergeben sich gerade bei den neueren Synchronisationsverfahren, z.B. den optimistischen, weitere, die bei der Beurteilung der Tauglichkeit der Verfahren nicht fehlen dürfen.

Für die Systempufferverwaltung selbst tauchen dabei so viele zusätzliche Aspekte im Vergleich zu einer auf das herkömmliche RX-Sperrverfahren ausgerichteten auf, daß für deren Behandlung ebenfalls ein eigenes Kapitel, das sechste, vorgesehen ist.

Läßt sich insofern eine Beschränkung der Diskussion rein auf Fragen der Synchronisation nicht ohne erhebliche Abstriche an die Qualität und Vollständigkeit der Untersuchung vornehmen, so ist dies bei den betrachteten Synchronisationsverfahren allein schon wegen der

Fülle der in den Kapiteln 3 und 4 klassifizierten und übersichtsartig beschriebenen Alternativen unumgänglich. Infolgedessen orientiert sich die in Teil III geführte Diskussion primär an den später der Leistungsanalyse unterzogenen Verfahren, die allesamt aus der in Kapitel 4 zusammengestellten Klasse von Synchronisationsverfahren stammen, wobei vorrangig Seiten des linearen Adreßraumes als Objekte fungieren. Sofern es naheliegt und vom Umfang her vertretbar ist, werden auch über diesen engen Rahmen hinausgehende Überlegungen miteinbezogen. Unter den genannten Randbedingungen befaßt sich das fünfte Kapitel mit den wesentlichen Implementierungsaspekten der in einem Datenbanksystem mit der Synchronisation beauftragten Instanz (auch Synchronisationskomponente genannt). Dazu zählen die Einbettung in die Gesamtstruktur des Datenbanksystems, der interne Aufbau der Komponente und geeignete Datenstrukturen zur Repräsentierung der Zustandsinformation.

5. Implementierungsaspekte der Synchronisationskomponente

5.1. Aufgaben und Aufbau der Synchronisationskomponente

5.1.1. Anforderungen an die Synchronisationskomponente und deren Aufgaben

Mit **Synchronisationskomponente** wird diejenige **Instanz in einem Datenbanksystem** bezeichnet, die die **Ablaufintegrität** paralleler Transaktionen **gewährleistet**. Zur Erfüllung dieser Anforderung hat die Synchronisationskomponente

[1] sämtliche Zugriffswünsche entgegenzunehmen, auf die angeforderten Objekte hin zu analysieren und transaktionsspezifisch zu sammeln,

[2] diese Information mindestens bis zum Ende der Transaktion aufzubewahren und durch eine geeignete interne Repräsentation den schnellen Zugriff auf die Information zu ermöglichen,

[3] die Konsistenz der Zugriffsfolgen parallel ablaufender Transaktionen zu geeigneten Zeitpunkten im Sinne des Serialisierbarkeitskriteriums zu überprüfen und

[4] bei der Erkennung nicht serialisierbarer Ablauffolgen entsprechende Gegenmaßnahmen wie das Rücksetzen von Transaktionen einzuleiten.

Um die Serialisierbarkeit der Ablauffolgen überhaupt überprüfen zu können, müssen alle Zugriffe vor der Ausführung zusammen mit dem Identifikator der Transaktion der Synchronisationskomponente bekannt gemacht werden. Neben dem Zugriffsmodus, bei dem nur zwischen lesend und schreibend, letzteres wird auch mit ändernd bezeichnet, unterschieden wird, sind die zuzugreifenden Objekte adäquat zu spezifizieren. Aus diesem **Zugriffsgranulat** leitet die Synchronisationskomponente ein geeignetes **Synchronisationsgranulat** ab, das das Zugriffsgranulat als Teilmenge enthält. Die Bestimmung des Synchronisationsgranulats kann aus einer einfachen 1:1-Abbildung, etwa bei seitenbezogenen Verfahren, bestehen oder sehr komplex ausfallen, wenn beispielsweise aus einer deskriptiven Umschreibung des Zugriffsgranulats, etwa in Form einer SQL-Anweisung, hierarchisch strukturierte Synchronisationsgranulate auszuwählen sind. Wegen der Vielfalt der vorgeschlagenen Synchronisationsverfahren und der von ihnen verwendeten Granulate, ist es unmöglich, bei dieser Fragestellung völlig von der Objektstruktur zu abstrahieren, ohne entweder auf der Implementierungsebene zu wenig konkreten Aussagen zu gelangen oder den Umfang der Diskussion einigermaßen zu begrenzen. Deshalb wird auch in den folgenden Abschnitten stets von einer 1:1-Abbildung und einfachen Objekten ausgegangen, wenn nichts anderes gesagt ist.

Die über Zugriffs- und Synchronisationsgranulate gesammelte Information ist mindestens bis zum Ende der betreffenden Transaktion aufzubewahren, in Abhängigkeit vom gewählten Synchronisationsverfahren jedoch teilweise erheblich länger. Bei der BOCC-Variante der optimistischen Synchronisationsverfahren bestimmt beispielsweise die längste aktive Transaktion, wie lange die Schreibmengen der beendeten Transaktion aufgehoben werden müssen, die Kapitel 3 und 4 geben dazu genauere Auskunft. Für die effiziente Behandlung von Zugriffswünschen durch die Synchronisationskomponente ist es unbedingt erforderlich, die synchronisationsrelevante Information derart auf Speicherungsstrukturen abzubilden, daß sowohl die Objekte transaktionsweise sehr schnell zugreifbar sind als auch die objektspezifische Analyse unterstützt wird. Geeignete Speicherungsstrukturen für zwei spezielle, praktisch relevante Verfahrensklassen, die optimistischen Synchronisationsverfahren und die Sperrverfahren, werden in 5.2 diskutiert.

Bei der Überprüfung der Konsistenz paralleler Zugriffsfolgen kommen im Prinzip die in den Kapiteln 3 und 4 beschriebenen Techniken in Frage. Abschnitt 5.4 enthält einige Aufwandsbetrachtungen zur Validierung optimistischer Verfahren.

5.1.2. Schnittstellen der Synchronisationskomponente zu anderen Komponenten des Datenbanksystems

Idealerweise sollte die Schnittstelle der Synchronisationskomponente nach der Grundidee des Konzeptes der abstrakten Datentypen keinerlei Rückschlüsse auf die Art des implementierten Synchronisationsverfahrens zulassen, um intern beliebige Strategien realisieren und, etwa aus Gründen der Leistungsverbesserung, austauschen zu können, ohne in anderen Komponenten des Datenbanksystems Folgeänderungen vornehmen zu müssen. In Anbetracht der Verschiedenartigkeit der in den Anfangskapiteln diskutierten Verfahren, insbesondere hinsichtlich ihrer Annahmen über die Objektstruktur, erweist sich die tatsächliche Implementierung einer Synchronisationskomponente von derart allgemeingültigem Format als nahezu unmöglich, so daß zumindest bei der Art der unterstützten Objektstrukturen immer Einschränkungen vorgenommen werden müssen. Ein etwas detaillierterer Vorschlag für eine Implementierung der Synchronisationskomponente, die wenigstens eine größere Anzahl unterschiedlicher Sperrverfahren zu unterstützen erlaubt, ist nachfolgend in Abschnitt 5.3 skizziert. Insbesondere die vielfältigen Abhängigkeiten, die zwischen der Synchronisationskomponente und anderen Komponenten des Datenbanksystems bestehen, setzen ihrer Unabhängigkeit teilweise recht enge Grenzen. Das ist etwa in Kapitel 6 am Beispiel einer Systempufferverwaltung ausgeführt, die mehrere Objektinkarnationen unterstützt, deren Existenz von einigen Synchronisationsverfahren vorausgesetzt wird. Insofern ist die folgende Charakterisierung der Schnittstelle der Synchronisationskomponente, die in ähnlicher Weise auch in [Rob82] vorgeschlagen wird, und ihre Einbettung in das Datenbanksystem auch nicht als Implementierungsvorschlag gemeint. Sie soll vielmehr einen Überblick sowohl über den minimalen Funktionsumfang geben, der von der Synchronisationskomponente exportiert werden muß, als auch über die Funktionen, die von anderen Teilbereichen des Datenbanksystems bereitzustellen sind.

Bild 5.2 zeigt die **Einbettung der Synchronisationskomponente** in die Gesamtstruktur eines Datenbanksystems in dem oben erläuterten Sinne. Bild 5.2 gibt deshalb zum einem die

Beziehungen zwischen der Synchronisationskomponente und dem Zugriffssystem wieder. Zum anderen bedarf die Verhinderung nicht serialisierbarer Abläufe der engen Kooperation mit der Transaktionsverwaltung, die im Bild links über der Synchronisationskomponente angeordnet ist. Die Operationen sind mit den in der Literatur üblichen englischen Namen bezeichnet.

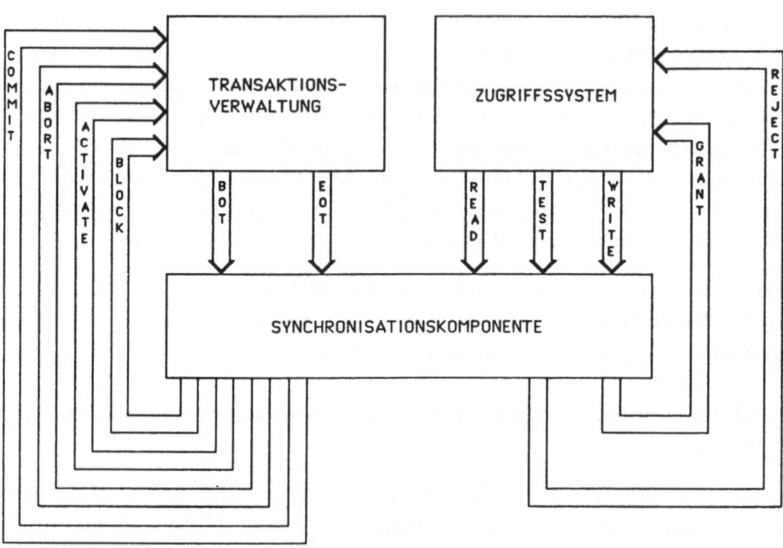

Bild 5.2: Einbettung der Synchronisationskomponente in die Gesamtstruktur eines Datenbanksystems

Seitens der Transaktionsverwaltung muß der Synchronisationskomponente zwecks späterer Zuordnung von Zugriffsanforderungen das Anlaufen einer neuen Transaktion (BOT) mitgeteilt werden. Dasselbe gilt für ihren Abschluß (EOT). Bei der zuletzt genannten Operation gilt es allerdings, zwei Fälle voneinander zu trennen. Einerseits kann die Transaktionsverwaltung der Synchronisationskomponente den erfolgreichen Abschluß einer Transaktion aus der Perspektive des Anwendungsprogramms signalisieren, mit der Bitte um Bestätigung der Serialisierbarkeit dieser Transaktion (COMMIT) oder einer gegenteiligen Anzeige (ABORT), die in der Transaktionsverwaltung eine Rücksetzung zur Folge hat. Andererseits kann die Synchronisationskomponente über eine EOT-Operation von der Notwendigkeit unterrichtet werden, die Transaktion aufgrund der expliziten Aufforderung durch das Anwendungsprogramm oder durch andere Komponenten des Datenbanksystems zurückzusetzen, was ebenfalls der Bestätigung durch die Synchronisationskomponente (ABORT) bedarf.

Dem Zugriffssystem stehen im wesentlichen, je nach Betrachtungsweise, zwei oder drei Operationstypen zur Verfügung. Sie fordern Objekte entweder zum Lesen (READ) oder Ändern (WRITE) an. Eine darüber hinausgehende Spezifikation der Operationen hängt ganz entscheidend von dem verwendeten Objektmodell ab, worauf an dieser Stelle nicht eingegangen werden kann. Neben der Überprüfung der Serialisierbarkeit bzw. der Sicherstellung von Information, um diese zu geeigneter Zeit durchzuführen, hat die Synchronisationskomponente beim wiederholten Zugriff auf ein Objekt, der wegen des Fehlens von Kontextinformation im Zugriffssystem nicht auszuschließen ist, bestimmte Maßnahmen zu ergreifen.

Entweder bestätigt die Synchronisationskomponente die Zugriffsanforderung (GRANT) oder stellt deren Unverträglichkeit mit dem Serialisierbarkeitskriterium fest. Dann wird der Transaktionsverwaltung unmittelbar eine Rücksetzungsanforderung übermittelt. Bei blockierenden Synchronisationsverfahren wird transparent für das Zugriffssystem die Bestätigung des Zugriffswunsches manchmal zeitlich verzögert (BLOCK und ACTIVATE). Die dritte Operation (TEST) dient strenggenommen nur der Optimierung bei blockierenden Verfahren, ist jedoch für praktische Implementierungen von großer Bedeutung. Die TEST-Operation bringt genaugenommen dieselben Zugriffswünsche zum Ausdruck wie die beiden anderen Operationen und könnte diesen auch als spezielle Option beigefügt werden. Die spezielle Eigenart der TEST-Operation liegt in ihrem nichtblockierenden Charakter. Sie verzichtet nämlich freiwillig auf ihren Zugriffswunsch, wenn dieser nicht sofort zu befriedigen ist.

5.2. Speicherungsstrukturen zur Darstellung der synchronisationsrelevanten Information

Eine Grundvoraussetzung zur Erfüllung der in 5.1 beschriebenen Anforderungen an die Synchronisationskomponente ist die Auswahl geeigneter Speicherungsstrukturen zur Darstellung der synchronisationsrelevanten Information. Der Grad der Eignung von Speicherungsstrukturen bemißt sich vor allem nach ihrer Fähigkeit, die in 5.1 definierten Operationen, die die Synchronisationskomponente exportiert, effizient zu unterstützen. In diesem Abschnitt werden die sich daraus ergebenden Anforderungen an die Speicherungsstrukturen etwas ausführlicher analysiert und mehrere Implementierungsalternativen, die ihnen genügen, vorgestellt und bewertet. Da sicherlich keine den speziellen Eigenarten aller Synchronisationsverfahren gerecht werdende Speicherungsstruktur existiert, erfolgt in diesem Abschnitt die Beschränkung auf physische Synchronisationsverfahren für einfache Objekte wie Seiten, Sätze oder Tupel, ohne Berücksichtigung von Objekthierarchien oder anderen Strukturierungskonzepten, also auf die in Kapitel 4 diskutierten Verfahren.

In 5.2.1 werden zunächst die Anforderungen an die Speicherungsstrukturen für Sperrverfahren auf der etwas abstrakteren Beschreibungsebene logischer Datenstrukturen und Zugriffspfade analysiert, bevor in 5.2.2 die Abbildung auf Speicherungsstrukturen diskutiert wird. Im Mittelpunkt von 5.2.3 steht sodann die Eignung der in 5.2.2 skizzierten Strukturen für andere Klassen von Synchronisationsverfahren. Außerdem enthält dieser Abschnitt mehrere Alternativen für die Implementierung optimistischer Verfahren. Die Auswahl der Verfahren erfolgt dabei aus dem Blickwinkel der in Kapitel 9 beschriebenen Leistungsbewertung, die primär die in Abschnitt 5.2 beleuchteten Verfahren zum Gegenstand hat. Die nachfolgende Diskussion bringt Probleme zur Sprache, die auf der in den Kapiteln 3 und 4 gewählten konzeptionellen Beschreibungsebene nicht sichtbar werden. Dabei sind insbesondere die auf eine konkrete Implementierung durchschlagende algorithmische Komplexität und der Ressourcenverbrauch der Verfahren zu nennen. Letzterer wird in 5.4 untersucht. Beide Kriterien geben wichtige qualitative Anhaltspunkte für die Begutachtung insbesondere der Verfahren, die in keinem praktisch eingesetzten Datenbanksystem implementiert sind.

5.2.1. Datenstrukturen zur Verwaltung von Sperren

Aus den Überlegungen der einleitenden Kapitel in Verbindung mit Abschnitt 5.1 lassen sich **vier Objekttypen** herauskristallisieren, aus denen sich die **synchronisationsrelevante Information** zusammensetzt. Dabei handelt es sich um **Transaktionen, Objekte der Synchronisation** wie Seiten oder Sätze, **Inkarnationen** dieser Objekte und **Nutzungsabsichten**, die bei der Diskussion in diesem Abschnitt durch Sperren repräsentiert werden. Beim Entwurf von Datenstrukturen und ihrer Speicherabbildung für die 4 Objekttypen und die zwischen ihnen bestehenden Beziehungen ist an erster Stelle zu berücksichtigen, daß diese Information aufgrund ihrer häufigen Nutzung durch das Datenbanksystem aus Leistungsgründen als Bestandteil globaler Systemtabellen im Hauptspeicher residieren muß [BGMP79,Här79b].

Zur Erleichterung des Verständnisses ist es hilfreich, sich die Objekttypen, zwischen ihnen bestehende Beziehungen und die primär zu unterstützenden **Zugriffspfade** auf einer **abstrakten Ebene** zu vergegenwärtigen. In [Car83c] wird das etwa mit Hilfe des Relationenmodells versucht. Hier wird dagegen wegen der möglichen expliziten Darstellung logischer Zugriffspfade in Erweiterung von [Bru80] ein CODASYL-Schema in Form eines Bachmann-Diagramms in Bild 5.3 angegeben. Die darin erkennbaren drei hierarchischen Zugriffspfade ("EXISTIERENDE-ZUSTÄNDE", "IST-BELEGT" und "FORDERT-AN") sowie die beiden Primärschlüssel-Zugriffspfade auf Transaktion und Objekt dienen der effizienten Unterstützung der von der Sperrkomponente exportierten Operationen und werden im folgenden an wenigen Beispielen plausibel gemacht:

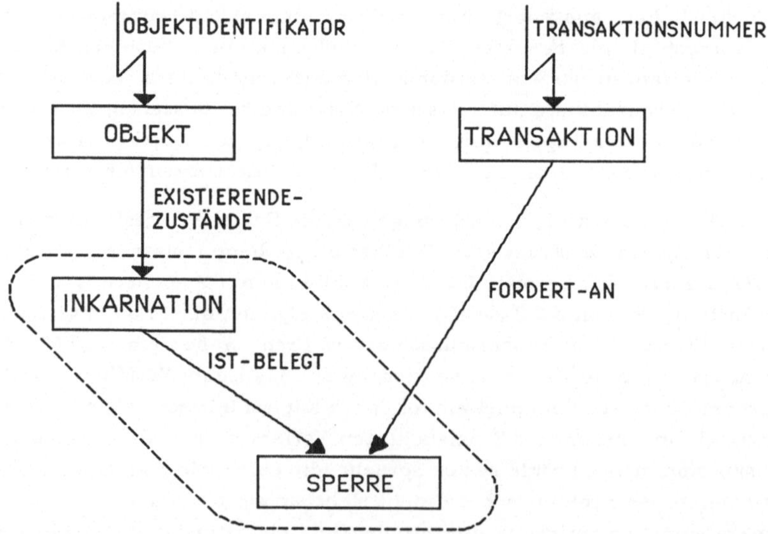

Bild 5.3: Logische Datenstrukturen und Zugriffspfade zur Darstellung synchronisationsrelevanter Information in der Sperrverwaltung

[1] Bei der Anforderung einer Sperre ist es beispielsweise erforderlich, sehr schnell das fragliche Objekt aufzufinden und seinen Belegungszustand zu überprüfen. Dies wird zum einen durch den Primärschlüssel-Zugriffspfad über den Objektidentifikator bewerkstelligt. Zum anderen erlauben die hierarchischen Zugriffspfade zu sei-

nen Inkarnationen und weiter zu den zugehörigen Sperren einen schnellen Überblick über den Belegungszustand des Objektes.

[2]   Der zwischen einer Transaktion und den von ihr angeforderten Sperren eingetragene Zugriffspfad ist bei der EOT-Behandlung von Bedeutung, da in ihrem Rahmen alle Sperren freigegeben werden.

[3]   In den bisherigen Beispielen wurden die Zugriffspfade immer nur vom hierarchisch über- zum untergeordneten Objekt hin traversiert, jedoch ist auch die umgekehrte Richtung durchaus üblich, etwa wenn nach der Freigabe einer Sperre und der Feststellung der nächsten zu gewährenden Sperre die zu aktivierende Transaktion ermittelt werden soll. Entsprechende Beispiele ließen sich auch für die restlichen in Bild 5.3 eingetragenen Zugriffspfade anführen.

Bei der Auswahl geeigneter Speicherungsstrukturen ist weiterhin in Rechnung zu stellen, daß die Set-Ausprägungen bis auf die für die von einer Transaktion angeforderten Sperren in der Regel sehr klein sind. Innerhalb des letztgenannten Set ist keine spezifische Sortierordnung erforderlich, Einfügen am Ende der Set-Ausprägung reicht aus. Für Inkarnationen ist dagegen eine ihrem Alter entsprechende Sortierung innerhalb der Set-Ausprägung empfehlenswert, für angeforderte Sperren stellt die Warteschlangendisziplin eine geeignete Sortierordnung dar.

Zu den wesentlichen Attributen von Sperren zählen der Sperrmodus und die Angabe, ob die Sperre gewährt wurde. In gleicher Weise ist bei einer Transaktion vermerkt, ob sie auf die Gewährung einer Sperre warten muß. Schließlich ist zur Minimierung des Speicherplatzbedarfes für Hilfsstrukturen der Synchronisationskomponente dafür Sorge zu tragen, daß nur solche Transaktionen bzw. Objekte verwaltet werden, denen Sperren zugeordnet sind. Die Repräsentation von Inkarnationen durch einen eigenen Satztyp in Bild 5.3 hat eher didaktischen Charakter, effiziente Implementierungen integrieren diese mit den Sperren, was in Bild 5.3 durch eine Strichelung um beide Satztypen angedeutet ist.

Aufgrund der vorangehenden Erläuterungen leuchtet ein, daß Sperrprotokolle auf der Basis der Schemadefinition von Bild 5.3 als Anwendungsprogramme auf einer im Hauptspeicher residierenden Meta-Datenbank spezifiziert werden könnten, ganz analog zu der auf relationalen Operationen aufbauenden Vorgehensweise in [Car83c]. Darauf wird jedoch nicht weiter eingegangen, sondern vielmehr auf Abschnitt 5.3 verwiesen, in dem ein anderer Vorschlag zur Spezifikation von Sperrprotokollen näher ausgeführt wird.

5.2.2. Speicherungsstrukturen zur effizienten Verwaltung von Sperren

Die grundlegenden Organisationsprinzipien für Speicherungsstrukturen zur effizienten Verwaltung von Sperren sind seit langem bekannt [BeSh69, Col71, Schl75] und in der einen oder anderen Form in sämtlichen kommerziellen Datenbanksystemen realisiert (z.B. [UDS82]). Jedoch verdienen die zahlreichen Implementierungsalternativen eine Systematisierung und kritische Würdigung. Üblicherweise heißen die Repräsentanten der in Bild 5.3 gezeigten Satztypen bzw. Satzausprägungen auf der Ebene der Speicherungsstrukturen Kontrollblöcke [Här78b]. Im folgenden werden die Abkürzungen TKB für Transaktionskontrollblock, OKB für Objektkontrollblock und SKB für Sperrkontrollblock verwendet.

Für die Implementierung des **Zugriffspfades** über den **Objektidentifikator** kommt wegen der häufigen Benutzung mit engen Zeitrestriktionen sinnvollerweise nur eine **gestreute Speicherungsstruktur** in Betracht. Die Leistungscharakteristik der Struktur wird durch die Auswahl einer geeigneten Hash-Funktion und einer angemessenen Größe des Hash-Bereichs bestimmt. Empirische Untersuchungen zu ersterem sind in [ObTr82] nachzulesen. Die Größe des Bereichs hängt entscheidend von der Anzahl der im Mittel zu verwaltenden Objekte ab.

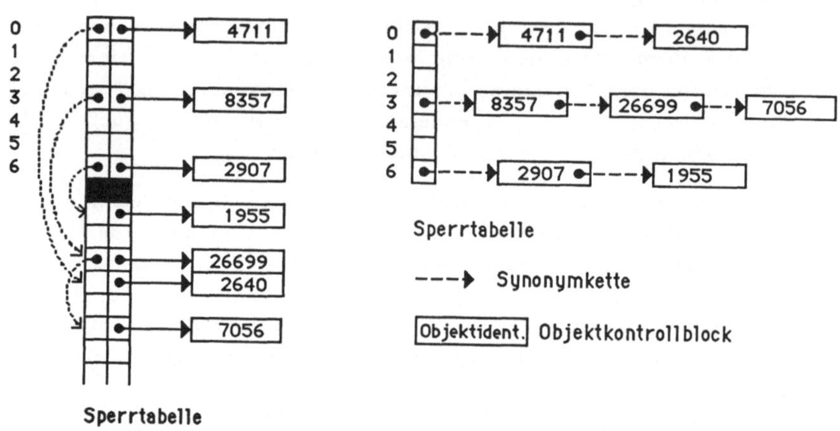

<table>
<tr><td>a) in der Sperrtabelle</td><td>b) durch Verkettung der Objektkontrollblöcke</td></tr>
</table>

Bild 5.4:   Synonymbehandlung

Bild 5.4 zeigt zwei mögliche Implementierungen der zur Adressierung eingesetzten gestreuten Speicherungsstruktur, gewöhnlich Sperrtabelle genannt, und einige Objektkontrollblöcke. Beide Varianten unterscheiden sich in der Art der **Synonymbehandlung**. Sie ist die Voraussetzung für die Funktionsfähigkeit des Verfahrens, ihre Aufruffrequenz im laufenden Betrieb ist jedoch zu minimieren. Insofern geben die vielen in Bild 5.4 dargestellten Synonyme einen eher untypischen Betriebszustand wieder. In der linken Hälfte von Bild 5.4 werden Synonyme **in der Sperrtabelle** selbst behandelt [Käf85], die in einen Primärbereich oberhalb des schattierten Eintrages und einen Sekundärbereich unterhalb davon zerfällt. Rechts daneben in Teil b) erfolgt die Überlaufbehandlung durch **Verkettung der Objektkontrollblöcke** mit eingebetteten Zeigern [Här78b]. Der Hauptvorteil der erstgenannten Lösung ist in der Separierung der Überlaufbehandlung von der Verwaltung der Objektkontrollblöcke zu sehen, allerdings bei etwas größerem Speicherplatzbedarf für die Sperrtabelle.

Die beiden prinzipiellen Vorgehensweisen bei der Abbildung des **Zugriffspfades** vom **Objekt** zu seinen **Sperren** ist Bild 5.5 zu entnehmen. Links ist eine Zweiteilung der Sperren nach ihrem Zuteilungszustand vorgenommen. Durch die linke Zeigerkette sind die Kontrollblöcke der gewährten Sperren miteinander verbunden, durch die rechte die der noch nicht gewährten [Ari83, Här78b]. Bild 5.5b zeigt denselben OKB, allerdings mit einer **einzigen Zeigerkette** [Käf85], die alle SKB des OKB verbindet. Am Kettenanfang stehen die gewährten Sperren, gefolgt von den nicht gewährten. Ohne formalen Beweis soll hier festgehalten werden, daß diese Sortierordnung ausreicht, um beim RX-, RAX-, RAC- und dem RAC_n-Verfahren eindeutig den Zuteilungszustand einer Sperre zu bestimmen. Diese Aussage wird in 5.3 noch etwas klarer. Von beiden Lösungen ist die rechte aufgrund ihrer Uniformität vorzuziehen, da die linke wegen des Umhängens von SKB eine größere Komplexität der Wartungsoperationen impliziert. Weitere Nachteile werden anhand der Bilder 5.6 und 5.7 aufgezeigt.

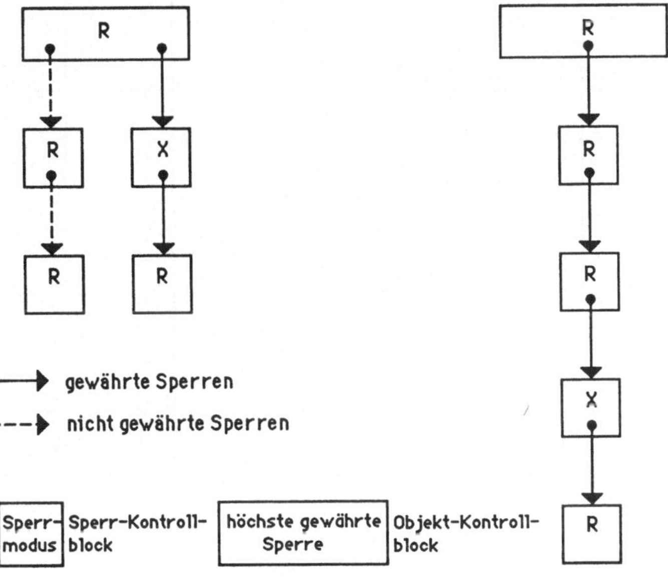

Bild 5.5:   a)   Objektkontrollblock mit separater Verkettung zugelassener und wartender Prozesse   b)   Objektkontrollblock mit gemeinsamer Verkettung aller Sperren

Transaktionen bzw. die zugehörigen TKB werden in der Regel in Form einer linearen Liste, der sogenannten Transaktionstabelle, deren Länge sich an der maximal im Datenbanksystem zulässigen Parallelität orientiert, organisiert. Der Index des TKB, auch interne Transaktionsnummer (ITN) genannt, realisiert einen besonders effizienten Zugriffspfad, der häufig die Verbindung vom SKB zum TKB bildet.

In den Bildern 5.6 und 5.7 sind zwei recht unterschiedliche Arten der Abbildung auf Speicherungsstrukturen vorgenommen worden, die die soeben erläuterten Implementierungsalternativen miteinander kombinieren. In Bild 5.6 sind Alternative b aus Bild 5.4 und Alternative a aus Bild 5.5 integriert, in Bild 5.7 die jeweils verbleibenden Alternativen. Somit sind in Bild 5.7 die zuvor besser eingeschätzten Alternativen zusammengebracht. Bild 5.7 bezieht sich auf das RAC-Verfahren.

Am oberen Bildrand befindet sich jeweils die Transaktionstabelle (und ITN), am linken Bildrand die Sperrtabelle. Zusätzlich zu den bisher erwähnten Zugriffspfaden ist eine unidirektionale Zeigerkette von der Transaktion zu allen ihren Sperren eingetragen, die noch einer Ergänzung durch einen Zeiger vom TKB zum letzten SKB bedürfte, um das Einhängen neuer Sperren zu beschleunigen. Auf diesen Zeiger wurde aus Gründen der Übersichtlichkeit verzichtet. Der Zugriffspfad SKB-TKB wird über die im SKB gespeicherte ITN realisiert, der vom SKB zum OKB in Bild 5.6 durch den im SKB abgelegten Objektidentifikator, in Bild 5.7 durch die bidirektionale Verkettung aller zu einem OKB existierenden SKB.

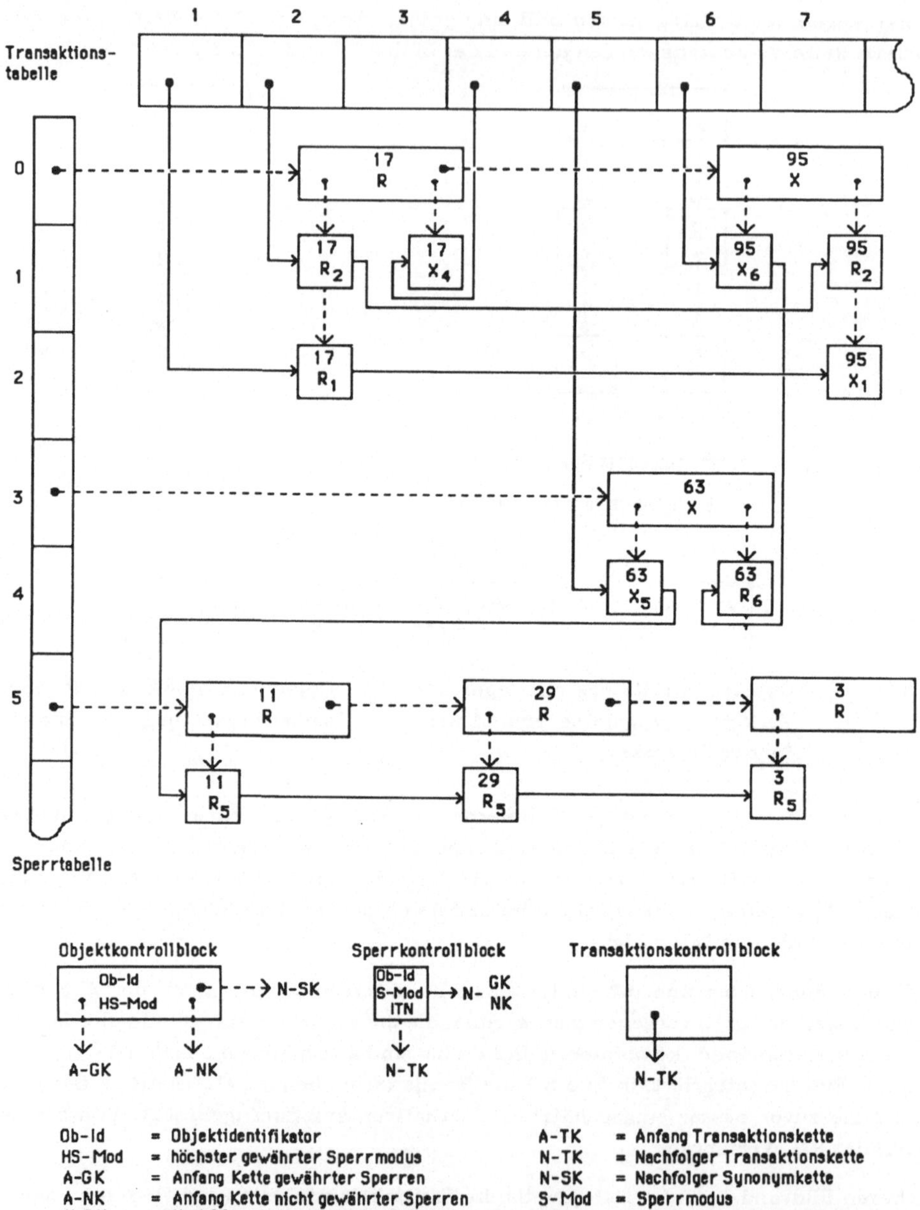

Bild 5.6: Speicherungsstrukturen zur Verwaltung von Sperren; Synonymbehandlung durch Verkettung der Objektkontrollblöcke von zwei Zeigerketten für die Sperren eines Objektes

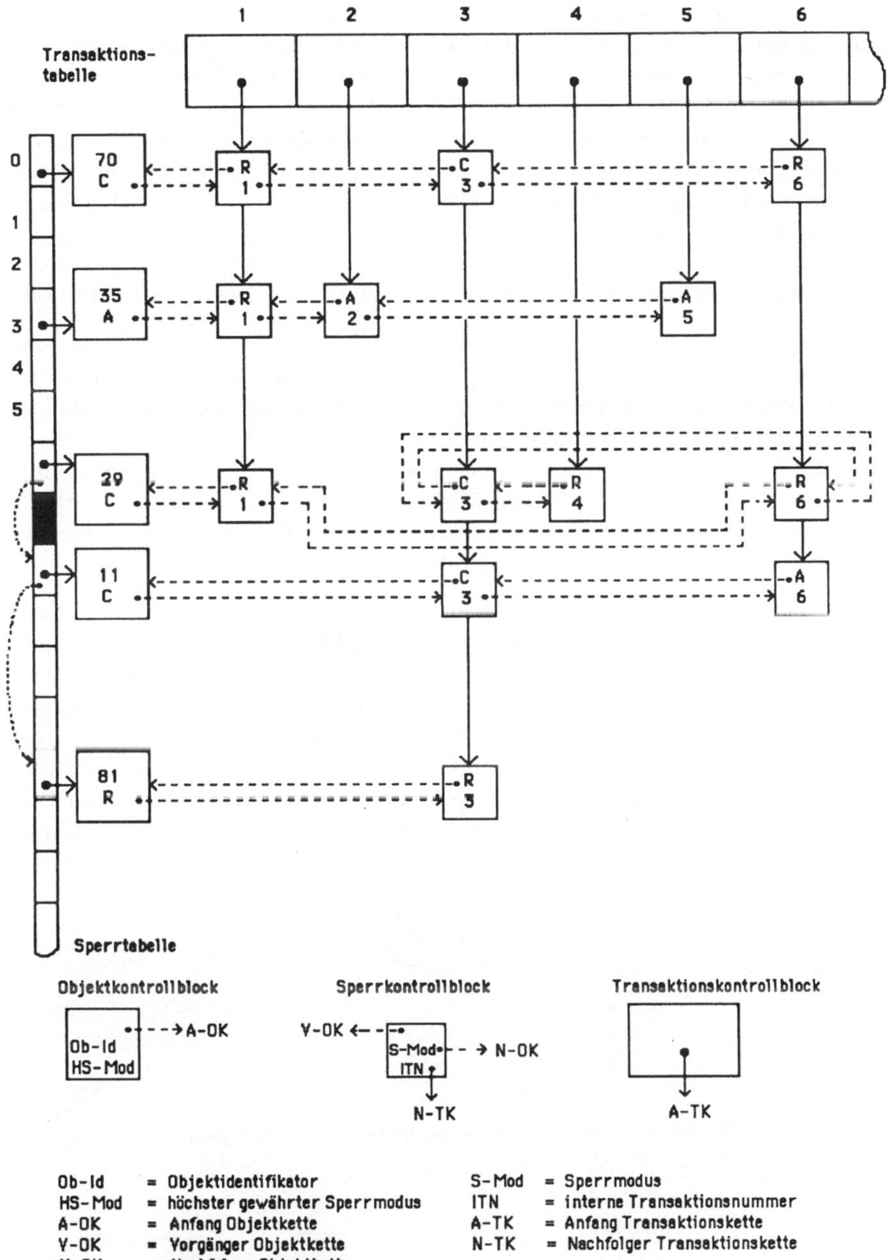

Bild 5.7: Speicherungsstrukturen zur Verwaltung von Sperren; Synonymbehandlung in der Sperrtabelle und einer Zeigerkette für die Sperren eines Objektes

Eine fundierte Bewertung beider Speicherungsstrukturen würde die detaillierte Analyse der Abläufe bei der Ausführung der von der Sperrkomponente exportierten Operationen verlangen, ein aufgrund seines Umfanges an dieser Stelle undurchführbares Unterfangen. Die überlegene Qualität der in Bild 5.7 illustrierten Lösung wird jedoch bereits durch die offensichtliche Symmetrie und Einfachheit der abgebildeten Strukturen zumindest intuitiv glaubhaft gemacht. Diese Beobachtung konnte bei der Implementierung der beiden beschriebenen Varianten als Bestandteil zweier Simulationssysteme [PeRe83b, Käf85] auch praktisch bestätigt werden.

5.2.3. Speicherungsstrukturen zur Unterstützung optimistischer Synchronisationsverfahren

Anders als bei Sperrverfahren sind für optimistische Synchronisationsverfahren keine Implementierungen in kommerziellen Datenbanksystemen bekannt. Allenfalls existieren einige Prototypen von Experimentalsystemen [KeTe84, KLS83], die nicht für den kommerziellen Einsatz bestimmt sind. Insbesondere die Auswahl effizienter Speicherungsstrukturen zur Repräsentation von Lese- und Schreibmengen wird bei der Darstellung der optimistischen Algorithmen [Här84a, KuRo81] in der Regel unterlassen, sie spielt sich vielmehr auf der konzeptionellen Ebene der Serialisierbarkeitstheorie ab. Selbst die Prototypbeschreibungen gehen unzureichend auf dieses zentrale Problem ein.

Speicherungsstrukturen für Lese- und Schreibmengen sind in erster Linie auf die Operationen Einfügen eines neuen Elements in eine Menge und Validierung hin zu optimieren. Weitere Kriterien sind der Speicherplatzbedarf für solche Hilfsstrukturen, den es auf ein mit anderen Synchronisationsverfahren vergleichbares Maß zu beschränken gilt, und die algorithmische Komplexität einer programmtechnischen Umsetzung der Wartungsoperationen. Im folgenden werden mögliche Speicherungsstrukturen klassifiziert, beispielhaft dargestellt und eine qualitative Bewertung der Implementierungsalternativen anhand der erwähnten Kriterien vorgenommen. In Abschnitt 5.4 sind darüber hinaus einige quantitative Aufwandsbetrachtungen auch für optimistische Verfahren zusammengestellt.

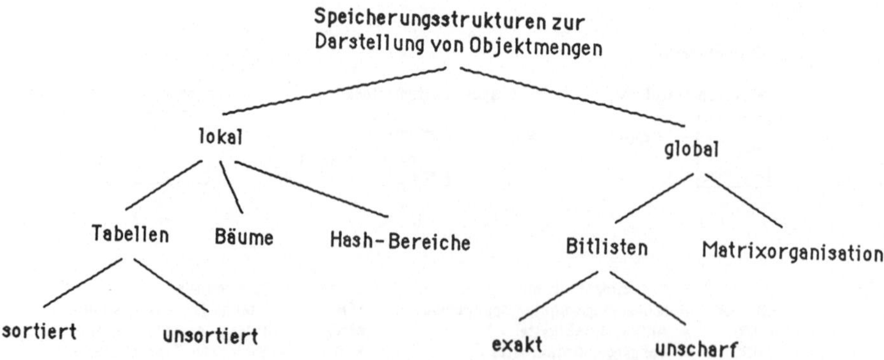

Bild 5.8: Klassifikation von Speicherungsstrukturen zur Darstellung von Lese- und Schreibmengen optimistischer Synchronisationsverfahren

In Bild 5.8 sind einige der möglichen und erfolgversprechenden Ansätze klassifiziert. Dabei wird zwischen **lokalen** oder transaktionsspezifischen und **globalen Darstellungen** unterschieden. Lokale Ansätze separieren Objektmengen auf der Ebene der Speicherungsstrukturen strikt transaktionsspezifisch und werden dem intuitiven Verständnis des optimistischen Ansatzes, nämlich Wechselwirkungen zwischen Transaktionen erst in der Validierungsphase zu überprüfen bzw. zur Kenntnis zu nehmen, am ehesten gerecht. Globale Ansätze realisieren selbstverständlich auch die Beziehung zwischen einer Transaktion und den von ihr berührten Objekten, gleichzeitig jedoch repräsentieren sie sehr geschickt transaktionsübergreifende Beziehungen.

Die auf den ersten Blick nächstliegende Implementierung für Lese- und Schreibmengen ist in Bild 5.9a graphisch dargestellt [Ger83, Här84a]. Darin ist für **jede Objektmenge eine Tabelle** vorgesehen, in der die Einträge entweder sortiert oder unsortiert abgelegt werden. Zur Vermeidung einer extensiven Speicherfragmentierung bzw. großer nicht genutzter Bereiche in statisch vordefinierten Tabellen bietet sich auch die Implementierung von linear sortierten oder unsortierten Listen an. Der Aufwand zur Wartung der unsortierten Struktur ist minimal, dagegen muß bei der Validierung mit quadratischem Aufwand pro Disjunktheitstest gerechnet werden, bei Sortierung kehrt sich das Verhältnis um. In beiden Fällen ist die Programmkomplexität gering.

Letzteres trifft auf die Darstellung von Objektmengen durch Baumstrukturen nicht zu. Zur Begrenzung des Aufwandes beim Einfügen neuer Einträge muß dem Baum ein geeignetes Balancierungskriterium aufgeprägt werden, das die Höhenunterschiede minimiert. Eine solche Implementierung scheint im Lichte der anderen Alternativen deshalb weniger lohnenswert.

Eine weitere Alternative im Rahmen der lokalen Ansätze wird in der Klassifikation mit Hash-Bereiche bezeichnet, in Bild 5.9b treffender mit **transaktionsspezifische Hash-Bereiche**. Die Grundidee dieser in [Pro85] beschriebenen Variante ist die Zuteilung separater Hash-Bereiche pro Lese- und Schreibmenge einer jeden Transaktion und die Synonymbehandlung durch Verkettung in einem gemeinsamen Überlaufbereich, wobei auch dort wieder eine Sortierordnung innerhalb der Synonyme einer Hash-Klasse aufrechterhalten werden könnte. In Bild 5.9b umfassen die transaktionsspezifischen Primärbereiche pro Lesemenge 4 und pro Schreibmenge 2 Hash-Klassen. In der Lesemenge der Transaktion T_1 sind in der zweiten Hash-Klasse etwa die Objekte mit den Identifikatoren 101 im Primärbereich und 1245, 4 und 531 im Überlaufbereich miteinander verbunden. Alle anderen Hash-Klassen der Lesemenge von Transaktion T_1 sind einfach besetzt, und zwar mit den Objekten 933, 711 und 1160. In der Schreibmenge fallen alle Einträge (101, 711, 531) unglücklicherweise in dieselbe, die zweite Hash-Klasse. Außerdem stimmen die Inhalte der restlichen Lese- und Schreibmengen mit denen in Teil a) überein, was auch auf Teil c) zutrifft. Die starke Inanspruchnahme des Überlaufbereichs beruht auf darstellungstechnischen Gründen, eine gut instrumentierte Speicherungsstruktur kennzeichnet dagegen eine möglichst geringe Auslastung des Bereichs.

Neben dem geringeren Aufwand im laufenden Betrieb im Vergleich zu unsortierten Tabellen und Bäumen ermöglicht dieses Strukturierungskonzept eine Beschleunigung der Validierung, die umso größer ausfällt, je weniger Einträge wegen Kollisionen in den Überlaufbereich gezwungen werden. Wird nämlich die Belegung der Hash-Klassen einer Transaktion durch eine Bitliste ausgedrückt, dann ist es zunächst lediglich erforderlich, die in Abhängigkeit von der Validierungsstrategie auszuwählenden Bitlisten durch eine Und-Operation zu verknüpfen, um die Konfliktfreiheit sicherzustellen. Das setzt allerdings im Gegensatz zu Bild 5.9b gleich große Primärbereiche für Lese- und Schreibmengen voraus. Eintragsweise zu vergleichen, sind nur die Hash-Klassen, für die sich bei der Konjunktion der beiden Bitlisten der Wert

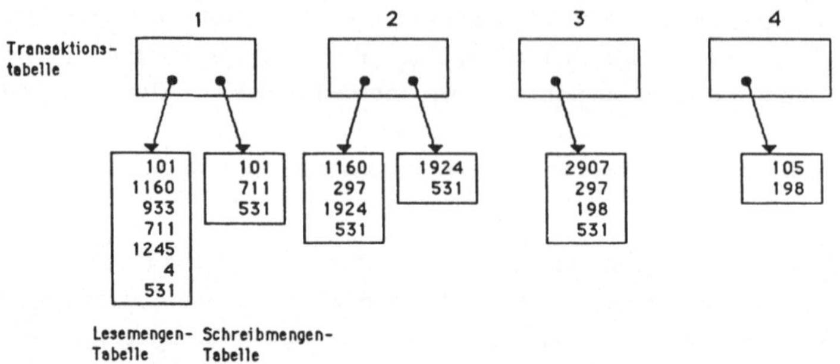

a) transaktionsspezifische unsortierte Tabellen

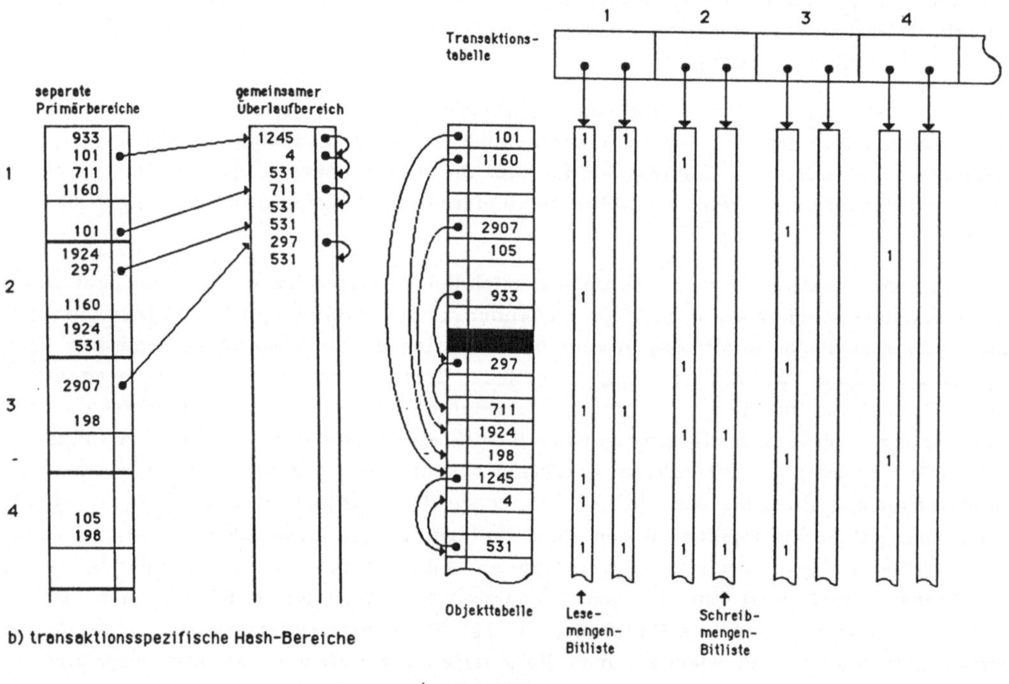

b) transaktionsspezifische Hash-Bereiche

c) exakte Bitlisten

Bild 5.9: Alternative Darstellungen von Lese- und Schreibmengen auf der Ebene der Speicherungsstrukturen

"wahr" ergibt.

Der Einsatz von Bitlisten bildet ebenfalls die Grundlage zweier der in der Klassifikation von Bild 5.8 mit global umschriebenen Ansätze. Zuvor wird jedoch die in Bild 5.8 **Matrixorganisation** titulierte Speicherungsstruktur erklärt. Hinter diesem Begriff verbirgt sich eine andere Interpretation der in Bild 5.7 skizzierten Speicherungsstruktur zur Verwaltung von Sperren. Wird in jeden der dort abgebildeten Sperrkontrollblöcke statt des Sperrmodus die Zugehörigkeit zur jeweiligen Objektmenge eingetragen, dann sind über die Transaktionskette alle Elemente der Lese- und Schreibmenge gemeinsam erreichbar und diskriminierbar. Am Beispiel der Matrixorganisation wird auch deutlich, wie sich im Grunde beide Verfahrensklassen auf der Ebene der Speicherungsstrukturen zur Repräsentation der synchronisationsrelevanten Information ähneln, eine interessante Beobachtung, deren Konsequenzen im folgenden weiter ausgeleuchtet werden.

In der Matrixorganisation tritt die auf den ersten Blick ungewöhnliche Situation ein, daß eine Transaktion zwei Kontrollblöcke auf demselben Objekt hält, das liegt aber an der Trennung von Lese- und Schreib-Zugriffsrecht, die bei Sperrverfahren in einer X-Sperre vereinigt sind. Bei Ausschluß blinder Schreiboperationen bietet es sich geradezu an, nur einen Kontrollblock zu führen, wenn ein Element Teil der Schreibmenge ist.

Am Beispiel der Matrixorganisation wird zum erstenmal der **Glanzpunkt** der **globalen Ansätze** offenbar, nämlich die allenfalls mit **geringen zusatzlichen Kosten** verbundene **Bereitstellung** eines **Zugriffspfades zu allen aktuellen Nutzern eines Objektes,** der der ursprünglichen Intention der optimistischen Verfahren gemäß erst mit dem Beginn der Validierungsphase ausgenutzt werden dürfte. Zwar gestattet er dann immer noch eine klare Beschleunigung der Validierung, denn ein einziger sequentieller Durchgang durch die Transaktionskette reicht aus, doch erlaubt es der objektbezogene Zugriffspfad, unbehebbare Konflikte möglicherweise weit vor der Validierungsphase aufzudecken.

Bild 5.10 soll diese These veranschaulichen. In dem oberen Beispielszenarium geraten die zwei Transaktionen T_1 und T_2 in einen Schreib-Schreib-Konflikt, in dem unteren tritt ein Schreib-Lese-Konflikt auf. In beiden Fällen wird die Inklusion der Schreib- in der Lesemenge vorausgesetzt. Im Szenarium a) von Bild 5.10 wird zum Zeitpunkt t_1 der Wert eines Objektes durch Transaktion T_1 von A nach A' geändert. Noch vor dem Ende dieser Transaktion macht T_2 an demselben Objekt ebenfalls eine Modifikation, jedoch ausgehend vom alten Wert A des Objektes. Offenkundig würde die erfolgreiche Beendigung beider Transaktionen eine nicht serialisierbare Ablauffolge erzeugen, weshalb schon zum Zeitpunkt t_2 das Scheitern einer Transaktion feststeht. Von einer transaktionsspezifischen Lese- und Schreibmengenverwaltung wird diese Situation jedoch nicht erkannt. Die Feststellung der mangelnden Serialisierbarkeit des Ablaufes durch die FOCC- bzw. die BOCC-Variante wird in Bild 5.10 durch Blitzsymbole unterhalb der Zeitachse visualisiert. Die Benutzung globaler Ansätze erlaubt es, die Inkonsistenz der Ablauffolge bei marginalen Zusatzkosten zum frühestmöglichen Zeitpunkt zu erkennen und eine Transaktion zurückzusetzen.

Beispielszenarium b) in Bild 5.10 veranschaulicht einen bei der BOCC-Variante im ursprünglichen Sinn [KuRo81] zum Scheitern der Validierung führenden Schreib-Lese-Konflikt. Da die Schreibmenge von T_1 mindestens bis zur Validierung von T_2 nicht freigegeben werden kann, läßt sich der Konflikt über den objektbezogenen Zugriffspfad der Matrixorganisation frühzeitig erkennen. Andererseits gleicht Szenarium b) dem bei der Erläuterung des BOCCT-Verfahrens eingesetzten. Dort wurden Zeitmarken an den Objekten als Hilfsmittel zur Erkennung entsprechender Situationen empfohlen. Verblüffenderweise erfüllt der objektbezogene Zugriffspfad in den globalen Ansätzen dieselbe Funktion, wodurch sie sich als effiziente Implementierungstechnik anbieten.

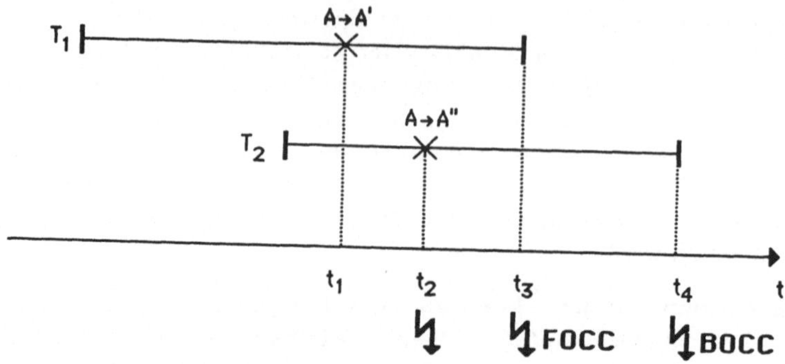

a) Frühzeitige Erkennung unbehebbarer Schreib-Schreib-Konflikte

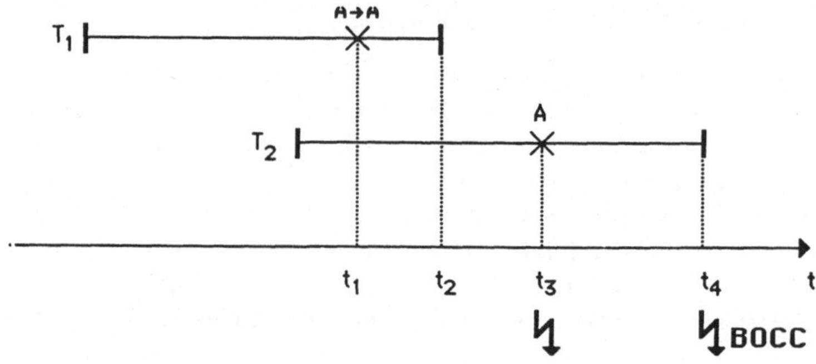

b) Frühzeitige Erkennung unbehebbarer Schreib-Lese-Konflikte

Bild 5.10: Erkennung von unbehebbaren Konflikten bei globalen Ansätzen zur Darstellung von Lese- und Schreibmengen

Eine letzte interessante Betrachtung betrifft die Integration bzw. die lastabhängige dynamische Auswahl und den Austausch von Sperr- und optimistischen Verfahren, wie er etwa in [KLS83, ReSh84] zur Leistungsoptimierung vorgeschlagen wird. Insbesondere mit der Matrixorganisation ist eine Speicherungsstruktur gefunden, die beide Klassen von Synchronisationsverfahren sehr wirkungsvoll unterstützt und etwa den gleichzeitigen Ablauf unterschiedlicher Protokolle auf mehreren Objektpartitionen erlauben würde.

Nach der Erläuterung der Grundidee globaler Ansätze werden zum Abschluß noch zwei Implementierungen auf der Basis von **Bitlisten** angegeben, die den Vorteil der frühzeitigen Erkennung überlappender Schreibmengen beibehalten. Darüber hinaus versprechen sie eine erhebliche Beschleunigung der Validierung Die eine, in Bild 5.8 mit **exakt** bezeichnete Lösung ist in Bild 5.9c visualisiert. Sie macht sich die Grundidee der bei den Sperrverfahren in Bild 5.7a beschriebenen Synonymbehandlung in der Sperrtabelle zunutze. Am linken Rand von Bild 5.9c ist eine mit Objekttabelle bezeichnete Speicherungsstruktur erkennbar, die in ihrem Aufbau der Sperrtabelle von Bild 5.7a gleicht. Jedem Eintrag im Primär- und im Überlaufbereich wird ein entsprechender Eintrag in einer Bitliste zugeordnet, wobei eine Eins das Enthaltensein des Objekts in der durch die Bitliste repräsentierten Menge signalisiert. Somit sind pro Transaktion zwei dieser Bitlisten vorgesehen, die sinnvollerweise über den TKB erreichbar sein sollten.

Da die Größe der Objekttabelle konstant bleibt, wenn der Überlaufbereich angemessen ausgelegt wird, gilt das ebenfalls für die Bitlisten. Typische Längen dürften bei ein- bis mehreren tausend Einträgen anzusiedeln sein. Die Validierung besteht nun aus der Konjunktion der entsprechenden Bitlisten und dem anschließenden Vergleich mit einer Nullfolge entsprechender Länge, Operationen, die sich erfahrungsgemäß mit sehr wenigen Maschineninstruktionen herkömmlicher Großrechner [IBM78, SIE79] realisieren lassen, was diese Struktur zur wohl attraktivsten der hier unterbreiteten avancieren läßt.

Zum Abschluß wird eine Implementierung optimistischer Verfahren andiskutiert, die **Bitlisten** als alleinige Speicherungsstrukturen zur **Darstellung** von **Objektmengen** verwendet. Gegenüber Bild 5.9c fällt demnach die Objekttabelle weg, wodurch gleichzeitig die mittels der Überlaufbehandlung im Hash-Bereich zugesicherte Eindeutigkeit der Adreßzuordnung verlorengeht. Diese Adressierungstechnik, die auch unter dem Namen **Bloom-Filter** [Blo70] bekannt ist, führt einen gewissen Grad an Unschärfe in die Darstellung der Objektmengen ein, denn es ist durchaus möglich, daß zwei verschiedene Objekte durch die Hash-Funktion auf dieselbe Position in der Bitliste abgebildet werden. Letzteres resultiert in der Validierungsphase in unnötigen, leistungsmindernden Rücksetzungen, denen die im Grunde triviale Wartung der Speicherungsstruktur im laufenden Betrieb und die ausgesprochen simple Validierung durch Konjunktion von Bitlisten als Vorteile entgegenzuhalten sind. Eine etwas eingehendere quantitative Analyse des Ansatzes hinsichtlich seines Speicherbedarfes ist in Abschnitt 5.4 beschrieben. In Analogie zur Bezeichnungsfindung bei den optimistischen Synchronisationsverfahren, die die außerordentlich zuversichtlichen Annahmen in bezug auf reale Konfliktraten zum Ausdruck bringt, müßte eine weitere Steigerung von optimistisch zur Charakterisierung des Bloom-Filter-Verfahrens benutzt werden. Sieht man Optimismus als Beschreibung einer Stimmungslage an, dann liegt es nahe, die neue Variante **euphorisch** zu nennen.

	lokal				global		
	Tabellen		Bäume	Hash-Bereiche	Bitlisten		Matrix-organisa-tion
	sortiert	unsortiert			exakt	unscharf	
Aufwand im laufenden Betrieb	++	-	+	O	O	--	O
Validierungsaufwand	+	++	O	O	--	-	O
Speicherbedarf	O	O	-	O	+	++	O
Programmkomplexität	-	--	++	O	O	--	+

++ sehr groß   + groß   o mittel   - klein   -- sehr klein

Bild 5.11: Qualitative Bewertung der Speicherungsstrukturen zur Darstellung von Lese- und Schreibmengen optimistischer Synchronisationsverfahren

5.3. Aufbau und Funktionsweise einer verfahrensunabhängigen Sperrkomponente mit dynamisch veränderbaren Sperrprotokollen

5.3.1. Vorteile und prinzipieller Aufbau einer verfahrensunabhängigen Sperrkomponente

In Abschnitt 5.1 wurden die Aufgaben und die Schnittstelle der Synchronisationskomponente in Datenbanksystemen in einer sehr allgemeinen, verfahrensunabhängigen Form beschrieben und darauf hingewiesen, daß bei der Realisierung der Synchronisationskomponente im Sinne ihres internen Aufbaus und ihrer Funktionsweise gewisse verfahrensspezifische Eigenarten zu berücksichtigen sind. Außerdem wurde auf das Problem der Auswahl geeigneter Synchronisationsgranulate aufmerksam gemacht. In diesem Abschnitt wird die interne Struktur und die Funktionsweise der Synchronisationskomponente für den praktisch bedeutsamen Fall der Sicherung der Ablaufintegrität durch Sperrverfahren etwas eingehender behandelt.

Von der Vielfalt der in Kapitel 4 skizzierten Sperrverfahren und den zahlreichen Alternativen bei ihrer konkreten Ausgestaltung wählen kommerzielle Datenbanksysteme üblicherweise genau eine Verfahrensvariante aus, die im Programmcode des Datenbank-Verwaltungssystems festgeschrieben wird. Wie schon in 5.2 erwähnt, kann das Leistungsverhalten des Datenbanksystems unter Umständen durch den **dynamischen Austausch des Synchronisationsverfahrens** [ReSh84] verbessert werden. Da die Verankerung des Verfahrens im Programmcode mit einem solchen Wechsel unvereinbar ist, gilt es einen flexiblen Mechanismus zu entwickeln, wenn an dem oben genannten Ziel festgehalten wird. In diesem und den folgenden Abschnitten wird ein solcher Mechanismus grob umrissen, der zumindest für eine ganze Reihe von Sperrverfahren unter gewissen Randbedingungen den Übergang von einer Verfahrensvariante zur anderen im laufenden Betrieb gestattet. Das gelingt durch die Separation geeigneter Teilfunktionen in der Sperrkomponente und zugehörigen Operationen. Auf der Grundlage dieser Primitive lassen sich Sperrprotokolle derart in Form von Tabellen spezifizieren, daß ihre Ausführung durch einen **verfahrensunabhängigen Protokollinterpreter** möglich ist.

Der **Protokollinterpreter** steht denn auch im Zentrum von Bild 5.12, das den Aufbau der verfahrensunabhängigen Sperrkomponente illustriert. Das von ihm ausgeführte Programm, die **Protokollspezifikation**, wird durch die Tabelle in seinem Inneren symbolisiert. Der Protokollinterpreter nimmt in Bild 5.12 Dienstleistungen von zwei Teilfunktionen in Anspruch. In der **Sperrverwaltung** wird über die in Abschnitt 5.2 beschriebenen Beziehungen zwischen Transaktionen, Objekten und den auf ihnen gesetzten Sperren Buch geführt, wobei sich in Anbetracht der bei der Protokollspezifikation benutzten Basisoperationen die in Abschnitt 5.2.2 mit Matrixorganisation bezeichnete Speicherungsstruktur für die Implementierung anbietet. Typische Operationen der Sperrverwaltung sind das Ein- und Ausfügen von Kontrollblöcken in den objekt- und transaktionsbezogenen Zugriffspfaden, das Umhängen von Kontrollblöcken in der objektbezogenen Warteschlange oder die Ausgabe von Zustandsinformation. Das wird in den folgenden Abschnitten noch genauer ausgeführt.

In Bild 5.12 ist noch eine zweite Hilfsstruktur zur Verwaltung synchronisationsrelevanter Information, der **Abhängigkeitsgraph,** und eine Instanz zu seiner Verwaltung neben der Sperrverwaltung eingetragen. Zwar ließen sich bei geeigneter Organisation der Speicherungsstrukturen zur Verwaltung von Sperren sämtliche Kanten des Abhängigkeitsgraphen aus den objekt- und transaktionsbezogenen Zugriffspfaden bei Bedarf dynamisch ableiten. In vielen Datenbanksystemen wird jedoch aus Effizienzgründen eine Duplizierung gewisser Information in

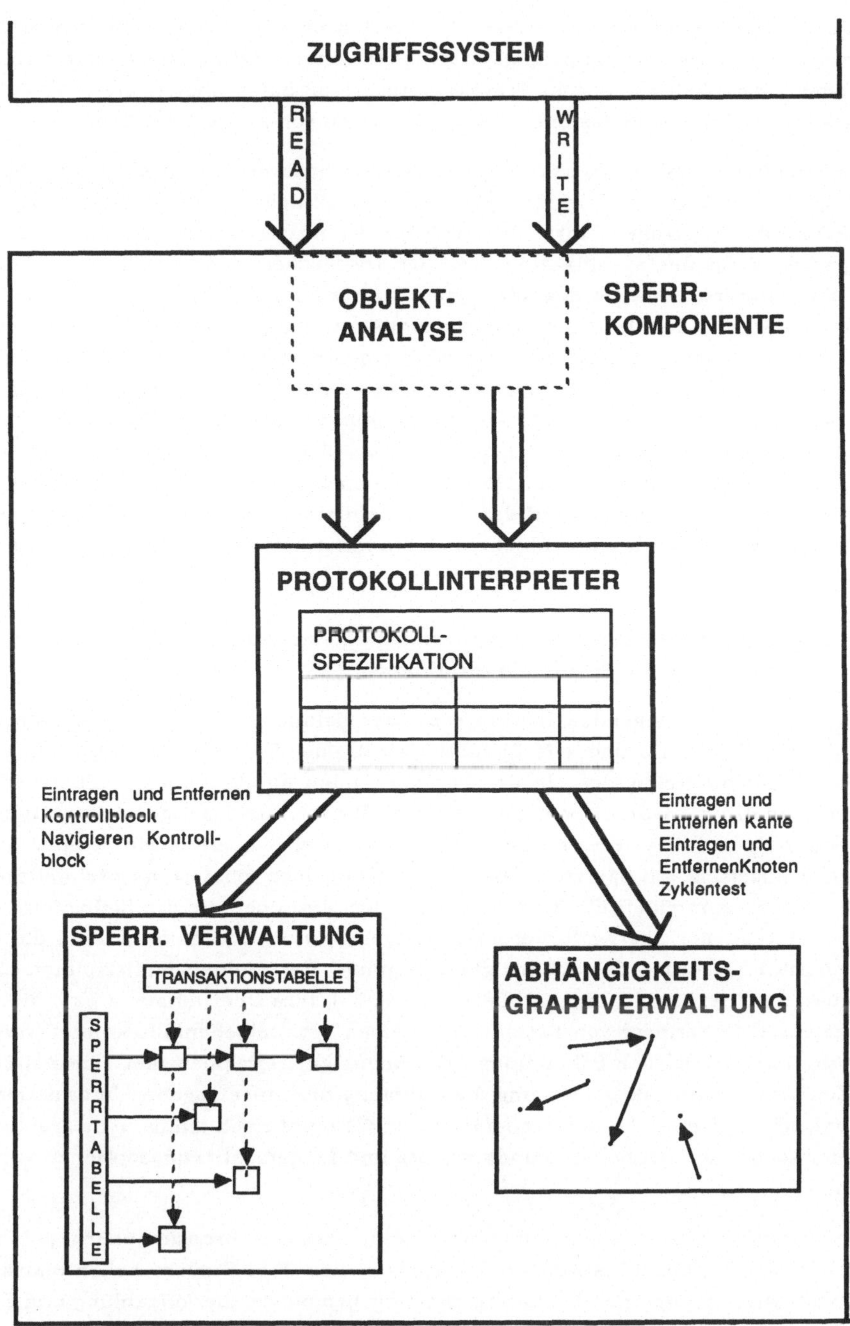

Bild 5.12: Interne Struktur einer verfahrensunabhängigen Sperrkomponente

Kauf genommen, denn bei komplexeren Sperrverfahren mit mehreren Sperrmodi ist mit der dynamischen Ableitung des Abhängigkeitsgraphen unter Umständen ein erheblicher Aufwand verbunden. Die wichtigsten vom Protokollinterpreter aufgerufenen Dienste der Abhängigkeitsgraphverwaltung sind das Eintragen und Löschen von Kanten und Knoten.

Der Vollständigkeit halber ist oberhalb des Protokollinterpreters direkt an der Schnittstelle der Sperrkomponente zum Zugriffssystem in Bild 5.12 noch eine mit **Objektanalyse** bezeichnete Funktion eingetragen. Ihre Aufgabe wäre die Auswahl eines geeigneten Synchronisationsgranulats aus der Spezifikation des Zugriffswunsches in der READ- oder WRITE-Operation, sofern unterschiedliche Granulate zum Einsatz kommen. Bei hierarchischen Sperrverfahren müßten von der Objektanalyse zuvor die notwendigen Anwartschaftssperren auf den dem Synchronisationsgranulat hierarchisch übergeordneten Ebenen erworben werden, wofür in der Protokollspezifikation entsprechende Operationen vorzusehen wären. Die Beschreibung der Funktionen der Objektanalyse im Konjunktiv deutet bereits an, daß im folgenden auf das wesentlich einfachere Modell gleichartiger Objekte ohne Hierarchiebildung, also die in Kapitel 4 behandelten Verfahren, Bezug genommen wird. Die Funktion der Objektanalyse beschränkt sich in diesem Fall auf das Durchreichen der READ- und WRITE-Operationen, deren Parameter das gewünschte Objekt und die anfordernde Transaktion umfassen, an den Protokollinterpreter.

5.3.2. Grundlegende Konzepte bei Sperrprotokollen, Basisoperationen und prinzipielle Funktionsweise des Protokollinterpreters

Die beiden grundlegenden Konzepte bei der Definition von Sperrprotokollen sind, wie schon in den Kapiteln 3 und 4 festgehalten wurde, der Sperrmodus und die Kompatibilität der Sperrmodi untereinander. In den vorangehenden Kapiteln wurden Sperrverfahren mit unterschiedlich vielen **Sperrmodi** und strukturell verschiedenartigen **Kompatibilitätsmatrizen** vorgestellt und ihre Vor- und Nachteile aus einer eher qualitativen Perspektive erörtert. Bei der Realisierung von Sperrprotokollen kommen jedoch mindestens zwei weitere Faktoren hinzu, nämlich zum einen die **Warteschlangendisziplin,** über die die Reihenfolge der Zulassung unverträglicher Sperranforderungen festgelegt wird, und zum anderen die **Aktualisierungspolitik** hinsichtlich des **Abhängigkeitsgraphen.** Warteschlangendisziplinen sind aus der Betriebssystemliteratur hinlänglich bekannt [Kle76], ihre Übernahme in bzw. die Anpassung an spezielle Erfordernisse von Datenbanksystemen bereitet ebenfalls keine Schwierigkeiten [BoNa78, GLP75]. Bei der Behandlung des Abhängigkeitsgraphen läßt sich weiter zwischen dem Zeitpunkt seiner Aktualisierung, dem Umfang der eingetragenen Information und dem Zeitpunkt der Zyklensuche unterscheiden. Bild 5.13 gibt noch einmal eine graphische Übersicht der soeben aufgeführten **Grundkonzepte und Implementierungsoptionen von Sperrverfahren.**

Im folgenden wird versucht, nur die Grundidee des verfahrensunabhängigen Protokollinterpreters und der Spezifikation von Sperrprotokollen über Steuertabellen plausibel zu machen, weil eine erschöpfende Erklärung der Vorgehensweise, die Aufzählung und Erläuterung aller Basisoperationen und ein Beweis der Korrektheit und Vollständigkeit der Methode den Umfang mehrerer Kapitel dieser Arbeit annehmen würde.

Bild 5.14 veranschaulicht die grundsätzliche **Funktionsweise eines Scan** auf dem objektbezogenen Zugriffspfad der Sperrverwaltung. Die Namensgebung für diesen abstrakten Datentyp erfolgt in Anlehnung an ein ähnliches Konzept zur sequentiellen Verarbeitung von Relationen

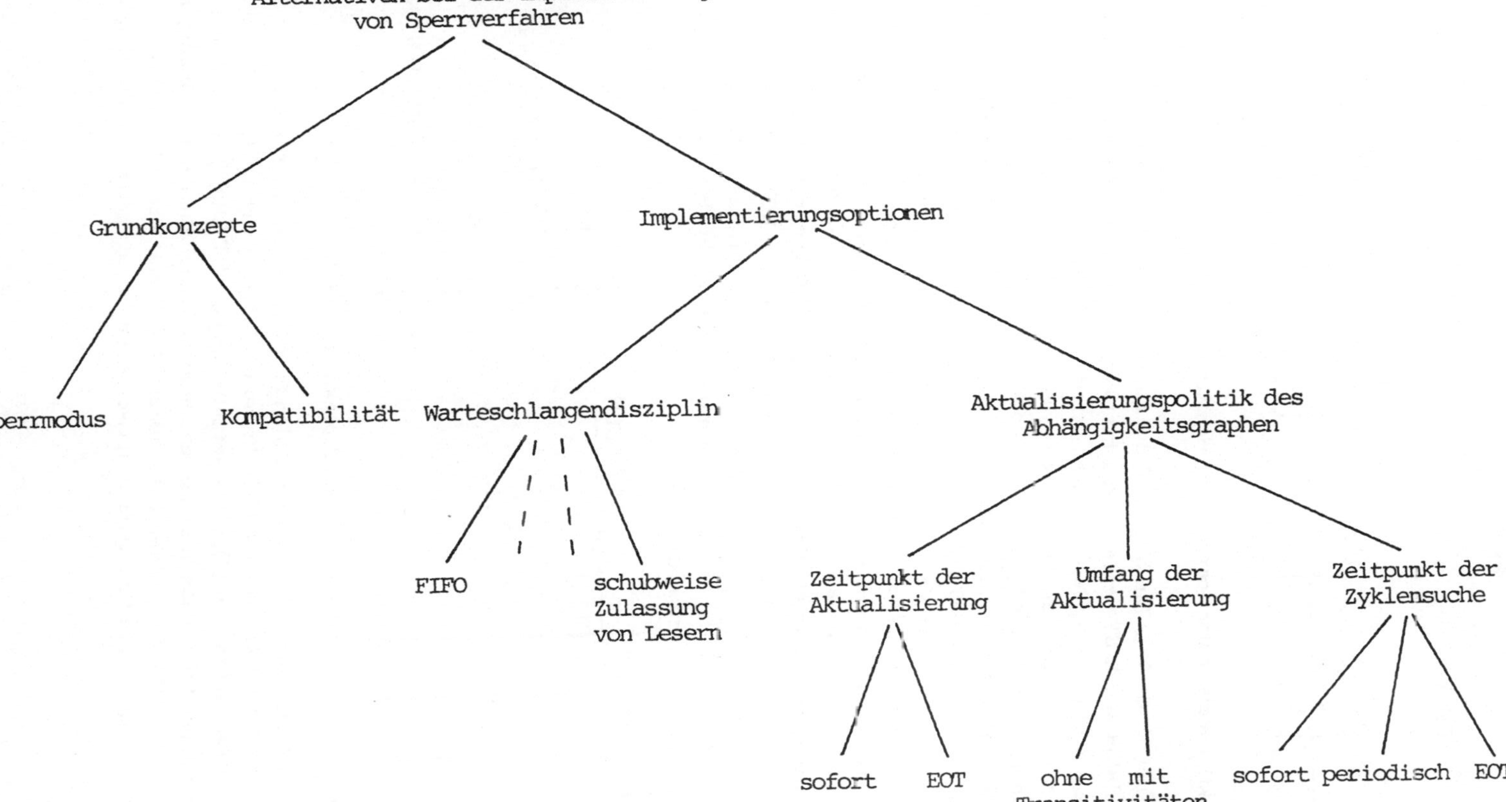

Bild 5.13: Alternativen bei der Implementierung von Sperrverfahren

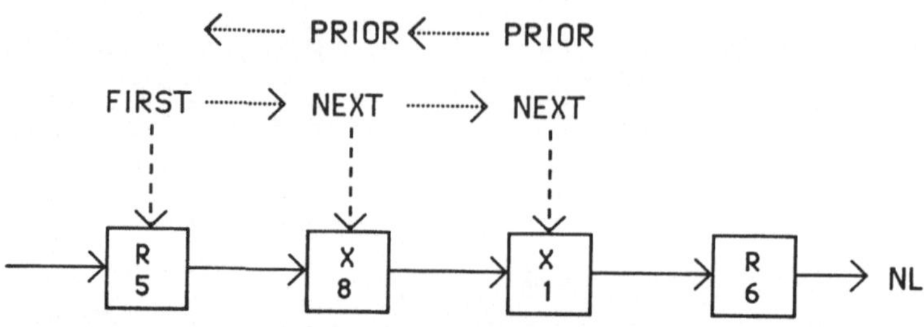

Bild 5.14: Funktionsweise eines Scan auf Sperrkontrollblöcken

im System R [BAC81, Gra78]. Ein Scan und die darauf definierten positionalen Operationen FIRST, NEXT, PRIOR and LAST werden in der Protokollspezifikation benutzt, um einen Überblick über die auf dem angeforderten Objekt bereits vorhandenen Sperren zu gewinnen. In Abhängigkeit von der aktuellen Position des Scan sind ebenfalls Einfüge- (INSERT) und Löschoperationen (DELETE) für Sperrkontrollblöcke definiert. Ein spezieller Wert (NL) zeigt das Ende des Scan in der einen oder anderen Richtung an. Neben den speziellen Scan-Operationen werden in der Protokollspezifikation einige Funktionen zur Aktualisierung des Abhängigkeitsgraphen benutzt. Hier sind insbesondere das Eintragen von Kanten (DRAW) und das Löschen von Kanten (RUBOUT) zu erwähnen. Des weiteren können sich unter bestimmten Umständen Operationen aller auf einen Knoten gerichteten Kanten bzw. der von ihm ausgehenden Kanten als nützlich erweisen. Selbstverständlich wird eine Operation zum Erkennen von Zyklen im Graphen benötigt (CYCLETEST), die im einfachsten Falle einen booleschen Wert als Ergebnis zurückgibt, was die Rücksetzung des Verursachers impliziert. Als letztes sind für die Protokollspezifikation noch die von der Transaktionsverwaltung exportierten Operationen (ACTIVATE, ABORT, BLOCK,...) von Interesse, über die der Erfolg der Sperranforderung zum Ausdruck gebracht wird.

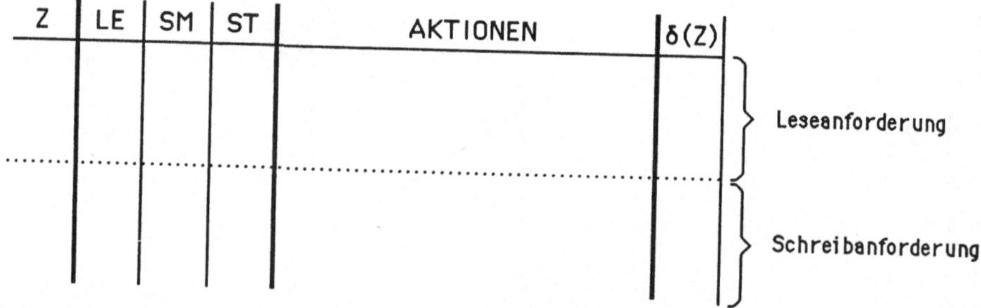

Bild 5.15: Aufbau der Steuertabellen für den Protokollinterpreter

Bild 5.15 zeigt den Aufbau der Steuertabellen für den Protokollinterpreter. Eine Steuertabelle für den Protokollinterpreter zerfällt im wesentlichen in vier Teile, die den aktuellen Zustand des Protokollautomaten (Z), seine aktuelle Eingabe (LE,SM,ST), die in Abhängigkeit der beiden letztgenannten Größen auszuführenden Aktionen im Sinne der oben aufgezählten Operationen und den einzunehmenden Folgezustand (δ(Z)) enthalten. Die vier Teile sind in Bild 5.15 durch vertikale kräftige Striche optisch voneinander getrennt. Die Eingabe des

Protokollinterpreters gliedert sich weiter in das Ergebnis der letzten Aktion im dynamisch vorangehenden Programmschritt (LE) und den Scan-Zustand (SM,ST) auf. Der Scan wird vor dem ersten Programmschritt automatisch auf dem der Sperranforderung zugrundeliegenden Objekt eröffnet. SM steht dann für den Sperrmodus des betreffenden Kontrollblocks an der aktuellen Scan-Position, ST für die zugehörige Transaktion. Die anfordernde Transaktion und der gewünschte Sperrmodus werden mit AT bzw. AM abgekürzt.

Für jeden vom Protokollinterpreter auszuführenden Operationstyp (Sperranforderung, Sperrfreigabe etc.) wird ein Anfangszustand festgelegt, von dem ausgehend die Steuertabelle abgearbeitet wird.

5.3.3. Ein Beispiel zur Spezifikation des RX-Verfahrens für den verfahrensunabhängigen Protokollinterpreter

Bild 5.16 gibt die Steuertabelle des Protokollinterpreters für den einfachsten Fall des RX-Verfahrens, den Erwerb einer Lesesperre, wieder. Zusätzliche Randbedingungen sind die sofortige Verklemmungsanalyse und die Rücksetzung des Verursachers, die eine Verklemmung zuverlässig beseitigt. Als Warteschlangendisziplin wird strikt in Anforderungsreihenfolge (FIFO) zugeteilt, der Abhängigkeitsgraph wird sofort aktualisiert, und transitiv ableitbare Kanten werden, soweit erkennbar, ebenfalls eingetragen.

Wird im Anfangszustand bereits das Ende des impliziten Scan erkannt, dann ist das Objekt bisher mit keiner Sperre belegt (Zeile(1)), diese kann sofort gewährt (GRANT) und in den objektbezogenen Zugriffspfad aufgenommen werden (INSERT), wobei die Aktualisierung anderer Zugriffspfade implizit angenommen wird. Ist dagegen schon mindestens eine Sperre gewährt (Zeile(2)), dann wird in Zustand 1 übergegangen. In diesem wird durch Verfolgung des Scan (Zeile(3)) geprüft, ob die Sperre vorher gewährt wurde (Zeile(5)) oder die Transaktion noch keine Sperre auf dem Objekt besitzt (Zeile(4)). Im letzten Fall wird zum Anfang des Scan zurückgegangen (FIRST) und in Zustand 3 gewechselt. Um unnötige Komplexität zu vermeiden, wird in dem Beispiel das Vorkommen von Sperrkonversionen explizit ausgeschlossen; dieser Fall ist jedoch selbstverständlich mit der diskutierten Methode zu behandeln.

Der eigentliche Erwerb der Sperre und die dabei durchzuführenden Aktionen werden durch die Zeilen (6) bis (13) des Beispielprogramms in Bild 5.16 repräsentiert. Steht am Anfang des Scan eine X-Sperre (Zeile(6)) und wird weiter von der Organisation der Warteschlange in FIFO-Reihenfolge ausgegangen, dann muß die anfordernde Transaktion warten und der zugehörige Sperrkontrollblock ans Ende gestellt werden. Zusätzlich sind Kanten auf die in der Warteschlange vorangehenden Transaktionen einzutragen (DRAW). R-Sperren am Anfang der Warteschlange werden zunächst überlesen (Zeile(7)). Sind nur R-Sperren gesetzt (Zeile(8)), dann kann die Sperre sofort gewährt und der Kontrollblock am Schlangenende eingetragen werden. Folgt dagegen noch wenigstens eine X-Sperre, die aufgrund der vorangehenden R-Sperren selbstverständlich nicht gewährt sein kann, dann muß die angeforderte R-Sperre ebenfalls verzögert werden (Zeile(6)).

Die Zeilen (9) und (10) beschreiben die vollständige Abarbeitung des Scan und das Eintragen von Kanten in den Wartegraphen. Wie die entsprechenden Zeilen zu erkennen geben, werden Kanten nur auf Transaktionen mit X-Sperren gezogen und nicht etwa auf sämtliche vorangehenden. Letzteres würde zu inkorrekten Ergebnissen führen, wenn etwa eine der Transaktionen, die eine X-Sperre hält, zurückgesetzt würde und vor und nach dem ihr zugeordneten

	Z	LE	SM	ST	AKTION (EN)	KOMMENTAR	d (Z)
(1)	A	©	NL	©	GRANT (AT); INSERT (AT, AM)	Objekt bisher ohne Sperre	E
(2)	A	©	≠ NL	©		Objekt mit Sperre	1
(3)	1	©	≠ NL	≠AT	NEXT	Zugriffswiederholung?	1
(4)	1	©	NL	©	FIRST	keine Wiederholung	2
(5)	1	©	≠ NL	= AT	GRANT (AT)	Zugriffswiederholung	E
(6)	2	©	X	©	DRAW (AT, ST); NEXT	Unverträglich	3
(7)	2	©	R	©	NEXT	weitere Leser	2
(8)	2	©	NL	©	GRANT (AT); INSERT (AT, AM)	nur Leser	E
(9)	3	©	X	©	DRAW (AT, ST); NEXT		3
(10)	3	©	R	©	NEXT		3
(11)	3	©	NL	©	CYCLETEST	Verklemmung	4
(12)	4	≠ CY	©	©	INSERT (AT, AM); BLOCK (AT)	keine Verklemmung	E
(13)	4	≠ CY	©	©	ABORT (AT)	Verklemmung	E
•	•	•	•	•			
•	•	•	•	•			
•	•	•	•	•			
•	•	•	•	•			
•	•	•	•	•			
•	•	•	•	•			

Z	= aktueller Zustand	AM	= angeforderter Sperrmodus
LE	= Ergebnis der letzten Aktion	AT	= anfordernde Transaktion
SM	= aktueller Sperrmodus im Scan		
ST	= aktuelle Transaktion im Scan	NL	= Ende des Scan
d(Z)	= Folgezustand	R	= Lesemodus
E	= Endzustand	X	= Schreibmodus
A	= Anfangszustand	CY	= Zyklus gefunden

© beliebig

Bild 5.16: Steuertabelle für den Erwerb einer R-Sperre beim einfachen RX-Verfahren

Sperrkontrollblock R-Sperren stünden. Gerade die Behandlung solcher Transitivitäten und ihre korrekte Implementierung, insbesondere bei komplexen Sperrprotokollen wie denen des RAX- oder des RAC-Verfahrens, sind eine derart diffizile Angelegenheit, daß ihre erschöpfende Abhandlung mehrere Seiten in Anspruch nehmen würde, zumal wenn zusätzlich mit Konversionen gerechnet werden muß.

In Zeile (11) ist das Ende des Scan erreicht und wegen des Einfügens von Kanten in den Wartegraphen wird ein Zyklentest zur Erkennung einer eventuellen Verklemmung gestartet. Bei negativem Ergebnis (Zeile(12)) erfolgt nach dem Eintragen des Sperrkontrollblocks die Blockierung der anfordernden Transaktion, ansonsten ihre Rücksetzung (Zeile(13)). Dabei notwendig werdende Entfernungen von Kontrollblöcken handelt ein eigenes, in Bild 5.16 nicht gezeigtes Protokoll ab.

5.4. Aufwandsbetrachtungen für unterschiedliche Implementierungen des Validierungsalgorithmus bei optimistischen Synchronisationsverfahren

5.4.1. Quantitative Abschätzung einer euphorischen Variante optimistischer Synchronisationsverfahren

Bei der Diskussion von Implementierungsalternativen zur Darstellung von Lese- und Schreibmengen bei optimistischen Synchronisationsverfahren in 5.2.3 wurde eine besonders effizient zu wartende Struktur beschrieben, die mit Hilfe von Bitlisten und einer nicht injektiven Abbildungsfunktion zwischen Objektidentifikator und Position in der Bitliste nach Art der Bloom-Filter Lese- und Schreibmengen mit einer gewissen Unschärfe repräsentiert. Als Konsequenz dieser Unschärfe besteht die Möglichkeit des Fehlschlagens einer Validierung, obwohl die betreffende Transaktion konfliktfrei abgelaufen ist. Weil dieses Verfahren eine Steigerung des Grundgedankens des optimistischen Ansatzes beinhaltet, der Begriff Optimismus aber bereits einen Superlativ beschreibt, wurde in 5.2.3 die Bezeichnung euphorisch geprägt. In diesem Abschnitt wird die praktische Tauglichkeit dieser Vorgehensweise anhand eines kleinen analytischen Modells näher untersucht. Wesentliches Ziel ist dabei die Abschätzung der unnötigen Invalidierungen als Funktion relevanter Ablaufparameter des Datenbanksystems und der verarbeiteten Transaktionen.

Der Einfachheit halber wird von einem gleichmäßig mit P Transaktionen ausgelasteten System ausgegangen, deren Lese- bzw. Schreibmenge jeweils R bzw. W Objekte umfassen möge. Außerdem wird ein gleichmäßiger Fortgang der Verarbeitung innerhalb der Transaktionen unterstellt, so daß zu einem beliebigen Zeitpunkt die Lese- und Schreibmengen im Mittel zur Hälfte aufgebaut sind. Schließlich wird die Länge der zur Darstellung der Objektmengen verwalteten Bitlisten mit B Einträgen angenommen und eine ideale Gleichverteilung der Objektidentifikatoren auf die Einträge der Bitliste. Mit diesen Voraussetzungen kann die Anzahl der unnötigen Invalidierungen bei der FOCC-Variante wie folgt abgeschätzt werden.

$$(1) \qquad LM = (P{-}1) * \frac{R}{2}$$

Gleichung (1) gibt die Größe der Vereinigung der Lesemengen an, gegen die validiert werden muß. Als ungünstigster Fall wird dabei die vollständige gegenseitige Disjunktheit der Mengen aller P-1 Transaktionen unterstellt. Somit bleibt die in (2) angegebene Anzahl von Einträgen der Bitliste unbelegt.

$$(2) \qquad B_{FREI} = B{-}(P{-}1) * \frac{R}{2}, \quad B \gg (P{-}1) * \frac{R}{2}$$

Die Wahrscheinlichkeit, daß ein Element aus der Schreibmenge der zu validierenden Transaktionen auf dieselbe Position in der Bitliste abgebildet wird wie ein davon verschiedenes Element aus der vereinigten Lesemenge, wird dann durch (3) ausgedrückt.

$$(3) \qquad P_{SCHEINKONFLIKT} = \frac{(P{-}1) * \frac{R}{2}}{B}$$

Da die Schreibmenge der validierenden Transaktion W verschiedene Seiten umfaßt, muß die Gegenwahrscheinlichkeit zu (3) in die W-te Potenz erhoben werden, um die Wahrscheinlichkeit zu erhalten, daß eine Transaktion bei der Validierung nicht durch einen Scheinkonflikt zur Rücksetzung gezwungen wird. Dieser Wert ist in Gleichung (4) wiedergegeben.

$$(4) \qquad P_{KORREKT} = \left[1 - \frac{(P{-}1) * \frac{R}{2}}{B} \right]^{W}$$

Wird mit S die Mindestwahrscheinlichkeit für die korrekte Validierungsentscheidung bezeichnet, dann leitet sich die Länge der Bitliste bei gegebener Lese- und Schreibmengengröße nach (5) ab. Die Gegenwahrscheinlichkeit (1-S) wird im folgenden auch Fehlerquote oder Irrtumswahrscheinlichkeit genannt.

$$(5) \qquad B_{MIN} = \frac{(P{-}1) * R}{2 * (1 - \sqrt[W]{S})}$$

Wie Gleichung (5) zeigt, hängt die minimale Länge der Bitliste linear sowohl von der Parallelität im Datenbanksystem als auch der durchschnittlichen Größe der Lesemenge ab. Für S und W ergeben sich deutlich komplexere nichtlineare Zusammenhänge. Tabelle 5.1 faßt die numerischen Ergebnisse der Formel (5) für einige interessante Wertekombinationen zusammen.

PAR	R=10		W=4	R=20		W=4
	S			S		
	0.99	0.999	0.9999	0.99	0.999	0.9999
2	2	20	200	4	40	399
4	6	60	599	12	120	1198
8	14	140	1398	28	280	2796
16	30	300	2996	60	600	5992
32	62	620	6192	124	1239	12383

R : Anzahl der Objekte in der Lesemenge
W : Anzahl der Objekte in der Schreibmenge
S : Wahrscheinlichkeit für korrekte Validierung

Tabelle 5.1: Minimale Länge der Bitliste (in 1000 Einträgen) bei der euphorischen Variante der optimistischen Verfahren

Zur Begrenzung der Irrtumswahrscheinlichkeit auf immerhin 1% bei relativ kleinen Lese- (je 10 Objekte) und Schreibmengen (je 4 Objekte) setzt die euphorische Variante der optimistischen Verfahren schon einen Bitvektor mit rund 62000 Einträgen pro Objektmenge und pro aktiver Transaktion voraus, wenn 32 Transaktionen parallel bearbeitet werden. Auch bei einem Parallelitätsgrad von 16 sind das immer noch zweimal 30000 Bit oder zwei Vektoren mit 4 Kilobyte pro Transaktion. Daneben scheint die in dem Zahlenbeispiel zugrundegelegte Fehlerquote von 1% für praktische kommerzielle Datenbankanwendungen untragbar, bedeutet sie doch, daß jede hundertste Transaktion unnötigerweise abgebrochen wird. Somit ist es angebrachter, die Begutachtung der Tauglichkeit des Verfahrens eher an den in der zweiten und dritten Spalte von Tabelle 5.1 aufgeführten Werten zu orientieren. Danach erreicht der Speicherplatzbedarf bei einer maximalen Irrtumswahrscheinlichkeit von 0.1% bei hohen Parallelitätsgraden eine Größenordnung von fast bzw. über 100 Kilobyte pro zu verwaltender Objektmenge. Die Reduktion der maximalen Fehlerquote um eine Zehnerpotenz verlangt gemäß Tabelle 5.1 eine Vervielfachung der Länge der Bitliste in derselben Größenordnung.

Obwohl allein der Speicherplatzbedarf der euphorischen Variante prohibitiv wirkt, soll die Betrachtung noch durch einige Bemerkungen zum Validierungsaufwand abgerundet werden. Ausgangspunkt für die hier diskutierte Variante der optimistischen Synchronisation war die besonders effiziente Ausführung von Operationen auf Bitvektoren, die auf herkömmlichen kommerziellen Großrechenanlagen [IBM78, SIE79] bis zu 2 Kilobit mit einer einzigen Maschineninstruktion manipulieren. Der Nutzen dieser auf den ersten Blick sehr mächtigen Operationen wird aber beim Vergleich mit Tabelle 5.1, zumindest was die Validierung angeht, zweifelsohne stark relativiert. Selbst wenn dem Datenbanksystem für die Bitlisten kostenlos Speicherplatz in beliebigem Umfang zur Verfügung stünde, so erforderte die Zerlegung der 620000 Einträge langen Bitliste in Blöcke zu 2 Kilobit bei Parallelität 32 und Irrtumswahrscheinlichkeit 0.1% rund 310 Maschineninstruktionen pro Transaktion, gegen die validiert wird. Instruktionen zur Organisation einer Programmschleife mitgerechnet und mit der Parallelität multipliziert, ist damit schnell eine Größenordnung von 30000 Maschineninstruktionen für diesen Abschnitt der Validierung einer Transaktion erreicht. Insgesamt bestätigen diese Abschätzungen die These, daß bei Synchronisationsverfahren wie auch auf anderen Teilgebieten der elektronischen Datenverarbeitung übergroßer Optimismus nicht immer angebracht ist.

5.4.2. Quantitative Abschätzung des Validierungsaufwandes der grundlegenden Varianten optimistischer Synchronisationsverfahren

Zur Abschätzung des **Validierungsaufwandes,** der mit den vorgestellten Varianten der optimistischen Synchronisationsverfahren einhergeht, wird im folgenden ein kleines, einfaches **analytisches Modell** entwickelt. Es stellt die ursprüngliche **BOCC-Variante** mit serieller Validierung [KuRo81] ohne jede Optimierung der entsprechenden **FOCC-Variante** [Här84a] gegenüber. Als Kostenmaß wird der insgesamt anfallende Vergleichsaufwand herangezogen, wobei ein Elementarvergleich zwischen einem Element einer Lese- oder Schreibmenge mit einem Element aus einer anderen Menge die Maßeinheit bildet. Somit wird der Validierungsaufwand beim BOCC-Verfahren als proportional zur Größe der Lesemenge der validierenden Transaktion angenommen. Mit dem Modell wird versucht, den Validierungsaufwand gleicher Transaktionen für beide Arten der optimistischen Verfahren grob zu quantifizieren. Unterschiedliche Rücksetzraten und damit verbundener Mehraufwand zur Wiederholung von Transaktionen findet bei dem gewählten Kostenmaß keine Berücksichtigung.

Der Einfachheit halber wird unterstellt, daß das transaktionsverarbeitende Rechensystem immer zu 100 Prozent ausgelastet ist. Die Zahl der jeweils parallel bearbeiteten Transaktionen werde immer konstant auf P gehalten. Des weiteren sei der Ressourcenbedarf einer Transaktion proportional zur Summe der Größen ihrer Lese- und Schreibmenge. Die zuletzt genannte Voraussetzung macht also die vergröbernde Annahme, daß jedes Objekt in der Lese- bzw. Schreibmenge etwa gleich häufig referenziert wird und die Befriedigung einer solchen Referenz dieselbe Menge von Ressourcen kostet. Die Rechenkapazität werde dadurch charakterisiert, daß das System in der Lage ist, genau eine Transaktion der Größe U (Lese- plus Schreibmenge) pro Sekunde zu bearbeiten. Diese Rechenkapazität sei vom Parallelitätsgrad unabhängig. In einem ersten Ansatz wird davon ausgegangen, daß nur Transaktionen mit Lesemengen der Größe R und Schreibmengen der Größe W auftreten.

Unter diesen Voraussetzungen schafft das System bei einer kontinuierlichen Auslastung von 100 Prozent die in (1) berechnete Zahl (TP) von Transaktionen pro Sekunde.

$$(1) \qquad TP = \frac{U}{R+W} \qquad \text{[Transaktionen pro Sekunde]}$$

Der Ressourcenverbrauch zur eigentlichen Validierung wird dabei außer Acht gelassen. Bei einem Parallelitätsgrad P ergibt sich daraus mit dem Satz von Little [Kle76] eine Verweildauer (V) pro Transaktion im Rechensystem, wie sie in (2) angegeben ist.

$$(2) \qquad TP*V = P \qquad \text{(Satz von Little)}$$

$$V = \frac{TP}{P} = \frac{U}{R+W} * \frac{1}{P} \qquad \text{[Sekunden pro Transaktion]}$$

$$(3) \quad VAL(BOCC) = \left[\begin{array}{l} \text{Anzahl validierender} \\ \text{Transaktionen pro Sekunde} \end{array} \quad \times \quad \begin{array}{l} \text{durchschnittliche Größe} \\ \text{der Lesemenge} \end{array} \right] \cdot$$

$$\left[\begin{array}{l} \text{durchschnittliche Verweil-} \\ \text{zeit einer Transaktion} \end{array} \quad \times \quad \begin{array}{l} \text{Anzahl validierender} \\ \text{Transaktionen pro Sekunde} \end{array} \quad \times \right.$$

$$\left. \begin{array}{l} \text{durchschnittliche Größe} \\ \text{der Schreibmenge} \end{array} \right]$$

$$= \quad (TP \bullet R) \bullet (V \bullet TP \bullet W)$$

$$VAL(BOCC) = \quad TP \bullet P \bullet R \bullet W \quad [\text{Elementarvergleich pro Sekunde}]$$

$$(4) \quad VAL(FOCC) = \left[\begin{array}{l} \text{Anzahl validierender} \\ \text{Transaktionen pro Sekunde} \end{array} \quad \times \quad \begin{array}{l} \text{durchschnittliche Größe} \\ \text{der Schreibmenge} \end{array} \right] \cdot$$

$$\left[\text{Parallelitätsgrad} \quad \times \quad \begin{array}{l} \text{durchschnittliche Größe} \\ \text{der Lesemenge} \end{array} \right]$$

$$= \quad (TP \bullet W) \bullet (P \bullet R/2) \quad [\text{Elementarvergleiche pro Sekunde}]$$

$$VAL(FOCC) = \quad (TP \bullet P \bullet R \bullet W)/2$$

Mit Hilfe der beiden Größen TP und V läßt sich dann der Validierungsaufwand der beiden Verfahrensvarianten sehr leicht bestimmen. Die Bezeichnungen VAL(BOCC) und VAL(FOCC) stehen für den Validierungsaufwand bewertet mit dem oben stehenden Kostenmaß und umfassen die während einer Sekunde durchzuführenden Elementarvergleiche.

Die durchschnittliche Größe der Lesemenge beim FOCC-Verfahren berücksichtigt, daß die Transaktionen, gegen die validiert werden muß, im Mittel erst zur Hälfte abgearbeitet sind und ihre Lesemenge kontinuierlich aufbauen. Das wirklich interessante Ergebnis dieser Überlegungen ist in (5) noch einmal deutlich hervorgehoben.

$$(5) \quad VAL(BOCC) = 2 \bullet VAL(FOCC)$$

Die **Validierungskosten** beim **BOCC-Verfahren** fallen demnach **genau doppelt so hoch** aus **wie** beim **FOCC-Verfahren,** verursacht durch die Notwendigkeit, bei der BOCC-Variante immer nur gegen abgeschlossene Transaktionen mit vollständigen Schreibmengen zu validieren.

Sämtliche Ergebnisse behalten ihre Gültigkeit in der oben beschriebenen Form, wenn anstatt einer festen Transaktionsgröße eine Klasseneinteilung vorgenommen wird. Eine Klasse ist gekennzeichnet durch die Größe der Lese- und Schreibmengen der zu ihr gehörenden Transaktionen. Wird jetzt die Last als Linearkombination dieser Transaktionsklassen definiert, dann kann das oben erklärte Modell praktisch unverändert beibehalten werden. Zwar ergeben sich nun transaktionsspezifische Verweildauern, jedoch geht die lastbeschreibende Linearkombination immer in der Weise in die Gleichungen ein, daß sie sich am Schluß jeweils wieder herauskürzen läßt. Somit bleibt (5) auch in diesem Fall bestehen. Auf einen formalen Beweis wird jedoch aus Platzgründen verzichtet.

Die Formeln (3) und (4) offenbaren die Proportionalität des Aufwandes in beiden Verfahrensvarianten zum Durchsatz (TP), der Größe der Lesemengen und der Schreibmengen sowie zur
Verarbeitungsparallelität im Datenbanksystem. Letztere erklärt sich dadurch, daß bei einer
Steigerung dieses Parameterwertes und konstanter Rechnerleistung auch die Verweilzeit gemäß dem Satz von Little ansteigt und damit beim BOCC-Verfahren die Zahl der Transaktionen, gegen die zu validieren ist. Beim FOCC-Verfahren ist die Proportionalität unmittelbar
einsichtig. Bemerkenswert ist ferner, daß der Validierungsaufwand nur von der durchschnittlichen Größe der Lese- und Schreibmengen abhängt und nicht etwa von der Verteilung dieses
Parameters. Das beruht auf dem Fehlen eines fixen Kostenanteils pro Validierung, so daß
sich das Wegfallen der Validierung für Lesetransaktionen bei der FOCC-Variante nicht auswir-
ken kann. Beispielsweise erfordert gemäß dem gewählten Kostenmaß die Validierung einer
Lesetransaktion (Schreibmenge leer) und einer Änderungstransaktion mit 5 Elementen in der
Schreibmenge denselben Aufwand wie die Validierung zweier Änderungstransaktionen mit
Schreibmengen der Kardinalität 5. Die Berücksichtigung eines fixen Kostenanteiles würde
das FOCC-Verfahren noch positiver aussehen lassen, denn dort können im Gegensatz zum
BOCC Verfahren (bei Ausschluß blinden Schreibens) bestimmte Transaktionen (die nur lesen-
den) als implizit validiert betrachtet und beim Aufruf der EOT-Operation durch das Benutzer-
programm unverzüglich beendet werden.

5.4.3 Grobe Abschätzung des Rechenzeitaufwandes zur Pflege der Speicherungsstrukturen zur Darstellung synchronisationsrelevanter Information bei Sperrverfahren versus optimistische Verfahren

In diesem Abschnitt wird versucht, die häufig [Här84, KuRo81, Schl81] als Rechtfertigung
des optimistischen Ansatzes ins Feld geführte These kritisch zu überprüfen, der bei Sperrverfahren zur Behandlung von Sperranforderungen und zur Wartung von Sperrtabellen unum-
gängliche Rechenzeitbedarf könne bei optimistischen Verfahren eingespart werden. Da Lese-
und Schreibmengen ebenfalls der Wartung bedürfen, ist die Behauptung eher dahingehend zu
interpretieren, daß der Wartungsaufwand für synchronisationsbezogene Speicherungsstrukturen im optimistischen Fall weitaus geringer eingeschätzt wird. Schon bei der Diskussion
der Implementierungsalternativen für die Darstellung von Lese- und Schreibmengen bzw. der
Sperrinformation in Abschnitt 5.2 wurde diese These dadurch in Frage gestellt, daß die Unterschiede auf der Implementierungsebene weit weniger drastisch ausfallen. Die Unterschiede verschwinden sogar vollkommen, wenn Hash-Bereiche in derselben Weise wie bei Sperrverfahren zur Repräsentation von Lese- und Schreibmengen verwendet werden. Da in diesem
Falle die Operationen zur Wartung der Speicherungsstrukturen vergleichbare Kosten wie bei
Sperrtabellen verursachen, ist die Überlegenheit der optimistischen Synchronisationsverfahren so nicht zu belegen.

Obwohl keine der Veröffentlichungen zu optimistischen Verfahren konkret auf Implementierungsdetails eingeht, liegt ihnen unterschwellig die Annahme zugrunde, daß Lese- und
Schreibmengen als lineare unsortierte Listen von Objektidentifikatoren realisiert werden, wie
bereits in Abschnitt 5.2 als eine der Alternativen skizziert. Vermutlich verleitet die Triviali-
tät der Einfügeoperation bei Tabellenstrukturen, die im Kern nur aus der Fortschaltung eines
Zeigers auf das Ende des belegten Bereiches und dem anschließenden Eintragen des neuen
Objektidentifikators besteht, zur Unterschätzung des tatsächlichen Rechenzeitbedarfs, wie
im folgenden genauer belegt wird.

Die geschilderte Vorgehensweise übersieht, daß es bei der Verwaltung von Lese- und Schreibmengen allein mit dem Abspeichern eines neuen Eintrags in einer Tabelle zur Realisierung der optimistischen Synchronisationsprotokolle nicht getan ist. Vor dem eigentlichen Einfügen muß in der entsprechenden Liste nachgesehen werden, ob der fragliche Objektidentifikator dort eventuell schon enthalten ist. Ein Grund, jedoch nicht der primäre, liegt in der Vermeidung von Duplikaten in den Tabellen, denn wiederholte Zugriffe auf dasselbe Objekt lassen sich grundsätzlich nicht ausschließen. Bildlich ausgedrückt übernimmt die Synchronisationskomponente die Funktion eines transaktionsbezogenen Gedächtnisses der berührten Objekte. Mehrfachanforderungen von Objekten ließen sich nur durch die externe Duplizierung der ohnehin in der Synchronisationskomponente vorhandenen Information verhindern, wodurch der Vergleichsaufwand lediglich in eine andere Komponente verlagert würde.

Bei Zugriffsanforderungen im Lesemodus kann wegen einer möglicherweise vorausgehenden Schreibanforderung keinesfalls auf die Überprüfung der Schreibmenge verzichtet werden, denn die Unterlassung dieser Prüfung würde im geschilderten Fall dazu führen, daß die Leseanforderung fälschlicherweise nicht aus dem transaktionseigenen Puffer befriedigt würde. Da die Sinnfälligkeit blinder Schreiboperationen, zumindest für Objekte wie Seiten des linearen Adreßraumes, sehr fragwürdig ist, sollte jedes Element der Schreib- auch in der Lesemenge enthalten sein. Bei wiederholten Schreibanforderungen desselben Objekts muß darüber hinaus ausgeschlossen werden, daß dieses mehrfach mit unterschiedlichen Änderungsständen in den transaktionsbezogenen Puffer übernommen wird. Das ist gleichbedeutend mit der Duplikatfreiheit der die Schreibmengen repräsentierenden Tabellen. Die Überprüfung der Schreibmenge ist also aus Korrektheitserwägungen sowohl bei Lese- als auch bei Schreibzugriffen zwingend vorgeschrieben, die der Lesemenge empfiehlt sich dagegen bei häufigen Re-Referenzierungen von Objekten, etwa wenn Seiten des linearen Adreßraumes als Synchronisationsgranulat dienen und Anforderungen durch die Zugriffspfadverwaltung abgegeben werden. Deshalb wird in den nachfolgenden Kostenabschätzungen immer vom Durchsuchen beider Objektmengen ausgegangen. Schließlich darf bei einem tragfähigen Vergleich des Rechenzeitbedarfs der beiden Klassen von Synchronisationsverfahren der Validierungsaufwand der optimistischen Verfahren nicht unberücksichtigt bleiben. Bei allen Kostenabschätzungen wird im übrigen Konfliktfreiheit der Transaktionen vorausgesetzt, weshalb kein Aufwand für Maßnahmen zur Erkennung von Verklemmungen bei den Sperrverfahren zu berücksichtigen ist.

ISP bzw. IOCC mögen die in Maschineninstruktionen gemessenen Kosten zum Einfügen eines neuen Eintrages in die Sperrtabelle bzw. die Lese- oder Schreibmenge bezeichnen. ISP schließt dabei alle Wartungsoperationen an Zeigerketten ein. Zur Berechnung von IOCC wird von durchschnittlich R bzw. W Objekten in den Lese- bzw. Schreibmengen ausgegangen, der Vergleich eines Listenelements mit einem vorgegebenen Wert koste inklusive des Durchlaufs einer Programmschleife V Instruktionen. Die oben skizzierte Vergleichsstrategie vorausgesetzt und weiter angenommen, daß keine Lese-Schreib-Konversionen auftreten und wiederholte Zugriffe sehr selten sind, macht jede Transaktion im Mittel R Zugriffsanforderungen, W davon im Schreibmodus. Damit gilt für die Kosten pro Zugriff, IOCC, die Gleichung (1).

$$(1) \quad IOCC = \frac{R+W}{2}$$

Der Faktor 2 im Nenner von Gleichung (1) spiegelt das allmähliche Wachstum der Objektmenge wider, die betreffenden Mengen haben bei einer Einfügung im Mittel erst die Hälfte ihrer

Endgröße erreicht. Der Wert für V ist sicherlich höchstens mit 5 anzusetzen, hängt jedoch vom Instruktionssatz der benutzten Rechenanlage ab. Wie der kurze Programmausschnitt in Tabelle 5.2, in der die fragliche Programmschleife in Assembler-Notation für IBM- und SIEMENS-Anlagen [IBM78, SIE79] formuliert ist, beweist, erfüllen schon 4 Instruktionen auf den genannten Rechenanlagen den gewünschten Zweck. Für ISP sind erfahrungsgemäß etwa 50 Instruktionen zu veranschlagen, da beim Einfügen etliche, in 5.2.1 aufgeführte Zeigerketten aktualisiert werden.

```
ELEMENTARVERGLEICH    C     OBJEKTMENGE(DISTANZ),VERGLEICHSWERT
                      BE    EINTRAG#GEFUNDEN
                      A     DISTANZ,EINTRAGSLAENGE
                      BXH   MAXIMALE#DISTANZ,DISTANZ,ELEMENTARVERGLEICH
```

Tabelle 5.2: Programmschleife zum Aufsuchen eines Objektes in einer Lese- oder Schreibmenge

Der Rechenzeitaufwand optimistischer Synchronisationsverfahren unterschreitet bei der gegebenen Parameterkonstellation für ISP und V den von Sperrverfahren bei einer Einfügung nur, solange Ungleichung (2) gilt.

$$(2) \quad R+W<25$$

Bei kleinen Objektmengen, etwa $R=15$ und $W=5$, wurde die in (2) ausgedrückte Restriktion gerade noch eingehalten.

Andererseits gebietet ein vollständiger quantitativer Vergleich die Einbeziehung der EOT-Verarbeitung in die Kostenabschätzung. Bei Sperrverfahren bedeutet das die Freigabe aller Sperren, also das Löschen von Einträgen in der Sperrtabelle und die Aktualisierung mehrerer Zeigerketten zu etwa denselben Kosten wie eine Einfügung. Bei den optimistischen Verfahren, besonders bei der im weiteren betrachteten FOCC-Variante, ist die Freigabe der Objektmengen trivial und verursacht praktisch keine Kosten. Zur Validierung einer Transaktion muß allerdings zuvor die eigene Schreibmenge auf Disjunktheit mit den Lesemengen aller laufenden Transaktionen überprüft werden, wobei für einen Elementarvergleich wieder V Instruktionen in Rechnung gestellt werden. Wenn jeweils gegen P Transaktionen validiert wird, beläuft sich der Gesamtaufwand zur Wartung der synchronisationsrelevanten Information pro Transaktion (G) auf den in (3) spezifizierten Betrag.

$$(3) \quad GSP=2*R*ISP$$

$$GOCC=\frac{R+W}{2}*V*R+P*\frac{R}{2}*W*V$$

Der erste Addend bei GOCC umfaßt den Aufwand in der Lesephase, der zweite den in der Validierungsphase, bei GSP kostet das Anfordern und die Freigabe einer Sperre gleich viel.

Der maximale Parallelitätsgrad PM, bis zu dem die optimistischen Verfahren einen geringeren Rechenzeitbedarf zur Verwaltung synchronisationsrelevanter Information haben als Sperrverfahren, berechnet sich nach Gleichung (4).

$$(4) \quad PM=\frac{4*\frac{ISP}{V}-R-W}{W}=\frac{4*ISP}{V*W}-\frac{R}{W}-1 \quad R\geq W$$

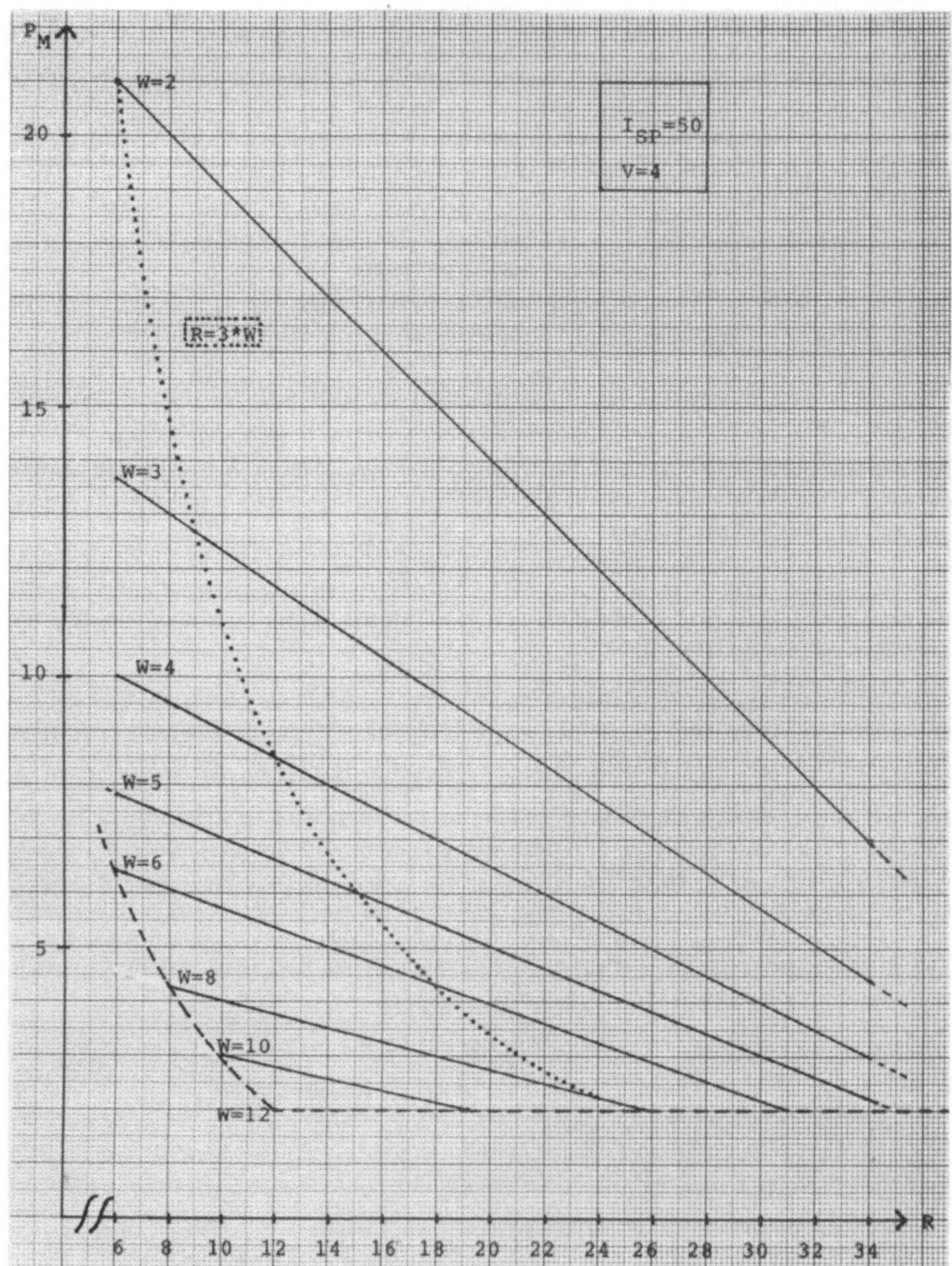

Bild 5.17: Maximaler Parallelitätsgrad, bis zu dem die optimistischen Synchronisationsverfahren weniger Rechenzeit benötigen als Sperrverfahren

Für die zuvor schon verwendete Parameterbelegung für ISP und V ist in Bild 5.17 der jeweilige Parallelitätsgrad PM aufgetragen. Die etwas dicker gestrichelt eingezeichnete Kurve hüllt den Bereich sinnvoller Wertekombinationen ein. Dieser wird einerseits durch einen Parallelitätsgrad von mindestens 2 und andererseits durch das Enthaltensein der Schreib in der Lesemenge ($R \geq W$) begrenzt.

Bild 5.17 veranschaulicht, daß nur für sehr kleine Schreibmengen überhaupt von einer Überlegenheit der optimistischen Verfahren gesprochen werden kann. Wird außerdem die sinnvolle Annahme gemacht, daß eine Transaktion neben den geänderten Objekten mindestens noch einmal eine doppelt so große Anzahl liest, dann ergeben sich die auf der in Bild 5.17 punktiert gezeichneten Kurve liegenden Werte für PM. Um wenigstens bei Sollparallelität 4 den Sperrverfahren überlegen zu sein, darf die Schreibmenge nicht mehr als 6 Elemente enthalten, der entsprechende Wert bei Sollparallelität 6 beträgt 5 und bei 8 parallelen Transaktionen sind höchstens 4 Objekte in den Schreibmengen erlaubt.

Selbst wenn die hier angenommenen Werte für ISP und V in einer realen Implementierung geringfügig anders ausfallen, ist die Tendenz der Aussage von Gleichung (4) bzw. Bild 5.17 eindeutig die, daß auch mit der Implementierung der Objektmengen als lineare Listen keine Überlegenheit gegenüber Sperrverfahren erreicht werden kann. Ganz im Gegenteil belegen die Ergebnisse, auch ohne ein spezielles analytisches Modell, die Attraktivität der Hash-Tabellen-Implementierung von Lese- und Schreibmengen nach 5.2.2. Diese ist in der Lesephase zu gleichen Kosten wie eine Sperrtabelle zu verwalten, in der Validierungsphase ist der Aufwand jedoch unabhängig vom Parallelitätsgrad, so daß sie der Tabellen-Implementierung immer vorzuziehen ist.

6. Systempufferverwaltung unter Berücksichtigung von Versionen und temporären Kopien

In diesem Kapitel werden einige der Probleme behandelt, die bei der Implementierung einer Systempufferverwaltung zur Unterstützung von Synchronisationsverfahren entstehen, deren gesteigerte Leistungsfähigkeit auf der Verfügbarkeit von Versionen und temporären Kopien beruht. Bei allen Überlegungen wird von Seiten des linearen Adreßraums als zu verwaltenden Einheiten ausgegangen, so wie das auch bei einer herkömmlichen Systempufferverwaltung üblich ist [Eff81]. Die Seiten werden gleichzeitig als Granulate der Synchronisation im Datenbanksystem angesehen. Ziel der Überlegungen in diesem Abschnitt ist der **strukturierte Entwurf einer Systempufferverwaltung**, die an ihrer Schnittstelle zum Zugriffssystem nur eindeutige Objekte unterstützt, d.h. die Existenz von temporären Kopien und Versionen (Oberbegriff Inkarnation) dem Zugriffssystem gegenüber transparent hält und damit die herkömmliche Schnittstelle aufrechterhält. Unterhalb dieser Schnittstelle sollten Synchronisationsverfahren im Prinzip ohne Konsequenzen auf die darüberliegenden Schichten auswechselbar sein. Da die Anzahl der Versionen und temporären Kopien einer Seite durch das verwendete Synchronisationsverfahren bestimmt wird, diese Tatsache jedoch von den Kernfunktionen der Systempufferverwaltung separiert werden sollte, wird in diesem Kapitel eine Strukturierung der Systempufferverwaltung vorgeschlagen, die die notwendigen Primitive bereitstellt, um zumindest die Sperrverfahren RX, RAX, RAC, RAC_n, die optimistischen Synchronisationsverfahren und die Zeitmarken-Verfahren zu realisieren.

Ausfluß der Überlegungen ist eine Zerlegung der **Systempufferverwaltung** in **drei Ebenen**, die mit den Bezeichnungen **Pufferbedienung**, **Seiteninkarnationen-Verwaltung** und **Rahmenverwaltung** belegt werden. Die Pufferbedienung bildet gewissermaßen den synchronisationsverfahrensspezifischen Teil der Systempufferverwaltung, der auf der Basis der darunterliegenden Schichten jeweils auf das gewünschte Synchronisationsverfahren hin maßzuschneidern ist. Der hier beschriebene Systementwurf ist im übrigen weitgehend als Bestandteil [Sut85] des in Kapitel 8 vorgestellten Simulationssystems realisiert und hat dort seine praktische Tauglichkeit unter Beweis gestellt.

6.1. Grundsätzliche Probleme der Systempufferverwaltung bei erweiterten Objektmodellen

6.1.1. Die Rolle erweiterter Objektmodelle im Zusammenspiel von Systempufferverwaltung und Synchronisationsverfahren

Um einige der in Kapitel 4 erwähnten neuartigen Synchronisationsverfahren (RAX-, RAC-Sperrverfahren, optimistische) für Datenbanksysteme nutzbar zu machen, bedarf es zweifelsohne einer funktionalen Erweiterung der Systempufferverwaltung. Zumindest muß die gleichzeitige Koexistenz mehrerer separat adressierbarer Inkarnationen desselben Objekts im Systempuffer ermöglicht werden. Die Verwaltung dieser Objekte kann nur in enger Kooperation mit der Synchronisationskomponente erfolgen, wofür die im nächsten Kapitel beschriebene Pufferbedienung zuständig ist. Um die Gründe für die vorgeschlagene Strukturierung der Systempufferverwaltung zu verstehen und die Klasse der unterstützten Synchronisationsverfahren ermessen zu können, sind einige eher grundsätzliche Anmerkungen zum **erweiterten Objektbegriff** hilfreich.

In der Regel beruhen die neuartigen Synchronisationsverfahren auf der Vervielfältigung eines Objekts in Form sogenannter Versionen, auf die simultan durch mehrere Transaktionen zugegriffen werden kann und die unterschiedliche Änderungsstände des Objekts bezeichnen.

Im Grunde genommen wird aber mit der Bezeichnung Version in der Literatur eine ganze Anzahl recht unterschiedlicher Konzepte verbunden. Ein sehr spezielles dieser Konzepte bildet den Hintergrund der neuartigen Synchronisationsverfahren. Seine wesentlichen Eigenschaften sollen im folgenden herausgearbeitet und denen anderer Konzepte gegenübergestellt werden, um die grundlegenden Anforderungen an eine dieses Konzept unterstützende Systempufferverwaltung abzuleiten. Hier werden zwei mit dem Begriff der Version verbundene Objektmodelle behandelt, die zur besseren Unterscheidung mit explizitem bzw. implizitem Versionenkonzept bezeichnet werden.

Mit der Charakterisierung des Konzeptes als explizit soll herausgehoben werden, daß die verschiedenen **Objektzustände bis** hinauf **zur Benutzerschnittstelle sichtbar** sind. Dementsprechend muß vom Benutzer auch immer die gewünschte Version explizit spezifiziert bzw. vom Datenbanksystem durch Einsetzen von Default-Werten ergänzt werden. Das **explizite Versionenkonzept** ist nur in enger Verbindung mit einem korrespondierenden Zeitkonzept denkbar. Im einfachsten Falle sind Versionen von einem bestimmten Zeitpunkt bis zu einem Folgezeitpunkt gültig, die Spezifikation der gesuchten Version erfolgt über den Gültigkeitszeitpunkt. Die mit dem expliziten Versionenkonzept untrennbar verbundenen Zeitmodelle zielen ausdrücklich auf die möglichst getreue Übertragung der mit dem Begriff der Zeit im täglichen Leben verbundenen Vorstellungen ins Datenmodell ab [Här84b]. Aufgrund der expliziten Festlegung der Version durch den Benutzer des Datenbanksystems wird der Synchronisationskomponente jegliche Freiheit zur Erhöhung der Parallelität durch eigenständige Versionenauswahl genommen. In der Konsequenz wird vielmehr jede einzelne Version bei dem Konzept zum Objekt von Synchronisationsmaßnahmen.

Das **implizite Versionenkonzept** dagegen **verbirgt** die Existenz unterschiedlicher **Objektzustände** nicht nur vor dem Benutzer als dem Initiator einer Transaktionsausführung, sondern auch **bis** hinunter an **die Schnittstelle** zwischen **Zugriffssystem** und **Systempuffervorverwaltung,** wenn Seiten des linearen Adreßraums als Synchronisationsgranulat dienen. Aus diesem Grund kann auch das Zugriffssystem nur das Objekt Seite global ansprechen und nicht etwa eine spezielle ihrer Inkarnationen auswählen. Vielmehr bleibt es der alleinigen Verantwortung der unteren Schichten des Datenbanksystems überlassen, mit welcher Version ein verlangter Zugriff befriedigt wird. Es ist einzig dafür zu sorgen, daß aus Gründen der Konsistenzerhaltung während der Lebensdauer einer Transaktion beim Zugriff auf ein Objekt immer wieder dieselbe Version bereitgestellt wird. Ein Versionswechsel bei wiederholtem Lesen im Verlauf derselben Transaktion ist nur dann gestattet, wenn vom strengen, üblicherweise mit Ebene 3 bezeichneten Konsistenzbegriff [EGLT76] abgegangen wird. Die Zuteilung der Versionen wird unter der Kontrolle der Synchronisationskomponente vorgenommen, wobei die Versionen sowohl im Systempuffer als auch auf externen Datenträgern residieren können. Da Versionen im Sinne von unterschiedlichen Objektinkarnationen bereits gegenüber dem Zugriffssystem transparent gemacht werden, entfällt auch die Notwendigkeit der Bindung an ein Zeitmodell. Versionen können als lineare Ordnung von Zuständen eines Objektes betrachtet werden, von denen jeder einmal den aktuellen gültigen Wert darstellte. Da für den Benutzer ein Objekt eine untrennbare Einheit bildet, wird jede Version grundsätzlich als gleichwertig angesehen. Dadurch ergeben sich für die Synchronisationskomponente erhebliche Freiheitsgrade bei der aktuellen Versionenzuteilung zur Befriedigung eines Zugriffs. Solche Auswahlmöglichkeiten sind beim expliziten Versionenkonzept nicht gegeben.

6.1.2. Konsequenzen des erweiterten Objektmodells für die physische Datenhaltung auf externen Speichermedien

Auch im Hinblick auf die Art und Dauer der Vorhaltung von Objekten auf externen Datenträgern unterscheiden sich die beiden Versionenkonzepte fundamental. Die Integration des Versionenbegriffs ins Datenmodell verlangt vom Datenbanksystem konsequenterweise die langfristige Vorhaltung der gesamten oder doch eines nicht unerheblichen Ausschnitts der Objektgeschichte auf externen Speichermedien. Ein dieses Konzept unterstützendes Datenbanksystem kommt somit nicht umhin, mehrere Objektzustände dauerhaft auf externen Datenträgern zu speichern. Versionen in diesem Sinne müssen auch nach einer Unterbrechung des Betriebes wieder zur Verarbeitung zur Verfügung stehen. Außerdem ist die Zahl der aufzubewahrenden Versionen potentiell recht groß. Sie dürfte von Objekt zu Objekt stark schwanken, wenn das System fähig sein soll, alle sich auf einen global festgelegten Zeitraum beziehenden Anfragen zu befriedigen.

Ganz anders liegt der Fall jedoch beim **impliziten Versionenkonzept.** Obwohl aus der Sicht der Synchronisationstheorie jede Version dieselbe Qualität besitzt, auch wenn ihr Änderungszustand einen sehr weit zurückliegenden Zeitpunkt reflektiert, scheint es von der Überlegung, daß ein Benutzer jeweils möglichst aktuelle Auskünfte zu erhalten wünscht, her **sinnvoll,** die **Anzahl** der vom System zu verwaltenden **Versionen eng zu begrenzen.** Tatsächlich tun dies auch sehr viele Synchronisationsverfahren, indem sie etwa eine Maximalzahl, z.B. 2 beim RAC-Verfahren, festlegen. Auch entfällt die Notwendigkeit, Versionen im impliziten Sinne über Unterbrechungen des Betriebs hinweg verfügbar zu halten. Nach jeder Wiederaufnahme des Betriebs baut sich bereits nach kurzer Zeit eine für die Zwecke der Synchronisation geeignete Versionengeschichte von selbst auf. Zur Aufrechterhaltung der physischen Datenintegrität muß einzig durch das System garantiert werden, daß sich bei Wiederaufnahme der Verarbeitung (d.h. nach Abschluß der Wiederanlaufmaßnahmen nach einem Systemfehler) die jeweils letzte gültige Version eines jeden Objektes materialisieren läßt. Das bedeutet aber, daß in der **physischen Datenbank** weiterhin **nur eine Inkarnation** eines Objektes vorgehalten werden muß, um die Realisierung der neuartigen Synchronisationsverfahren ausreichend zu unterstützen.

Beim Zurückschreiben eines Objektes wird sinnvollerweise immer nur die letzte gültige Version in die physische Datenbank übertragen. Da diese einen älteren Zustand ersetzt, ist es erforderlich, alle noch benötigten älteren Zustände eines Objektes bis zu ihrer Auslöschung entweder im Systempuffer [Elh81] oder in einem Versionenpuffer (Versionenpool [CFLN82]) aufzubewahren. Der Versionenpuffer braucht dabei nur zur Laufzeit des Datenbanksystems gefüllt zu sein. Zur Implementierung dieses Zwischenspeichers kommt sowohl eine Zusatzdatei im Sinne der in Betriebssystemen benutzten Paging-Verfahren zur Realisierung des Konzeptes des virtuellen Speichers in Frage als auch die geschickte Mitbenutzung der vom Datenbanksystem zu Recovery-Zwecken ohnehin geführten Redundanzen in den Protokolldateien [CFLN82, Dub82]. Die Tatsache, daß bei sämtlichen der in dieser Arbeit der Leistungsanalyse unterzogenen Synchronisationsverfahren die Zahl 2 die Obergrenze der gleichzeitig existierenden Versionen eines Objektes darstellt, gibt den Ausschlag dafür, im folgenden einzig den Systempuffer als Speicher für Versionen zu betrachten. Diese Variante ist zudem noch mit einem wesentlich geringeren Aufwand implementierbar.

6.1.3. Strukturierung der Systempufferverwaltung unter Berücksichtigung erweiterter Objektmodelle

Als Quintessenz der vorangehenden Überlegungen läßt sich festhalten, daß sowohl die **Schnittstelle** zur **Externspeicherverwaltung** als auch die zum **Zugriffssystem** trotz der Erweiterung des Objektbegriffs im wesentlichen **erhalten bleibt,** wenn eine **direkte Einbringstrategie** und die **NOSTEAL-Variante** bei der Pufferersetzung verfolgt wird. Deshalb drängt sich die Integration der mit dem erweiterten Objektbegriff des impliziten Versionenkonzepts einhergehenden Änderungen in die in herkömmlichen Datenbanksystemen mit Systempufferverwaltung bezeichnete Schicht nachgerade auf. Zu untersuchen bleibt lediglich die Frage nach einer geeigneten Strukturierung der Systempufferverwaltung zur Verwaltung mehrerer Seiteninkarnationen.

Zu diesem Zweck wird auf das bewährte Prinzip der Schichtenbildung und der schrittweisen Abstraktion zurückgegriffen. Bild 6.1 zeigt die Dreiteilung der Funktionen der Systempufferverwaltung in die der Rahmenverwaltung, die der Seiteninkarnationen-Verwaltung und die der Pufferbedienung. Die Rahmenverwaltung ist so gestaltet, daß sie im wesentlichen nur den einfachen Objektbegriff unterstützt. Die tatsächliche Anreicherung des Objektbegriffs um Versionen bzw. Kopien wird in der Schicht der Seiteninkarnationen-Verwaltung vollzogen, allerdings in einer Weise, die keine ein bestimmtes Synchronisationsverfahren präjudizierenden Annahmen macht. Die unterschiedlichen Inkarnationen werden lediglich identifizierbar und adressierbar gemacht, um die gezielte Bereitstellung zu gestatten. Dazu werden eine Reihe allgemeiner, zur Manipulation der Versionen bzw. Kopien nützlicher Operationen angeboten, wie das Umwandeln von Kopien in Versionen und das gezielte Auslöschen von Seiteninkarnationen.

Die oberhalb der Seiteninkarnationen-Verwaltung noch unterscheidbaren Seiteninkarnationen werden durch die Aktionen der Pufferbedienung dem Zugriffssystem gegenüber transparent gemacht, indem von den Synchronisationskernfunktionen eine die Ablaufintegrität bewahrende Inkarnation ausgewählt und dem Zugriffssystem übergeben wird. Die bisher erörterte Behandlung von mehreren Objektinkarnationen ist in Bild 6.1 noch einmal überblicksartig an einem Beispiel skizziert, ohne dabei allerdings auf irgendwelche Implementierungsdetails einzugehen.

Die am oberen Bildrand dargestellten Seiten mit den Bezeichnungen I, III, I und II für die Transaktionen TA1, TA2, TA3 und TA4 werden vom Zugriffssystem ohne Bezugnahme auf eine spezielle Inkarnation angefordert. Die Anforderung wird an die im Bild 6.1 direkt unter dem Zugriffssystem aufgetragene Pufferbedienung weitergeleitet, die in enger Kooperation mit den in derselben Bildebene befindlichen Synchronisationskernfunktionen eine geeignete Inkarnation ermittelt. Im Beispiel wird ein Sperrverfahren unterstellt, bei dem sich diese Information aus der Sperrtabelle entnehmen läßt. Im Bild wird die Pufferbedienung mit den Synchronisationskernfunktionen durch ein breites Band verbunden. Die auf ihm angeführten Ziffern spezifizieren die zur Befriedigung des Zugriffs zugeordnete Inkarnation. Dies ist im Beispiel die 4. von Seite I für TA1, die 1. von Seite III für TA2, die 2. von Seite I für TA3 und die 3. und einzige von Seite II für TA4.

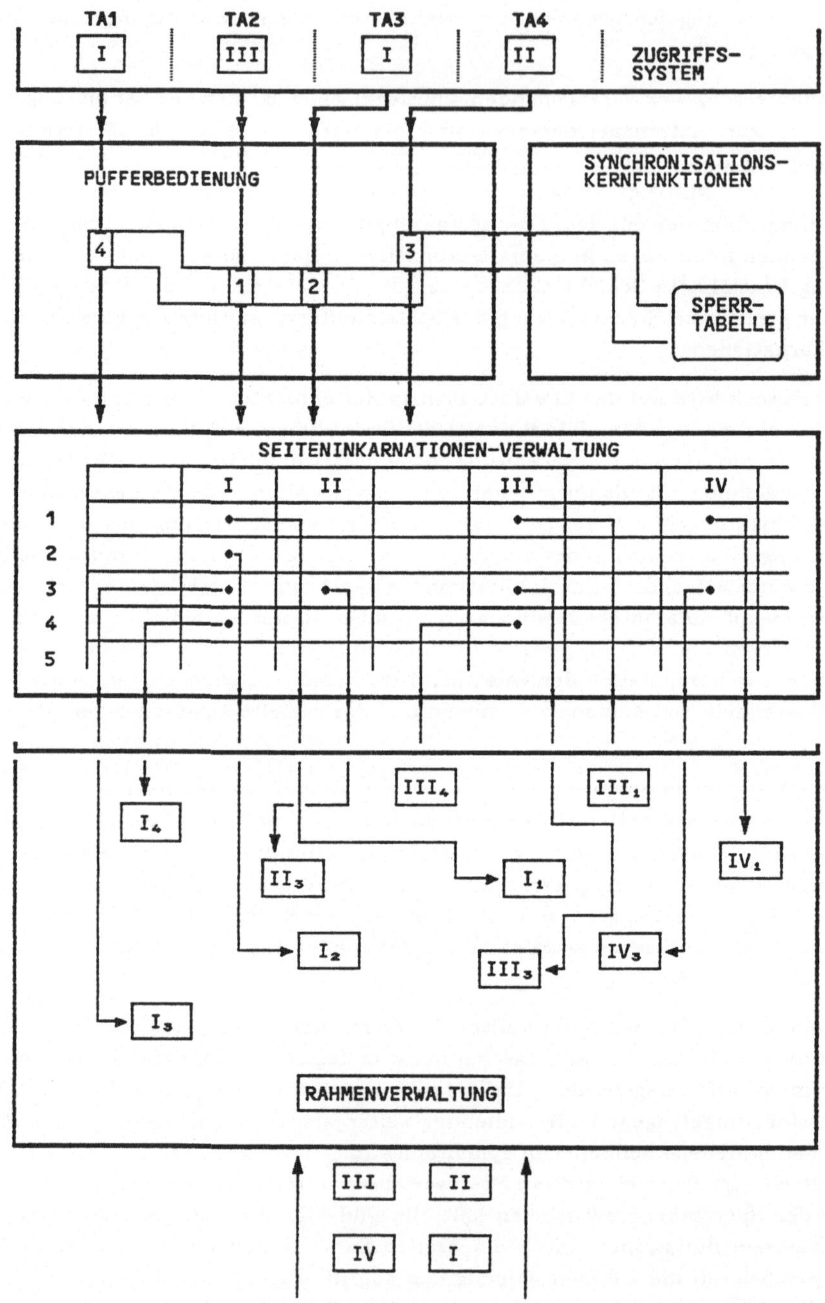

Bild 6.1: Verwaltung mehrerer Objektinkarnationen zur Unterstützung neuartiger Synchronisationsverfahren

Von der Pufferbedienung wird die Anforderung um die genannten Angaben erweitert. Geeignete Hilfsstrukturen, die in der Abbildung durch eine zweidimensionale Matrix der Seiten und Inkarnationen symbolisiert sind, ermöglichen die Feststellung des zugeordneten Rahmens im Systempuffer und den Zugriff auf die korrekte Seiteninkarnation. Das mehrfache Auftauchen derselben Seitenbezeichnung in der Rahmenverwaltung in Bild 6.1 deutet die Koexistenz der Inkarnationen (ausgewiesen durch Subskripte) einer Seite im Systempuffer an. Die Reduktion auf den einfachen Objektbegriff an der unteren Schnittstelle wird durch die Seitenbezeichnungen ohne Superskripte innerhalb des in Bild 6.1 von unten auf die Rahmenverwaltung zeigenden Pfeiles deutlich gemacht.

6.2. Die Rahmenverwaltung oder die Systempufferverwaltung im herkömmlichen Sinne

Die in der Rahmenverwaltung zusammengefaßten Algorithmen realisieren einen weitgehend mit den Aufgaben einer herkömmlichen, auf die Existenz einer einzigen Seiteninkarnation abgestellten Systempufferverwaltung identischen Funktionsumfang.

Zu den **Hauptaufgaben** der **Rahmenverwaltung** zählen

[1]   die **Speicherverwaltung,**

[2]   die **Ersetzung** und eventuelle **Verdrängung** von **Seiten** aus dem Puffer und

[3]   das **Anstoßen** der physischen **Transportvorgänge** durch Aufrufe an die Externspeicherverwaltung.

Aus der Sicht der Rahmenverwaltung wird lediglich eine homogene Menge von Behältern, die sogenannten Rahmen, verwaltet, wobei jeder Rahmen eine Seiteninkarnation aufnimmt. Die Identität der Seiten ist der Rahmenverwaltung nur insoweit bekannt, als sie bei Bedarf die der Externspeicherverwaltung mitzuteilende Blockadresse bestimmen kann.

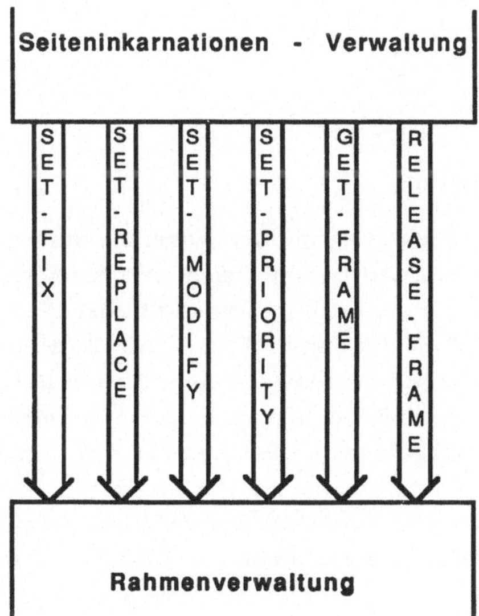

Bild 6.2: Schnittstelle der Rahmenverwaltung

Daneben besitzen alle Rahmen eine gewisse Anzahl von Merkmalen zur Beschreibung von Zuständen, die durch spezielle Funktionsaufrufe von der Seiteninkarnationen-Verwaltung aus modifiziert werden können. Diese sind Bestandteil der zwischen Seiteninkarnationen-Verwaltung und Rahmenverwaltung definierten Schnittstelle, deren wichtigste Operationen Bild 6.2 veranschaulicht. Als Beispiel sei nur auf den Fix-Vermerk und den Änderungsvermerk [Eff81, Eff83] hingewiesen. Allein über die adäquate Setzung dieser rahmenbezogenen Zustandsanzeigen werden der Rahmenverwaltung sämtliche Informationen an die Hand gegeben, die zur Durchführung einer anstehenden Ersetzungs- und Verdrängungsentscheidung erforderlich sind. Aufgrund dieser Funktionsverteilung läßt sich auch die Modifikation bzw. der komplette Austausch des diese Entscheidungen fällenden Algorithmus ohne Rückwirkungen auf die höheren Schichten bewerkstelligen. Die notwendigen Änderungen bleiben auf die Rahmenverwaltung beschränkt, die Schnittstelle zur Seiteninkarnationen-Verwaltung kann unverändert beibehalten werden. Diese These wird im folgenden anhand von Bild 6.3 etwas genauer begründet.

6.2.1. Die Freispeicherverwaltung innerhalb der Rahmenverwaltung

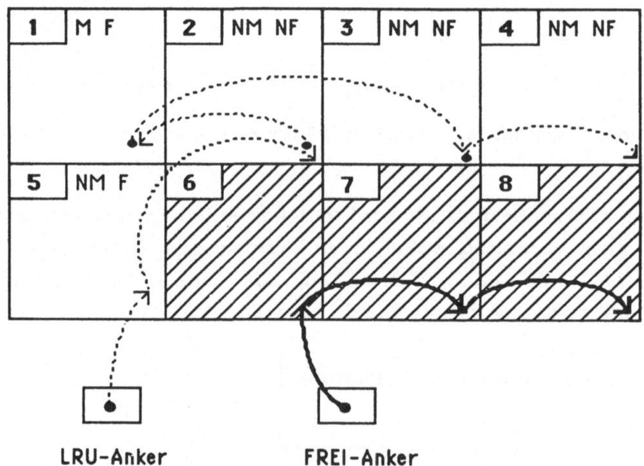

Bild 6.3: Funktionsweise der Rahmenverwaltung

Bild 6.3 zeigt einen aus 8 Rahmen bestehenden Systempuffer, wobei die Nummer des Rahmens jeweils links oben eingetragen ist. Rechts unten befindet sich eine rahmenspezifische Verkettungsinformation, die von der Speicherverwaltung innerhalb der Rahmenverwaltung benutzt wird. Sie unterscheidet hinsichtlich der unter ihrer Kontrolle stehenden Rahmen nur zwischen zwei Zuständen. Rahmen enthalten entweder eine (für die Rahmenverwaltung transparente) Inkarnation einer Seite oder sind frei verfügbar zur Aufnahme einer solchen. In Bild 6.3 fallen die durch Schraffur hervorgehobenen Rahmen mit den Nummern 6 bis 8 in diese Kategorie. Sie sind durch eine unidirektionale, bei FREI-ANKER beginnende Zeigerkette miteinander verbunden. Beim Start des Datenbanksystems befinden sich alle Rahmen im freien Zustand. Im Laufe der Verarbeitung werden dann zur Einlagerung weiterer Seiteninkarnationen immer zuerst leere Rahmen herangezogen, bevor eine Seitenersetzung durchgeführt wird. Deshalb besteht die Tendenz, daß nach einer von der Puffergröße und der Lokalität der Transaktionslast abhängigen Einschwingphase in der Regel nur noch belegte Rahmen bei der Befriedigung einer Seitenreferenz angetroffen werden. Das erneute Freiwerden eines belegten Rahmens tritt nur in relativ seltenen Ausnahmefällen auf, etwa wenn noch nicht freigegebene Änderungen einer Transaktion im Zuge einer Rücksetzoperation ausgelöscht werden müssen oder wenn eine ältere Seitenversion ab einem gewissen Zeitpunkt nicht mehr benötigt wird. Derartige Zustandsänderungen werden der Rahmenverwaltung durch Funktionsaufrufe (RELEASE-FRAME) seitens der Seiteninkarnationen-Verwaltung mitgeteilt.

6.2.2. Die Implementierung des Ersetzungsalgorithmus innerhalb der Rahmenverwaltung

Einlagerungen von Seiten werden durch die Operation GET-FRAME, die als Parameter eine Seitennummer enthält, ausgelöst. Diese Operation wird auch benutzt, um Rahmeninhalte zu kopieren, wenn etwa eine zweite Inkarnation der Seite von der Seiteninkarnationen-Verwaltung benötigt wird. Die Rahmenverwaltung erhält dann statt der Nummer eines vom Externspeicher zu lesenden Blockes die Nummer des zu kopierenden Rahmens. In beiden Fällen muß ein freier Rahmen gefunden bzw. notfalls einer freigemacht werden.

Eine Entscheidung des **Ersetzungsalgorithmus** ist immer dann gefragt, wenn beim Einlagern einer Seite durch GET-FRAME kein freier Rahmen gefunden werden kann, d.h. nach dem Abschluß der Einschwingphase in der Regel bei jeder Einlagerung. Um die Auswahl treffen zu können, muß der Algorithmus im Grunde genommen nur mit Informationen von zweierlei Art versorgt werden:

[1] Einmal muß in der Rahmenverwaltung bekannt sein, aus welcher Untermenge der insgesamt vorhandenen Seiten der zu ersetzende stammen soll.

[2] Zum zweiten müssen dem Ersetzungsalgorithmus Regeln an die Hand gegeben werden, die innerhalb dieser Menge den Elementen unterschiedliche Prioritäten zuzuordnen erlauben und die Vorgehensweise bei Elementen gleicher Priorität festlegen.

Die genauen Kriterien, nach denen die Ersetzungsentscheidung letztlich gefällt wird, sollten für die höheren Systemschichten idealerweise vollständig transparent gemacht werden, insbesondere um später Strategien rückwirkungsfrei auswechseln zu können.

In der hier beschriebenen Rahmenverwaltung wird die Transparenz dieser Entscheidungsfindung mit Hilfe des sogenannten **Fix-Vermerks** gewährleistet. Dieser rahmenbezogene Indikator erlaubt die exakte Eingrenzung der für die Auswahlentscheidung zugrundezulegenden Rahmenmenge. Die adäquate Setzung des Vermerks erfolgt durch die Seiteninkarnationen-Verwaltung. Der Vermerk wird benutzt, um das Auswechseln des Rahmeninhalts durch die Rahmenverwaltung gezielt auszuschließen. Die dafür bereitgestellten Operationen in Bild 6.2 heißen SET-FIX und SET-REPLACE. Der Fix-Vermerk ist in Bild 6.3 rechts von der Rahmennummer eingetragen, wobei "F" für fixiert steht, "NF" für den gegenteiligen Zustand.

Zur Durchführung einer Ersetzungsentscheidung benötigt die Rahmenverwaltung Anhaltspunkte für die Benutzungshäufigkeit von Rahmen. Aufgrund dieser Information läßt sich eine Ersetzungsreihenfolge festlegen, auf die dann bei Bedarf zurückgegriffen werden kann. Dazu wird eine Funktion (SET-PRIORITY) zur Verfügung gestellt, die von der Seiteninkarnationen-Verwaltung bei Bedarf aufgerufen werden kann. Die hier beschriebene Rahmenverwaltung ist so ausgelegt, daß allein mit dieser Information verschiedene Ersetzungsstrategien leicht realisiert und ohne Veränderung der Schnittstelle ausgetauscht werden können. Im Unterschied zur herkömmlichen Systempufferverwaltung ist das Setzen des Fix-Vermerks nicht mit einem Aufruf von SET-PRIORITY gekoppelt.

Zur Implementierung etwa des globalen LRU-Seitenersetzungsverfahrens, das in Bild 6.3 unterstellt wird, muß nur die LRU-Kette beim Aufruf von SET-PRIORITY umorganisiert werden. In der LRU-Kette sind alle belegten Rahmen in der aufsteigenden Folge ihres letzten Referenzzeitpunktes angeordnet. In Bild 6.3 lautet die Folge der zuletzt referenzierten Rahmen also 5, 2, 1, 3, 4. Da andererseits durch die Seiteninkarnationen-Verwaltung keine Annahmen über die durch den Aufruf der Funktion SET-PRIORITY ausgelösten Maßnahmen gemacht werden, lassen sich ohne weiteres unter Beibehaltung der verwendeten Schnittstelle andere globale Verfahren als LRU einsetzen.

Lokale Algorithmen, wie etwa transaktionsbezogenes LRU, setzen dagegen bei der Rahmenverwaltung mehr Wissen voraus, insbesondere über die Zuordnung von Rahmen zu Transaktionen. Um an dieser Stelle nicht den Transaktionsbegriff durch die Hintertür wieder einführen zu müssen, bietet sich die Nutzung eines weiteren rahmenbezogenen Indikators an. Er wird von der Seiteninkarnationen-Verwaltung mit Information gefüllt, für lokales LRU mit der eindeutigen Transaktionsnummer. Aus der Sicht der Rahmenverwaltung dagegen handelt es sich einfach um ein die Zugehörigkeit zu einer Teilmenge von Rahmen bestimmendes Kriterium, wobei jede der Teilmengen mittels einer separaten LRU-Kette zu verwalten ist. Gegenüber der herkömmlichen Systempufferverwaltung fehlt deshalb in den Strukturen von Bild 6.3 eine transaktionsspezifische Rahmenkette. Diese Information muß in den höheren Schichten (Pufferbedienung) verwaltet werden. Diese rein mengenorientierte Sichtweise, die den Transaktionsbegriff nicht auf die Rahmenverwaltung durchschlagen läßt, würde es auch gestatten, ohne die Einführung neuer Konzepte und Operatoren etwa Gruppen von Transaktionen oder von Seiten unterschiedlicher Typen in lokalen Partitionen zu verwalten. Im letzteren Fall wäre selbstverständlich gegenüber der Rahmenverwaltung die Existenz unterschiedlicher Seitentypen transparent. Die Kontrolle über die Mengenbildung nach den verschiedenartigen Kriterien dagegen wäre auf einer oberhalb der Rahmenverwaltung liegenden Ebene anzusiedeln, z.B. in der Seiteninkarnationen-Verwaltung.

Nach der Festlegung desjenigen Rahmens, der die einzulagernde Seite aufnehmen soll, muß zuerst überprüft werden, ob der momentane Inhalt dieses Rahmens unmittelbar überschrieben werden darf oder ob er zuvor auf die externen Speichermedien durchzuschreiben ist. Die Antwort auf diese Frage gibt der **Änderungsvermerk,** der genau wie der bereits diskutierte Fix-Vermerk durch entsprechende Aufrufe (SET-MODIFY) seitens der Seiteninkarnationen-Verwaltung manipuliert werden kann. In Bild 6.3 ist er direkt rechts von der Rahmennummer eingetragen. "M" steht dabei für modifiziert, "NM" für nicht modifiziert. Prinzipiell schreibt ein gesetzter Änderungsvermerk das Ausschreiben der Seite vor ihrer Ersetzung vor.

6.3. Die Seiteninkarnationen-Verwaltung

6.3.1. Die Realisierung privater Transaktionspuffer auf einem globalen Systempuffer

Als Basis für die Seiteninkarnationen-Verwaltung dient die im vorangehenden Abschnitt behandelte Rahmenverwaltung, die im wesentlichen einen Systempuffer mit maximal einer Inkarnation pro Seite realisiert, wie er von herkömmlichen Datenbanksystemen benötigt wird. Dabei wird die Ersetzbarkeit vollkommen oberhalb der Rahmenverwaltung festgelegt und über den Inhalt des Fix-Vermerks mitgeteilt.

Ziel der **Seiteninkarnationen-Verwaltung** ist es, der Pufferbedienung die nötigen **Hilfsmittel und Konzepte** an die Hand zu geben, um auf dem von der Rahmenverwaltung bereitgestellten globalen Systempuffer **für jede ablaufende Transaktion** einen **lokalen System- oder Arbeitspuffer (private workspace) zu realisieren,** wie er von den meisten der neueren Synchronisationsverfahren gefordert wird. Dieser Arbeitspuffer dient der Absicherung der Eingabe- und der Ausgabestabilität der Transaktion. Eingabestabilität bedeutet, daß auch bei mehrfachem Lesen derselben Seite im Verlauf einer Transaktion immer wieder derselbe Zustand vom Datenbanksystem abgeliefert wird, selbst wenn gleichzeitig eine ganze Anzahl unterschiedlicher Seiteninkarnationen im System existiert. Ausgabestabilität besagt, daß die von einer Transaktion geänderten Seiten anderen Transaktionen nicht vor EOT zugänglich gemacht werden, nachfolgende Leseoperationen der Änderungstransaktion jedoch die jeweils erzeugten Zwischenzustände sehen, ein Prinzip, welches sich beispielsweise durch den Einsatz der NOSTEAL-Strategie [HäRe83b] sehr einfach verwirklichen läßt. Sie wird auch bei den folgenden Ausführungen unterstellt und ist notwendig, wenn die Rahmenverwaltung immer nur einen einzigen Block adressieren soll.

Die einfachste mögliche Implementierung derartiger privater Arbeitspuffer, nämlich die strikte, sei es statische oder dynamische **Partitionierung** der **Lese-** und **Schreibmengen** aller **laufenden Transaktionen,** scheidet aus mehreren Gründen aus. Bereitet schon das Festhalten aller geänderten Seiten von aktiven Transaktionen unter Umständen erhebliche Schwierigkeiten wegen möglicher Speicherplatzengpässe, so würde dieses Problem beim Fixieren der aller Erfahrung nach wesentlich größeren Lesemengen derart gravierend, daß mit einer raschen Funktionsuntüchtigkeit des Datenbanksystems zu rechnen wäre. Im Gegensatz zur relativen Seltenheit langer Änderungstransaktionen kommen lange Lesetransaktionen, etwa zur Ermittlung statistischer Kenngrößen, doch etwas häufiger vor. Das Aufbewahren der gesamten Lesemenge einer Transaktion zur Wahrung der Eingabestabilität ist auch, wie das Beispiel der Statistiktransaktion zeigt, in der Regel unnötig, wenn nämlich die Objekte nicht nochmals gelesen werden. Darüber hinaus ist die Lesestabilität ohnehin nur dann gefährdet, wenn während der Laufzeit der Transaktion mehr als eine Inkarnation eines Objektes existiert. Nur für solche Objekte müssen auch Vorsorgemaßnahmen wie das Bereithalten älterer Versionen im Systempuffer getroffen werden.

Die transaktionsbezogene Partitionierung der Lesemengen als Möglichkeit der Implementierung privater Arbeitspuffer ist des weiteren abzulehnen, weil dadurch das Problem der gemeinsamen Nutzung derselben Seiteninkarnation, die ein Standardkonzept der meisten Synchronisationsverfahren darstellt, durch Replikation im Systempuffer auf die denkbar ineffizienteste Art gelöst wird. Zudem sind fast alle bekannten Synchronisationsverfahren, insbesondere aber die in dieser Arbeit quantitativ untersuchten, im Hinblick auf die mögliche simultane Existenz unterschiedlicher Seiteninkarnationen durch relativ strikte Regeln beschränkt, etwa was die Anzahl und die Lebensdauer angeht. Diese algorithmischen Beschränkungen machen die bei der Strukturierung der Seiteninkarnationen-Verwaltung gewählte Vorgehensweise möglich.

Anhand von Bild 6.4 wird das Konzept des privaten Arbeitspuffers für Transaktionen und seine Realisierung auf einem globalen Systempuffer nochmals graphisch verdeutlicht. Im Hinblick auf die Handhabung von Seiteninkarnationen werden in diesem Szenarium die folgenden Voraussetzungen gemacht. Es existiert zu jedem Zeitpunkt genau eine gültige, d.h. irgendwann von einer erfolgreichen Transaktion erzeugte Version einer Seite. Hingegen ist es durchaus zulässig, daß mehrere temporäre, in Änderung befindliche Kopien von verschiedenen Transaktionen im Systempuffer manipuliert werden. Die Kopien dürfen frühestens bei erfolgreichem EOT aus dem Systempuffer in die physische Datenbank verdrängt werden. Bei EOT wird die temporäre Kopie zur Version aufgewertet und allen anderen Transaktionen sichtbar gemacht. Die aufgezählten Vorschriften sind charakteristisch für die optimistischen Synchronisationsverfahren, die bei der Auswahl des Beispiels Pate gestanden haben.

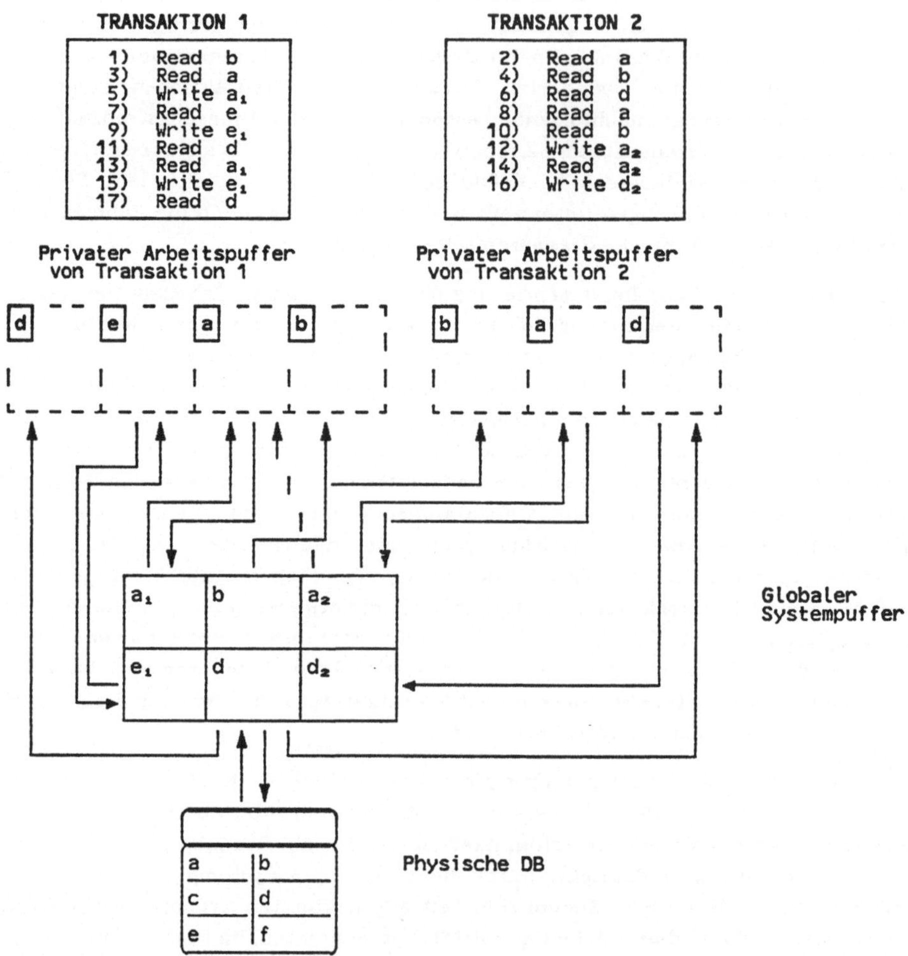

Bild 6.4:   Realisierung transaktionsbezogener Arbeitspuffer auf einem globalen Systempuffer

Die beiden Kästchen in der oberen Bildhälfte symbolisieren zwei parallele Transaktionen, die alternierend Seiten aus der Datenbank zum Lesen oder Schreiben von der Systempufferverwaltung anfordern. Es wird angenommen, daß darüber hinaus keine anderen Transaktionen vom Datenbanksystem bearbeitet werden. Der zeitliche Ablauf ist durch die links vor der Operationsbezeichnung stehende Zahl kenntlich gemacht. Die berührten Seiten werden über einzelne Buchstaben identifiziert. Wegen des Konzepts der privaten Arbeitspuffer wird die Existenz mehrerer Inkarnationen bis hinunter ins Zugriffssystem, von dem die im Bild 6.4 aufgelisteten Operationen aufgerufen werden, verborgen. Im Beispiel werden die unterschiedlichen Seiteninkarnationen über die Indizes der sie erzeugenden Transaktion identifiziert. Des besseren Verständnisses wegen werden die Indizes bis hin zu den Anforderungen des Zugriffssystems mitangegeben, obwohl sie dort eigentlich transparent sind.

Unindizierte Buchstaben stehen demnach für die global gültigen Werte der Seiten, indizierte für temporäre Kopien. Ziemlich genau in der Bildmitte sind die privaten Arbeitspuffer der beiden Transaktionen abgebildet, die durch Abstraktion (deshalb auch gestrichelt) aus dem etwas weiter unten stehenden globalen Systempuffer mit einer Kapazität von 6 Rahmen hervorgehen. Die Inhalte der Rahmen sind auf dieselbe Weise gekennzeichnet wie die von den Transaktionen referenzierten Objekte. Wird die Indizierung auf der Ebene der Transaktionen nur zur Förderung des Verständnisses mit angegeben, so ist die Unterscheidung im Systempuffer zwingend. Das Szenarium wird durch die physische Datenbank in Form einer Magnetplatte am unteren Bildrand komplettiert.

Der Inhalt des globalen Systempuffers in Bild 6.4 reflektiert den Zustand, der sich nach Abschluß der letzten, mit 16 bezeichneten Operation einstellt. Die zwischen den privaten Arbeitspuffern und dem globalen Systempuffer gezogenen Pfeile zeigen an, welcher Rahmen und damit welche Seiteninkarnation zur Befriedigung der Anforderung einer Transaktion als Bestandteil ihres privaten Arbeitspuffers ausgewählt wird. Da in Bild 6.4 aus Platzgründen nur der Endzustand der Pufferbelegung dargestellt werden konnte, dieser aber die Dynamik der Transaktionsabwicklung nur unzureichend wiedergibt, sind in Bild 6.5 zusätzlich einige Zwischenzustande zusammengefaßt, die das Verständnis des Algorithmus an entscheidenden Stellen erleichtern. Die räumliche Zuordnung der Rahmen ist auf beiden Bildern gleich, die Pfeile stehen für den gedachten Austausch mit dem Arbeitspuffer und entsprechen denen in Bild 6.4.

In den anfangs leeren Systempuffer werden durch die ersten 4 Operationen beider Transaktionen zuerst die global gültigen Werte der Seiten a und b eingelesen, wobei die Arbeitspuffer beider Transaktionen für diese Seiten jeweils auf denselben Rahmen abgebildet werden. Operation 5 (Write a_1 durch T_1) erzeugt eine Arbeitskopie, die von nun an Bestandteil des Arbeitspuffers von T_1 wird und daher einen eigenen Rahmen belegt. Die Operationen 6 und 7 sprechen die bisher noch nicht berührten Seiten d und e an, die dabei in den Systempuffer transportiert und den Transaktionen zugänglich gemacht werden. Operation 8 verlangt den gültigen Wert von Seite a, wie ihn T_2 schon einmal gesehen hat und wie er im rechten oberen Rahmen des globalen Systempuffers gehalten wird. Operation 9 ändert jetzt im Arbeitspuffer von T_1 den Inhalt von Seite e. Der neue Inhalt kann in dem für e bisher vorgesehenen linken unteren Rahmen des Systempuffers stehenbleiben, weil keine andere Transaktion bisher auf Seite e Bezug genommen hat. Dieser Rahmen geht also in den privaten Besitz von T_1 über. Insofern unterscheidet sich die Situation gegenüber Operation 5, bei der zuerst eine Kopie des Rahmeninhaltes mit der gültigen Version gemacht werden mußte. Die Operationen 10 und 11 lesen die beiden privaten Arbeitspuffern angehörenden, noch unveränderten Seiten b und d, für die im Systempuffer dementsprechend nur je ein gemeinsamer Rahmen reserviert ist (die mittleren auf den Bildern 6.4 und 6.5). Mit Operation 12 schafft sich auch T_2 eine eigene Kopie von Seite a, die in dem Rahmen verbleibt, der bisher die gültige Version der Seite enthielt. Diese Vorgehensweise nutzt den vorhandenen Speicherplatz effizient aus und gefährdet auch nicht die Konsistenz der parallelen Verarbeitung, da T_1 im linken oberen Rahmen über eine private Kopie verfügt und die gültige Version für eventuell später hinzukommende Transaktionen direkt von der physischen Datenbank besorgt werden könnte (NOSTEAL-Strategie). In den Operationen 13, 14 und 15 lesen die Transaktionen

88

jeweils aus ihren privaten Arbeitspuffern, mit Operation 16 entsteht eine private Kopie von Seite d für T_2, die das Belegen des letzten freien Rahmens zur Folge hat, da Seite d noch zum Arbeitspuffer von T_1 gehört und durch Operation 17 erneut referenziert wird.

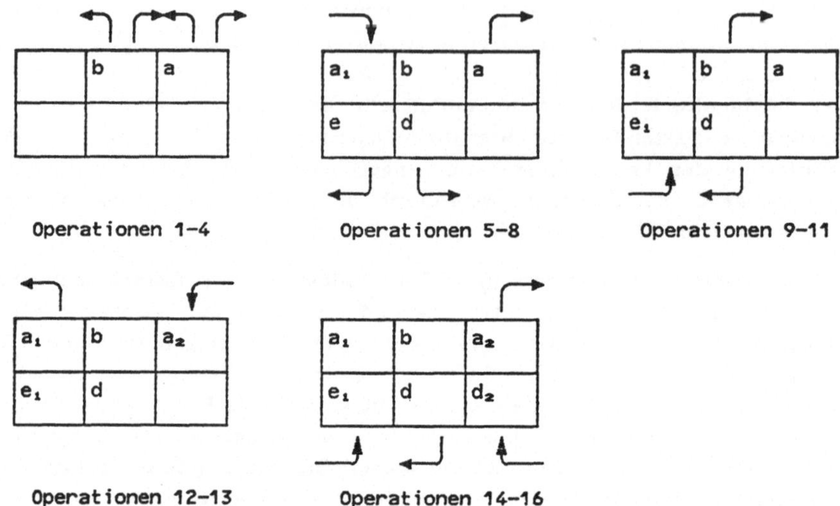

Bild 6.5: Inhalt des globalen Systempuffers

Das Beispiel verdeutlicht recht anschaulich die bei der Seiteninkarnationen-Verwaltung zur Abstraktion von privaten Arbeitspuffern zu lösenden Probleme. Jedoch wird kein präzises Regelwerk für die bei der Abwicklung einer Anforderung des Zugriffssystems zu treffenden Entscheidungen über die Verwendung der Rahmen des Systempuffers formuliert. Dies ist auch in allgemeiner Weise schlechterdings unmöglich, hängen die Regeln doch unmittelbar von den Eigenarten des eingesetzten Synchronisationsverfahrens ab. Das in den Bildern 6.4 und 6.5 aufgeführte Szenarium ist z.B. auf die Bedürfnisse der optimistischen Verfahren zugeschnitten und gibt das Verhalten der im Simulationssystem von Kapitel 8 implementierten Algorithmen wieder. Aus der Beschreibung geht jedoch nicht hervor, in welcher Weise die Seiteninkarnationen-Verwaltung und die Pufferbedienung zusammenwirken bzw. welches ihre spezifischen Aufgaben sind. Dies zu erläutern, ist das Ziel der folgenden Bemerkungen, in denen die von der Seiteninkarnationen-Verwaltung realisierten Objekte und Operatoren dargelegt werden. Ihre Nutzung durch die Pufferbedienung in Abhängigkeit vom Synchronisationsverfahren ist exemplarisch in 6.4 beschrieben.

6.3.2. Hilfsstrukturen und Schnittstelle der Seiteninkarnationen-Verwaltung

Gegenüber der einfachen Rahmenverwaltung, die nicht zwischen unterschiedlichen Zuständen derselben Seite unterscheiden kann, muß die **Seiteninkarnationen-Verwaltung** die nötigen **Operatoren bereitstellen, um gleichzeitig mehrere Inkarnationen** einer Seite **im Systempuffer manipulieren zu können**. Dazu bedarf es einerseits geeigneter Hilfsstrukturen, um die Inkarnationen auf Rahmen abzubilden und andererseits einer Anzahl von Operatoren zum Kreieren und Zerstören von Inkarnationen und zum Ändern der mit den Inkarnationen assoziierten Zustandsinformation. Da es sich bei den Inkarnationen einer Seite sowohl um gültige Versionen handeln kann als auch um temporäre Kopien und die Bedeutung der

Inkarnationen sich nur in Abhängigkeit vom Synchronisationsverfahren ergibt, ist es zweckmäßig, auf der Ebene der Seiteninkarnationen-Verwaltung nicht zwischen beiden Konzepten zu unterscheiden. Vielmehr sollte hier eine verfahrensabhängig einstellbare, feste maximale Anzahl von Inkarnationen eines Objektes an der Schnittstelle zur Pufferbedienung angeboten werden, wobei die Adressierung über den Index in einem Vektor von Inkarnationen bewerkstelligt wird. Beispielsweise könnte das RAX-Sperrverfahren die gültige Version immer der ersten Inkarnation zuordnen, eine temporäre Kopie immer der zweiten Inkarnation. Weitere Inkarnationen werden aufgrund der Eigenarten des RAX-Verfahrens nicht benötigt. Bei den optimistischen Synchronisationsverfahren bietet es sich an, die gültige Version, die in den Lesemengen mehrerer Transaktionen enthalten sein kann, immer der ersten Inkarnation zuzuordnen, und die Verwaltung der temporären Kopien so zu organisieren, daß der Schreibmenge jeder aktiven Transaktion ein eigener Index im Vektor der Inkarnationen zugeordnet wird. Die Interpretation der einzelnen Indexpositionen als Version oder Kopie bleibt dann der für das Synchronisationsverfahren maßgeschneiderten Pufferbedienung vorbehalten.

Die Seiteninkarnationen-Verwaltung führt einerseits darüber Buch, zu welcher der Inkarnationen zur Zeit ein Rahmen im Systempuffer zugeordnet ist, andererseits muß auf dieser Ebene mindestens noch eine Zustandsinformation zur Beschreibung des Ersetzbarkeitsstatus der Inkarnation als Pendant zum Fix-Vermerk in der Rahmenverwaltung gewartet werden. Allerdings reicht eine binäre Variable für die Zwecke der Seiteninkarnationen-Verwaltung nicht aus. Dies liegt in der Möglichkeit der Mehrfachnutzung einer Version (siehe auch Bilder 6.4 und 6.5) begründet und der Notwendigkeit, über die Anzahl der Leser Buch zu führen. Dem Fix-Vermerk der Rahmenverwaltung entspricht damit in der Seiteninkarnationen-Verwaltung ein positiv integer-wertiger Fix-Zähler mit der Maßgabe, daß Null Ersetzbarkeit impliziert, alle anderen Werte das Gegenteil. Die Seiteninkarnationen-Verwaltung hat damit Übergänge des Zählers, der ein inkarnationsspezifisches Merkmal repräsentiert, von oder nach dem Wert Null durch Anpassen des Fix-Vermerks der Rahmenverwaltung nachzuvollziehen (Aufruf der SET-FIX und SET-REPLACE-Funktionen der Rahmenverwaltung).

Zum Umgang mit den Inkarnationen sind eine Reihe von Operationen vorgesehen, die teils mit denen einer herkömmlichen Ein-Versionen-Systempufferverwaltung übereinstimmen, teils auch Erweiterungen solcher Operatoren bedeuten. Dazu gesellen sich einige, speziell zur Handhabung des neuen Konzepts der gleichzeitigen Existenz mehrerer Seiteninkarnationen im Systempuffer ausgerichtete Operatoren.

In der herkömmlichen Systempufferverwaltung existieren im wesentlichen zwei Operationen, nämlich Fix und Unfix (Bereitstellen und Freigeben). Bei Fix-Operationen wird außer der Identifikation des gesuchten Objekts angegeben, ob eine Änderungsabsicht besteht. Bei beiden Operationsarten ist die Transaktion bekannt, in deren Auftrag die Seitenanforderung erfolgt. Im Zusammenhang mit den in jedem Datenbanksystem zu treffenden Maßnahmen zur Sicherung der physischen Datenintegrität sind darüber hinaus mindestens zwei weitere Operationen notwendig, will man nicht die Logging- und Recovery-Verfahren als integralen Bestandteil der Systempufferverwaltung begreifen oder der Datensicherungskomponente ohne Beachtung einer Schnittstelle Zugang zu den Interna der Systempufferverwaltung ermöglichen. Es handelt sich auf der einen Seite um eine Force-Operation zum gezielten Hinauszwingen von Seiten auf die physische Datenbank unter Umgehung des normalen Ersetzungs- und Verdrängungsalgorithmus, um Sicherungspunkte zur Begrenzung des Aufwandes bei der R2-Recovery [HäRe83b] zu schreiben. Darüber hinaus besteht die Notwendigkeit, im

Zuge einer R1-Recovery die von der zurückzusetzenden Transaktion im Systempuffer bereits geänderten Seiten ersatzlos zu streichen, weil die darin enthaltenen Werte ungültige Zustände darstellen. Zu diesem Zweck wird eine Clear-Operation mit impliziter Rückgabe ungültiger Seiten an die Freispeicherverwaltung innerhalb der Rahmenverwaltung realisiert.

6.3.3. Die Funktionsweise der von der Seiteninkarnationen-Verwaltung exportierten Operationen

Alle bisher aufgezählten Operationen besitzen ganz offensichtlich eine Entsprechung innerhalb einer Mehr-Inkarnationen-Systempufferverwaltung an der **Schnittstelle** zwischen **Pufferbedienung** und **Seiteninkarnationen-Verwaltung**. Diese auf die Verwaltung mehrerer Inkarnationen hin adaptierten Operatoren und einige neuartige werden im folgenden im Hinblick auf ihre Funktionsweise kurz skizziert. Hinsichtlich der vorgeschlagenen Funktionsverteilung sei an dieser Stelle eine Haupteigenschaft herausgehoben. Es ist gelungen, den Transaktionsbegriff durch eine geeignete Auslegung der Pufferbedienung und der Schnittstelle der Seiteninkarnationen-Verwaltung gegenüber den beiden unteren Schichten der Systempufferverwaltung zu verbergen.

Die Schnittstelle der Seiteninkarnationen-Verwaltung zur Pufferbedienung umfaßt selbstverständlich eine **adaptierte Fix-Operation**, um wie in herkömmlichen Systemen dem Zugriffssystem die Gewißheit geben zu können, daß eine von ihm zur Adressierung angeforderte Seite über die durch eine Fix-Unfix-Klammer umschriebene Zeitspanne hinweg im Systempuffer festgehalten wird. Die Seiteninkarnationen-Verwaltung bietet eine inkarnationsbezogene Fix-Operation an, wobei ein im Prinzip beliebiger Betrag spezifiziert werden kann, um den der Fix-Zähler zu inkrementieren ist. Über die künstliche Erhöhung des Fix-Zählers einzelner Inkarnationen läßt sich sehr einfach die NOSTEAL-Variante für die Pufferersetzung realisieren, ohne daß dies etwa in der Rahmenverwaltung sichtbar wird. Die Semantik der Fix-Operation ist der bei einer herkömmlichen Systempufferverwaltung sehr ähnlich. Die Seiteninkarnationen-Verwaltung garantiert, daß die Inkarnation so lange im Systempuffer verbleibt, bis eine entsprechende Unfix-Operation mit gleich hohem Dekrement erfolgt ist. Der Seiteninkarnationen-Verwaltung obliegt es, über die im Systempuffer befindlichen Inkarnationen Buch zu führen und notwendige Einlagerungen zu fixierender, nicht vorhandener Inkarnationen mit Hilfe der Rahmenverwaltung durchzuführen. Bei einigen der untersuchten Synchronisationsverfahren bietet sich jedoch unter Umständen die Übernahme einer anderen Inkarnation derselben Seite an, der bereits ein Rahmen zugeordnet ist. Im Hinblick auf die eventuelle Übernahme von Rahmen oder deren Inhalten zeichnen sich für die zu unterstützenden Synchronisationsverfahren ganz unterschiedliche Bedürfnisse ab, die durch eine Reihe von zusätzlichen Optionen bei der Fix-Operation zum Ausdruck gebracht werden.

Bei der Ausführung einer Fix-Operation in diesem erweiterten Sinne wird deshalb wie folgt vorgegangen:

[1] Ist für die gesuchte Inkarnation bei der Seiteninkarnationen-Verwaltung bereits ein Rahmen eingetragen, dann wird lediglich der Fix-Zähler erhöht (gegebenenfalls der Fix-Vermerk der Rahmenverwaltung gesetzt) und mit der Verarbeitung fortgefahren.

[2] Ist der gesuchten Inkarnation zur Zeit der Anforderung kein Rahmen zugewiesen, dann muß festgelegt werden, wie ein entsprechender Rahmen gefunden und mit welchem Inhalt er gefüllt werden soll. Ist in der Fix-Operation seitens der Pufferbedienung keine Option angegeben, dann wird zwangsläufig auf die physische Datenbank zugegriffen und ein neuer Rahmen allokiert. Diese Ausprägung der Fix-Operation ist identisch zu der einer herkömmlichen Systempufferverwaltung.

[3] Bei einigen Synchronisationsverfahren bietet sich aber auch die Nutzung des Rahmens einer anderen Inkarnation oder zumindest seines Inhaltes als Ausweichmöglichkeit an. Dabei kann zum einen das unbedingte Kopieren des Inhaltes einer im Systempuffer residierenden Inkarnation in einen freien oder freizumachenden Rahmen angeordnet werden, um möglicherweise eine E/A-Operation einzusparen. Ist der als Original für die Kopie spezifizierten Inkarnation ein Rahmen im Systempuffer zugeordnet, dann hat die Seiteninkarnationen-Verwaltung eine entsprechende Operation der Rahmenverwaltung zum Kopieren anzustoßen. Wird die angegebene Inkarnation im Systempuffer nicht angetroffen, dann bleibt wieder nur der Zugriff auf die physische Datenbank. Daß eine solche Option vorteilhaft zur Abstraktion privater Arbeitspuffer auf einem globalen Systempuffer eingesetzt werden kann, hat sich schon in dem mit den Bildern 6.4 und 6.5 illustrierten Szenarium herausgestellt.

[4] Daneben besteht, wie ebenfalls in den beiden letztgenannten Bildern zum Ausdruck kommt, die Möglichkeit, statt einer Kopie den Rahmen selbst von einer in die andere Inkarnation zu übernehmen, um Speicherplatz einzusparen. Dieser Fall ist jedoch äußerst diffizil. Befindet sich die spezifizierte Inkarnation nicht im Systempuffer, dann wird wie üblich verfahren. Wird die Inkarnation gefunden, ist jedoch ihr Fix-Zähler größer als Null, dann muß eine Kopie angefertigt werden, weil die Inkarnation noch anderweitig genutzt wird. Selbst wenn der Fix-Zähler den Wert Null hat, kann der Rahmen nicht ohne weiteres einer anderen Inkarnation zugeordnet werden. Wenn die Inkarnation etwa die letzte gültige Version der Seite enthält, die noch nicht in die physische Datenbank zurückgeschrieben wurde, dann muß auf jeden Fall verhindert werden, daß sie durch Übernahme in eine andere Inkarnation zur temporären Kopie wird. Wird nämlich diese temporäre Kopie durch eine Rücksetzung der ändernden Transaktion ungültig gemacht, dann ist der letzte gültige Zustand nur noch auf der Protokolldatei vorhanden. In dieser Situation muß entweder eine Kopie angelegt oder die Seite aus dem Puffer hinausgezwungen werden. Danach kann der Rahmen mit seinem Inhalt der in der Fix-Operation spezifizierten Inkarnation zugeteilt werden.

Bild 6.6 faßt übersichtsartig in Form eines Entscheidungsbaumes die wichtigsten Optionen der erweiterten Fix-Operation und die jeweils zu treffenden Maßnahmen, insbesondere hinsichtlich der Ansteuerung der Rahmenverwaltung, zusammen.

Die erweiterte Fix-Operation wird durch das Durchreichen einiger für die Rahmenverwaltung bestimmter Informationen, z.B. Änderungsvermerk, Seitentypidentifikator, Transaktionskennung (transparent im Sinne der Bemerkungen in Abschnitt 6.2) komplettiert. Um die Ersetzungsreihenfolge der Rahmen zu aktualisieren, muß die Referenzierung eines Rahmens, auch wenn die betreffende Seiteninkarnation bereits in der Schicht der Seiteninkarnationen-Verwaltung als im Puffer befindlich erkannt wird, gegenüber der Rahmenverwaltung signalisiert werden.

Die **Unfix-Operation** ist im Vergleich zur herkömmlichen Systempufferverwaltung zusätzlich mit einem Parameter zur Spezifikation der Inkarnation ausgestattet und erlaubt analog zur Fix-Operation ein beliebiges Dekrement des Fix-Zählers.

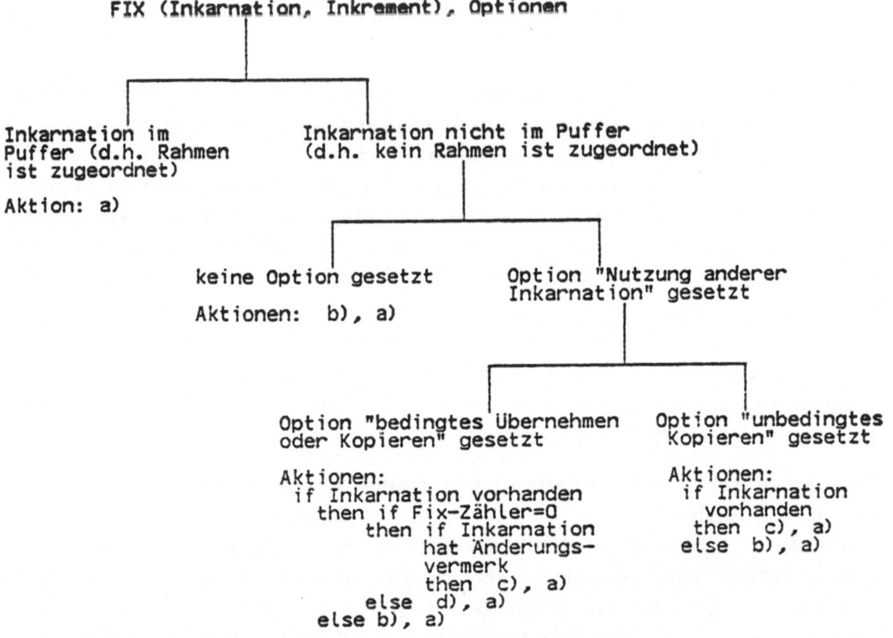

a)   Fix-Zähler inkrementieren und ggf. Fix-Vermerk anpassen

b)   Rahmenverwaltung veranlassen, Seite von der physischen Daten-
     bank in einen freien oder freigemachten Rahmen zu transportieren

c)   Rahmenverwaltung veranlassen, angegebene Seiteninkarnation
     in einen freien oder freigemachten Rahmen zu transportieren

d)   Zuordnung von Inkarnation und Rahmen ändern

Bild 6.6:   Erweiterte Fix-Operation an der Schnittstelle zwischen Pufferbedienung und Sei-
            teninkarnationen-Verwaltung

Die ebenfalls an der Schnittstelle von Seiteninkarnationen-Verwaltung und Pufferbedienung vorhandene **Force-Operation** bewirkt das Durchschreiben des mit der über Seitenkennung und Index identifizierten Inkarnation verbundenen Rahmens auf die physische Datenbank. Bis auf den Änderungsvermerk bleibt sämtliche rahmenbezogene Zustandsinformation unverändert erhalten. Letzterer zeigt der Rahmenverwaltung an, ob vor einer eventuellen Ersetzung der Inhalt auf die externen Speichermedien gerettet werden muß. Konsequenterweise wird dann als Nebenwirkung der Force-Operation dieser Vermerk auch zurückgesetzt.

Die **Clear-Operation** schließlich löscht sämtliche mit einer Seiteninkarnation assoziierte Information und sorgt für die Rückgabe des Rahmens an die Freispeicherverwaltung. Insoweit unterscheiden sich die gerade aufgezählten Operationen nur marginal von denen einer Ein-Versionen-Systempufferverwaltung.

Die letzte, in diesem Zusammenhang zu nennende Operation besitzt hingegen keine Entsprechung beim einfachen Objektmodell. Die **Replace-Operation** übernimmt in einem das Vernichten einer Inkarnation und das Ersetzen durch eine als Parameter zu spezifizierende andere Inkarnation der Seite. Eine solche Operation ist von Vorteil, wenn im Verlauf der EOT-Verarbeitung private Kopien global sichtbar gemacht werden und eine ausgezeichnete Inkarnation immer der letzten gültigen Version zur Befriedigung von Lesezugriffen zugeordnet ist. Dann muß diese Inkarnation während der EOT-Verarbeitung den Rahmen der gerade beendeten Transaktion übernehmen. Damit kann beispielsweise die erste Inkarnation durch die zweite überschrieben werden. Bei der Abwicklung einer Replace-Operation werden alle Merkmale des Rahmens der überlebenden Inkarnation übernommen, z.B. der Änderungsvermerk.

Bezüglich des Fix-Zählers und seinem Pendant in der Rahmenverwaltung ist jedoch besondere Vorsicht am Platze. Zwar sollte eigentlich davon ausgegangen werden können, daß der Fix-Zähler der zu überschreibenden Inkarnation den Wert Null enthält und damit die Mitnahme des Wertes der sie ersetzenden Inkarnation ohne Probleme vonstatten geht. Ein von Null verschiedener Wert würde nämlich bedeuten, daß die zur Auslöschung ausgewählte Inkarnation gerade von mindestens einer Transaktion fixiert ist. Für den Fall, daß der Fix-Zähler doch positiv sein sollte, und dies trifft bei der Implementierung einer Variante der optimistischen Synchronisationsverfahren zu, müssen besondere Vorkehrungen getroffen werden. Mehrere Alternativen zur Lösung des geschilderten Problems sind denkbar.

Die wohl einfachste bestünde in der Verzögerung der Operation bis zur Rücknahme des Fix-Zählers und der anschließenden Ersetzung der Inkarnation. Da die Replace-Operation aber auf die Unterstützung der EOT-Verarbeitung zugeschnitten ist und gerade an diese Phase wegen der exklusiven Belegung zentraler Betriebsmittel wie Sperrtabellen oder Lese- und Schreibmengen besonders hohe zeitkritische Anforderungen gestollt werden müssen, verbietet sich ein solches Vorgehen. Das einfache Zurückweisen der Anforderung aufgrund der widersprüchlichen Angaben der Fix-Zähler scheidet aus denselben Gründen aus. Im Prinzip muß die Ersetzung deshalb sofort wirksam werden, wodurch sich aber mindestens die beiden nachfolgenden Probleme ergeben. Wenn der Fix-Zähler der zu überschreibenden Inkarnation einen positiven Wert aufweist, dann adressiert eine Transaktion noch innerhalb des Rahmens, in der die betreffende Seiteninkarnation abgelegt ist. Die Transaktion wird irgendwann in der Zukunft eine Unfix-Operation anstoßen. Wenn beim Überschreiben der Inkarnation nicht die Summe der Fix-Zähler beider betroffenen Inkarnationen als neuer Wert eingetragen wird, dann kann eine Unfix-Operation plötzlich zu einem negativen Fix-Zähler führen, d.h. zu einem undefinierten, die Korrektheit der Systempufferverwaltung verletzenden Zustand. Wird tatsächlich die Summe der Fix-Zähler übernommen, dann ist die Konsistenz gewahrt, die kumulierten Inkremente und Dekremente aller Operationen belaufen sich auf Null.

Jedoch ist noch eine andere Auswirkung zu bedenken. Eigentlich müßte der Rahmen der zu überschreibenden Inkarnation an die Freispeicherverwaltung zurückgegeben werden und könnte dann später zur Aufnahme eines ganz anderen Objektes zur Verfügung gestellt werden. Der von Null verschiedene Fix-Zähler zeigt aber die aktuelle Benutzung des Rahmens an. Die empfehlenswerte Behandlung dieses Ausnahmefalles ist eine Rückmeldung an die rufende Pufferbedienung, entsprechende Maßnahmen zur Konsistenzerhaltung einzuleiten, und das Überschreiben der Inkarnation mit Rahmenfreigabe wie erläutert. Alternativ dazu könnte auch eine Sonderbehandlung des "heimatlosen" Rahmens bis zum Unfix vorgesehen werden, was allerdings ebenfalls eine geeignete Kooperation zwischen Pufferbedienung und Seiteninkarnationen-Verwaltung impliziert.

Bild 6.7 vermittelt nochmals einen übersichtlichen Eindruck über die an der Schnittstelle zwischen Seiteninkarnationen-Verwaltung und Pufferbedienung verfügbaren Operationen mit ihren Parametern und Auswirkungen auf die Rahmenverwaltung. Die in den einzelnen Spalten aufgeführten Punkte sind jeweils als der maximale Parameter- bzw. Funktionsumfang zu verstehen, so daß einige, im Extrem sogar alle (insbesondere bei den Aktionen mit der Rahmenverwaltung) bei speziellen Ausprägungen der Operationen wegfallen können.

Name der Operation	Parameter	Wirkung der Operation	Aktionen mit der Rahmenverwaltung
FIX	Seite + Inkarnation, Änderungsabsicht, Fix-Zähler-Inkrement	Seiteninkarnation beschaffen, Zustandsinformation aktualisieren, Seiteninkarnation im Systempuffer	Rahmen beschaffen, Inkarnation gemäß Optionen besorgen, Änderungs- und Fix-Vermerke setzen
UNFIX	Seite + Inkarnation, Fix-Zähler-Dekrement	Fix-Zähler vermindern, Fixierung im Systempuffer aufheben	Fix-Vermerk zurücknehmen
FORCE	Seite + Inkarnation	Inkarnation auf die physische Datenbank durchschreiben	Durchschreiben des Rahmens, Zurücksetzen Änderungsvermerk
CLEAR	Seite + Inkarnation	Seiteninkarnation vernichten, Zustandsinformation löschen	Rahmen an Freispeicherverwaltung zurückgeben, Zustandsinformation löschen
REPLACE	Seite + $Inkarnation_1$ + $Inkarnation_2$	$Seiteninkarnation_1$ durch $Inkarnation_2$ ersetzen Fix-Zähler-Summe übernehmen	Rahmen von $Inkarnation_1$ an Freispeicherverwaltung zurückgeben Fix-Vermerk anpassen, Änderungsvermerk von $Inkarnation_2$ übernehmen

Bild 6.7: Übersicht über die Operationen an der Schnittstelle zwischen Seiteninkarnationen-Verwaltung und Pufferbedienung

6.4. Abhängigkeiten zwischen der Synchronisationskomponente und anderen zentralen Komponenten eines Datenbanksystems am Beispiel der Pufferbedienung

In den vorausgehenden Abschnitten wurden einige sehr wesentliche Aspekte der Systempufferverwaltung für neuartige Synchronisationsverfahren behandelt, wobei insbesondere neue Anforderungen durch erweiterte Objektmodelle und ihre Unterstützung durch die Systempufferverwaltung im Mittelpunkt der Betrachtung standen. Es wurde gezeigt, wie sich durch geeignete Funktionsverteilung in der Systempufferverwaltung die Systempufferschnittstelle und die Schnittstelle zur Externspeicherverwaltung herkömmlicher Datenbanksysteme nahezu unverändert beibehalten läßt. Diese Schnittstellenstabilität wird allerdings durch einschränkende Annahmen hinsichtlich der einsetzbaren Verfahren zur Pufferersetzung erkauft, wobei ähnliche Restriktionen im Hinblick auf die in Frage kommenden Logging- und Recovery-Verfahren wirksam werden.

Als Ergebnis dieser Überlegungen stellt die Systempufferschnittstelle potentiell unbegrenzte lineare Adreßräume mit Seiten als adressierbaren Einheiten zur Verfügung. Neben reinen Abbildungsfunktionen wird bei der unterstellten Systemarchitektur unterhalb der Systempufferschnittstelle das Transaktionskonzept realisiert. Dabei werden Seiten als Einheiten der Synchronisation behandelt. Es wird weiterhin davon ausgegangen, daß ebenfalls unterhalb der Systempufferschnittstelle in Zusammenarbeit mit der Logging- und Recovery-Komponente geeignete Vorkehrungen zur Gewährleistung der beiden Transaktionseigenschaften Dauerhaftigkeit und Atomizität getroffen werden. Insofern wird an der Systempufferschnittstelle ein stabiler und konsistenter Speicher angeboten.

Innerhalb der dreistufig organisierten Systempufferverwaltung erfüllt die **Rahmenverwaltung** ihre Aufgaben **ohne Kenntnis** der **Konzepte** der **Inkarnation** und **Transaktion**, der Begriff der **Transaktion** wird darüber hinaus gegenüber der **Seiteninkarnationen-Verwaltung** noch **verborgen**. Dieses zusätzliche Konzept wird erst in der Pufferbedienung sichtbar. Die konzeptuelle Trennung ist nur durch die enge Kooperation zwischen Synchronisationskomponente und Systempufferverwaltung möglich. Aufgrund der engen Kooperation läßt sich die Pufferbedienung als oberste Schicht einer dreistufigen Systempufferverwaltung nicht mehr unabhängig vom Synchronisationsverfahren realisieren, sondern muß eigens für jedes Verfahren implementiert werden. Unter Ausnutzung des in der Synchronisationskomponente konzentrierten Wissens über die Zuordnung von Versionen zu Transaktionen läßt sich die Pufferbedienung derart realisieren, daß das Wissen über Transaktionen auf diese Schicht der Systempufferverwaltung beschränkt bleibt. Im Laufe der sich anschließenden Diskussion wird auch offenbar, welchem Zweck einige der im vorangehenden Abschnitt aufgezählten Operationen und deren Parameter an der Schnittstelle der Seiteninkarnationen-Verwaltung dienen, die ohne das Wissen um die Funktionsweise der Pufferbedienung recht willkürlich erscheinen. Beispielhaft sollen hier nur die Pufferbedienung für das RX-Sperrverfahrenund die optimistischen Synchronisationsverfahren behandelt werden. Eine ausführlichere Darstellung für eine Reihe weiterer Synchronisationsverfahren findet sich in [Pei86].

6.4.1. Die Pufferbedienung beim RX-Sperrverfahren

Die am längsten und besten bekannte Variante der Sperrverfahren kommt mit **einer Inkarnation jeder Seite** aus. Der private Puffer wird implizit über die sich aus den Verträglichkeiten der Sperrmodi ergebenden Zulassungsregeln realisiert. Das Verfahren erzwingt die Disjunktheit der Schreibmengen ablauffähiger Transaktionen mit den Lese- und Schreibmengen aller anderen Transaktionen durch Verzögerung konkurrierender Zugriffe. Genau auf dieses Szenarium hin wurde die **herkömmliche Systempufferverwaltung** entworfen. Die Pufferbedienung für dieses einfachste aller betrachteten Verfahren kommt demgemäß ohne die Ausnutzung irgendwelcher neuen Konzepte in der Seiteninkarnationen-Verwaltung aus. Die Verfügbarkeit genau einer Inkarnation reicht zur Realisierung des RX-Sperrverfahrens aus.

Bei einer Fix-Operation seitens des Zugriffssystems wird der Fix-Zähler genau um 1 inkrementiert, bei einer Unfix-Operation um denselben Betrag dekrementiert. Force- und

Clear-Operationen werden auf die vorhandene Inkarnation gelenkt, Replace wird nicht benötigt. Die optionslose erweiterte Fix-Operation entspricht genau den Anforderungen des RX-Verfahrens. Sie liest entweder eine nicht im Systempuffer befindliche Seite unter Zuhilfenahme der Rahmenverwaltung ein oder nutzt eine vorgefundene Seite. Die Option eines beliebigen Inkrements des Fix-Zählers bei der erweiterten Fix-Operation eröffnet die Möglichkeit einer einfachen Realisierung der NOSTEAL-Strategie. Dazu reicht es aus, bei der ersten ändernden Referenz einer Transaktion auf eine Seite (diese Information kann von der Sperrverwaltung mitgeliefert werden) den Fix-Zähler künstlich um 1 zu erhöhen und danach mit den Fix- und Unfix-Operationen zu verfahren wie bisher. Im Rahmen der EOT-Verarbeitung sind die künstlich erhöhten Fix-Zähler der Schreibmenge zurückzunehmen.

6.4.2. Die Pufferbedienung bei optimistischen Synchronisationsverfahren

Beim optimistischen Synchronisationsansatz laufen Transaktionen zunächst völlig unbeeinflußt von parallelen Aktivitäten unter Zuhilfenahme der Abstraktion der privaten Puffer ab. Da in der Lesephase einer Transaktion völlige Freiheit hinsichtlich der ausgeführten Zugriffe herrscht, tritt der von der Anzahl der zu verwaltenden Inkarnationen her ungünstigste Fall dann ein, wenn alle Transaktionen dasselbe Objekt zu modifizieren versuchen. Darauf muß die Seiteninkarnationen-Verwaltung vorbereitet sein, mithin eine der **maximalen Ablaufparallelität gleiche Anzahl von Inkarnationen** unterstützen. Die Möglichkeit der lesenden Mehrfachnutzung läßt es angeraten erscheinen, darüber hinaus eine weitere Inkarnation von der Seiteninkarnationen-Verwaltung bereitstellen zu lassen, die für die Lesemengen aller Transaktionen zuständig ist und die aktuelle Version beinhaltet.

Entsprechend einer zweckmäßigen Konvention wird den in der Lesemenge einer oder mehrerer Transaktionen befindlichen Seiten immer die erste Inkarnation zugeordnet, für die Schreibmenge jeder ablaufenden Transaktion ist jeweils eine eigene Inkarnation reserviert. Die mit dem Start und dem Ende von Transaktionen variierende Zuordnungstabelle wird bei den optimistischen Synchronisationsverfahren als Bestandteil der Pufferbedienung gewartet. Abhängigkeiten von nicht freigegebenen Änderungen werden durch die NOSTEAL-Strategie (künstliche Erhöhung des Fix-Zählers) ausgeschlossen.

Die Erweiterung der Fix-Operation erweist sich auch im Hinblick auf die Unterstützung der optimistischen Synchronisationsverfahren als außerordentlich zweckmäßig. Bei der Erzeugung einer temporären Kopie wird wie bei den Sperrverfahren versucht, eine eventuell vorhandene aktuelle Version in der ersten Inkarnation mitzubenutzen, d.h. zu übernehmen oder zu kopieren, bevor auf die physische Datenbank zugegriffen wird. Die Option "unbedingtes Kopieren" der Fix-Operation empfiehlt sich insbesondere, wenn für eine Seite bereits mehrere Inkarnationen im Systempuffer residieren und daher mit großer Wahrscheinlichkeit mit dem Hinzukommen weiterer Inkarnationen zu rechnen ist. Dadurch wird zwar ein eigener Rahmen zur Aufnahme der temporären Kopie belegt, jedoch steht die Leseinkarnation für spätere Kopiervorgänge seitens nachfolgender Änderungstransaktionen zur Verfügung und erspart physische E/A-Operationen zur Beschaffung der Seite.

Unfix- und Clear-Operationen werden in ähnlicher Weise wie bei den schon diskutierten Sperrverfahren verwendet. Auch bei den optimistischen Synchronisationsverfahren dient die Replace-Operation dazu, nach erfolgreicher Validierung einer Transaktion ihre temporären Kopien in den Rang von gültigen Objektversionen zu erheben. Dazu wird die Menge der geänderten Seiten der Transaktion, die alle über denselben Inkarnationsindex in der

Seiteninkarnationen-Verwaltung adressierbar sind, durch eine Folge von Replace-Operationen auf die erste Inkarnation übertragen.

Anders als bei allen bisher betrachteten Synchronisationsverfahren kommt es zumindest bei einer Variante der optimistischen Synchronisationsverfahren vor, daß beim Überschreiben der ersten Inkarnation deren Fix-Zähler nicht den Wert Null enthält. Bei der BOCC-Variante ist damit zu rechnen, daß eine Transaktion den von ihr erzeugten Zustand eines Objekts systemweit sichtbar macht, während andere, noch in der Lesephase befindliche Transaktionen den alten Zustand zu sehen wünschen. Zwar steht das spätere Scheitern der Lesetransaktion schon beim Ersetzen der Leseinkarnation fest, jedoch erhält die Synchronisationskomponente von dieser Tatsache erst in der Validierungsphase Kenntnis, wenn die optimistischen Synchronisationsverfahren rein nach den Vorgaben von [KuRo81] implementiert würden. Offenkundig werden in der Systempufferverwaltung vorhandene Informationen mangelhaft ausgenutzt. Das Antreffen eines positiven Fix-Zählers im Verlauf einer Replace-Operation sollte deshalb zum Anlaß einer speziellen Rückmeldung an die Pufferbedienung genommen werden. In Kooperation mit der Synchronisationskomponente könnte so die aufgrund des BOCC-Protokolles unvermeidliche Rücksetzung frühzeitig eingeleitet werden. Nach den Beobachtungen in Kapitel 5 hinsichtlich der Implementierung optimistischer Synchronisationsverfahren ist dies ein zweites Indiz dafür, daß die rein konzeptionelle Beschreibung der Verfahren in [KuRo81] für die Verhältnisse in einem realen Datenbanksystem zu stark vereinfacht ist.

Die andere betrachtete Variante der optimistischen Synchronisationsverfahren (FOCC) ist dagegen frei von derartigen Anomalien bei der Manipulation des Fix-Zählers. Die geltenden Validierungsregeln erlauben die Umwandlung einer temporären Kopie in eine gültige Version nur, wenn bei der Validierung keine Überschneidung mit der Lesemenge irgendeiner aktiven Transaktion vorliegt. Auf die skizzierte Implementierung übertragen besagt das insbesondere, daß keine in der Schreibmenge der validierenden Transaktion enthaltene Seite gleichzeitig von einer anderen Transaktion zum Lesen im Systempuffer fixiert sein kann, also der Fix-Zähler der Leseinkarnation Null ist.

IV. Leistungsanalyse von Synchronisationsverfahren in Datenbanksystemen

Nachdem in den beiden vorangehenden Teilen einerseits die konzeptionellen Grundlagen der Synchronisation in Datenbanksystemen und andererseits einige der wichtigen Implementierungsaspekte von Synchronisationsmaßnahmen ausführlich diskutiert wurden, befaßt sich dieser Teil mit den methodischen Grundlagen der Leistungsanalyse von Synchronisationsverfahren und liefert damit das Rüstzeug für die im fünften Teil beschriebene empirische Leistungsuntersuchung. Zu diesem Zweck ist der vierte Teil in zwei Kapitel unterteilt.

Im siebten Kapitel werden die in Frage kommenden Vorgehensweisen bei der Untersuchung des Einflusses von Synchronisationsmaßnahmen auf das Leistungsverhalten von Datenbanksystemen klassifiziert und ihre Vor- und Nachteile erörtert. Anhand eines Vergleichs mit von anderer Seite durchgeführten Leistungsuntersuchungen wird dabei versucht, den in dieser Arbeit verfolgten Weg der Trace-getriebenen Simulation auf der Basis empirischer Daten zu rechtfertigen.

Kapitel 8 gibt einen umfassenden Einblick in die Struktur und die Funktionsweise des in dieser Arbeit zum Zwecke der Leistungsanalyse von Synchronisationsverfahren in Datenbanksystemen eigens entwickelten, detaillierten Datenbank-Simulationssystems, das im folgenden auch mit DBSS bezeichnet wird. Der damit erreichte Grad an Abbildungstreue und die Realitätsnähe der erzielbaren Simulationsergebnisse werden an einer Gegenüberstellung sowohl der statischen Struktur als auch der dynamischen Abläufe des Simulationssystems mit ihren Entsprechungen im 5-Schichten-Modell nach [HäRe83a] verdeutlicht.

7. Methoden zur Untersuchung des Einflusses von Synchronisationsmaßnahmen auf das Leistungsverhalten von Datenbanksystemen

Die Leistungsanalyse von Synchronisationsverfahren bereitet vor allem wegen der großen Dynamik der zu untersuchenden Abläufe und ihrer besonderen Komplexität Schwierigkeiten. Neben der eigentlichen algorithmischen Komplexität der Synchronisationsverfahren spielt, wie die Erläuterungen der beiden vorangehenden Kapitel einsichtig gemacht haben, die Verflechtung der Synchronisationskomponente mit anderen zentralen Systemkomponenten eine wesentliche Rolle. Deshalb ist die Einbeziehung anderer Funktionen bei der Untersuchung des Einflusses von Synchronisationsmaßnahmen auf das Leistungsverhalten von Datenbanksystemen in der Literatur auch umstritten. Während die Mehrzahl der Veröffentlichungen auf diesem Gebiet sich ausschließlich der Synchronisationsfunktion zuwendet, bis auf [AgDe83], die gleichzeitig eine Reihe von Recovery-Verfahren in die Leistungsanalyse miteinschließen, wird in dieser Arbeit auch für einen ganzheitlichen Ansatz plädiert und dieser später mit Hilfe eines Simulationsmodells verfolgt.

Lag der Schwerpunkt der Auseinandersetzung mit dem Problem der Synchronisation in Datenbanksystemen, wie die Kapitel 4 und 5 anschaulich machen, bis zum Anfang der achtziger Jahre eher auf der Entwicklung neuer Verfahren und dem Ausbau einer geeigneten Theorie, so hat er sich seitdem unverkennbar zur Leistungsanalyse solcher Verfahren hin verschoben, was sich mühelos durch die Aufzählung von zwischen 50 und 100 Literaturstellen belegen ließe. Da die Darstellung aller darin verfolgten Ansätze einen erheblichen Umfang annehmen würde, soll hier nur auf drei Übersichten [APS83, Koh81, TGS84] hingewiesen werden, in denen eine große Anzahl solcher Ansätze etwas eingehender beschrieben wird.

Genauso wie die Klassifikation der Vielzahl von Synchronisationsalgorithmen erhebliche Probleme verursacht, ist auch eine Klassifikation der Ansätze und die Einordnung ihrer sehr unterschiedlichen und oftmals widersprüchlichen quantitativen Resultate sehr diffizil, weshalb die angeführten Publikationen einen mehr aufzählenden als einordnenden Charakter haben.

Aus den angeführten Gründen kann es auch nicht Aufgabe dieser Arbeit sein, eine solche vollständige Klassifikation zu liefern. Jedoch ist es zur Einordung des später beschriebenen Simulationsansatzes im Sinne einer Abrundung des Überblicks nützlich, die **typischen Vorgehensweisen anderer Untersuchungen** zumindest beispielartig zu verdeutlichen. Zu diesem Zweck ist nachfolgend eine recht grobe Unterteilung der möglichen Ansätze vorgenommen. Einige der interessanten Ansätze sind etwas ausführlicher dargestellt. Das Hauptaugenmerk der Betrachtung liegt dabei auf der Hervorhebung der von den Untersuchungen gemachten Annahmen hinsichtlich des Datenbanksystems, seiner Betriebsumgebung, der ablaufenden Transaktionslast sowie der Beurteilung der Tragfähigkeit dieser Voraussetzungen und nicht auf einer möglichst präzisen Erörterung der dort erzielten Ergebnisse. Diese ist übersichtsartig im Anschluß an die Diskussion der quantitativen Resultate dieser Arbeit ins Resümee in Kapitel 10 aufgenommen.

Zur Einschätzung der Leistungsfähigkeit von Synchronisationsverfahren für Datenbanksysteme kommen prinzipiell sämtliche für die Leistungsanalyse von Rechensystemen entwickelten Techniken in Frage [EHRS81a, EHRS81b, Här79a] und wurden auch in zahlreichen Veröffentlichungen publiziert. Bild 7.1 zeigt in Anlehnung an [Här79a] eine relativ grobe Klassifikation der denkbaren Vorgehensweisen, die in der Folge kurz vorgestellt werden.

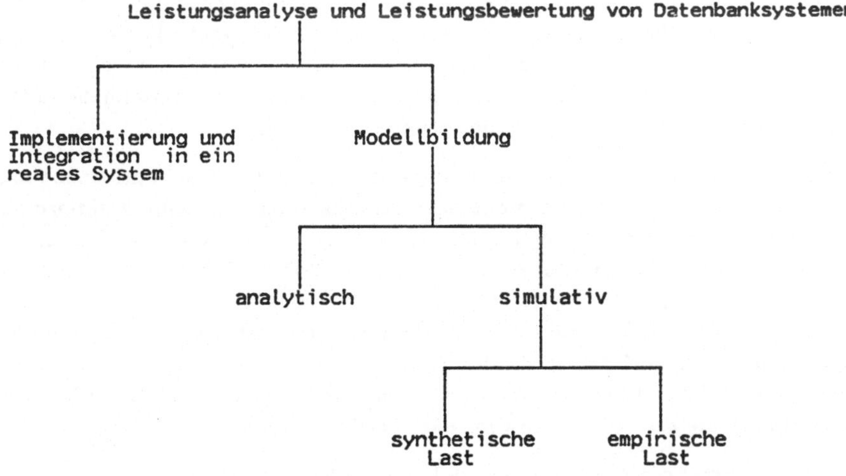

Bild 7.1: Techniken zur Leistungsanalyse und Leistungsbewertung von Rechensystemen

Grundsätzlich läßt sich anhand der Art des Untersuchungsobjektes unterscheiden, ob ein reales System betrachtet wird oder Modelle für das Gesamtsystem bzw. einzelne seiner Komponenten erstellt und ausgewertet werden. In bezug auf Synchronisationsverfahren für Datenbanksysteme hätte ersteres die Implementierung des oder der untersuchten Verfahren, ihre Integration in ein reales Datenbanksystem und die anschließende Leistungsmessung in einer kommerziellen Anwendungsumgebung zur Konsequenz. Modellbildung und -auswertung dagegen stellen an den Entwerfer die Aufgabe, relevante Subkomponenten des betrachteten Systems im Hinblick auf den Untersuchungsgegenstand auszuwählen und hinreichend präzise nachzubilden.

7.1. Implementierung und Integration in ein reales Datenbanksystem

Die **Implementierung eines Algorithmus,** seine Integration in ein existierendes Datenbanksystem und anschließende Messungen in realen Anwendungsumgebungen ist von der Qualität der erzielbaren **Ergebnisse** her sicherlich die am meisten **wünschenswerte Vorgehensweise.** Diese Methode erlaubt es, die Auswirkungen auf das System als Ganzes zu beobachten, insbesondere wenn die Integration neuer Verfahren gleich für mehrere Alternativen zu bewerkstelligen ist. Jedoch wird die praktische Durchführung eines solchen Vorhabens von vielerlei Schwierigkeiten beeinträchtigt. Die Implementierung von Synchronisationsverfahren mit dem Ziel einer späteren Integration in ein bestehendes System setzt bereits sehr genaue Kenntnisse des internen Aufbaus des Zielsystems, von Programmierkonventionen und Schnittstellen voraus. Der Erwerb dieser Vorkenntnisse impliziert erfahrungsgemäß für einen nicht von vorneherein mit solchen Systemdetails vertrauten Implementierer einen **unvertretbar hohen Aufwand** im Verhältnis zum möglichen Erfolg des Ansatzes. Oftmals ergeben sich auch aus neuartigen Konzepten in den vorgeschlagenen Verfahren Anforderungen an systeminterne Schnittstellen, die ein bereits existierendes, gewachsenes System nicht oder nur durch eine entsprechende Erweiterung anderer, zunächst von der Untersuchung gar nicht betroffener Komponenten erfüllen kann. Als Beispiel sei nur auf die im Kapitel 6 behandelten zusätzlichen Anforderungen an die Systempufferverwaltung zur Unterstützung der Abstraktion privater Transaktionspuffer hingewiesen, die eine nicht unerhebliche Erweiterung der Systempufferverwaltung herkömmlicher Datenbanksysteme verlangt. Für den Fall, daß alle genannten Probleme mit angemessenem Aufwand bewältigt werden können, sich also ein lauffähiges modifiziertes System erstellen läßt, stellt sich unmittelbar anschließend die Frage nach einer geeigneten Meßumgebung für das erweiterte System.

Da schon die Erstellung einer Datenbanksystem-Version für Test- und Meßzwecke einen relativ hohen Aufwand erfordert, ist nicht davon auszugehen, daß beim Validieren der Korrektheit der Programme gleich viel Sorgfalt verwendet werden kann, wie es die üblichen herstellerinternen Freigabeprozeduren vorschreiben. Daher dürfte sich auch kaum zu überwindender, berechtigter Widerstand gegen den Versuch erheben, mit solchen nur beschränkt zuverlässigen Datenbanksystem-Versionen Leistungsmessungen in kommerziellen Anwendungsumgebungen auf der Basis der Produktionsdatenbanken einer Kundeninstallation durchzuführen. Diese Überlegungen implizieren die Notwendigkeit des Aufbaus einer **geeigneten Meßumgebung** zur Gewinnung von Leistungsdaten.

Um aussagefähige Ergebnisse zu erhalten, sollte diese Meßumgebung so geartet sein, daß sie in möglichst vielen Belangen einer realen Anwendungsumgebung nahekommt. Damit ist die Struktur des Schemas der Datenbank ebenso gemeint wie das Mengengerüst und die Schlüsselverteilungen der abgespeicherten Daten. Darüber hinaus müßten die Operationen auf der synthetischen Datenbank dem typischen Lastaufkommen auf einer realen Datenbank entsprechen, was sich durch den Entwurf geeigneter Transaktionsprogramme bewerkstelligen ließe. Eine solche Meßumgebung wird durch eine automatische Lasterzeugung und Laststeuerung komplettiert, die die in der Umgebung zusammengefaßten Softwaresysteme treibt [EHRS81b, KKMP85, Sik83]. Allein die Fülle der Anforderungen macht deutlich, daß die Integration alternativer Verfahren in ein existierendes Datenbanksystem spätestens an dieser Stelle ihre Attraktivität verliert, da der mit dem Aufbau, der Wartung und der Weiterentwicklung einer solchen Meßumgebung verbundene Aufwand [KKMP85] sich in derselben Größenordnung bewegen dürfte wie der zur Modifikation des Datenbanksystems. In der Literatur ist dementsprechend auch nur ein einziger Ansatz [KWS83] bekannt, der auf der Basis eines Experimentalsystems unterschiedliche Sperrverfahren miteinander vergleicht. Allerdings ist die Struktur dieses Systems so primitiv und seine Prozeßeinbettung ins Betriebssystem so unglücklich gewählt, daß die erzielten Ergebnisse als nicht aussagekräftig eingestuft werden müssen.

7.2. Modellierung von Komponenten des Datenbanksystems

Da sich die Untersuchung realer, entsprechend veränderter Datenbanksysteme im Rahmen einer Arbeit wie der hier vorliegenden allein aus Gründen des damit verbundenen Aufwands als unpraktikabel erweist, bleibt nur ihre Modellierung übrig. Dabei muß sich die Modellbildung auf die Teile des Gesamtsystems [EHRS81a] konzentrieren, deren Leistungsverhalten von Interesse ist. Darüber hinaus müssen diejenigen Komponenten des Systems miteinbezogen werden, die so eng mit dem eigentlichen Untersuchungsgegenstand verflochten sind, daß bei ihrer Weglassung wesentliche Aspekte des Systemverhaltens außer Acht gelassen und zu Fehlern bei der Interpretation der Ergebnisse führen würden. Bei den Modellierungstechniken lassen sich in erster Linie analytische Ansätze von den simulativen unterscheiden.

7.2.1. Analytische Modelle zur Beschreibung des Einflusses von Synchronisationsverfahren auf das Leistungsverhalten von Datenbanksystemen

Bei analytischen Modellen wird ein System derart strukturiert und die auf ihm ablaufende Last derart beschrieben, daß eine **geschlossene mathematische Lösung** das Systemverhalten in Form von Leistungsgrößen charakterisiert, die in einer funktionalen Abhängigkeit zur Menge der Modellparameter stehen. Der große Vorteil analytischer Modelle liegt in der einfachen und effizienten Vorhersage des Systemverhaltens bei Variation der Eingangsparameter. Im Idealfall sind lediglich einige Funktionswerte aus einem Satz von vorgegebenen Parameterwerten neu zu berechnen. Die relativ mühelose Berechnung wird allerdings in den meisten Fällen durch eine **kaum mehr vertretbare Vereinfachung** des der analytischen Lösung zugrundegelegten Modells zur Beschreibung des untersuchten Systems erkauft, weil nur für eine relativ primitive Systemstruktur und sehr regelmäßige Lastprofile die notwendigen mathematischen Hilfsmittel zur Bestimmung einer geschlossenen Lösung zur Verfügung stehen. Oftmals zwingt dies zu Annahmen bezüglich Lastprofil, Systemverhalten und Systemstruktur, die mit der Realität nicht annähernd übereinstimmen.

Die meisten analytischen Modelle beschränken sich auf nur einen Transaktionstypen. Eine Transaktion macht dabei zumeist eine feste Menge von Anforderungen bezüglich einer Datenbank mit gleichförmigen Objekten. Darüber hinaus wird für alle Objekte eine gleich große Zugriffswahrscheinlichkeit unterstellt und im Zusammenhang mit Sperrverfahren nur der exklusive Zugriff betrachtet. Wegen der Schwierigkeiten, die mit der analytischen Modellierung von Blockierungen und der Berechnung ihrer Dauer verbunden sind, wird vielfach bei Sperrverfahren eine Preclaiming-Strategie modelliert.

Die zur Gewinnung einer geschlossenen Lösung unumgänglichen Vereinfachungen beeinträchtigen die Aussagekraft des analytischen Ansatzes in erheblichem Umfang, wenn sie ihn nicht gar wertlos machen. Außerdem besteht in solchen Modellen die Tendenz, daß Verfeinerungen der Modellstruktur oftmals mit den zuvor benutzten mathematischen Werkzeugen nicht mehr zu bewältigen sind [Reu83].

Dennoch soll ein kurzer Überblick über einige wichtige analytische Ansätze gegeben werden. Ein Ansatz, der mit relativ bescheidenen mathematischen Mitteln zu sehr schönen, geschlossenen Lösungen kommt und etwa die Sachverhalte umfaßt, die sich auf dem Gebiet der Leistungsanalyse von Synchronisationsverfahren in Datenbanksystemen sinnvollerweise mit mathematischen Methoden behandeln lassen, wird etwas ausführlicher erläutert.

In [PoLe80] und [GHOK81] sind zwei stochastische Modelle zur Berechnung von Konflikt- und Verklemmungsraten bei Sperrverfahren geschildert, in [Reu83] ist eine erhebliche Verfeinerung dieser Modelle für den Fall von Transaktionen vorgenommen, die größere Anteile der Datenbank sperren. In allen drei Fällen werden ähnlich einfache wie das oben geschilderte Transaktionsmodell zugrundegelegt. [MeNa82] vergleichen mit einem stochastischen Modell optimistische Synchronisationsverfahren mit dem RX-Sperrverfahren, wobei Markov-Prozesse als Modellierungstechnik eingesetzt werden; dabei schneiden die optimistischen Verfahren durchweg schlechter ab.

Das eleganteste analytische Modell, das trotz zahlreicher Vereinfachungen immer noch an seiner Einfachheit gemessen sehr interessante Aussagen liefert, stammt von Tay et al. [TaSu84, Tay84, TSG84]. Im Gegensatz zu den bisher erwähnten stochastischen Modellen beschränken sich Tay et al. auf **reine Mittelwertbetrachtungen** im Sinne der Operationsanalyse. Die grundsätzliche Vorgehensweise ist in Bild 7.2 festgehalten.

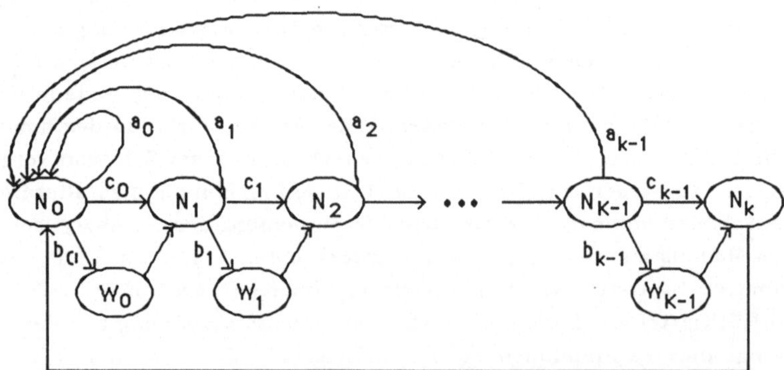

Bild 7.2: Flußgleichgewicht im Mittelwertmodell nach Tay et al.

In dem Bild ist ein Zustandsgraph angegeben, der ein Flußgleichgewicht von N im System befindlichen Transaktionen beschreibt. Alle Transaktionen sind aus genau k+2 Schritten zusammengesetzt, einem Anfangsschritt (BOT), einem Endschritt (EOT) und k dazwischenliegenden Schritten, die jeweils dem Erwerb einer Sperre dienen und die nachfolgende Bearbeitung des gesperrten Objekts einschließen. Jedem Schritt wird zunächst dieselbe zeitliche Dauer zugeordnet. Die N_i stehen für die im Gleichgewichtszustand genau i Sperren haltenden und nicht blockierten Transaktionen, die W_i für die Transaktionen, die auf die i-te Sperre warten müssen. Die a_i, c_i und b_i bezeichnen die pro Zeiteinheit den Zustand N_i verlassenden Transaktionen, wegen Rücksetzung, Gewährung einer weiteren Sperre oder wegen Blockierung. Das Überraschende an dem Modell ist, daß sich nach einigen vereinfachenden, teilweise aber sehr plausiblen Annahmen (Rücksetzungen sind selten; Konfliktwahrscheinlichkeiten werden von der Zahl der eigenen Sperren kaum beeinflußt; Warteschlangen von einem Objekt enthalten kaum mehr als eine Transaktion) **geschlossene, recht übersichtliche Formeln** für alle im Bild aufgeführten Größen angeben lassen, die auch von Simulationen bestätigt werden, die diese Vereinfachungen nicht machen.

Einige besonders interessante Ergebnisse sind etwa die Feststellungen, daß sich die Einführung von Lesesperren genauso auswirkt wie eine exakt quantifizierbare Vergrößerung der Datenbank unter Beibehaltung exklusiver Sperren und eine von der Gleichverteilung abweichende Zugriffswahrscheinlichkeit etwa im Sinne der 80-20-Regel sich auswirkt wie eine Verkleinerung der Datenbank bei gleichverteiltem Zugriff. Insbesondere das Verhältnis von insgesamt vorhandenen Transaktionen bei fester Transaktionslänge zu den in der Datenbank gespeicherten Objekten erweist sich als bedeutsamer Parameter, ist es doch allein in der Lage, den optimalen Betriebspunkt des Datenbanksystems zu charakterisieren.

Obwohl das zuletzt diskutierte analytische Modell durch seine mathematische Eleganz besticht, unterliegt es denselben Einschränkungen hinsichtlich der Realitätsnähe wie alle anderen analytischen Modelle.

7.2.2. Modellierung von Komponenten des Datenbanksystems durch Simulation

Aus den für die begrenzte Anwendbarkeit von analytischen Modellen angeführten Gründen folgt unmittelbar, daß Simulation eine immer größere Rolle in der Leistungsanalyse von Synchronisationsverfahren für Datenbanksysteme spielt. Selbstverständlich eröffnet sich hier ein breites Spektrum hinsichtlich der möglichen Abbildungstreue und des Detaillierungsgrades, mit entsprechenden Konsequenzen für den Modellierungsaufwand. Im äußersten Falle kann ein Simulationssystem auch Komponenten umfassen, deren Nachbildung im Prinzip auf die **vollständige Implementierung bestimmter Teilfunktionen** eines Datenbanksystems hinausläuft. Damit wäre nur noch eine geeignete Schnittstellenanpassung für die Integration in ein reales Datenbanksystem erforderlich, sofern alle weiteren benötigten Konzepte im Zielsystem vorhanden sind. Die eigentliche Kunst bei der Konzipierung und Implementierung derartiger Simulationsmodelle liegt in der Auswahl der für die zu untersuchende Fragestellung relevanten Systemkomponenten und des zur Erreichung des Untersuchungszweckes notwendigen Detaillierungsgrades der Nachbildung.

Die Qualität eines Modells im Sinne von Abbildungstreue und Detaillierungsgrad sowie die richtige Auswahl relevanter Systemkomponenten allein bietet jedoch noch keine Gewähr für die Aussagefähigkeit der auf der Basis des Modells gewinnbaren Ergebnisse. Entscheidend hierfür ist vielmehr, und diese Tatsache wird in vielen den Weg der Simulation beschreitenden Studien oft sträflich vernachlässigt, die **Verwendung einer geeigneten Last** zum Treiben des Simulationssystems. Die Art und die Häufigkeit sowie die Reihenfolge der als Simulationseingabe dienenden Operationen sollten ein möglichst exaktes Ebenbild der auf dem der Untersuchung zugrundeliegenden System ablaufenden Verarbeitung darstellen.

Nach der Art der Lastgewinnung bzw. -modellierung läßt sich eine weitere fundamentale Untergliederung der Simulationsansätze vornehmen, nämlich einerseits in die mit synthetischen Lasten arbeitenden und andererseits in die mit empirischen Lasten getriebenen Simulationen.

Synthetische Lasten werden durch speziell entworfene Programme erzeugt. Dabei entsprechen die Art der Operationen und ihre Parameter im allgemeinen denen einer der internen Schnittstellen des Datenbanksystems. Meistens sind die Lastgenerierungsprogramme derart parametrisierbar, daß sich Art und Häufigkeit der Operationen, oftmals auch der manipulierten Objekte relativ differenziert einstellen lassen. Die einzelnen Operationen werden dann gemäß der Vorgaben aufgrund stochastischer Entscheidungen (Zufallszahlengeneratoren) im entsprechenden Format und dem gewünschten Umfang erzeugt. Andere Untersuchungen sowohl auf dem Gebiet der Betriebssysteme, hier Verwaltung des Virtuellen Speichers [Bel66], als auch dem der Datenbanksysteme, z.B. Systempufferverwaltung [Rod76, Eff81] und Datensicherung [Reu81], haben eindeutig erwiesen, daß es **nahezu unmöglich** ist, die durch den Ablauf realer Transaktionsprogramme im laufenden Betrieb mit realen Datenbanken entstehenden **Lasten hinreichend genau synthetisch nachzubilden.** Selbst wenn es gelingt, beispielsweise mittels statistischer Auswertungen, die Art und Häufigkeiten von Operationen zu ermitteln, so bleibt immer noch das gravierende Problem extrem differenzierter Zugriffsmuster auf Datenbereiche, insbesondere das der korrekten Nachbildung von Lokalität, zu lösen. Abgesehen vom Fehlen einer adäquaten Beschreibungsmethode für das Lokalitätsverhalten folgt darüber hinaus eine erhebliche Steigerung der Komplexität der zugehörigen Lastgenerierungsprogramme.

Die publizierten Leistungsuntersuchungen mit synthetischen Lasten und Simulationen begnügen sich dagegen mit einem ähnlich primitiven Lastmodell wie die analytischen Modelle. Der größte qualitative Unterschied zu diesen liegt in der vollständigen Implementierung der Synchronisationskomponente, die auch die Modellierung beliebig komplexer Synchronisationsverfahren erlaubt. Nach ersten Ansätzen in [RiSt77, RiSt79], die teilweise noch methodische Schwächen aufweisen (Sperranforderungen verursachen E/A-Vorgänge; Preclaiming), wurden gerade in letzter Zeit umfangreiche Simulationsstudien für die meisten der vorgeschlagenen Synchronisationsverfahren, die in Kapitel 4 diskutiert wurden, durchgeführt. Als Beispiele mögen [Car83a, Car83b, Car84a, Car84b, CaSt84, KiLa83, KiPf85] genügen. Wegen der unterschiedlichen Leistungsmaße und der sonstigen Annahmen kommen die Autoren teilweise zu einander widersprechenden Ergebnissen, die im Rahmen des Resümees in Kapitel 10 angesprochen werden.

Die Gewinnung **empirischer Lasten** für die Simulationseingabe setzt dagegen das Vorhandensein zahlreicher Hilfsmittel voraus. Kennzeichnend für diese Art der Lastbeschreibung ist ihre Aufzeichnung im laufenden Betrieb eines Datenbanksystems in einer realen Anwendungsumgebung. Dazu muß das Datenbanksystem - gegebenenfalls bereits vom Hersteller - so instrumentiert sein, daß automatisch (über die Auswahl einer speziellen Betriebsoption) die Aufzeichnung aller über eine oder mehrere internen Schnittstellen abgewickelten Operationen samt ihrer wichtigsten Parameter in dafür vorgesehene Meßdateien an- und zu einem späteren Zeitpunkt wieder abgeschaltet werden kann [EHRS81b].

Empirisch ermittelte Daten besitzen den kaum hoch genug einzuschätzenden Vorteil, ein exaktes Bild aller Aktivitäten auch innerhalb des Datenbanksystems zu vermitteln, wenn die Aufzeichnungsschnittstelle nur tief genug im Datenbanksystem angesiedelt ist. Alle Eigenarten und Unregelmäßigkeiten bei den Zugriffsmustern auf Datenbank-Objekte werden exakt von den Aufzeichnungen, den sogenannten Objektreferenz-Strings wiedergegeben [HPR85], ohne daß damit irgendwelcher Lastmodellierungsaufwand verbunden wäre. Die durch Messung in realen kommerziellen Anwendungsumgebungen gewonnenen **Objektreferenz-Strings** können entweder unmittelbar in ihrem Aufzeichnungsformat übernommen werden oder nach einer Aufbereitung durch Filterprogramme [Dre81], die Datenaggregation, Datenkompression oder das Entfernen irrelevanter Details besorgen. Solche Objektreferenz-Strings wurden bereits nutzbringend zu Untersuchungen verschiedener Teilfunktionen von Datenbanksystemen eingesetzt, z.B. der Systempufferverwaltung in [Bru81], der Logging- und Recovery-Komponente in [Reu81] und der Synchronisationskomponente in [Ari83, Ger83, Pet84, Rah84], und bilden das Fundament der hierin beschriebenen Leistungsuntersuchung.

7.3. Kosten- und Leistungsmaße für die Bewertung von Synchronisationsverfahren in Datenbanksystemen

Während etwa zur Leistungsbewertung von Speicherungsstrukturen oder Recovery-Verfahren mit der Anzahl der Externspeicherzugriffe schnell ein einheitliches, allgemein anerkanntes und relativ leicht zu separierendes Kostenmaß gefunden werden kann, stellt sich die Situation für die quantitative Bewertung von Synchronisationsmaßnahmen viel komplizierter dar. Die Möglicheit von Rücksetzungen zur Aufrechterhaltung der Serialisierbarkeit mit der anschließenden Wiederholung von Transaktionen führt eine Rückkopplung in das dynamische Verhalten des Systems im Sinne eines Regelkreises ein, die etwa bei den zuerst beispielhaft erwähnten Untersuchungsobjekten ohne Belang ist. Wegen der Rücksetzungsmöglichkeit ist es auch notwendig, den Anteil der verlorengehenden Arbeit gebührend zu berücksichtigen.

Zum zweiten ist auch das völlig unterschiedliche dynamische Verhalten von blockierenden und nicht blockierenden Synchronisationsverfahren bei der Auswahl von Leistungsmaßen in Rechnung zu stellen. Während die nicht blockierenden Verfahren, wie die optimistischen, eher von einem Rechnermodell mit im Prinzip unbegrenzten Ressourcen, insbesondere hinsichtlich der Prozessorkapazität, ausgehen und lieber mehr Rücksetzungen in Kauf nehmen, versuchen die blockierenden Verfahren, Rücksetzungen durch Vorbeugung zu verhindern, wenn das in der Realität auch nicht vollständig möglich ist. Tendenziell gehen blockierende Verfahren mit den Betriebsmitteln sparsamer um, sehen also Prozessorzeit als limitierte Ressource an. Darüber hinaus ist es bei blockierenden Verfahren zur Erreichung derselben Rechnerauslastung wie bei nicht blockierenden eigentlich unumgänglich, eine größere Anzahl von Transaktionen gleichzeitig vom Rechensystem bedienen zu lassen, um für die wartenden Transaktionen Ersatz zu schaffen. Das impliziert andererseits einen größeren Ressourcenbedarf, denn auch wartende Transaktionen müssen vom Datenbanksystem durch entsprechende Kontrollblöcke repräsentiert werden und belegen eventuell Seiten im Systempuffer, von einer erhöhten Konfliktwahrscheinlichkeit durch zusätzliche Transaktionen gar nicht zu reden.

Verlängert sich die Antwortzeit bei blockierenden Synchronisationsverfahren durch Wartezeiten, so tritt bei nicht blockierenden ein entsprechender Effekt durch häufigere Rücksetzungen und andauernde Wiederholung von Transaktionen bis zum Erfolg ein. Alle diese **möglichen Auswirkungen** gilt es, durch **geeignete Maße** zu **quantifizieren**, die einen **objektiven Vergleich** der beiden **Verfahrensklassen** ermöglichen und beider Vor- und Nachteile gebührend berücksichtigen. Für das in Kapitel 9 beschriebene Simulationsmodell eines Datenbanksystems auf einem zentralisierten Prozessorkomplex werden aufgrund des folgenden Verarbeitungsmodells einige Kosten- und Leistungsmaße definiert und in Kapitel 10 zur Bewertung der Verfahren herangezogen, die anhand von Bild 7.3 kurz erklärt und deren Aussagekraft begründet werden soll.

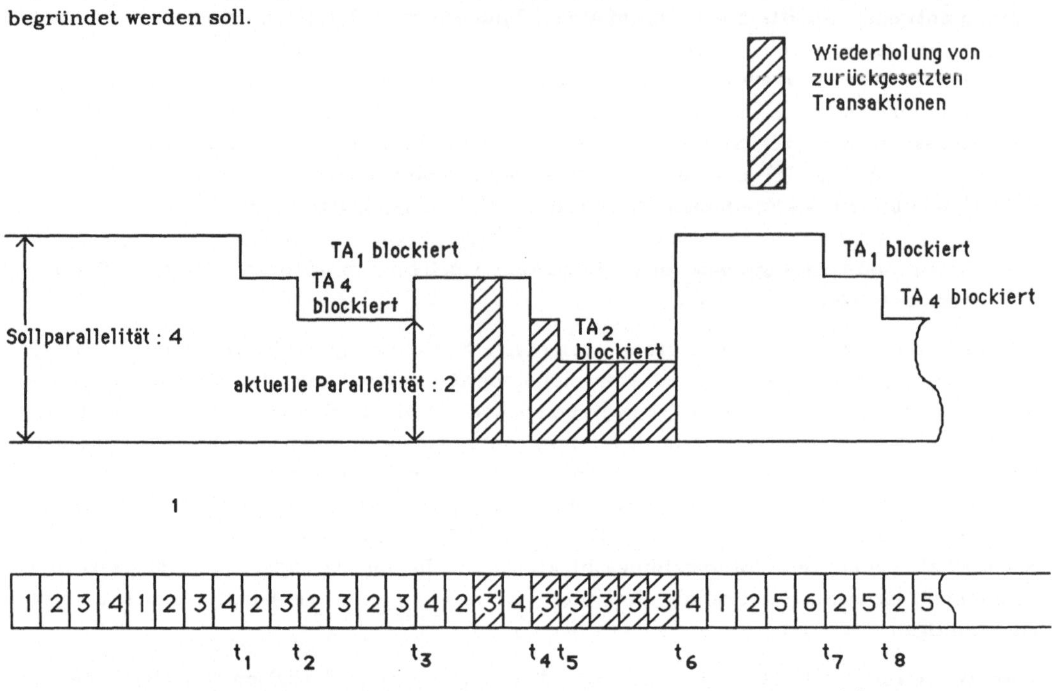

Bild 7.3: Kosten- und Leistungsmaße zur Bewertung von Synchronisationsverfahren

In der unteren Hälfte von Bild 7.3 ist ein Streifen aufgetragen, der die aktuelle Belegung des Prozessors visualisieren soll. Die in den Segmenten des Streifens befindlichen Zahlen repräsentieren jeweils die Transaktion, für die die Zentraleinheit gerade tätig ist. Aus Gründen der Übersichtlichkeit wurden Belegungsperioden konstanter Dauer und eine strikte Round-robin-Strategie angenommen. In dem Bild werden insgesamt 6 Transaktionen ganz oder teilweise bearbeitet, die Transaktion mit der Nummer 3 erfährt zum Zeitpunkt t_3 eine Rücksetzung und wird gleich anschließend wiederholt. Die Zeiträume, in denen der Prozessor mit der Wiederholung schon einmal getaner Arbeit beschäftigt ist, werden durch eine Schraffur hervorgehoben. Blockierungen von Transaktionen, wie etwa die von Transaktion T_1 zum Zeitpunkt t_1 machen sich in der Prozessorbelegung durch eine entsprechend größere Frequenz der restlichen Transaktionen bemerkbar. Ist die Menge der zu verarbeitenden Transaktionen also fest vorgegeben, dann stellt die Gesamtzeit, die das Rechensystem mit ihrer Abwicklung inklusive ihrer Wiederholung bis zur einmaligen erfolgreichen Beendigung beschäftigt ist, ein gutes globales Maß zur Beschreibung des Einflusses von Synchronisationsverfahren auf das Leistungsverhalten von Datenbanksystemen dar. Die Last wird in Kapitel 9 durch logische Seitenreferenz-Strings mit einer festen Anzahl von Transaktionen vorgegeben, das Maß wird mit Durchlaufzeit bezeichnet. Bild 7.3 vereinfacht das Verhalten realer Datenbanksysteme und das des Simulationssystems noch insofern, als neben synchronisationsbedingten Blockierungen die relative Abfolge der Transaktionen bei der Prozessorbelegung durch synchrones Warten auf das Ende von E/A-Operationen beeinflußt werden kann.

Die obere Hälfte von Bild 7.3 bringt eine grundverschiedene Sicht der Abläufe im Datenbanksystem zum Ausdruck. Dort ist korrespondierend zur zeitlichen Prozessorbelegung die Anzahl der vom Datenbanksystem verarbeiteten, nicht aufgrund von Synchronisationsmaßnahmen wartenden Transaktionen aufgetragen. Grundsätzlich versucht das Datenbanksystem immer, eine feste Anzahl (n) von Transaktionen, die auch mit **Sollparallelität** bezeichnet wird, gleichzeitig zu bearbeiten. Durch Blockierungen oder Maßnahmen zur Lastbalancierung (siehe Kapitel 8 und 9) kann dieser Wert zeitweilig unterschritten werden, so daß sich zu jedem Zeitpunkt eine eigene, die aktuelle Parallelität einstellt. Kleine Werte der Sollparallelität vermindern zwar die Konfliktwahrscheinlichkeit wegen der geringeren Anzahl paralleler Transaktionen, führen gleichzeitig aber auch zu einer schlechten Prozessorauslastung wegen häufiger synchroner Wartezeiten aller Transaktionen auf die Beendigung von E/A-Operationen.

Ein gutes **Maß** zum Ausdruck der **Blockierneigung** von Synchronisationsverfahren, welches allerdings auch von der Lastbalancierung beeinflußt wird, ist dagegen die sogenannte **durchschnittliche Parallelität** ($\bar{n}$). Mit ihr wird das gewichtete Mittel der ablaufbereiten, d.h. nicht durch Synchronisationsmaßnahmen blockierten Transaktionen beschrieben. In Bild 7.3 würde sich $\bar{n}$ als das Flächenintegral dividiert durch die Länge der Grundseite berechnen lassen. Grundsätzlich läßt sich der Wert, wie in Bild 7.3 gezeigt, zeitgewichtet bestimmen. In dem in Kapitel 8 beschriebenen Simulationsmodell wird das auch getan, allerdings auch noch ein zweiter Wert auf der Basis einer anderen Gewichtung aus pragmatischen Gründen berechnet und in Kapitel 9 diskutiert. Werden logische Seitenreferenzen als Zuteilungseinheit der Arbeit für die Zentraleinheit verwendet, dann kann n auch durch Mittelwertbildung der nach jeder logischen Seitenreferenz beobachteten aktuellen Parallelität bestimmt werden. Das gibt dem Maß eine gewisse Unabhängigkeit von dem der Durchlaufzeit zugrundeliegenden zentralen Prozessormodell. Auf diese Weise lassen sich auch Rechnerstrukturen, allerdings wegen fehlender Berücksichtigung von E/A-Zeiten auf einem geringeren Detaillierungsniveau, grob abschätzen, bei denen n Prozessoren für die Bedienung der gleichen Anzahl von Transaktionen bereitgestellt werden, wie das bei neueren, auf Transaktionsverarbeitung zugeschnittenen Hardwarekonfigurationen der Fall ist. Die durchschnittliche Parallelität ist dann ein Maß für den Auslastungsgrad der verfügbaren Rechenkapazität.

Andererseits vermittelt diese Größe noch kein adäquates Bild von der tatsächlich geleisteten nutzbringenden Arbeit. So könnte etwa bei nicht blockierenden Verfahren $\bar{n}$ gleich n sein, ohne daß ein realer Fortschritt in der Transaktionsverarbeitung festzustellen wäre, wenn alle Prozessoren permanent zurückgesetzte Transaktionen wiederholen würden. Zur Quantifizierung dieses Effekts wird der sogenannte **Wiederholungsfaktor** (q) eingeführt, der das **Verhältnis** der insgesamt **geleisteten Arbeit zur nutzbringenden** widerspiegelt. Wenn bei der Abarbeitung eines logischen Seitenreferenz-Strings, der r logische Referenzen umfaßt, insgesamt einschließlich der Wiederholungen r' logische Referenzen anfallen, dann ist q definiert als der Quotient von r' und r.

$$q = \frac{r'}{r}$$

Die Größen r' und r werden manchmal auch mit Anzahl der Bruttoreferenzen bzw. der Nettoreferenzen bezeichnet.

Soll in einem aus n Prozessoren bestehenden Rechnerkomplex die **nutzbringend verwendete Rechenkapazität** charakterisiert werden, dann ist es erforderlich, aus $\bar{n}$ die für die Wiederholung von Referenzen verbrauchten Ressourcen herauszurechnen. Dies läßt sich durch die Definition der sogenannten **effektiven Parallelität** (n*) erreichen, die als Quotient von $\bar{n}$ und q bestimmt wird.

$$n^{*} = \frac{\bar{n}}{q}$$

Wenn etwa n den Wert 5 annimmt, d.h. 5 Prozessoren permanent beschäftigt werden könnten, q aber 2,5 beträgt, dann wäre die Transaktionslast bei Rücksetzungsfreiheit auch von nur 2 Prozessoren zu bewältigen.

Entsprechend zum Wiederholungsfaktor der Referenzen läßt sich auch ein solcher für Transaktionen (q_{TA}) definieren und bestimmen. Während q ein gutes Maß für die zur Wiederholung aufzuwendenden Ressourcen darstellt, eignet sich q_{TA} mehr zur Charakterisierung der Anfälligkeit der Synchronisationsverfahren gegenüber Rücksetzungen.

8. Ein detailliertes Simulationsmodell zur Leistungsanalyse von Synchronisationsverfahren in zentralisierten Datenbanksystemen (DBSS)

8.1. Ziele des Simulationsansatzes

Hauptziel des hier beschriebenen Ansatzes ist es, einen **möglichst genauen Einblick** in das **dynamische Verhalten** eines **Datenbanksystems** im **Mehrbenutzerbetrieb** und dessen **Abhängigkeit** vom gewählten **Synchronisationsverfahren** zu erhalten. Durch eine möglichst detailgetreue Nachbildung des realen Verhaltens des Datenbanksystems im Modell werden die Auswirkungen der unterschiedlichen Synchronisationsverfahren auf das Leistungsverhalten des Datenbanksystems gut quantifizierbar. Das Modell liefert einerseits solche das Leistungsvermögen des Datenbanksystems global beschreibenden Kennzahlen wie Durchsatz und Antwortzeit von Transaktionen. Andererseits fallen eine Fülle von verfahrensspezifischen Kenngrößen an. Um nur einige zu nennen, seien stellvertretend die Gesamtzahl der Verklemmungen, der Konflikte und Rücksetzungen angeführt. Als Nebenprodukt ergibt sich ein reichhaltiger Fundus von Daten, die das Verhalten weiterer Komponenten des Datenbanksystems charakterisieren. Diese Komponenten stehen zwar nicht im Mittelpunkt der Untersuchung, werden aber aus Gründen der Simulationsgenauigkeit und der vielfältigen Abhängigkeiten zwischen den Komponenten mit ins Modell aufgenommen.

Zudem wird durch die Notwendigkeit, jedes der untersuchten **Synchronisationsverfahren** zum Zwecke der Simulation **vollständig** zu **implementieren,** das **algorithmische Verständnis** der betreffenden **Protokolle** über die oftmals in der Literatur nur sehr allgemein dargestellten Grundprinzipien hinaus außerordentlich gefördert, denn letztlich setzt jede Verfahrensimplementierung eine vollständige Spezifikation voraus. Erst dadurch werden zahlreiche Alternativen, die bei der allgemeinen Beschreibung der Verfahren in der Literatur nicht zur Sprache kommen, aber nach einer Entwurfsentscheidung verlangen, erst richtig offenbar. Auch die Auseinandersetzung mit in realen Anwendungsumgebungen unter Benutzung eines kommerziellen Datenbanksystems aufgezeichneten Lasten in Verbindung mit dem Wunsch nach deren möglichst vollständiger Verarbeitung im Simulationsmodell führt unweigerlich zur Suche nach Lösungen für in der Literatur wenn überhaupt, dann nur am Rande gestreiften Aspekten der Synchronisationsverfahren. Das gilt beispielsweise für die Konversion von Sperren, ein Problem, das in den meisten Veröffentlichungen über Synchronisationsverfahren noch nicht einmal erwähnt wird, in den empirisch gewonnenen Seitenreferenz-Strings jedoch recht häufig auftritt. Die Entwicklung adäquater **Verfahrenserweiterungen** oder **Verfahrensänderungen** fällt also als Nebenprodukt des Simulationsansatzes an.

Ebenso wie der Zwang zur Erstellung einer ablauffähigen Version der Synchronisationsverfahren deren vollständige Spezifikation bedingt, wird eine entsprechende Klärung hinsichtlich der **Auslegung der Schnittstelle** anderer im Simulationsmodell explizit nachgebildeter Komponenten des Datenbanksystems herbeigeführt. Dabei ist die Tragfähigkeit einer sehr starken Anlehnung an das in [HäRe83a] beschriebene 5-Schichten-Modell zu überprüfen. Es empfindet die üblicherweise mit einer Variante des RX-Sperrverfahrens als Synchronisationsmechanismus arbeitenden kommerziellen Datenbanksysteme nach und stellt eine auf einen möglichst hohen Grad an Datenunabhängigkeit hinzielende Strukturierung als Vorbild für diese Systeme heraus. Beim Entwurf des DBSS kann ein Beitrag zur Beantwortung der Frage geleistet werden, inwieweit die Schnittstellen des 5-Schichten-Modells in der Lage sind, **neuartige,** von verschiedenen bisher nur aus der Literatur bekannten, jedoch nicht implementierten Vefahrensvorschlägen verlangte **Konzepte** zu **unterstützen.** Stellvertretend seien an dieser Stelle Versionen und temporäre Kopien von Objekten und transaktionsspezifische Puffer (private workspaces) aufgeführt. Falls notwendig sind die Schnittstellen auf geeignete Weise so zu modifizieren, daß die fehlenden Konzepte zur Simulation der ausgewählten Synchronisationsverfahren zusätzlich angeboten werden. Insofern geht der hierin beschriebene Ansatz eigentlich weit über eine rein imitative Vorgehensweise hinaus. Er umfaßt im Gegenteil eine Menge konstruktiver Aspekte, die auf den Entwurf eines erweiterten Schichtenmodells oder zumindest seine erhebliche Präzisierung hinauslaufen. Viele von diesen Aspekten wurden schon bei der Beschreibung der Systempufferverwaltung in Kapitel 6 deutlich gemacht.

8.2. Die empirischen Lasten zum Treiben des Datenbanksystem-Simulators

Die in Kapitel 7 skizzierten Überlegungen haben die grundsätzliche Eignung von Seitenreferenz-Strings zur Beschreibung des dynamischen Verhaltens von Datenbanksystemen gezeigt. Diese Erkenntnis kann jedoch nur dann von praktischem Nutzen sein, wenn zur Durchführung von Simulationsstudien tatsächlich geeignete Lasten in Form von Referenzstrings aus realen oder realistischen Anwendungen eines kommerziellen Datenbanksystems zur Verfügung stehen. Einen wesentlichen Ausschlag für die Durchführung des hierin beschriebenen Ansatzes gab, nachdem ihre grundsätzliche Eignung einmal erkannt worden war, die Verfügbarkeit solcher Referenzstrings auf Seitenbasis des CODASYL-Datenbanksystems UDS [UDS84a, UDS84b, UDS84c] der SIEMENS AG.

Das **Datenmodell** von **UDS** und die an der Schnittstelle zur Anwendungsprogrammierung angebotenen Operationen sind stark an den im 1973er Vorschlag des **CODASYL-DBTG-Komitees** vorgeschlagenen Konstrukten orientiert. Darüber hinaus existiert mit dem Speichersystem RBAM [RBAM78] und der nach ihm benannten gleichnamigen Schnittstelle ein Pendant zur Systempufferschnittstelle nach dem 5-Schichten-Modell aus [HäRe83a]. RBAM realisiert, genau wie von der Systempufferverwaltung im 5-Schichten-Modell verlangt, für die Komponenten des Zugriffssystems einen nach Areas (Segmenten) partitionierten **linearen Adreßraum** mit **sichtbaren Seitengrenzen.** Darüber hinaus übt RBAM noch umfangreiche Funktionen bei der Datensicherung aus.

Innerhalb von UDS existieren zwei Klassen von Meßpunkten, die die internen Abläufe mitzuprotokollieren erlauben. Die erste Klasse liefert den sogenannten BIB-Trace [RBAM78], in dem alle über die satzorientierte Benutzerschnittstelle ausgetauschten Parameterblöcke (BIB = Basic Interface Block) aufgezeichnet werden. Damit umfaßt der Trace die **vollständige Spezifikation** der auszuführenden **DML-Anweisung** in der Form, wie sie auch von UDS gesehen wird. Die andere Klasse von Meßpunkten erzeugt den sogenannten RBAM-Trace, der neben allen **logischen Referenzen** in Form von Fix- und Unfix-Operationen auch die physischen Referenzen und eine Fülle von Sonderereignissen ausschreibt. Von diesen Sonderereignissen seien hier nur der Anfang und das Ende von Transaktionen (BOT und EOT) sowie das Verzögern und Wiederaufwecken von Transaktionen nach einem Sperrkonflikt und das Rücksetzen (Abort) einzelner Transaktionen zur Behebung aufgetretener Verklemmungssituationen genannt.

Aufgrund der gewählten Aufzeichnungstechnik und der Ablaufkonfiguration von UDS ist die Aufbereitung dieser Rohdaten nach Abschluß einer Messung mittels eines eigens zu diesem Zweck entwickelten Filterprogramms [Dre81] unumgänglich. Am Ende der Aufbereitung stehen die sogenannten idealisierten Seitenreferenz-Strings, die bei allen durchgeführten Untersuchungen als treibende Last des Simulationssystems dienten und auf deren Format im folgenden etwas genauer eingegangen wird.

In den **idealisierten Seitenreferenz-Strings** kommen in der chronologischen Reihenfolge ihrer Aufzeichnung Meßsätze der 4 Typen B-Satz, E-Satz, L-Satz und U-Satz vor. Allen Satztypen gemeinsam sind Angaben bezüglich der Aufzeichnungszeit und des mit der Ausführung der Operation befaßten Prozesses, sowie der Identifikator der Transaktion. Außerdem wird der Typ der DML-Anweisung mitgeführt, im Verlauf deren Ausführung die Referenz angefallen ist. Als unbefriedigend stellt sich jedoch die mangelnde Kenntnis der Grenzen von DML-Anweisungen heraus, auf die nur implizit aufgrund eines Wechsels des Typindikators von einem Meßsatz zum darauf folgenden geschlossen werden kann. Diese hinreichende Bedingung deckt hingegen die bei CODASYL-artigen Systemen recht häufige Aufeinanderfolge von Zugriffsoperationen desselben Typs, wie etwa fortlaufende FIND-NEXT-Aufrufe beim sequentiellen Durchsuchen einer Set-Occurrence, nicht ab. Bei alleiniger Berücksichtigung der Angaben aus den Seitenreferenz-Strings würde diese Folge von DML-Anweisungen als ein umfassender FIND-NEXT-Aufruf erscheinen. Unter anderem deshalb wird auf die Nutzung der Information für das hier beschriebene Simulationssystem bewußt verzichtet.

Die **B-** und **E-Sätze** verkörpern jeweils das BOT und EOT der betreffenden Transaktion und beinhalten abgesehen von der allen Satztypen gemeinsamen Information keine zusätzlichen Daten.

Die **L-** und **U-Sätze**, Repräsentanten der Fix- und Unfix-Operationen, umfassen darüber hinaus noch die Area- und die Seitenidentifikation des angeforderten Objektes und den gewünschten Zugriffsmodus in Form des sogenannten Änderungsvermerks (Update-Vermerk). Er zeigt an, ob die übergeordnete Komponente des Zugriffssystems den Inhalt der Seite lediglich zu analysieren wünscht (Änderungsvermerk = N) oder ihn auch zu modifizieren beabsichtigt (Änderungsvermerk = Y). Die L- und U-Sätze werden von einem weiteren, durch die UDS-spezifische Implementierung der Speicherungsstrukturen bedingten Indikator vervollständigt, der zwischen verschiedenen Seitentypen in Abhängigkeit von ihrem Inhalt differenziert. Dieser sogenannte DBTT-FPA-Vermerk unterscheidet zwischen der Klasse der DBTT- oder FPA-Seiten auf der einen und den restlichen Seiten einer Area auf der anderen Seite. Die FPA (Free Place Administration)-Seiten dienen der area-spezifischen Freispeicherverwaltung. Jede **FPA-Seite** enthält neben dem Seitenidentifikator eine feste Anzahl gleichlanger Einträge. Über eine einfache Abbildung wird jedem Eintrag eine Seite der Area zugeordnet, deren noch nicht belegter Speicherplatz im Eintrag vermerkt ist. Für diese Seitenart ist bei seitenbezogener Synchronisation eine Sonderbehandlung vorzusehen, da andernfalls die Konfliktrate zu stark ansteigen würde. Ähnliches gilt auch für die **DBTT-Seiten** (Data Base Key Translation Table), die die Zuordnung zwischen einem eindeutigen Identifikator eines Satzes, dem DB-Key, und der physischen Adresse des Satzes erlauben. Die DBTT enthält außerdem die Adressen von Zugriffspfadinformationen der Sets, in denen der Satztyp als Owner fungiert.

Schließlich finden sich im Seitenreferenz-String sporadisch noch **W-** und **A-Sätze**, die im laufenden Betrieb immer dann ausgegeben werden, wenn einer Transaktion eine Sperre nicht gewährt werden kann bzw. nachträglich zugeteilt wird. (UDS synchronisiert die ablaufenden Transaktionen mit Hilfe von Seitensperren, die entweder den exklusiven oder den gemeinsamen Zugriff gestatten. Dabei werden lange Schreib- und kurze Lesesperren gesetzt.) In den

Simulationen, in denen ja auch andere Verfahren zum Zuge kommen, werden diese Bestandteile der Seitenreferenz-Strings ignoriert.

8.3. Grobstruktur des implementierten DBSS

Das Hauptziel des beschriebenen Ansatzes, nämlich das dynamische Verhalten eines datenunabhängigen Datenbanksystems unter Benutzung empirischer Lasten möglichst exakt nachzubilden, ohne gleichzeitig eine fast vollständige Implementierung aller Teilfunktionen vorzunehmen, wurde mit einem DBSS erreicht, dessen Grundlagen anhand von Bild 8.1 skizziert werden sollen. Es zeigt eine im Vergleich zu [HäRe83a] deutlich vereinfachte Sichtweise des 5-Schichten-Modells, die nur die zentralen Komponenten sowohl der Abbildungs- als auch der Datensicherungshierarchie umfaßt. Die in der linken Hälfte von Bild 8.1 angeordnete Abbildungshierarchie unterliegt einer Zweiteilung, deren linke Hälfte die aus [HäRe83a] bekannten Komponenten vor Augen führt. Der in der rechten Hälfte aufgetragene Begriff der Lastgenerierung bringt eine der zentralen Ideen des hierin verfolgten Ansatzes zum Ausdruck. Anstatt aufwendig die **drei obersten Schichten** der **Abbildungshierarchie** als Bestandteil des Simulationsmodells zu implementieren, wird deren **Beitrag** zur **dynamischen Datenabstraktion** durch die **Einspeisung der Seitenreferenz-Strings** hinreichend präzise **widergespiegelt**. Die Funktionen der Lastgenerierung, die Verwaltung und die Aufbereitung der Referenzstrings als Eingabe zum Treiben der Simulation übernimmt eine eigene Komponente im Simulationssystem, die Referenzstring-Verwaltung. Die darunterliegenden Ebenen sollen durch Einbeziehung entsprechender Komponenten ins Modell möglichst exakt nachgebildet werden.

In der rechten Hälfte von Bild 8.1 sind drei ausgewählte, zentrale Funktionen der **Datensicherungshierarchie** mit den sie realisierenden Komponenten abgebildet. Bisher war der Datenabbildungsaspekt betont worden, dessen Erscheinungsweise sich im Ein- und Mehrbenutzerbetrieb wenig unterscheidet. Jetzt wird, insbesondere durch die Transaktionsverwaltung und die Synchronisationskomponente, das Phänomen paralleler Verarbeitung und ihre Behandlung durch das Datenbanksystem ins Spiel gebracht. Als dritter wesentlicher Bestandteil der Datensicherungshierarchie ist die Recovery-Komponente in Bild 8.1 kenntlich gemacht.

Die **Transaktionsverwaltung** führt über die aktiven Einheiten Buch, in deren Auftrag das Datenbanksystem Anfragen verarbeitet, ähnlich der Prozeßverwaltung in Betriebssystemen. In Zusammenarbeit mit den anderen Elementen der Datensicherungshierarchie hat sie die im ACID-Prinzip formulierten konstituierenden Eigenschaften des Transaktionskonzepts zu garantieren. Dabei übernimmt sie eine Koordinierungs- und Steuerungsfunktion gegenüber den anderen genannten Komponenten. Je nach Betrachtungsweise sind in der Transaktionsverwaltung außerdem die dem Scheduler und Dispatcher von Betriebssystemen entsprechenden Funktionen der Ablaufsteuerung und Ablaufkontrolle zusammengefaßt. Da gerade für die Untersuchung von Synchronisationsverfahren Parallelität als das zentrale Konzept anzusehen ist, machen die von der Transaktionsverwaltung ausgeübten Funktionen einen zentralen Bestandteil jedes denkbaren Simulationsansatzes aus.

Da die **Synchronisationskomponente** im Mittelpunkt der Untersuchung steht und bereits in Kapitel 5 ausführlich besprochen wurde, bedarf es zu ihr in diesem Überblick keiner weiteren Erläuterungen.

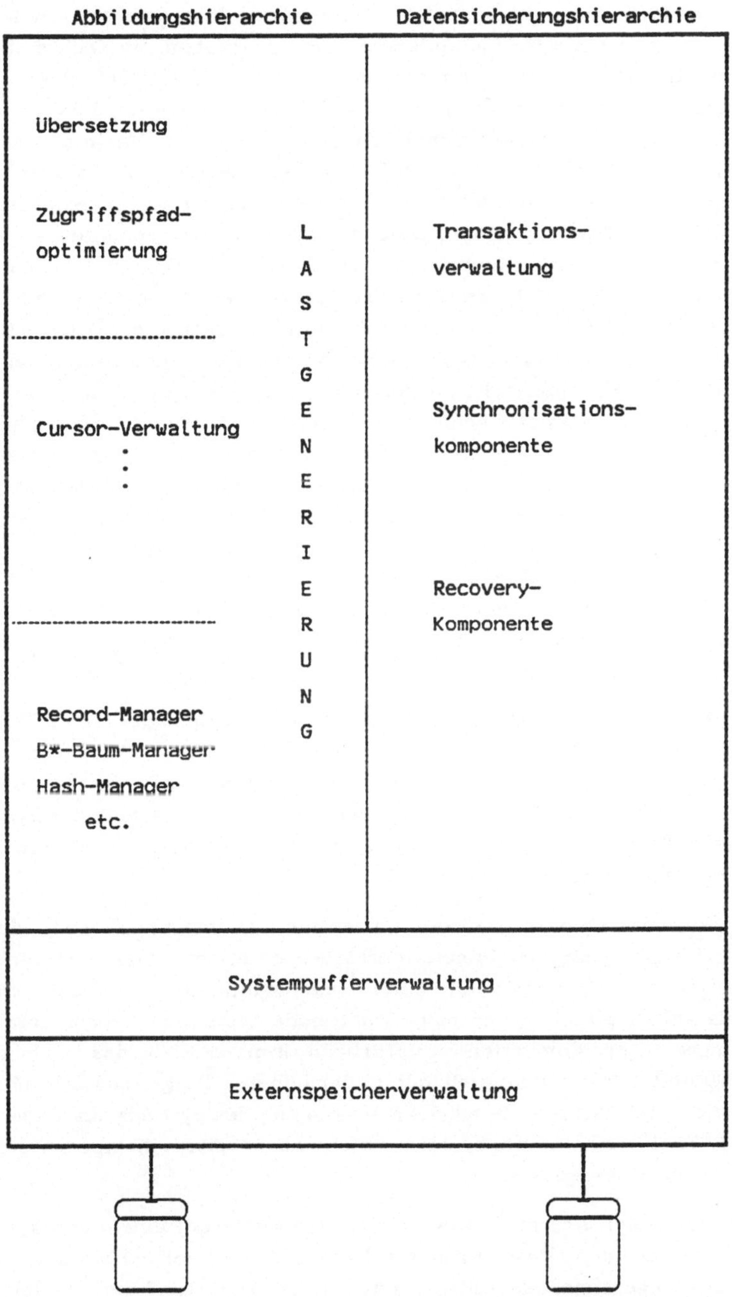

Bild 8.1: Vereinfachtes 5-Schichten-Modell als Grundlage für das DBSS

Zu diskutieren bleibt noch die Bedeutung der **Recovery-Komponente**. Ihre Aufgabe besteht in der Sammlung ausreichender Redundanzen, die es erlauben, im Fehlerfall nach Ablauf von Wiederanlaufalgorithmen auf einem konsistenten Zustand der Datenbank die Verarbeitung fortzusetzen. Je nach der Art des gewählten Recovery-Verfahrens können diese Maßnahmen Betriebsmittel in relativ bedeutendem Umfang beanspruchen. Um in dem zu erstellenden Simulationsmodell nicht auch noch die Vielfalt der auf diesem Gebiet bekannten Verfahren berücksichtigen zu müssen, wurde auf die Einbeziehung der Komponente bewußt verzichtet. Auf die vielfältigen Abhängigkeiten gerade zwischen den Komponenten der Systempufferverwaltung, der Synchronisation und der Transaktionsverwaltung wurde schon in Teil III eingegangen. Maßgeblich für die Ignorierung der Recovery-Komponente bei der Implementierung des DBSS war vor allem die Tatsache, daß bei allen betrachteten Synchronisationsverfahren hinsichtlich der Pufferersetzung die NOSTEAL-Variante und hinsichtlich der EOT-Behandlung die NOFORCE-Variante unterstellt wurde. Diese Kombination erfordert im laufenden Betrieb eines realen Datenbanksystems keinerlei E/A-Operationen zum Schreiben von Before-Images, das Schreiben der After-Images im Rahmen der EOT-Verarbeitung ist darüber hinaus für alle Synchronisationsverfahren mit demselben Aufwand verbunden. Zusätzlich zu dem im DBSS berücksichtigten E/A-Aufwand für die normale Pufferersetzung fielen in einem realen Datenbanksystem nur noch die Kosten für die Protokollierung der After-Images an. Da die R1-Recovery bei der NOSTEAL-NOFORCE-Kombination keine E/A-Operationen verursacht, entstünde bei Berücksichtigung der Recovery-Komponente im laufenden Betrieb des DBSS lediglich ein für alle Synchronisationsverfahren gleicher Zusatzaufwand, der ihre quantitative Reihung jedoch nicht beeinflussen würde.

Bild 8.2 gibt eine **Gesamtübersicht** des letztlich **implementierten DBSS**. Im Bild ist anstelle der obersten drei Abbildungsebenen bereits die Referenzstring-Verwaltung mitaufgenommen. Des weiteren ist die Menge der untersuchten Synchronisationsverfahren genauer aufgeschlüsselt und die in Kapitel 6 vorgeschlagene Strukturierung der Systempufferverwaltung in die Pufferbedienung, die Seiteninkarnationen-Verwaltung und die darunterliegende Rahmenverwaltung vorgenommen.

Schließlich sei noch bemerkt, daß die Konzeption, die Implementierung, das Austesten und endlich die Durchführung der Simulationsläufe sich als durchaus nicht triviales Unternehmen herausgestellt haben, wofür allein der etwa 4 Mannjahre erfordernde Implementierungsaufwand als Anhaltspunkt dienen möge, zahlreiche Tests nicht eingerechnet. Daß auch der Detaillierungsgrad der Simulation an natürliche Grenzen stößt, das macht die Zahl von zwischen 30000 und 40000 Zeilen Quellcode in der höheren Programmiersprache PL/1 deutlich, die schließlich für den hierin beschriebenen Umfang des Systems zusammengekommen sind. Allein diese Zahl macht deutlich, warum nicht noch weitere Komponenten des Datenbanksystems miteinbezogen wurden.

In den folgenden Abschnitten wird überblicksartig auf einem etwas detaillierteren Niveau als bisher auf den Gesamtzusammenhang und die Realisierung der einzelnen Systemkomponenten eingegangen, sofern sie nicht bereits Gegenstand der Überlegungen in den Kapiteln 5 und 6 waren. Eine noch ausführlichere Beschreibung des internen Aufbaus, dabei verwendeter Datenstrukturen und der zwischen den Komponenten vereinbarten Schnittstellen ist in [Boh85, Käf85, Pro85, Sut85] enthalten.

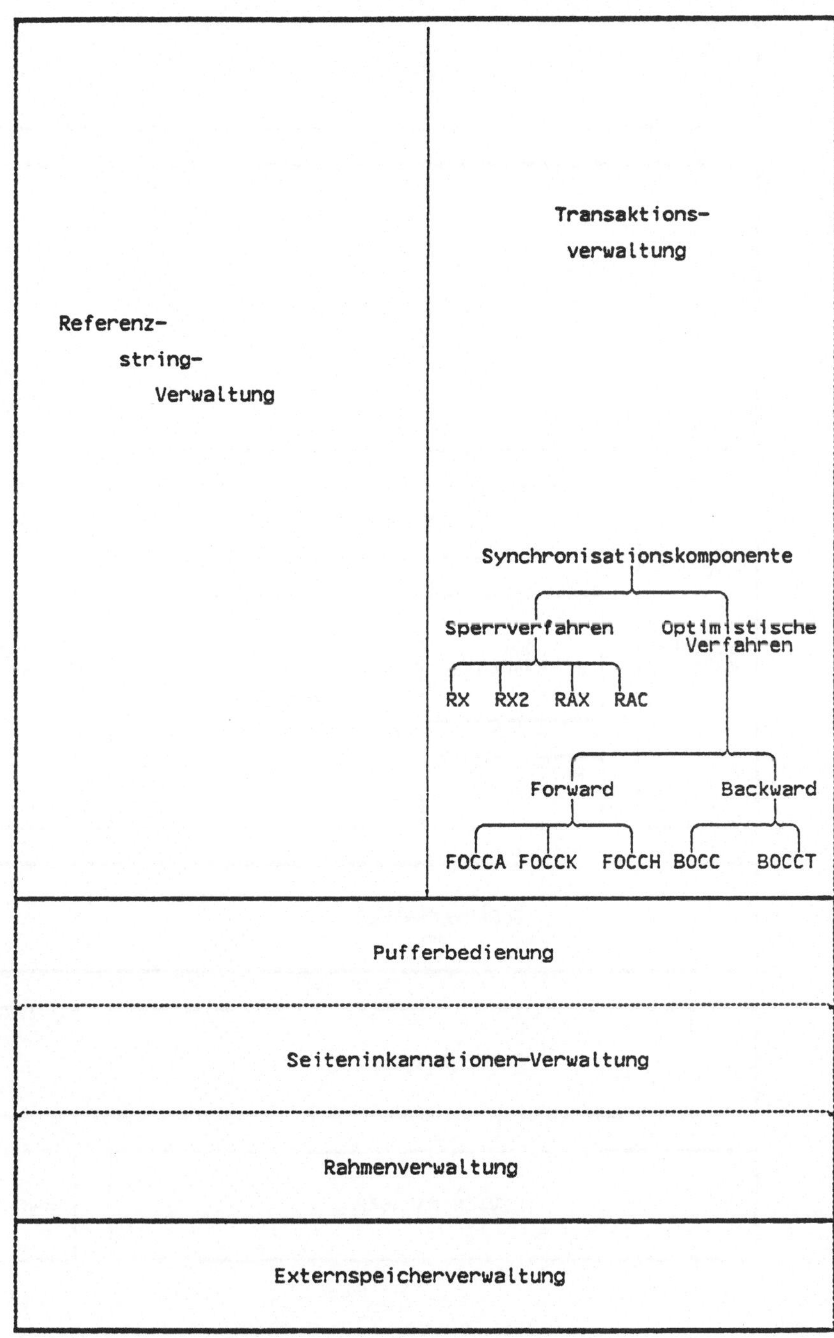

Bild 8.2 : Übersicht über die Komponenten des DBSS

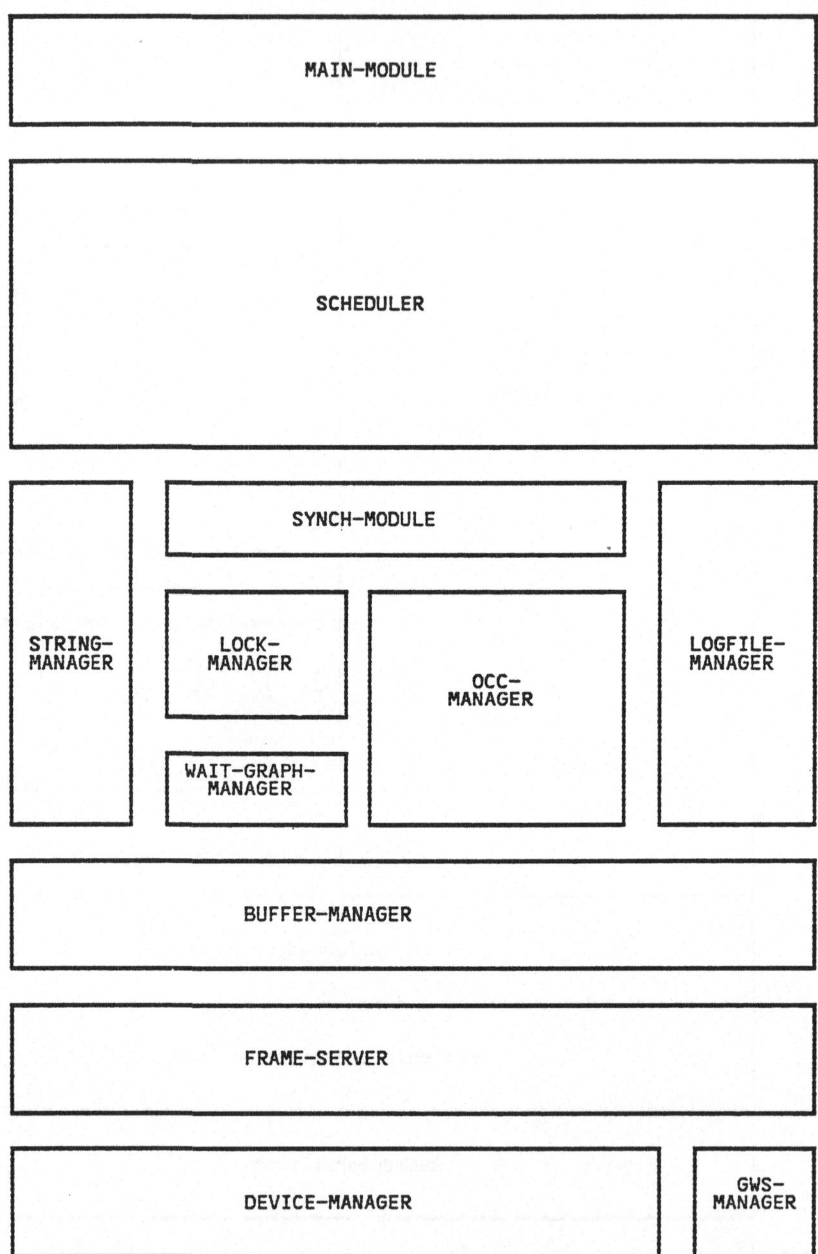

Bild 8.3: Modulstruktur des DBSS

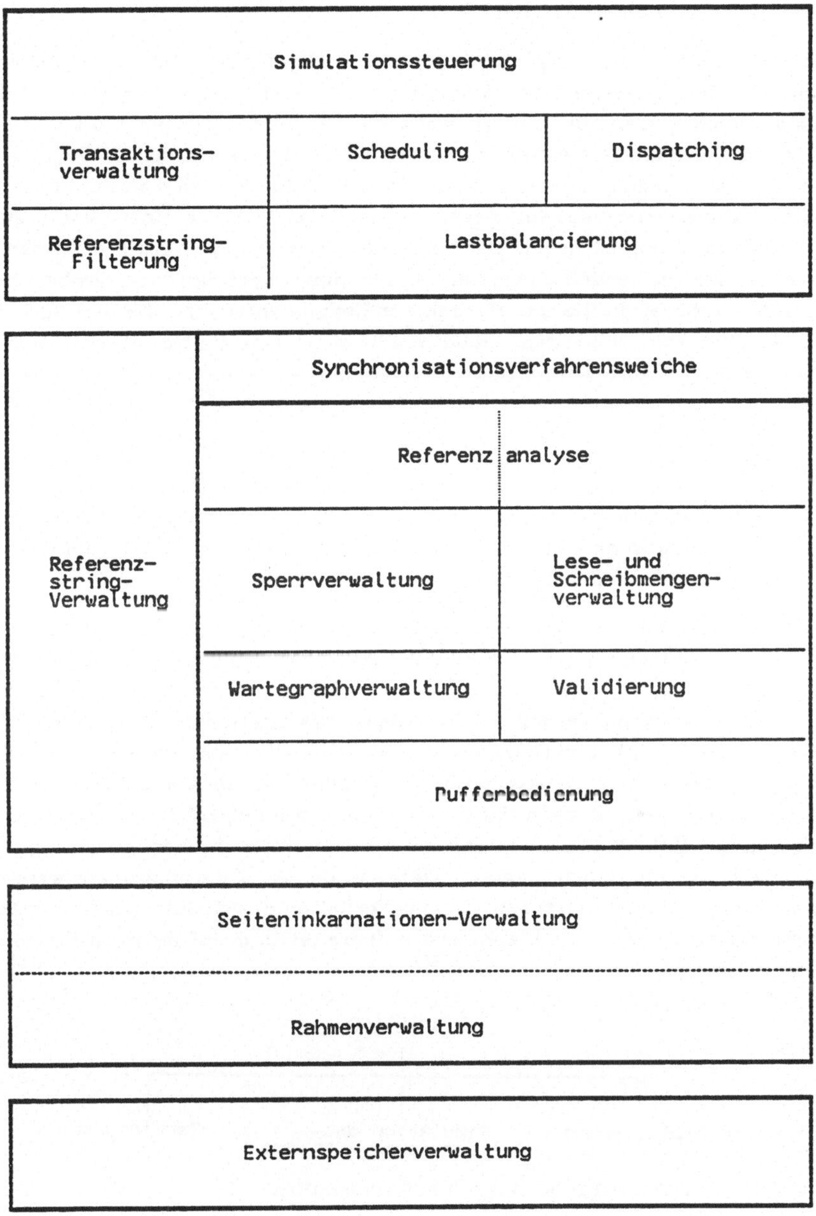

Bild 8.4 : Zuordnung von Funktionen zu Moduln des DBSS

8.4. Detailaufbau des implementierten DBSS

Die Bilder 8.3 und 8.4 zeigen zwei unterschiedliche Sichten auf die Struktur des entwickelten DBSS. Bild 8.3 ist primär an den Softwareeinheiten orientiert, die bei der Implementierung gebildet wurden. Die hierarchische Modulanordnung in Bild 8.3 gibt bis auf wenige unbedeutende Ausnahmen auch die dynamische Aufrufstruktur wieder. Dagegen zielt Bild 8.4 mehr auf die Offenlegung der in den einzelnen Modulen realisierten Funktionen im Rahmen des Simulationssystems ab, von denen in der Regel mehrere einem Modul zuzuordnen sind. Die Modulzuordnung ist in Bild 8.4 durch balkenartig verstärkte Trennlinien angedeutet. Bei beiden Skizzen handelt es sich allerdings immer noch um recht grobe Übersichten, mit deren Hilfe zunächst die Hauptaufgaben der Komponenten und die wichtigsten dynamischen Interaktionen erklärt werden. Dabei ergibt sich auch die Gelegenheit, auf die ihnen entsprechenden Komponenten im 5-Schichten-Modell (siehe auch Bild 8.2) nach [HäRe83a] hinzuweisen.

8.4.1. MAIN-MODULE

Der in Bild 8.3 ganz oben angeordnete MAIN-MODULE zerlegt die Verarbeitung bei jedem Simulationslauf zeitlich in drei Phasen. Dabei handelt es sich um eine Initialisierungs-, eine Simulations- und eine Terminierungsphase, wie es auch in Bild 8.5 skizziert ist.

MAIN-MODULE übernimmt dabei im DBSS die Rolle des **Hauptprogramms.** Im Rahmen der Initialisierung werden von einer eigens für diesen Zweck vorgesehenen Datei die für den Simulationslauf gültigen Parameterwerte eingelesen. Sie überschreiben im Programm festgelegte Default-Werte. Anschließend werden die Initialisierungsfunktionen in jedem Modul aufgerufen und durchlaufen. In Abhängigkeit von den aktuellen Parameterwerten des Simulationslaufs werden dynamisch Datenstrukturen ausreichender Kapazität allokiert und mit sinnvollen Ausgangswerten belegt. Danach läuft die Simulation im eigentlichen Sinne ab. Nach ihrer Beendigung ruft MAIN-MODULE die Terminierungsfunktionen aller Module äquivalent zur Vorgehensweise bei der Initialisierung auf. Während der Terminierungsphase werden u.a. die gesammelten statistischen Kenngrößen, die das Verhalten des simulierten Datenbanksystems charakterisieren, aggregiert, drucktechnisch aufbereitet und auf mehrere Protokolldateien verteilt ausgegeben.

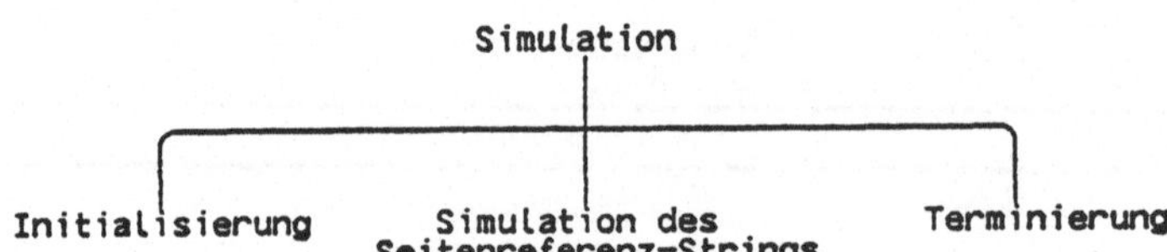

Bild 8.5: Zeitliche Phasenzerlegung eines Simulationslaufes

8.4.2. SCHEDULER

Zur Nachbildung der dynamischen Abläufe während der Verarbeitung im Datenbanksystem sind im Modul SCHEDULER die **zentralen Steuerungs-, Kontroll-** und **Koordinierungsfunktionen** zusammengefaßt. Diese mit der eigentlichen Simulationssteuerung beauftragte Komponente bildet gewissermaßen das Gehirn des gesamten Simulators. Die vom SCHEDULER übernommenen Aufgaben decken auch die der aus dem 5-Schichten-Modell bekannten **Transaktionsverwaltung** ab. Im SCHEDULER werden die aktiven Einheiten der Simulation, die

Transaktionen, verwaltet, d.h. Kontrollblöcke zur Beschreibung ihres Zustandes angelegt und gewartet sowie transaktionsbezogene Statistiken gesammelt. Des weiteren sind im SCHEDULER die den Aufgaben des **Dispatchers** in Betriebssystemen entsprechenden Funktionen zum Kreieren und Vernichten, zum Blockieren und Deblockieren von Transaktionen vereinigt. Schließlich führt der SCHEDULER nach Maßgabe der Seitenreferenz-Strings die Referenzen der darin enthaltenen Transaktionen aus. Die Namensgebung des Moduls erfolgte in enger Anlehnung an die Terminologie auf dem Gebiet der Betriebssysteme. Dort sorgt der Scheduler für die Zuteilung der Zentraleinheit an die im System befindlichen Prozesse, wobei zur Optimierung des Systemverhaltens unterschiedliche Strategien herangezogen werden können. Im DBSS besteht eine der Hauptaufgaben des Moduls SCHEDULER in der Wahrnehmung der äquivalenten Funktionen für Transaktionen.

Die Arbeitsweise des Moduls SCHEDULER wird im folgenden an einem relativ ausführlichen Beispiel, das in Bild 8.6 graphisch illustriert ist, anschaulich gemacht. Die Zuteilungseinheit für die simulierte Zentraleinheit ist immer eine Referenz (BOT, EOT, FIX, UNFIX) einer Transaktion. Der Modul SCHEDULER ist so angelegt, daß während eines Simulationslaufes eine feste Anzahl von Transaktionen (die sogenannte maximale Parallelität oder auch Sollparallelität) gleichzeitig bearbeitet wird. Der Begriff der Gleichzeitigkeit ist dabei so zu verstehen, wie er auch in Time-sharing-Systemen zum Tragen kommt. Im beschriebenen Modell entspricht die Länge einer Zeitscheibe der zur Abwicklung einer Referenz erforderlichen Prozessorzeit. Die Zentraleinheit wird dabei gemäß der Round-robin-Strategie den Transaktionen zugeteilt. Eine Abweichung von dieser strikt zyklischen Reihenfolge ergibt sich nur dann, wenn entweder die Transaktion auf das Ende einer E/A-Operation warten muß oder nach den Regeln des gewählten Synchronisationsverfahren die Seitenanforderung zu einer Wartesituation führt.

In Bild 8.6 bewerben sich insgesamt 4 verschiedene Transaktionen um die Zentraleinheit, die graphisch durch unterschiedliche Arten der Schraffur kenntlich gemacht werden. Es wird angenommen, daß BOT- und EOT-Referenzen je 3 Einheiten Rechenzeit, eine FIX-Referenz 2 Einheiten und eine UNFIX-Referenz 1 Einheit verbrauchen. Die für die Durchführung einer E/A-Operation benötigte Rechenzeit (die SVC-Bearbeitungszeit) wird im Beispiel immer mit 2 Einheiten angesetzt. Aus Gründen der einfacheren Darstellung wird für jede E/A-Operation eine Gerätebelegung von 12 Zeiteinheiten veranschlagt. Die physische Datenbank sei auf genau 2 Plattenspeichergeräten abgelegt, wobei alle Zugriffe geräteweise nach der FIFO-Strategie bedient werden. In der unteren Hälfte von Bild 8.6 sind die Referenzen sequentiell nach Transaktionen geordnet aufgelistet, soweit sie im Rahmen des Beispiels von Belang sind. In der oberen Bildhälfte ist die Belegung der Zentraleinheit und der beiden Plattengeräte in Form dreier Balken symbolisiert, wobei die zugeordneten Transaktionen sich bequem anhand der Musterschraffuren am unteren Bildrand ausmachen lassen. Die Zeitachse verläuft ebenfalls horizontal von links nach rechts.

Im Einklang mit der Round-robin-Strategie werden der Reihe nach die 4 BOT-Referenzen der Transaktionen verarbeitet. Danach (t=12) ist wieder T_1 an der Reihe, deren FIX-Operation genauso wie die von T_2 ohne E/A auskommt (t=16). T_3 dagegen löst einen Zugriff auf Platte A aus, der direkt nach der SVC-Bearbeitungszeit (t=20) begonnen wird, da kein anderer Zugriff auf diesem Gerät ansteht. Ab diesem Zeitpunkt ist T_3 der Round-robin-Strategie entzogen, bis der E/A-Zugriff komplettiert worden ist (t=32). Platte A ist bis dahin als belegt anzusehen, was ein Balken mit entsprechender Schraffur zum Ausdruck bringt. Während T_3

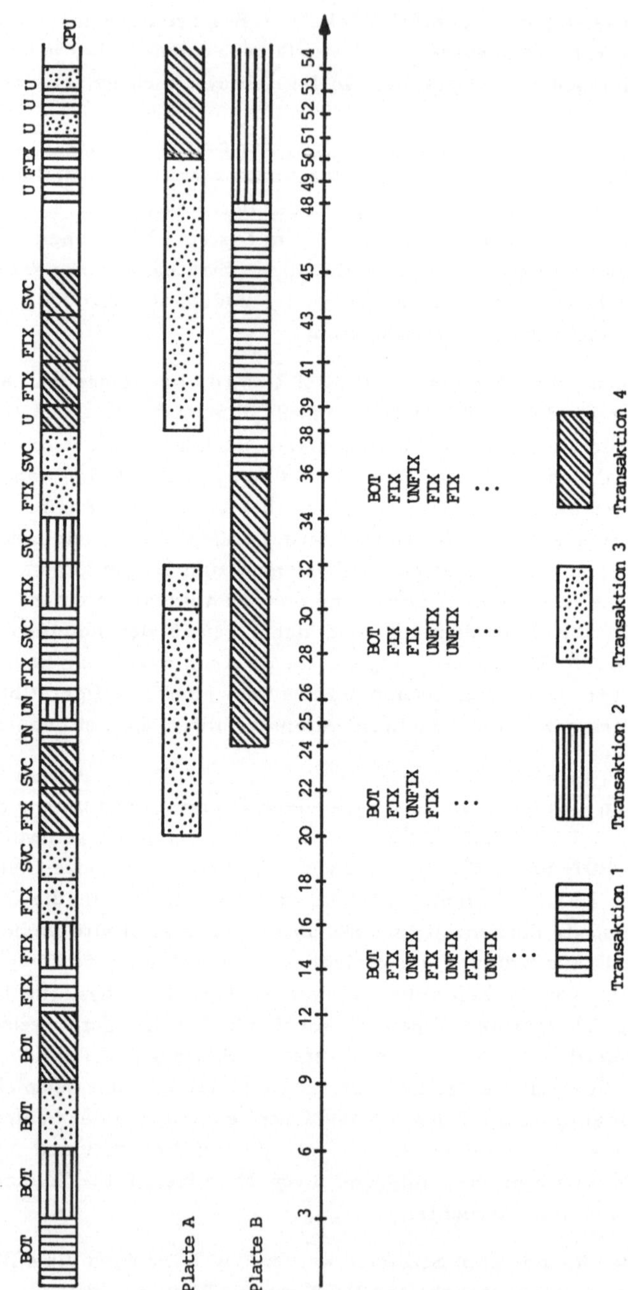

Bild 8.6: Funktionsweise des Scheduling-Modells

synchron wartet, erhalten alle anderen Transaktionen als Konsequenz entsprechend häufiger die Gelegenheit, die Zentraleinheit zu erwerben. In der Fortführung des Beispiels verursacht T_4 ihrerseits eine physische Referenz, die durch einen Zugriff auf Platte B befriedigt werden kann (t=24 bis t=36). Während nun T_3 und T_4 durch synchrones Warten auf E/A-Ende blockiert sind, können T_1 und T_2 zunächst beide ihre UNFIX-Referenzen ausführen. Direkt im Anschluß folgt je eine FIX-Referenz, die beide zu Zugriffen auf Platte B führen. Obwohl die Betriebssystem-seitige SVC-Verarbeitung bereits früher (t=30 bzw. t=34) abgeschlossen ist, kann der Zugriff auf das Gerät erst bei dessen Freiwerden begonnen werden (t=36 bzw. t=48). Dementsprechend länger unterliegen die beiden Transaktionen nicht der normalen Scheduling-Strategie. Nachdem T_3 mit Beendigung der E/A-Operation (t=32) weitermachen kann, verursacht ihre nächste Referenz (FIX bei t=34) nochmals einen Zugriff auf Platte A mit nachfolgender Blockierung (von t=38 bis t=50). Inzwischen (t=38) ist T_4 die einzige noch rechenbereite Transaktion, was durch das direkte Aufeinanderfolgen einer UNFIX- und zweier FIX-Referenzen dokumentiert wird (t=38, t=39 und t=41). Die letzte dieser Referenzen kann nur nach Zugriff auf Platte A befriedigt werden. Das Gerät ist jedoch schon (bis t=50) durch T_3 belegt. In dem sich anschließenden Zeitintervall (t=45 bis t=48) ist keine Transaktion in der Lage, sich um die Zentraleinheit zu bewerben, diese durchläuft eine Idle-Phase. Nachdem T_1 und T_3 wieder aktiv sind, werden im Beispiel alternierend noch einige FIX- und UNFIX-Referenzen abgewickelt. Über die verschiedenen Arten und Dauern der Prozessorbelegung werden im Modul SCHEDULER neben der Implementierung der Zuteilungsstrategie umfangreiche Statistiken geführt.

Eine zentrale Rolle spielt außerdem die in Bild 8.4 mit **Lastbalancierung** bezeichnete Funktion im Modul SCHEDULER. Sie wurde aufgrund von Erfahrungen in [PeRe83b] ins Modell aufgenommen, um dem Phänomen des endlosen zyklischen Wiederanlaufs bestimmter Transaktionen gegensteuern zu können. Die Lastbalancierung erfolgt in enger Kooperation mit dem Modul STRING-MANAGER, welches die Referenzen zurückgesetzter Transaktionen bis zum Wiederanlauf zwischenspeichert. Mit der Lastbalancierung wird zeitweise vom prinzipiellen Ziel, immer die durch die Sollparallelität spezifizierte Anzahl von Transaktionen durch das DBSS bedienen zu lassen, abgewichen. Die Lastbalancierung startet nämlich ab dem Zeitpunkt, zu dem eine Transaktion das System betritt, die schon häufig zurückgesetzt wurde, erst einmal so lange keine neuen Transaktionen, bis die spezielle Transaktion beendet ist. Dieses zwar grobe, aber dafür einfach zu implementierende Konzept hat sich bei den empirischen Untersuchungen als brauchbar erwiesen.

Die letzte wichtige Aufgabe des Moduls SCHEDULER liegt in der Anforderung und **Weiterreichung der Referenzen** aus dem Seitenreferenz-String. Darüber hinaus bietet der Modul SCHEDULER für Spezialauswertungen noch eine Filterfunktion an, die es erlaubt, gezielt bestimmte im Seitenreferenz-String enthaltene Seitenmengen von der Simulation auszuschließen. Selektiv können DBTT- und FPA-Seiten oder temporäre Seiten, auf Wunsch auch alle genannten Seitentypen vom SCHEDULER herausgefiltert werden.

8.4.3. STRING-MANAGER

Die in einer index-sequentiellen Datei gespeicherten Datensätze mit den Referenzen werden vom Modul STRING-MANAGER verwaltet und einzeln nach Aufruf an SCHEDULER weitergereicht. In der Referenzstring-Verwaltung wird die **Aufzeichnungsparallelität**, d.h. diejenige, die bei der Messung in der realen Anwendungsumgebung gültig war, **dynamisch** in die **Sollparallelität transformiert.** Zu diesem Zweck werden die Referenzen in der Regel in einer anderen Reihenfolge von STRING-MANAGER angeliefert, als es ihrer physischen Sequenz in der Meßdatei entspricht. So ist unter Umständen die Herstellung einer höheren Sollparallelität nur mit einer erheblichen Vorausschau in der Referenzstring-Datei möglich. Die bei der Vorausschau im Seitenreferenz-String gelesenen Referenzen werden in der hier beschriebenen Implementierung des DBSS im Virtuellen Speicher des Simulationsprogramms zwischengepuffert. Diese aus pragmatischen Gründen gewählte Realisierung hat allerdings bei sehr umfangreichen Seitenreferenz-Strings und einer weiten Vorausschau den Nachteil eines unverhältnismäßigen Speicherplatzbedarfs. Neben einem schlechten Leistungsverhalten des Simulationsprogramms aufgrund intensiven Pagings können Betriebszustände erreicht werden, in denen der Virtuelle Speicher vollständig gefüllt ist und damit die Simulation abgebrochen wird. Das ist bei einigen der in Kapitel 9 diskutierten Meßläufe tatsächlich passiert und wird dort mit Abbruch aus programmtechnischen Gründen bezeichnet.

Die Funktionsweise des Moduls STRING-MANAGER ist in Bild 8.7 skizziert, wobei auf Details beim Umsetzungsprozeß weitgehend verzichtet wurde.

In der unteren Bildhälfte ist der schlangenförmig aufgetragene Seitenreferenz-String in seiner Aufzeichnungsreihenfolge zu sehen. Insgesamt lassen sich 5 Transaktionen erkennen, deren einzelne Referenzen sich durch verschiedenartige Schraffuren voneinander abheben. Bei sorgfältiger Betrachtung der Referenzfolge fällt das Fehlen einiger UNFIX-Operationen auf. Dies erlaubt einerseits eine kompaktere Darstellung, soll andererseits aber auch einen Fingerzeig auf die tatsächliche Beschaffenheit der Eingabedaten geben. Die Aufzeichnungsparallelität im Beispiel beträgt 2. Das läßt sich auch daran erkennen, daß beim sequentiellen Durchgang durch den Referenzstring in Vorwärtsrichtung die Differenz zwischen der angetroffenen Anzahl von BOT-Referenzen niemals um mehr als 2 größer ist als die der EOT-Referenzen (unter der hier gemachten Annahme, daß alle Transaktionen korrekt eingeleitet und abgeschlossen sind). Die gewünschte Sollparallelität für SCHEDULER dagegen beläuft sich auf 3. Hier werden insgesamt 3 Transaktionsstränge verarbeitet, für die jederzeit Referenzen durch die Referenzstring-Verwaltung bereitgestellt werden müssen.

In Bild 8.7 geht ein Eingabestring mit der tatsächlichen Aufzeichnungsreihenfolge von unten in STRING-MANAGER hinein. Die Referenzen werden so umgeordnet, wenn nötig auch zwischengepuffert, daß 3 Ausgabestränge entstehen, die jeweils seriell die zu einer Transaktion gehörigen Referenzen für den Modul SCHEDULER zur Verfügung stellen. Die Zuordnung der Transaktionen des Eingabestranges auf die Ausgabestränge erfolgt derart, daß bei Abschluß einer Transaktion in einem Ausgabestrang A jeweils die in der Aufzeichnungsfolge nächste, noch nicht irgendeinem anderen Ausgabestrang zugeteilte Transaktion dem Strang A zugeordnet wird.

Gemäß dieser Vorschrift werden T_1, T_2 und T_3 in dieser Reihenfolge in die Ausgabestränge A, B und C geleitet. (Eine dynamische Betrachtung dieses Zuordnungsprozesses macht klar, daß bereits zum Auffinden von BOT_3 etliche andere Referenzen überlesen werden müssen.) Daraufhin werden so lange abwechselnd FIX- und UNFIX-Referenzen auf die Stränge verteilt, bis das erste EOT auftaucht. Weil T_3 von allen drei betrachteten Transaktionen aus der geringsten Anzahl von Referenzen besteht, tritt diese Situation zum erstenmal in Strang C auf. In diesem Strang muß als nächstes eine BOT-Referenz folgen. Da T_4 im Eingabestrang als nächste noch nicht zugeordnete folgt, setzt ihre BOT-Referenz Strang C fort. Die Situation zu

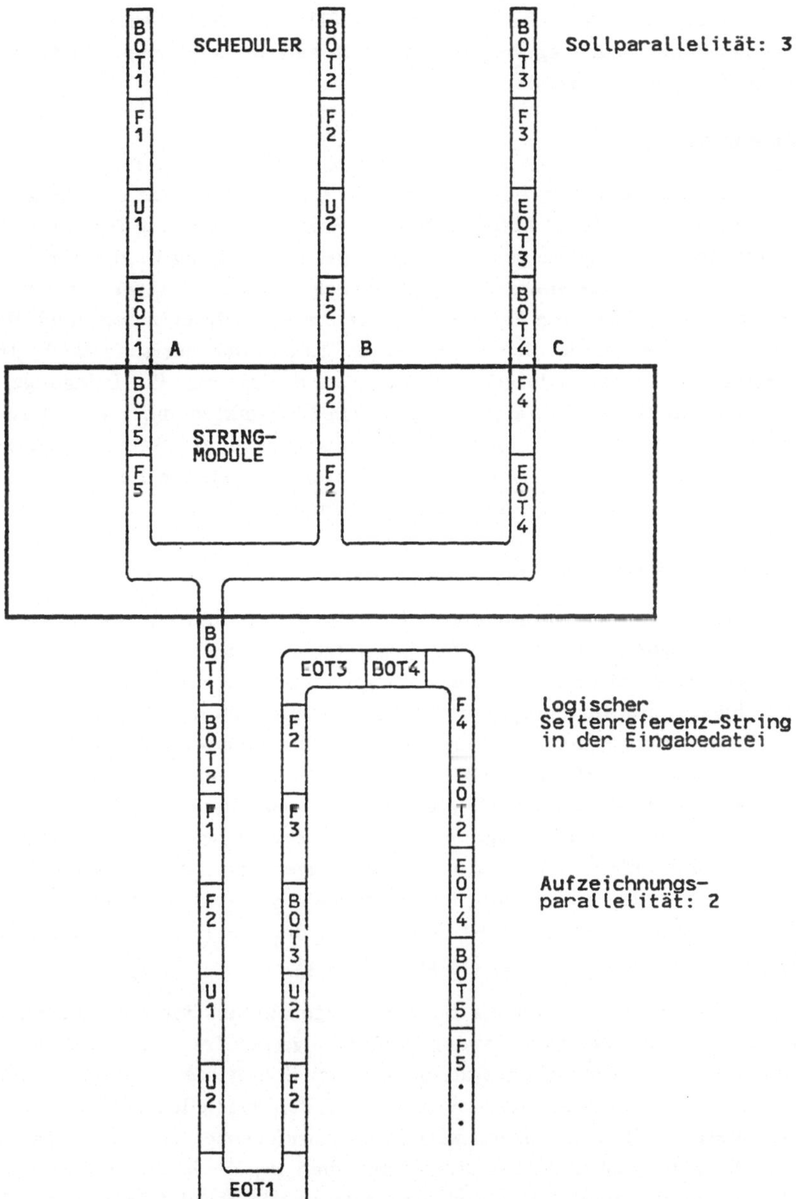

Bild 8.7 : Prinzipielle Vorgehensweise der Referenzstring-Verwaltung

genau diesem Zeitpunkt wird in Bild 8.8 wiedergegeben. Dort hat STRING-MANAGER gerade die BOT-Referenz ausgegeben, wenn zusätzlich angenommen wird, daß die Stränge immer zyklisch in alphabetischer Reihenfolge abgefragt werden. Aufgrund der Zuordnungsvorschrift ist klar, daß anschließend T_5 in Strang A erscheinen muß.

Eine letzte wesentliche Aufgabe des Moduls STRING-MANAGER besteht in der Zwischen-
pufferung der Referenzen zurückgesetzter Transaktionen, die später vom Modul SCHEDULER
zum Wiederanlauf angefordert werden.

8.4.4. LOGFILE-MANAGER

Der in Bild 8.3 auf derselben Höhe wie STRING-MANAGER, jedoch auf der gegenüberlie-
genden Seite aufgetragene Modul LOGFILE-MANAGER erstellt während des gesamten Simulationslaufes eine transaktionsbezogene, recht eingehende Statistik, die die wesentlichen
Kenngrößen einer jeden abgeschlossenen oder zurückgesetzten Transaktion umfaßt. Damit
sind insbesondere die Größen von Lese- und Schreibmengen differenziert nach Seitentypen
gemeint. Außerdem wird der bei Beendigung einer Transaktion herrschende Systemzustand
durch eine Reihe von Daten wiedergegeben, wie etwa der momentane Belegungzustand des
Systempuffers oder die Gesamtzahl der bis zu diesem Zeitpunkt simulierten Referenzen. Aufgrund dieser ausschließlichen Dokumentationsaufgabe, die für das Verständnis des dynamischen Ablaufs im Modell von untergeordneter Bedeutung ist, wird in Bild 8.4 kein Repräsen-
tant für die Funktion von LOGFILE-MANAGER aufgenommen.

8.4.5. Die unteren Abbildungsebenen

Bild 8.4 offenbart die recht **komplexe Struktur** der **Synchronisationskomponente** des
DBSS und die von ihr übernommenen vielfältigen Aufgaben. Im Zentrum des die Synchronisationskomponente repräsentierenden Kastens liegen die eigentlichen Synchronisationsfunktionen wie die Sperr- und Wartegraphverwaltung einschließlich der Deadlock-Erkennung auf
der Seite der Sperrverfahren und die Lese- und Schreibmengenverwaltung sowie die Validierung bei den optimistischen Synchronisationsverfahren. Aufgrund der im DBSS vorgenommenen Funktionsverteilung, die auch der Begrenzung der algorithmischen Komplexität im Modul
SCHEDULER aus pragmatischen Erwägungen entgegenkommt, werden die Synchronisationsfunktionen oben und unten von Hilfsfunktionen eingerahmt. Angrenzend an den Modul
SCHEDULER handelt es sich dabei um die Referenzanalyse und angrenzend an den Modul
BUFFER-MANAGER (Seiteninkarnationen-Verwaltung) um die Pufferbedienung, wie in den
Bildern 8.3 und 8.4 dargestellt und in Kapitel 6 erläutert.

Die in Bild 8.4 gewissermaßen als Dach der eigentlichen Synchronisationsfunktionen
erscheinende **Referenzanalyse** ist die zwangsläufige Folge der Trennung zwischen Scheduling
und Synchronisation im Simulationssystem. Um die Schnittstelle zwischen den Modulen
SCHEDULER und SYNCH-MODULE bzw. letzterem und den speziellen Synchronisationsmodu-
len möglichst spartanisch zu gestalten, werden Seitenreferenzen als Ganzes zwischen ihnen
ausgetauscht. Deshalb muß zunächst einmal zwischen B-, E-, L- und U-Referenzen unterschieden werden, für die andernfalls eigene Aufrufe an der Schnittstelle vorzusehen wären.
Die Referenzanalyse hat dann in Abhängigkeit vom Typ die angebrachten Aktionen in der
Synchronisationskomponente einzuleiten. Dies sind Anlegen und Vernichten von
Transaktionskontrollblöcken bei B- und E-Referenzen und Übergehen der Synchronisationsfunktionen bei einer U-Referenz. Es handelt es sich um die Freigabe einer Seite gegenüber
der Systempufferverwaltung. Nur bei einer L-Referenz muß explizit synchronisiert werden.
Dabei ist an allererster Stelle der Seitentyp zu beachten, weil DBTT- und FPA-Seiten zur Ver-
meidung permanenter Konflikte in der Simulation entsprechend der Vorgehensweise in realen
Datenbanksystemen besonders behandelt werden.

Schließlich muß noch der Verarbeitungsmodus der Seite gemäß der Angaben aus dem Seitenreferenz-String in den richtigen Anforderungsmodus für die Synchronisationskomponente umgesetzt werden. Beispielsweise könnten innerhalb derselben Transaktion zuerst eine L-Referenz mit Änderungsvermerk, danach zwei ohne und zum Abschluß wieder eine mit Änderungsvermerk auf dieselbe Seite gemacht werden, weil die Komponenten des Zugriffssystems etwa vor einer eventuellen Seitenmodifikation zuerst eine Analyse des Seiteninhalts durchführen müssen. Für die Synchronisation ist jedoch über eine Transaktion hinweg immer der maximale Modus, d.h. im Beispiel der ändernde, maßgeblich. Deshalb muß zu Beginn der eigentlichen Synchronisation abgeklärt werden, ob und ggf. in welchem Modus die anfordernde Transaktion auf die betreffende Seite schon zugegriffen hat und entsprechend gehandelt werden (siehe auch Kapitel 5).

Die **Sperrverwaltung** und die **Wartegraphverwaltung** sowie die **Lese-** und **Schreibmengenverwaltung** im Simulationsmodell sind entsprechend der Vorschläge in Kapitel 5 realisiert. Im Simulationsmodell wird zur Erkennung von Verklemmungen entsprechend einer weithin üblichen Praxis ein gerichteter Graph zur Darstellung der gegenseitigen Wartebeziehungen aller Transaktionen im System verwandt, dessen Zyklenfreiheit das Nichtvorhandensein von Verklemmungen garantiert. Im Modul WAIT-GRAPH-MANAGER sind alle Funktionen zur Modifikation der aktuellen Struktur des Wartegraphen sowie ein effizienter Zyklentest auf der Basis heuristischer Methoden zusammengefaßt. Die Funktionen sind so entworfen, daß sie sich für die Benutzung durch alle Arten von Sperrverfahren anbieten.

Auch die in Bild 8.4 gezeigte **Pufferbedienung**, die aus pragmatischen Gründen in die Synchronisationskomponente integriert wurde, entspricht weitgehend den in Kapitel 6 diskutierten Implementierungsvorschlägen. Gleiches gilt für die **Seiteninkarnationen-Verwaltung** (Modul BUFFER-MANAGER) und die Rahmenverwaltung (Modul FRAME-SERVER).

8.4.6. DEVICE-MANAGER

Die **Externspeicherverwaltung** in Datenbanksystemen übernimmt die dynamische Abbildung von Daten und Blöcken auf physische Speicherbereiche, sogenannte Slots, die auf externen Speichermedien residieren. Dazu werden geeignete Hilfsstrukturen benötigt, die die Abbildung beschreiben und von der Externspeicherverwaltung zu warten sind. Die einfachste Art der Abbildung ordnet einen physischen Speicherbereich fester Länge statisch zur Realisierung jeweils einer Datei zu, wobei Blöcke und Slots üblicherweise von identischer Länge sind [HäRe83a]. Dieses gegenüber dynamischen Erweiterungen extrem inflexible Organisationsprinzip impliziert andererseits eine sehr einfache, billig zu realisierende Abbildungsfunktion. Wegen der starren Speicherzuordnung wird dagegen in den Datenverwaltungssystemen der meisten großen kommerziellen Betriebssysteme das dynamische Wachsen und Schrumpfen von Dateien durch die Zuordnung einer in einem gewissen Rahmen variierbaren Anzahl von Portionen physisch benachbarten Speichers (Extents) ermöglicht (BS2000, MVS). Die Abbildungsfunktion wird durch die Verwaltung und Interpretation einer kompakten Tabelle als Bestandteil des Katalogeintrags der Datei realisiert. Im Gegensatz zu den zuletzt vorgestellten Varianten, bei denen die logische Reihenfolge der physischen Abspeicherung weitgehend entspricht, wird bei der indirekten Zuordnung von Blöcken zu Slots über eine Zuordnungstabelle, die in der Regel als mehrstufiger hierarchischer Index ausgebildet sein kann (UNIX), eine nahezu beliebige Erweiterbarkeit der Dateien erreicht. Diese Flexibilität wird allerdings nur auf Kosten der Zerstörung der räumlichen Nachbarschaft logisch zusammenhängender Blöcke erreicht. Deshalb wird diese Organisationsform von Datenbanksystemen vorwiegend gemieden, bzw. Betriebssystemen wie UNIX werden zur besseren Unterstützung des Betriebs nachträglich im Sinne der ersten beiden Varianten modifiziert.

Beim Entwurf eines allgemeinen DBSS ist zuallererst grundsätzlich die Frage zu beantworten, inwieweit die Externspeicherverwaltung überhaupt in die Simulation miteinbezogen werden soll. In einfacheren Ansätzen, die dem hier beschriebenen vorausgingen und die wesentliche Teile der methodischen Grundlagen für das hier beschriebene Modell erarbeiten und überprüfen halfen [Ari83, Ger83, PeRe83, Pet84, Rah84], wurden sämtliche Schichten unterhalb der Systempufferverwaltung, teilweise auch letztere, schlichtweg ignoriert. Das Verarbeitungsmodell für Transaktionen sah konsequenterweise Verzögerungen nur dann vor, wenn aufgrund der den Synchronisationsverfahren immanenten Regeln unverträgliche Zugriffsanforderungen aufeinander trafen. Außerdem bekam jede Transaktion selbstverständlich nur den ihr zustehenden Anteil an Prozessorleistung im Rahmen eines fairen Zuteilungsalgorithmus. Insgesamt gesehen ermöglichte diese Vorgehensweise die Quantifizierung des Systemverhaltens und der dieses beeinflussenden Synchronisationsverfahren nur über eine Reihe von relativ "unnatürlichen" Kenngrößen wie etwa durchschnittliche und effektive Parallelität [PeRe83]. Aussagen über Beziehungen dieser Kenngrößen zu an realen Systemen meßbaren Größen wie Prozessorzeit-Verbrauch, Durchsatz und real vergangener Zeit scheiterten am fehlenden Bezugssystem. Obwohl den bearbeiteten Referenzen Zeitverbräuche hätten zugeordnet werden können, wäre dadurch nur ein Aspekt des Ressourcenverbrauchs von Transaktionen berücksichtigt worden. Neben dem Prozessorzeit-Verbrauch entstehen für eine Transaktion unter Umständen erhebliche Wartezeiten bei der Befriedigung von E/A-Anforderungen zum Transport von Seiten vom und zum Systempuffer. Diesen Faktor miteinzubringen, ist die Aufgabe der im DBSS simulierten Externspeicherverwaltung.

Zu ihrer Nachbildung standen wiederum Modelle unterschiedlichen Detaillierungsgrades und unterschiedlicher Abbildungsgenauigkeit zur Auswahl, die auch vom geschätzten Implementierungsaufwand her in erheblichem Umfang differierten. Das mit Abstand primitivste Modell, das zu anderen Zwecken, unter anderem zur Simulation der Betriebssystemeinbettung von Datenbanksystemen [HäPe84, Mäg83, Mül85, Wag84] bereits gute Dienste geleistet hat, ist rein stochastischer Natur. Bei ihm werden Zugriffszeiten auf Externspeichermedien ohne Berücksichtigung der Identität des berührten Objektes und der Konfigurierung und Auslastung des E/A-Systems über Zufallsverteilungen der einzelnen Komponenten der Zugriffszeit [Här81b] bestimmt. Für den hier verfolgten Ansatz, der von der Bestrebung geleitet ist, individuelle objektbezogene Information so weit wie möglich und vom Implementierungsaufwand her vertretbar zu berücksichtigen, wurde diese Modellierungsform als zu stark vergröbernd und dem Detaillierungsgrad der umgebenden Komponenten des DBSS nicht angemessen verworfen.

Die Entscheidung fiel vielmehr zugunsten der Nachbildung des ersten der am Anfang dieses Abschnitts geschilderten Zuordnungsschemata von Blöcken zu Slots auf Magnetplattenspeichern und eines relativ genauen Modells für die Funktionsweise der sie bedienenden Magnetplattengeräte aus. Obwohl ein solch starres Zuordnungsschema für ein reales Datenbanksystem wegen der erwähnten Inflexibilität gegenüber Erweiterungen im laufenden Betrieb wenig geeignet erscheint, genügt es dennoch in ausreichendem Maße den Anforderungen eines Simulationssystems, in Verbindung mit einer wesentlich leichteren Implementierung. Da über die verfügbaren Seitenreferenz-Strings die Menge der referenzierten Seiten (implizit damit auch der Blöcke und Slots) explizit gemacht wird, ergibt sich zumindest bei der Simulation kein Anlaß zur Erweiterung von Dateien zur Aufnahme von Segmenten, da deren Größe leicht durch vorherige Analyse der Seitenreferenz-Strings bestimmt und adäquat eingestellt werden kann.

Um bei der Auswertung des Modells bzgl. der simulierten Hardware flexibel zu sein, bildete die möglichst **vielseitige Parametrisierung** der **Geräteeigenschaften** eines der herausragenden Ziele beim Entwurf und der Implementierung der die Externspeicherverwaltung nachbildenden Module [Boh85]. Das dabei unterstellte Gerätemodell lehnt sich sehr eng an das in [WeHä76] skizzierte an und erlaubt die freie Festlegung von Parametern wie Slotgröße, Slots pro Spur, Spuren pro Zylinder und Zylindern pro Plattenstapel. Neben diesen die Speicherkapazität charakterisierenden Größen können die die Zugriffszeit bestimmenden mechanischen Parameter wie Umdrehungszeit, aus der sich auch die Übertragungszeit berechnen läßt, und die Zugriffsbewegungszeit spezifiziert werden. Letztere wird mittels einer aus zwei Geraden mit unterschiedlicher Steigung zusammengesetzten Funktion in Abhängigkeit von der Anzahl der zu überquerenden Zylinder bestimmt. Das zugrundeliegende Modell ist aus [WeHä76] entnommen.

Zu Beginn jedes Simulationslaufes wird die Zuordnung der einzelnen Datenbank-Areas zu Plattengeräten festgelegt. Dazu wird die Anzahl und die jeweilige Größe spezifiziert und dem DEVICE-MANAGER die gewünschte Verteilungsform der Areas auf die Magnetplattengeräte mitgeteilt. Eine Option besteht darin, alle Areas möglichst dicht zu packen. Dann belegt die Externspeicherverwaltung im Modul DEVICE-MANAGER so viele Geräte, wie minimal zur Aufnahme aller Areas notwendig sind. Dies wird erreicht, indem der zum letzten Block der Area i gehörende Slot unmittelbar vor dem zum ersten Block von Area i+1 gehörenden abgelegt wird. Zum anderen ist vorgesehen, alle Areas auf disjunkte Geräte zu verteilen. Bei Spezifikation der entsprechenden Option ordnet DEVICE-MANAGER dem ersten Block einer jeden Area den ersten Slot auf einem bisher noch freien Gerät zu und so viele weitere Geräte, wie zur Aufnahme erforderlich sind. Eventuell am Ende eines Gerätes freibleibender Speicherplatz wird anderweitig nicht vergeben.

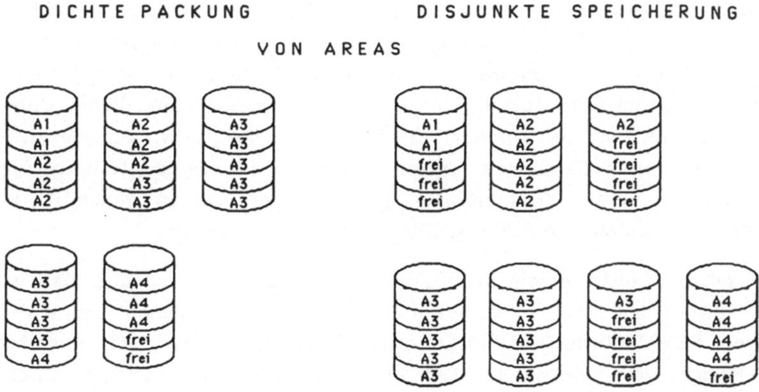

Bild 8.8: Verteilungsformen von Areas zu Plattenspeichern in der Externspeicherverwaltung des DBSS

Dies ist in dem folgenden kleinen Beispiel, zu dessen Illustration Bild 8.8 dient, aufgezeigt. Die Datenbank möge der Einfachheit halber aus 4 Areas mit 2000, 6000, 11000 und 4000 Blöcken bestehen. Die Kapazität eines simulierten Plattengerätes reiche zur Speicherung von 5000 Slots, von denen jeweils 1000 durch eine horizontale Linie in Bild abgetrennt werden. Bei der dichten Packung ergibt dies einen Bedarf von 5 Plattenstapeln (linke Bildhälfte), bei der disjunkten Anordnung (rechte Bildhälfte) einen von 7 Plattenstapeln.

In realen Rechensystemen wird der bidirektionale Datentransfer zwischen dem Hauptspeicher und den Magnetplattengeräten durch eine umfangreiche Hierarchie zusätzlicher, dazwischenliegender Spezialprozessoren (Gerätesteuerungen, Kanäle, E/A-Prozessoren) abgewickelt. Der Datentransport erfolgt über eine aus ökonomischen Gründen begrenzte Anzahl von Datenpfaden im Zeitmultiplex-Betrieb.

Die Modellierung eines komplexen E/A-Systems im Rahmen des DBSS wurde einerseits wegen des zu erwartenden Implementierungsaufwands und andererseits wegen des als gering angesehenen Einflusses auf das gesamte Systemverhalten nicht in Angriff genommen. Unter der Annahme, daß die Bandbreite des E/A-Systems weitgehend ausreicht, die dynamisch anfallenden Transfers von bzw. zu den Plattengeräten ohne große Verzögerungen abzuwickeln, wurde ein System entworfen, das für jedes benutzte Plattengerät einen eigenen, unabhängigen Datenpfad vom Hauptspeicher vorsieht, der verzögerungsfrei arbeitet. Dieses Verhalten wird als äquivalent zu einem ausreichend konfigurierten E/A-System mit einer entsprechenden Anzahl von Gerätesteuerungen, Kanälen, etc. angesehen.

Im laufenden Betrieb des DBSS wird dann im Modul DEVICE-MANAGER vor jedem definierten Plattengerät eine Warteschlange der auf die Bedienung durch dieses Gerät wartenden Zugriffe von Transaktionen geführt. Die Abarbeitung der Warteschlange erfolgt in FIFO-Reihenfolge, die Zugriffsbewegungszeit wird aus der vom DEVICE-MANAGER verwalteten aktuellen Position des Zugriffsarms und der sich aus der Anforderung ergebenden Zielposition für jeden Zugriff erneut berechnet. Die Umdrehungswartezeit wird pauschal mit dem Wert für eine halbe Umdrehung veranschlagt, die Übertragungszeit gemäß dem Verhältnis von Slotlänge und Spurkapazität zur Umdrehungszeit.

Die Warteschlangenverwaltung für die Geräte im Modul DEVICE-MANGER führt in enger Kooperation mit der im SCHEDULER angesiedelten Simulationssteuerung das Deaktivieren der betroffenen Transaktion während synchroner Wartezeiten auf E/A-Ende und die anschließenden Reaktivierung durch. Die genaue Implementierung dieser Funktionen bzw. der Simulationssteuerung als solcher würde wegen der sehr komplexen Daten- und Kontrollflüsse an dieser Stelle zu weit führen. Eine recht gute konzeptionelle Vorstellung von der Zusammenarbeit beider Komponenten gibt dagegen das in Abschnitt 8.4.2 bei der Erläuterung der Funktionsweise des SCHEDULER skizzierte Beispiel.

Abschließend sei noch auf die vom DEVICE-MANAGER unterstützten Zugriffsoperationen eingegangen, die allerdings nicht in vollem Umfang bei der Implementierung des DBSS ausgenutzt wurden. DEVICE-MANAGER bietet sowohl lesenden als auch schreibenden Zugriff auf Blöcke bzw. Mengen von Blöcken. Letztere Funktion ließe sich günstig zum Schreiben eines Sicherungspunktes einsetzen, falls das System um Logging- und Recovery-Funktionen erweitert werden sollte und etwa an die Verwendung einer FORCE-Strategie gedacht ist. Ebenfalls im Zusammenhang mit der Erweiterung des DBSS um Protokollierungsfunktionen wurde vorsorglich darauf geachtet, daß DEVICE-MANAGER auch gekettete E/A (chained I/O) unterstützen kann, deren Verfügbarkeit die unverzichtbare Voraussetzung für die Realisierung etwa des Datenbank-Cache-Verfahrens [Elh81] bildet.

8.4.7. GWS-MANAGER

In Bild 8.3 ist neben dem Modul DEVICE-MANAGER auf gleicher Ebene innerhalb der Schicht der Externspeicherverwaltung ein Modul mit der Bezeichnung GWS-MANAGER eingezeichnet. Das Akronym GWS steht dabei für Global-Write-Set. GWS-MANAGER führt über alle während eines Simulationslaufes vom Systempuffer wieder auf Magnetplatte verdrängten Blöcke Buch. Ein Nebenprodukt dieser Maßnahme ist die Aufzeichnung einer globalen und objektbezogenen E/A-Statistik. Notwendig gemacht wird die Funktion von GWS-MANAGER durch die Anforderungen einer speziellen Variante der optimistischen Synchronisationsverfahren (BOCCT), deren wesentlichen Unterschied zum Standardverfahren die Berücksichtigung einer Zeitmarken-Information in jedem Block der Datenbank ausmacht. Bei BOCCT wird erwartet, daß jeder Block eine Validierungszahl enthält (einfache Realisierung) bzw. das Datenbanksystem Informationen über eine solche führt und auf Anforderung verfügbar macht. In einem realen Datenbanksystem besteht beim erstgenannten Fall keinerlei Notwendigkeit zu irgendwelchen Maßnahmen, da die Information automatisch als Bestandteil des Blockes mitgeliefert wird. Im DBSS haben Blöcke als Objekte dagegen keine physische Existenz, sie werden nur über Metainformation wie Rahmennummern im Systempuffer repräsentiert. Deshalb ist es unumgänglich, Zeitmarken durch einen speziellen Modul verwalten zu lassen.

8.5. Spezielle Überlegungen zur Synchronisation auf FPA- und DBTT-Seiten und ihre Behandlung im DBSS

Sämtliche bisher angestellten Überlegungen standen implizit unter der Prämisse eines **einheitlichen, systemweit verwendeten Synchronisationsgranulats,** einer Annahme, die auch einem Großteil der sich mit Synchronisation befassenden Publikationen zugrundeliegt. Die Auswahl von Seiten als Objekte für die Synchronisation stellt die wohl bedeutendste Entwurfsentscheidung im DBSS dar. Sie wurde einerseits aus rein pragmatischen Gründen getroffen, weil die verfügbaren Seitenreferenz-Strings keinen höheren Informationsgehalt aufweisen. Andererseits ist diese Vorgehensweise immer noch so stark an der in kommerziellen Datenbanksystemen orientiert, daß die Aussagekraft der erzielten Simulationsergebnisse nicht beeinträchtigt wird. Beispielsweise wird auch in UDS in der Regel auf Seitenbasis synchronisiert.

Doch bereits eine etwas genauere Betrachtung zeigt, daß diese Technik bei UDS nicht systemweit angewendet wird, weil andernfalls gravierende Leistungsengpässe unmittelbar abzusehen wären. Die Verfeinerung des Synchronisationsgranulats ist vor allem bei Seiten der Freispeicherverwaltung (FPA) und solchen mit Adressierungstabellen für Sätze und Zugriffspfade (DBTT) unausweichlich. Sie würden bei seitenweiser Synchronisation wegen der sehr kompakten Speicherung von Hilfsdaten und der dadurch bedingten hohen Zugriffshäufigkeit einen Konfliktherd ersten Ranges bilden. UDS trägt dem dann auch durch eine Sonderbehandlung Rechnung. Das wirft die auf den hier verfolgten Simulationsansatz gerichtete Frage auf, wie mit diesen Seiten verfahren werden soll.

Im Hinblick auf die Behandlung dieser Objekte im Simulationsmodell kommen mehrere Alternativen in Betracht. Die mit dem geringsten Aufwand für das DBSS zu realisierende, nämlich DBTT- und FPA-Seiten durch Herausfiltern aus den Seitenreferenz-Strings schlichtweg zu ignorieren, ist zwar im DBSS als Option vorgesehen, auf ihre tatsächliche Benutzung wurde dagegen verzichtet, weil in einigen der verfügbaren Seitenreferenz-Strings die logischen Referenzen gerade auf solche Seiten einen nicht vernachlässigbaren Teil der Last (bis 25%) ausmachen. Eine mit dieser Lösung einhergehende künstliche Verkürzung der Seitenreferenz-Strings und damit eine Verdichtung der realen Transaktionsverarbeitung ergäbe insbesondere hinsichtlich der Auslastung des Systempuffers ein ganz anderes Bild.

Auf der anderen Seite hätte eine Sonderbehandlung, etwa im Sinne hierarchischer Synchronisationsverfahren, selbst wenn der zu ihrer Implementierung erforderliche Aufwand, der vermutlich noch einmal in der Größenordnung desjenigen für die seitenbezogene Synchronisierung liegen dürfte, in Kauf genommen worden wäre, gar nicht ausgenutzt werden können. Dazu müßte die Spezifikation des angeforderten Objektes in den verfügbaren Seitenreferenz-Strings bei DBTT- und FPA-Seiten über die einfache Seitennummer hinausgehen.

Im DBSS wird deshalb ein Mittelweg begangen, bei dem zwar für derartige Seiten im Systempuffer Speicherplatz reserviert wird, hingegen werden für die Synchronisation keine besonderen Maßnahmen ergriffen. Übertragen auf ein reales Datenbanksystem impliziert der Verzicht auf Synchronisationsmaßnahmen unerkannte, inkonsistente Transaktionsverarbeitungen, wenn nicht durch die Art der Abbildung zwischen den Elementen der Hilfsstrukturen und den ihnen in den Datenseiten zugeordneten Objekten in Verbindung mit der Synchronisation auf Seitenebene implizit derartige Situationen ausgeschlossen werden. Daß diese Vorgehensweise unter gewissen zusätzlichen Annahmen für die betrachteten Synchronisationsverfahren durchaus sinnvoll ist, sollen die folgenden Erörterungen klarmachen.

8.5.1. Eigenarten der Synchronisation auf FPA-Seiten

Die **FPA-Information** ist vor allem durch ihre **Redundanz** gekennzeichnet, denn die Anzahl der freien Bytes pro Seite ist noch einmal in der Seite selbst abgespeichert. Neben dieser Eigenschaft ist die FPA-Information durch die besondere Art ihrer Nutzung gekennzeichnet. Eigentlich wird FPA-Information schreibend nur dann verarbeitet, wenn eine Änderungsoperation in der Datenseite, der der FPA-Eintrag zugeordnet ist, den freien Bereich expandiert oder kontrahiert. Dann wird die Änderung im FPA-Eintrag nachvollzogen, um die Konsistenz der redundanten Information wiederherzustellen.

Zum zweiten ist die FPA-Information dann vonnutzen, wenn das Zugriffssystem Speicherplatz benötigt, um neue Objekte abzulegen. Die Freispeicherverwaltung wählt eine Datenseite aus, die über genügend freien Platz verfügt, und teilt deren Nummer dem Zugriffssystem mit. Welche Seite dabei ausgewählt wird, ist für die Funktionsweise der aufrufenden Komponente letztlich unerheblich, so lange die Speicherplatz-Anforderung befriedigt wird. Selbst auf diese Forderung kann verzichtet werden, wenn das Ergebnis des Aufrufs der Freispeicherverwaltung nicht mehr als bindend für die rufende Komponente betrachtet wird, sondern lediglich als Empfehlung. Maßgeblich ist dann der Wert in der Datenseite selbst, für die der FPA-Eintrag zuständig ist, die FPA-Information reflektiert dagegen nicht immer den letzten Änderungsstand.

Unmittelbare Konsequenz dieser Sichtweise ist die Überprüfung der aus der Freispeicherverwaltung gelieferten Angaben beim Zugriff auf die vorgeschlagene Seite und gegebenenfalls die Wiederholung der Anforderung. Die erfolgreiche Anwendung dieser Methode setzt allerdings voraus, daß wiederholte Aufrufe auch unterschiedliche Ergebnisse liefern, weil andernfalls eine Endlosschleife im Programmcode des Datenbanksystems die Folge wäre. Zu diesem Zeitpunkt bietet sich außerdem die Korrektur die falschen FPA-Information an, wodurch dem allzu starken Auseinanderlaufen der Änderungsstände gegengesteuert wird.

Eine weitere Folgerung aus der unscharfen Natur der FPA-Information und der zwei denkbaren Nutzungsarten ist die Möglichkeit, auf **Synchronisation** in diesem Spezialfall **ganz zu verzichten**, ohne die Integrität der Verarbeitung zu gefährden und das Leistungsverhalten des Datenbanksystems negativ zu beeinflussen, und zwar für alle simulierten Synchronisationsverfahren. Das impliziert insbesondere, daß keine aufwendige Inkarnationenverwaltung für FPA-Einträge durchgeführt werden muß. Prinzipiell genügt es, unter Beibehaltung der einfachen Systempufferschnittstelle allen interessierten Transaktionen, bzw. der in ihrem Auftrag arbeitenden Freispeicherverwaltung, denselben Rahmen im Systempuffer verfügbar zu machen. Bei dieser Entscheidung spielt der 1:1-Zusammenhang zwischen Datenseiten und FPA-Einträgen eine bedeutende Rolle.

Auch beim Verzicht auf FPA-Synchronisation wird beim RX-Verfahren automatisch immer die Übereinstimmung von FPA-Eintrag und Freispeicher-Information in der Datenseite gewährleistet, wenn ansonsten die Seite als Synchronisationsgranulat verwendet wird. Implizit wird nämlich der Zugriff auf FPA-Einträge, zumindest was Änderungen angeht, über den Zugriff auf die zugehörige Datenseite synchronisiert. Zwar zieht nicht jede Seitenmodifikation auch eine des FPA-Eintrags nach sich, doch ist für letztere eine Modifikation der Datenseite unabdingbare Voraussetzung. Beim RX-Sperrverfahren erfolgt diese Modifikation unter dem Schutz einer exklusiven Sperre auf der Datenseite, die implizit den FPA-Eintrag mitabdeckt.

Ähnliche Argumente lassen sich auch in bezug auf die beiden RA-Sperrverfahren ins Feld führen. Wegen ihrer mit dem RX-Verfahren gemeinsamen Eigenschaft, zu einem Zeitpunkt immer nur einen Schreiber pro Seite zuzulassen, ist auch hier der implizite Schutz des FPA-Eintrages gegen gleichzeitige Änderung gegeben. Also stimmt der FPA-Eintrag immer mit dem Wert überein, der sich in der letzten gültigen Version der zugeordneten Seite befindet. Beim lesenden Zugriff auf die FPA-Information muß dagegen sowohl mit noch nicht freigegebenen Änderungen gerechnet werden als auch mit dem Auftreten von Werten, die in der äquivalenten seriellen Ablauffolge erst nach dem EOT der lesenden Transaktion erzeugt werden.

Etwas komplexer ist die Situation bei den optimistischen Synchronisationsverfahren, denn dort ist es zunächst beliebig vielen Transaktionen gestattet, den Inhalt der Datenbank zu modifizieren, bevor die Serialisierbarkeit der Abläufe validiert wird. Das Konzept der privaten Transaktionspuffer für die Datenseiten wurde als adäquates Mittel der Isolation der parallelen Transaktionen untereinander vorgestellt. Bei FPA-Seiten bzw. FPA-Einträgen greift diese Maßnahme nicht, denn hier wird auf Synchronisation und die mit ihr eng verbundene Inkarnationenverwaltung ganz verzichtet. Zwar scheitern letztlich konkurrierende Änderer derselben Seite bis auf eine Transaktion, jedoch läßt sich der gültige FPA-Wert ohne zusätzliche Maßnahmen nicht wiederherstellen. Wegen der Prämisse fehlender privater Transaktionspuffer für FPA-Seiten sind vor der Validierung von Transaktionen beliebige Abfolgen von Änderungen auf einem FPA-Eintrag vorstellbar, so daß das Wiedereinspielen des von einer invalidierten Transaktion beobachteten Before-Image nicht hinreicht, könnte es doch von einer ebenfalls abgebrochenen Transaktion herrühren oder einer, der die Invalidierung noch bevorsteht.

Bei der Auswahl freier Seiten anhand der FPA-Information muß das Datenbanksystem außerdem auf die effiziente Unterstützung des Mehrbenutzerbetriebs bedacht sein. Wird **parallelen Transaktionen freier Speicher** zugewiesen, so ist unbedingt zu gewährleisten, daß die ausgewählten Seiten **transaktionsweise disjunkte Partitionen** bilden. Trifft das Datenbanksystem keine Vorkehrungen zur Durchsetzung dieser Vorschrift, dann ist ein Hot-Spot mit der Folge eines gravierenden Leistungsengpasses vorprogrammiert. Äußert sich dieser bei Sperrverfahren "nur" in der Blockierung aller Änderungstransaktionen bis auf einige wenige, so ist bei optimistischen Synchronisationsverfahren zyklischer Restart von Transaktionen [KeTe84] unausweichlich. Allerdings ist das für ungeschickte Implementierungen im Zusammenhang mit Sperrverfahren auch nicht auszuschließen.

Eine einfache, sehr effiziente Implementierung einer Speicherzuteilungsstrategie mit den genannten Eigenschaften ist im Datenbanksystem UDS realisiert. Bei ihr wird vom Datenbanksystem ein zentraler Zähler geführt, der den Ausgangspunkt einer Suche nach freiem Speicher festlegt. Bei der Suche wird der lineare Adreßraum zyklisch durchwandert, bis eine entsprechende Seite gefunden ist. Danach wird der Zähler auf die der zugewiesenen Seite folgende gesetzt, so daß bei der Annahme ausreichenden freien Platzes im Segment dieselbe Seite erst viel später nochmals ausgewählt wird. Allerdings führt diese Strategie bei relativ geringem Änderungsvolumen pro Transaktion zu einer sehr breiten gleichmäßigen Streuung der Daten über das gesamte Segment.

Diese Überlegungen legen außerdem eine Integration der Freispeicherverwaltung in die in dieser Arbeit unter dem Begriff der Systempufferverwaltung zusammengefaßten Funktionen an. Das ließe sich sehr einfach durch die Aufnahme einer nicht seitenspezifischen Fix-Operation in die Systempufferschnittstelle realisieren, wobei lediglich die Menge des geforderten Freispeichers als Parameter zu spezifizieren wäre.

8.5.2. Eigenarten der Synchronisation auf DBTT-Seiten

Analog zu den für FPA-Seiten angestellten Überlegungen läßt sich auch für DBTT-Seiten die Frage untersuchen, ob etwa aufgrund spezieller Operationssemantiken auf Synchronisationsmaßnahmen und eine kostspielige Inkarnationenverwaltung ganz oder teilweise verzichtet werden kann, bzw. welche Maßnahmen getroffen werden müssen, um weniger aufwendige Synchronisationsverfahren für diese Art von Informationen einsetzen zu können, ohne bei der Integrität Zugeständnisse zu machen. Der folgenden Diskussion liegen genau wie der über die FPA-Seiten die Annahmen einer seitenweisen Synchronisation auf den sonstigen Datenseiten zugrunde und die Verfügbarkeit des Konzepts privater Transaktionspuffer für Datenseiten.

Im Unterschied zur FPA-Information besteht keine direkte Beziehung zwischen den durch explizite Synchronisation behandelnden Objekten (Seiten) und den implizit zu synchronisierenden Objekten. Die den DBTT-Einträgen zugeordneten Objekte (interne Sätze und Zugriffspfade) stehen außerdem zu den explizit synchronisierten Objekten in einer dynamischen Beziehung, etwa beim Verlagern von Sätzen über Seitengrenzen hinweg. Dazu kommt, daß sowohl die Anzahl der auf DBTT-Seiten möglichen Operationen größer ist als bei FPA-Seiten. Beides muß bei der folgenden Diskussion berücksichtigt werden.

Unter der Annahme des vollständigen Verzichts auf Synchronisationsmaßnahmen und der gleichzeitigen Änderung paralleler Transaktionen auf derselben DBTT-Seite sind beliebige inkonsistente Verarbeitungsfolgen konstruierbar, ganz analog zu den bekannten Beispielen,

die üblicherweise von Tupeln und Relationen als Objekten ausgehen. Eine verlorengegangene
Änderung tritt beispielsweise auf, wenn zwei Transaktionen sich entschließen, je einem neuen
Satz denselben DB-Key zuzuteilen. Phantome können auftreten, wenn eine Transaktion
sequentiell entlang der DBTT liest, eine andere gleichzeitig mehrere neue Sätze abspeichert,
deren DB-Keys zufällig verteilt sind, und einige der Sätze sieht, andere dagegen nicht. Im Zusammenspiel mit der seitenweisen Synchronisation können sich außerdem Effekte einstellen,
die dem Datenbanksystem zunächst als Plausibilitätsverletzungen erscheinen müssen, die auf
einen Systemfehler schließen lassen. Wenn eine Transaktion T_1 z.B. einen Satz von einer Seite S_1 in eine Seite S_2 verlagert, dabei den DBTT-Eintrag aktualisiert und danach für einen
längeren Zeitraum inaktiv bleibt, dann wird einer späteren Lesetransaktion T_2 zwar die neue
Adresse des Satzes mitgeteilt, die Verwaltung der privaten Transaktionspuffer wird jedoch in
Zusammenarbeit mit der Synchronisationskomponente, sofern Versionen verfügbar sind, die
alte Version der Seite bereitstellen. Transaktion T_2 wird den Satz in der angegebenen Seite
nicht finden, was von ihr als Verletzung der Speicherkonsistenz der Datenbank ausgelegt werden muß, die vermutlich von einem Fehler im Programmcode des Datenbanksystems herrührt.
Die im Prinzip noch ein ganzes Stück weiter verlängerbare Liste der möglichen Inkonsistenzen macht die Nichtdurchführbarkeit des Verzichts auf DBTT-Synchronisation offenkundig.

8.5.3. Die Behandlung von FPA- und DBTT-Seiten im DBSS

Die vorangehenden Überlegungen machen klar, daß die Verwaltung mehrerer Inkarnationen zumindest für FPA-Seiten überflüssig ist. Insoweit hat die im DBSS getroffene Entscheidung, einer FPA- bzw. DBTT-Seite immer nur einen Rahmen im Systempuffer zuzubilli-
gen, wenigstens teilweise ihre Berechtigung. Damit wird eine realistische Pufferauslastung
durch diese Seitentypen simuliert. Das Konfliktpotential bleibt durch die Nichtdurchführung
von Synchronisationsmaßnahmen auf FPA-Seiten im DBSS gegenüber der Implementierung im
realen Datenbanksystem unbeeinflußt. Für die DBTT-Seiten läßt sich das nicht in voller All-
gemeinheit übertragen. Wollte man eine wirklich exakte Modellierung eines UDS-artigen
Datenbanksystems erreichen, dann hätten einerseits in den Seitenreferenz-Strings die DBTT-
Referenzen genauer aufgeschlüsselt sein müssen und andererseits hätten für diese spezielle
Art der Information geeignete Synchronisationsverfahren simuliert werden müssen. Dies
hätte die Komplexität des DBSS weiter erhöht, vermutlich gegenüber dem bisherigen Modell
bezüglich der Meßgrößen keine wesentlichen Veränderungen gebracht, da wirkliche Konflikte
auf DBTT-Einträgen in dem zuvor erklärten Sinne eher den Ausnahmefall bedeuten dürften.

8.6. Zusammenfassender Überblick über das entwickelte DBSS

Zum Abschluß der Darstellung der Gründe, die zur Entwicklung des DBSS geführt haben,
der Erwägungen, die bei seiner Spezifikation und seinem Entwurf maßgeblich waren, und der
speziellen Implementierung, die dabei schließlich herausgekommen ist, wird in diesem Abschnitt zur Zusammenfassung des Gesagten ein resümierender Überblick des DBSS aus zweierlei Blickwinkeln gegeben. Zum einen besteht dieser aus der statischen Sicht auf die Struktur des DBSS, d.h. seiner Zerlegung in einzelne Komponenten und der Zuordnung von Funktionen zu diesen. Bild 8.9 verkörpert diese statische Sicht und bedarf nach den in den vorangehenden Abschnitten sehr umfassend angelegten Erörterungen eigentlich keines weiteren
Kommentars.

<table>
<tr><td colspan="1">LASTGENERIERUNG</td><td>SIMULATIONS- UND LASTSTEUERUNG</td></tr>
<tr><td>

STRING-MANAGER
-Entflechtung der Überlappung
 von Referenzen im Original-
 Referenzstring
-Speicherung von wiederholt
 ausgeführten Transaktionen
-Zwischenpufferung von Refe-
 renzen
</td><td>

SCHEDULER
-Simulationssteuerung
-Verwaltung der zugelassenen
 Transaktionen
-Scheduling und Dispatching der
 aktiven Transaktionen incl.
 Lastbalancierung
-Behandlung der Referenzen anhand
 von Filterkriterien
-Weiterreichen der Referenzen
</td></tr>
</table>

SYNCHRONISATION

<table>
<tr><td>

LOCK-MANAGER
-Verwaltung von Sperrinforma-
 tionen zur Konflikterkennung
-Verwaltung des Abhängigkeits-
 graphen zur Deadlockerkennung
-Deadlockbehandlung
-Pufferbedienung
</td><td>

OCC-MANAGER
-Verwaltung von Lese- und
 Schreibmengen
-Validierung
-Pufferbedienung
</td></tr>
</table>

PUFFERBEDIENUNG

<table>
<tr><td>

BUFFER-MANAGER
-Abbildung von Seitenversionen
 auf Rahmen
-Verwaltung von seiten- und
 rahmenbezogenen Zustands-
 informationen
</td><td>

FRAME-SERVER
-Verwaltung des Speicherplatzes
 im Systempuffer
-Implementierung der Ersetzungs-
 und Verdrängungsstrategie
</td></tr>
</table>

ZEITSTEMPELVERWALTUNG   **EXTERNSPEICHERVERWALTUNG**

<table>
<tr><td>

GWS-MANAGER
-Verwaltung von seitenbezogenen
 Identifikatoren der letzten
 Änderung
</td><td>

DEVICE-MANAGER
-Abbildung des linearen Adreß-
 raumes auf Sekundärspeicher
 (Platten)
-Simulation von Zugriffen
</td></tr>
</table>

Bild 8.9: Aufgabenverteilung im DBSS

Die zweite, bisher vielleicht etwas zu kurz gekommene bzw. noch nicht im Gesamtzusammenhang beleuchtete Sicht ist mehr von dynamischer Natur. Sie widerspiegelt die dynamischen Daten- und Kontrollflüsse im DBSS und wird beispielhaft anhand der Abarbeitung einer logischen Referenz vor Augen geführt. Zum leichteren Verständnis ist der gesamte Ablauf in Bild 8.10 graphisch illustriert. Der Bildaufbau ist stark an der bereits bei anderen, das DBSS überblicksartig beschreibenden Darstellungen (Bild 8.3, 8.4 etc.) gewählten orientiert. So sind die bei der Abarbeitung durchlaufenen Module mit ihren bereits in Bild 8.4 eingeführten Namen bezeichnet. Ein- oder mehrfache Unterprogrammaufrufe desselben Moduls aus einem anderen heraus werden durch Einrückungen symbolisiert, wofür in der oberen Bildhälfte SCHEDULER und STRING-MANAGER als Beispiel dienen mögen. Der zeitliche Ablauf der Einzelaktionen ist einerseits mit Hilfe vorangestellter, eingeklammerter Zahlen dokumentiert, andererseits entspricht er auch einem Durchgang von oben nach unten, wobei die jeweiligen Rücksprünge ganz am Ende der Referenzbearbeitung aus Gründen der Übersichtlichkeit nicht mit ins Bild aufgenommen wurden.

Die Abarbeitung einer Referenz beginnt zunächst mit der Auswahl der nächsten Transaktion (1) im Modul SCHEDULER. Zu dieser wird sodann die nächste Referenz angefordert (2). Dabei geht die Kontrolle an den Modul STRING-MANAGER über (3), der die Referenz entweder aus seinen privaten Pufferbereichen zur Verfügung stellen kann oder sie durch physische E/A in der Referenzstring-Datei ermittelt. Die so bestimmte Referenz wird anschließend auf die im SCHEDULER spezifizierten Filterkriterien hin überprüft (4) und ggf. ignoriert. In Bild 8.10 dagegen ist das nicht erforderlich, so daß mit der Verarbeitung durch Weitergabe an die Synchronisationskomponente fortgefahren werden kann (5). In Abhängigkeit vom ausgewählten Synchronisationsverfahren wird daraufhin im DBSS entweder der linke Weg (LOCK-MANAGER) oder der rechte (OCC-MANAGER) verfolgt. Auf beiden wird zunächst eine aufwendige Prüfung der Referenz durchgeführt und eventuell auf Plausibilitätsverletzungen reagiert. Bei dem in Bild 8.10 skizzierten Ablauf wird eine logische Referenz (F-Satz) unterstellt, die entweder zur Anforderung einer vom Zugriffsmodus abhängigen Sperre oder der Aufnahme der Seite in die transaktionsbezogene Lese- oder Schreibmenge führt (6), wenn die Transaktion die Seite zum erstenmal berührt. Unter der Voraussetzung, daß weder eine Blockierung der Transaktion noch gar ihre Rücksetzung in der Synchronisationskomponente verlangt wird, kann die mit ihrer Hilfe ermittelte (7) Seitenversion von den entsprechenden Schichten der Systempufferverwaltung angefordert werden (8).

Ausnahmslos wird zuallererst nach der betreffenden Inkarnation im Systempuffer gesucht (9). Im günstigsten Falle kann sie dort lokalisiert werden und die Kontrolle an die höheren Schichten des DBSS relativ kurzfristig wieder zurückgegeben werden. Bild 8.10 umreißt dagegen die im schlechtesten Fall ausgelöste Sequenz von Ereignissen. Als Konsequenz des Nichtvorhandenseins der gesuchten Seiteninkarnation im Systempuffer wird dabei eine andere durch den Ersetzungsalgorithmus ausgewählt, deren Änderungsvermerk ihr Rückschreiben erzwingt. Bei der Verdrängung (10) der Seite passieren im DBSS zweierlei Dinge. Einmal muß die mit ihr einhergehende physische E/A simuliert werden (12) und zum anderen der Zeitstempel zu dieser Seite im GWS-MANAGER aktualisiert werden (11). Laufen alle diese Aktionen im simulierten System ohne Zeitverbrauch ab, dann würde direkt im Anschluß mit der Einlagerung der verlangten Seite (13) begonnen, entsprechend dem in Bild 8.10 suggerierten Eindruck, welches nur die auf die betrachtete Referenz gerichteten Aktivitäten im DBSS wiedergibt. Tatsächlich muß dagegen die Simulationssteuerung informiert werden, daß die nachfolgende zweite E/A erst mit dem Abschluß der ersten in Angriff genommen werden darf, somit die betreffende Transaktion erst zu einem späteren Zeitpunkt fortgesetzt werden kann. In der Zwischenzeit kommen andere Transaktionen zum Zuge.

Danach erst kann die Einlagerung der gesuchten Seite (13) in Angriff genommen werden. Im DBSS setzt sich dieser Vorgang ebenfalls aus zwei Teilschritten zusammen, der Abfrage der Zeitmarke (14) und der eigentlichen physischen E/A (15). Das Einlesen impliziert nochmals eine Deaktivierung der Transaktion, bis schließlich nach E/A-Ende die Zustandsinformation in der Systempufferverwaltung angepaßt wird (16). Nun erfolgen die in Bild 8.10 nicht mehr dargestellten Rücksprünge entlang der dynamischen Aufrufhierarchie, bei denen jeweils die in der betreffenden Schicht verwalteten Zustandsinformationen entsprechend Aktion (16) mit den neuen Verhältnissen in Übereinstimmung gebracht werden. Mit der Rückkehr in den SCHEDULER ist die Simulation einer logischen Referenz beendet.

Bild 8.10 verzichtet bewußt auf die Wiedergabe der zahlreichen Sonderfälle und abstrahiert von der tatsächlichen Überlappung mehrerer Transaktionen, weil die verständliche Darstellung der möglichen dynamischen Interaktionen im und ihre Behandlung durch das DBSS

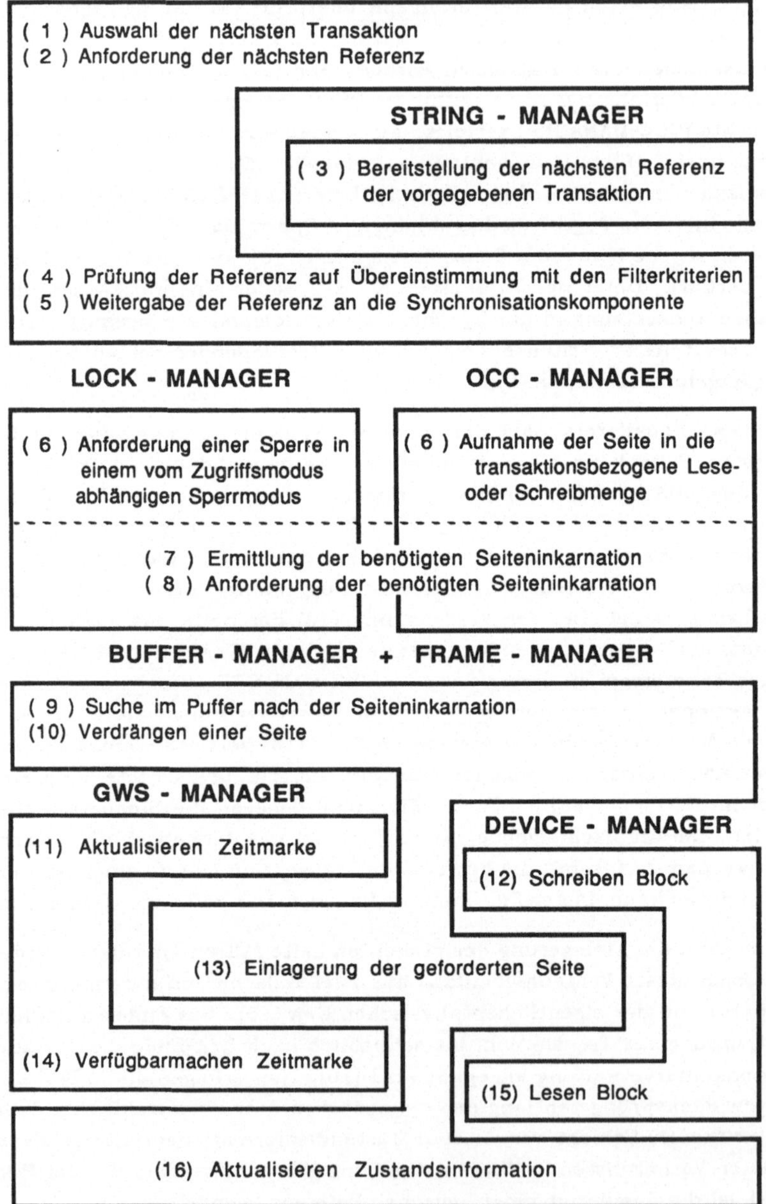

Bild 8.10: Daten- und Kontrollfluß im DBSS bei der Verarbeitung einer logischen Seitenreferenz

den hier vorgegebenen Rahmen sprengen würde. Letztlich findet diese Komplexität ihren Niederschlag in den circa 30000-40000 Zeilen Quellprogramm, die im Verlauf der Implementierungsphase zusammengekommen sind.

Im großen und ganzen beweist die zuletzt geschilderte Folge von Ereignissen die große Übereinstimmung mit der in realen Datenbanksystemen anzutreffenden Vorgehensweise, die nicht zuletzt durch die enge Anlehung an das in [HäRe83a] skizzierte 5-Schichten-Modell bewußt herbeigeführt wurde, um eine möglichst große Modelltreue zu erreichen. Dies dokumentiert allein schon die weitgehende Ähnlichkeit der Abläufe innerhalb des DBSS mit denen in einem realen Datenbanksystem. Das gibt Anlaß zu der Hoffnung, mit dem DBSS realistische Leistungsaussagen zu erhalten.

V. Empirische Untersuchung des Leistungsverhaltens von Synchronisationsverfahren in Datenbanksystemen

9. Empirische Untersuchung des Leistungsverhaltens von Synchronisationsverfahren in Datenbanksystemen

9.1. Darstellung der charakteristischen Eigenschaften der logischen Seitenreferenz-Strings

Ausschlaggebend für die sinnvolle Interpretation jeglicher Art von Simulationsergebnissen ist die genaue Kenntnis der die Simulation treibenden Lasten. Dies gilt umso mehr, wenn anstatt synthetischer, durch wenige statistische Kenngrößen und Häufigkeitsverteilungen zu beschreibender Lasten solche empirischen Ursprungs aus realen Anwendungsumgebungen, wie bei dem hier verfolgten Ansatz, der Untersuchung zugrundegelegt werden. Deshalb wird der fünfte, die Zusammenstellung und Interpretation der quantitativen Resultate der Leistungsuntersuchung beinhaltende Teil von einer knappen Darstellung einer Reihe charakteristischer Eigenschaften der bei der Simulation verwendeten logischen Seitenreferenz-Strings eingeleitet. Die in diesem Überblick angegebenen Kenngrößen sind teilweise Ergebnisse eigener Analysen, teilweise wurden sie anderen Arbeiten [Ari83, Ger83, PeRe83a, Pet84, Rah84] entnommen, die auf demselben empirischen Material aufbauen.

9.1.1. Globale statistische Kenngrößen der logischen Seitenreferenz-Strings

Für die empirische Untersuchung standen insgesamt 6 unterschiedliche logische Seitenreferenz-Strings zur Verfügung, auf die nachfolgend statt mit einer neutralen Numerierung zur einprägsameren Darstellung mit den Namen MIX40, MIX50, DOD, KD, WSOD und TER Bezug genommen wird. Diese Bezeichnungen stimmen im übrigen mit denen in [Ari83, Ger83, Pet84, Rah84] überein. Allerdings wurden von den genannten 6 Seitenreferenz-Strings nur 5 tatsächlich untersucht. MIX50 blieb dagegen unberücksichtigt, weil einerseits wegen der geringen Anzahl darin enthaltener Transaktionen die Simulation hoher Parallelitätsgrade nicht sinnvoll gewesen wäre und andererseits der hohe Rechenzeit-Bedarf das aus pragmatischen Gründen (siehe dazu auch 9.2) unmöglich machte.

Die 5 verbleibenden **Seitenreferenz-Strings** decken unterschiedlich lange **Ausschnitte** des **realen Betriebs** des **Datenbanksystems** UDS in **repräsentativen kommerziellen Anwendungsumgebungen** ab. Deren Spektrum reicht von eher technisch-wissenschaftlichen Anwendungsbereichen mit erheblichen Verarbeitungsanteilen im Stapelbetrieb, wie etwa bei MIX40, hin zu ausgesprochen dialogorientierten betrieblichen Anwendungen [HäMe85], wie etwa bei TER. Die drei restlichen Seitenreferenz-Strings repräsentieren Mischformen der zuletzt genannten Verarbeitungstypen, in denen neben vielen relativ kurzen Transaktionen auch einige extrem lange vorkommen. Sie sind ihrem Referenzverhalten gemäß als typische Auswertungen größerer Datenbestände einzuordnen. Das wird in 9.1.3 näher gezeigt. Eine etwas detailliertere Analyse erlaubt die in den Tabellen 9.1 und 9.2 vorgenommene Zusammenstellung charakteristischer globaler Kenngrößen der logischen Seitenreferenz-Strings. Weitere Angaben zu MIX40, der bereits bei zahlreichen Untersuchungen mit anderer Zielsetzung verwendet wurde, finden sich unter anderem in [Bru81, Dre81, Eff81].

Die in der zweiten Spalte von Tabelle 9.1 aufgeführten Datenbank-Größen von 60 Megabyte bei MIX40 bis 2.9 Gigabyte bei KD sind ein deutliches Indiz für die Realitätsnähe der betrachteten Anwendungen. Daß die **Seitenreferenz-Strings** allerdings **nur** einen **recht kurzen**

String-Be-zeichnung	Größe der Datenbank	Anzahl der Transaktionen	Anteil der Änderer in %	Anzahl aller Referenzen
MIX40	60 MB	282	86	228378 (+0)
DOD	150 MB	669	46	84878 (+7)
KD	2900 MB	2014	13	124218 (+3)
WSOD	280 MB	860	33	112840 (+2)
TER	560 MB	2288	46	33924 (+1)

Typverteilung der Referenzen										
String-Be-zeich-nung	BOT- und EOT-Refe-renzen		logische Seitenref.		logische Seitenref. (Daten-seiten)		logische Seitenref. (Tempo-rärseiten)		logische Seitenref. (DBTT-FPA-Seiten)	
	abs.	rel. (1)	abs.	rel. (1)	abs.	rel. (2)	abs.	rel. (2)	abs.	rel. (2)
MIX40	524	0	113927	50	96277	85	4704	4	12946	11
DOD	1338	2	41770	49	36853	88	986	2	4131	10
KD	4028	3	60095	48	50094	83	2136	4	7865	13
WSOD	1720	2	55560	49	44198	80	1027	2	10335	19
TER	4576	13	14674	43	11309	77	0	0	3365	23

* : gerundet

Tabelle 9.1: Charakteristische globale Kenngrößen der logischen Seitenreferenz-Strings

Abschnitt der alltäglichen Verarbeitung wiedergeben, macht einmal die letzte Spalte von Tabelle 9.2 deutlich, nach der bis auf MIX40 nur ein verschwindend kleiner Anteil der Datenbanken während der Aufzeichnungsperiode wirklich referenziert wird. Zum anderen ergibt eine sehr einfache und grobe Abschätzung, daß ein Prozessor mit einer Verarbeitungsgeschwindigkeit von einer Million Instruktionen pro Sekunde (MIPS) und voller Auslastung der Zentraleinheit mit dem längsten Seitenreferenz-String (MIX40), bei 5000 Instruktionen für jede Referenz, nur etwa 19 Minuten beschäftigt wäre, beim kürzesten (TER) dagegen gerade noch 3 Minuten. Eine Erhöhung der Rechengeschwindigkeit auf das Zehnfache würde den zuletzt genannten Wert auf gerade 18 Sekunden reduzieren.

String-Bezeichnung	Anzahl der Areas (*)	Anzahl der referenzier-ten Areas (*)	Anzahl der ver-schiedenen refe-renzierten Seiten	referenzierter Anteil an der Datenbank %
MIX40	1	1	3543	11.8
DOD	12	9	3025	1.8
KD	12	12	8515	0.5
WSOD	5	5	6389	4.1
TER	3	3	2188	0.8

* : ausschließlich temporärer Areas und Areas mit Metadaten

Tabelle 9.2: Charakteristische globale Kenngrößen der logischen Seitenreferenz-Strings

Die Längen der einzelnen Seitenreferenz-Strings in Spalte 5 von Tabelle 9.1 variieren fast um den Faktor 7. Die dort angegebenen Werte schließen alle bei der Diskussion der Referenzstring-Verwaltung in 9.4 eingeführten Typen von Referenzen (BOT, EOT, UNFIX und die eigentlichen logischen Seitenreferenzen) ein. Die in Spalte 5 in Klammern nachgestellte Zahl gibt die Anzahl der Referenzen an, die gegenüber dem ursprünglichen Referenzstring dynamisch generiert werden müssen, um eine konsistente Eingabefolge zu erhalten.

Tabelle 9.1 veranschaulicht in Spalte 4 weiter, daß der prozentuale Anteil von Änderungstransaktionen einen ebenfalls sehr weiten Bereich überstreicht, nämlich von einem außerordentlich änderungsintensiven Lastprofil bei MIX40 (86%) hin zum vorwiegend aus Lesetransaktionen bestehenden KD.

Der Rest von Tabelle 9.1 schlüsselt die Referenzen nach Typen weiter auf. So spezifizieren die beiden am weitesten links stehenden Spalten jeweils die absolute Anzahl und den prozentualen Anteil der BOT- und EOT-Referenzen auf der einen und die der eigentlichen logischen Seitenreferenzen auf der anderen Seite. Das Doppelte des letzten Wertes (wegen der UNFIX-Referenzen) zusammengenommen mit dem zuerst genannten ergibt den in Spalte 5 von Tabelle 9.1 ausgezeichneten Betrag. Bei diesen Angaben fällt lediglich TER wegen des großen Gewichts aus dem Rahmen, das der Summe von BOT- und EOT-Referenzen (13% gegenüber weniger als 3% sonst) zukommt.

Die drei rechtesten Doppelspalten von Tabelle 9.1 nehmen eine weitergehende Aufgliederung der logischen Seitenreferenzen im Hinblick auf die im Simulationsmodell insbesondere bei der Synchronisation unterschiedlich behandelten Seitentypen vor. Übersteigt der Anteil der Referenzen auf temporäre Seiten in keinem Fall 4%, so sind bei den Referenzen auf DBTT- und FPA-Seiten bemerkenswerte Differenzen feststellbar. Macht der Anteil derartiger Referenzen bei den anderen Seitenreferenz-Strings nur rund 10% aus, so tritt bei WSOD und TER nahezu bzw. mehr als das Doppelte dieses Betrages auf. Ganz besonders die letzten beiden Werte rechtfertigen die Entscheidung, solche Seiten von der Synchronisation auszunehmen.

9.1.2. Typisierung von Transaktionen als Mittel zur Charakterisierung des Lastprofils in den logischen Seitenreferenz-Strings

Über die globale Sicht statistischer Kenngrößen hinaus vermittelt die **Einteilung** von **Transaktionen** nach den **Größen** der von ihnen **berührten Seitenmengen** in Klassen ein vertieftes Verständnis der charakteristischen Merkmale der logischen Seitenreferenz-Strings. Eine solche Klassifikation ist in den Tabellen 9.3 und 9.4 durchgeführt. Sie sind [Ari83] entnommen.

In Tabelle 9.3 werden die Transaktionen nach den Kriterien Objektmengengröße und Änderungsstatus in kurze, solche von mittlerer Länge und lange Lese- bzw. Änderungstransaktionen differenziert. Die Auswahl der für die Klassengrenzen maßgeblichen Werte erfolgt dabei eher pragmatisch und richtet sich an deutlich abgrenzbaren Transaktionstypen in den Seitenreferenz-Strings aus. Eine ähnliche Klassifikation ist auch in [Rah84] enthalten.

Besonders ins Auge stechen die ausgeprägten Unterschiede bei der Größe der Lesemengen von MIX40 im Vergleich zu den anderen Referenzstrings und das andere Extrem bei TER, was aber in Anbetracht der Anzahl der Transaktionen und Referenzen dieser beiden gemäß Tabelle 9.1 durchaus verständlich ist.

Die Häufigkeitsverteilung der Transaktionen auf die festgelegten Größenklassen ist in Tabelle 9.4 für die 5 logischen Seitenreferenz-Strings aufgetragen, und zwar sowohl die prozentualen Anteile der Transaktionsanzahlen als auch die Anteile der auf sie entfallenden Referenzen (alle definierten Typen). In diesen Werten manifestiert sich noch eindrucksvoller als in den in 9.1.1 analysierten Größen die **grundlegende Verschiedenartigkeit** der **Lastprofile realer Anwendungsumgebungen,** die den eigentlichen Anstoß für den hier verfolgten simulativen Ansatz bildet.

Trans-aktions-typ	MIX40 LM	SM	DOD LM	SM	KD LM	SM	WSOD LM	SM	TER LM	SM
KL	<50		<6		<6		<6		<6	
ML	50-100		6-20		6-10		6-10		>6	
LL	>100		>20		>10		>10		0	
KS	<70	≤4	<4	1	<11	<5	<21	<10	<6	<3
MS	70-110	≤4	4-10	2-4	11-30	5-13	21-30	10-14	6-10	3
LS	>110	>4	>10	>4	>30	>13	>30	>14	>10	>3

LM : Lesemenge   SM : Schreibmenge
xL : Transaktion liest nur in der Datenbank   xS : Transaktion ändert die Datenbank

Kx : kurze Transaktion   Mx : Transaktion mittlerer Länge   Lx : lange Transaktion

Tabelle 9.3: Klassifikation der Transaktionen der logischen Seitenreferenz-Strings in Größenklassen anhand von Lese- und Schreibmengen nach [Ari83, Ger83, PeRe83a]

Trans-aktions-typ	MIX40 % TA	REF	DOD % TA	REF	KD % TA	REF	WSOD % TA	REF	TER % TA	REF
KL	0	0	18	1	64	12	28	3	40	15
ML	2	11	23	19	15	8	35	6	15	15
LL	4	15	13	53	7	51	5	42	0	0
KS	65	4	28	2	3	4	19	14	33	23
MS	28	60	10	6	5	8	6	10	4	23
LS	2	10	8	19	5	19	9	24	8	24

TA : Transaktionen   REF : alle Referenzen

Tabelle 9.4: Häufigkeitsverteilung der Transaktionen auf Größenklassen nach [Ari83, Ger83, PeRe83a] (gerundete Werte)

Über diese qualitative Feststellung hinaus verdient die offensichtliche Diskrepanz zwischen den für jede Klasse aufgelisteten beiden prozentualen Anteilen intensive Beachtung, und das nicht nur, weil sich darin die sogenannte 80-20-Regel, zumindest ihrer Intention nach, wieder einmal bestätigt. Besonders hervorzuheben und bei der Interpretation der quantitativen Resultate der Leistungsuntersuchung in Betracht zu ziehen ist der zahlenmäßige **Anteil** an der **Gesamtzahl der Referenzen,** den **lange Transaktionen** auf sich vereinigen. So sind bei KD bzw. WSOD in 7% bzw. 5% aller Transaktionen 51% bzw. 42% aller Referenzen der entsprechenden logischen Seitenreferenz-Strings akkumuliert, wenn allein die Lesetransaktionen berücksichtigt werden. Ähnlich extrem stellt sich die Situation für MIX40 und DOD dar, in denen die korrespondierenden Zahlen 4% zu 15% bzw. 13% zu 53% lauten, oder bei den langen Änderungstransaktionen von MIX40. Sie bilden gleichzeitig den Anlaß für einige Detailanalysen in 9.1.3.

Eine andere relevante **Typisierung** der Transaktionen ist die nach der **Art** ihrer **logischen Seitenreferenzen** mittels der Tabellen 9.5 und 9.6, die die jeweiligen absoluten Anzahlen bzw. relativen Häufigkeiten der einzelnen Typen quantifizieren. Bei genauerer Kenntnis der internen Abläufe des zur Erzeugung der logischen Seitenreferenz-Strings benutzten Datenbanksystems lassen sich aus diesen Angaben einige Rückschlüsse auf die Art der Verarbeitung innerhalb der Transaktionen ziehen.

String-Bezeichnung	Leser	Änderer	Anzahl Transaktionen mit temp. Referenzen	Konvertierer	leere DBTT-FPA-LM	leere DBTT-FPA-SM	Anzahl Konversionen
MIX40	36	226	13	138	7	119	347
DOD	361	308	70	178	269	382	227
KD	1748	266	286	191	674	1774	822
WSOD	572	288	26	276	143	628	917
TER	1244	1044	0	284			485

LM : Lesemenge   SM : Schreibmenge

Tabelle 9.5: Klassifikation der Transaktionen nach Typen logischer Seitenreferenzen (absolute Anzahlen)

Neben den bereits aus Tabelle 9.1 bekannten Werten, zeigt Tabelle 9.6 in Spalte 4 den Anteil von Transaktionen mit logischen Seitenreferenzen auf temporäre Seiten, die im Datenbanksystem nur bei mengenorientierten, über Suchausdrücke spezifizierten Anfragen mit einer FIND-7-Anweisung [UDS84a] benutzt werden. Sie bilden einen relativ sicheren Indikator für das Vorhandensein langer Lesetransaktionen und stimmen insofern mit den Aussagen über die Akkumulation von logischen Seitenreferenzen in langen Lesetransaktionen überein, denn gerade KD, WSOD, DOD und MIX40 weisen teilweise beachtliche Anteile in dieser Kategorie auf.

String-Bezeichnung	Anzahl der Transaktionen (%)						Größen von Objektmengen (Durchschnitt)				Konversionen
	Leser	Änderer	mit tmp. Ref.	Konvertierer	leere DBTT-FPA- LM	leere DBTT-FPA- SM	LM	SM	DBTT-FPA- LM	DBTT-FPA- SM	
	(1)	(1)	(1)	(2)	(1)	(3)	(1)	(2)	(4)	(5)	(6)
MIX40	14	86	5	61	3	37	36.42	9.95	2.87	3.30	2.51
DOD	54	46	10	58	40	7	10.15	3.03	2.51	1.69	1.28
KD	87	13	14	72	33	10	6.58	10.59	1.64	10.50	4.30
WSOD	67	33	3	96	17	19	14.64	10.56	3.29	0.84	3.32
TER	54	46	0	27			3.23	1.91			1.71

LM : Lesemenge   SM : Schreibmenge
(1) von allen Transaktionen
(2) von allen Änderungstransaktionen
(3) von allen Änderungstransaktionen unter Berücksichtigung, daß Lesetransaktionen eine leere Schreibmenge haben
(4) von allen Transaktionen mit nicht-leerer DBTT-FPA-Lesemenge
(5) von allen Transaktionen mit nicht-leerer DBTT-FPA-Schreibmenge
(6) von allen Konvertierern

Tabelle 9.6: Klassifikation von Transaktionen nach Typen logischer Seitenreferenzen (relative Häufigkeiten)

Noch interessanter sind die Angaben in Spalte 5 der Tabelle 9.6, in der der relative Anteil der Transaktionen, die auf eine Seite zunächst lesend und später noch einmal in Änderungsabsicht zugreifen, an allen Änderungstransaktionen vermerkt ist. In Anlehnung an die Vorgehensweise bei Sperrverfahren zur Synchronisation werden sie hier mit Konvertierer bezeichnet. Spielt diese Frage in der Literatur eher eine Nebenrolle (mit wenigen Ausnahmen [GLP75, GLPT76, Gra78]), so beweisen die vorliegenden Zahlen, zumindest für Datenbanksysteme mit dem Netzwerk-Datenmodell, die praktische Dringlichkeit [PeRe83a] des Problems. Die letzte Spalte von Tabelle 9.6 legt sogar nahe, daß jeweils gleich mehrere Konversionen innerhalb einer Transaktion stattfinden. Auf mögliche Ursachen und Lösungsansätze wird bei der Interpretation der quantitativen Resultate der Leistungsuntersuchung eingegangen.

Als letztes sei noch auf die ebenfalls in Tabelle 9.6 zusammengetragenen relativen Anteile von Transaktionen hingewiesen, die entweder keine DBTT- und FPA-Seiten lesen oder keine ändern (Spalten 6 und 7). Leere DBTT-FPA-Schreibmengen implizieren das Fehlen von Einspeicherungen neuer Sätze bzw. von Satzverlagerungen über Seitengrenzen hinweg [UDS79]. Leere DBTT-FPA-Lesemengen lassen dagegen mehrere denkbare Interpretationen zu, wie etwa den Zugriff über Hash-Mechanismen, das sequentielle Durchsuchen ganzer Datenbank-Bereiche oder das Navigieren über korrekte redundante Zeigerstrukturen [UDS70].

9.1.3. Spezielle Eigenarten der logischen Seitenreferenz-Strings

Die in 9.1.2 ausgemachte Konzentration der Referenzen auf einen teilweise winzigen Anteil langer bzw. überlanger Transaktionen motiviert die Ermittlung der nach verschiedenen Kriterien **in den logischen Seitenreferenz-Strings aus dem Rahmen fallenden Transaktionen.** Tabelle 9.7 skizziert für MIX40, DOD, KD und WSOD eine Synopse der Transaktionen mit den größten Lese- und Schreibmengen, den meisten logischen Seitenreferenzen auf temporäre Seiten, den meisten Konversionen, im in 9.1.2 definierten Sinne, und den maximalen Lese- und Schreibmengen hinsichtlich DBTT- und FPA-Seiten. Des weiteren sind die längsten Transaktionen mit den zugehörigen Werten für die genannten Kategorien separat in der unteren Hälfte des jeweiligen Teils von Tabelle 9.7 aufgeführt. Diese bringt teilweise überraschende Eigenarten zutage.

Maximale LM		Maximale SM		Maximale D-F-LM		Maximale D-F-SM		Maximalzahl tmp. Ref.		Häufigste Konvers.	
9*	635	3	495	13	27	46	8	3	2177	3	8
19*	496	5	278	3	25	215	6	5	331	157	7
156*	330	78	106	220*	20	39	5	172	343	179	6
234*	283	162	70	9*	17	48	5	9*	287	182	6
170*	275	157	12	134	17	59	5	19*	273	185	6

Längste Transakt.	Anzahl log. Ref.	Anzahl tmp. Ref.	Größe D-F-LM	Größe D-F-SM	Größe LM	Größe SM	Anzahl Konvers.
3	8567	2711	25	3	161	495	8
157	5515	0	4	4	75	12	7
173	5502	0	2	3	71	8	4
179	5501	0	3	4	73	11	6
136*	5214	0	14	0	237	0	0
246*	3933	0	1	0	70	0	0
175*	3897	0	12	0	165	0	0
9*	3617	287	17	0	635	0	0

a) Extremwerte von MIX40

Maximale LM		Maximale SM		Maximale D-F-LM		Maximale D-F-SM		Maximalzahl tmp. Ref.		Häufigste Konvers.	
1535	246	1814	33	1461*	21	1948	13	1754*	180	1357	8
1823	157	1984	28	1930	13	1814	12	1885*	88	1814	8
1749	118	1741	21	1535	11	1489	7	1736*	80	1948	6
1896*	113	1356	16	1336*	9	1741	7	1690*	72	1307	5
1811	97	1308	14	1583*	9	1307	6	1945*	60	1465	4

Längste Transakt.	Anzahl log. Ref.	Anzahl tmp. Ref.	Größe D-F-LM	Größe D-F-SM	Größe LM	Größe SM	Anzahl Konvers.
1584*	1288	0	3	0	47	0	0
1823	1217	0	3	2	157	4	2
1309*	1145	0	3	0	47	0	0
1542*	1145	0	3	0	47	0	0

b) Extremwerte von DOD

Maximale LM		Maximale SM		Maximale D-F-LM		Maximale D-F-SM		Maximalzahl tmp. Ref.		Häufigste Konvers.	
16494*	517	15827	36	15334	34	15827	33	16704	32	15827	12
16483*	464	16249	28			15422	26	15471	24	15952	11
14862*	264	15952	28		<10	15952	25	15431	24	14975	11
15737	230	14931	26			15837	25	15365	24	16249	10
15499*	212	14787	25			14931	25	15350*	24	14931	10

Längste Transakt.	Anzahl log. Ref.	Anzahl tmp. Ref.	Größe D-F-LM	Größe D-F-SM	Größe LM	Größe SM	Anzahl Konvers.
16494*	3336	16	0	0	517	0	0
16483*	2514	8	0	0	464	0	0
14862*	2384	16	0	0	264	0	0
15499*	2249	16	0	0	212	0	0
15350*	1851	24	0	0	166	0	0
15168*	1616	16	0	0	159	0	0

c) Extremwerte von KD

Maximale LM		Maximale SM		Maximale D-F-LM		Maximale D-F-SM	Maximalzahl tmp. Ref.		Häufigste Konvers.	
812*	831	207	39	325*	198	≤4	657*	152	215	12
325*	372	391	33	379*	116		516*	124	201	11
379*	177	215	29	870*	114		335*	92	44	8
870*	175	422	29	838*	91		594	76	125	6
260*	137	358	28	93	12		721*	68	207	6

Längste Transakt.	Anzahl log. Ref.	Anzahl tmp. Ref.	Größe D-F-LM	Größe D-F-SM	Größe LM	Größe SM	Anzahl Konvers.
812*	7029	7	2	0	831	0	0
838*	4537	8	91	0	21	0	0
325*	3127	0	198	0	372	0	0
379*	752	0	4	0	0	0	0
870*	746	0	114	0	175	0	0
849*	683	0	4	0	52	0	0
265*	637	0	2	0	135	0	0
739*	632	0	4	0	55	0	0

d) Extremwerte von WSOD

(D-F-)LM : (DBTT-FPA-)Lesemenge   (D-F-)SM : (DBTT-FPA-)Schreibmenge
Konvers. : Konversionen   Transakt.: Transaktionen
log. Ref.: logische Seitenreferenzen   tmp. Ref.: log. Ref. auf temporäre Seiten

Tabelle 9.7: Extreme Transaktionen in den logischen Seitenreferenz-Strings

MIX40 in Teil a der Tabelle 9.7 enthält mit Transaktion 3 (die Transaktionsnummer ist der Größenangabe in den Spalten immer vorangestellt) diejenige mit der absolut größten Schreibmenge (495) aller untersuchten Seitenreferenz-Strings, die gleichzeitig auch die absolut längste beobachtete ist. Auch in bezug auf die Anzahl der Seitenreferenzen auf temporäre Seiten nimmt Transaktion 3 eine Spitzenstellung ein, zudem handelt es sich um eine Änderungstransaktion (Lesetransaktionen werden durch einen hochgestellten Stern gekennzeichnet). Daneben gibt es eine größere Anzahl ebenfalls überlanger Transaktionen, mit starker Beteiligung von Änderern. Allein die ersten 5 aufgezählten Transaktionen (3, 157, 173, 179, 136*) repräsentieren mehr als 25% aller logischen Seitenreferenzen von MIX40, außerdem entfallen auf sie relativ viele Konversionen. Die Transaktionen 3, 157 und 179 befinden sich auch hinsichtlich dieses Kriteriums in der Spitzengruppe von MIX40 (Extremwerte aus der jeweils oberen Hälfte einer Teiltabelle sind, sofern sie auch in der unteren Hälfte auftreten, dort eingerahmt). Die Kenntnis der Existenz derart ausgezeichneter Transaktionen und ihre individuelle Identifikation kann bei der Interpretation der Ergebnisse der empirischen Leistungsanalyse durchaus von großem Nutzen sein.

Der logische Seitenreferenz-String DOD in Teil b von Tabelle 9.7 beinhaltet keinerlei Transaktionen vergleichbarer Länge wie die zuletzt betrachteten und ist im übrigen durch das Fehlen ausgesprochener Extrema gekennzeichnet, wenngleich einige große Lesemengen und Transaktionen mit bis zu 8 Konversionen beobachtet wurden. Die Größe der Schreibmengen hält sich in engen Grenzen, bei den vier längsten Transaktionen ist lediglich ein Spitzenwert aus der oberen Tabellenhälfte vertreten.

Bei KD in Teil c der Tabelle 9.7 stechen einerseits die großen Lesemengen einiger Transaktionen (517 Seiten bei Transaktion 16494 und 464 Seiten bei 16483) hervor, andererseits fällt die Häufigkeit auf, mit der konvertiert wird. Die Schreibmengen dagegen umfassen bis auf eine Ausnahme weniger als 30 Seiten. In der Zusammenstellung der längsten Transaktionen häufen sich die Leser mit extremen Objektmengen, und die Spalte mit den Referenzen auf temporäre Seiten impliziert die Typgleichheit der Transaktionen (FIND-7-Anweisung, siehe 9.1.2).

Der logische Seitenreferenz-String WSOD in Teil d der Tabelle 9.7 hebt sich von den anderen gleich durch mehrere Extremwerte ab. Beispielsweise kann kein anderer logischer Seitenreferenz-String mit auch nur annähernd so großen Lesemengen für DBTT- und FPA-Seiten aufwarten, wie sie von den Transaktionen 325* (198), 379* (116), 870* (114) und 838* (91) beansprucht werden. Auch die maximale Lesemenge von 831 Seiten wird von keinem anderen Referenzstring übertroffen. Die gemachten Angaben lassen auf das sequentielle Lesen ganzer Satztypen oder Areas (mit FIND-4-Anweisungen [UDS84a]) schließen. Die Liste der längsten Transaktionen wird von der zweitgrößten überhaupt beobachteten (812* mit 7029 logischen Seitenreferenzen) angeführt, gefolgt von zwei ebenfalls überlangen Transaktionen. Bei allen 8 explizit angegebenen Transaktionen handelt es sich um Leser mit extremen Lesemengen der verschiedenen Seitentypen, teilweise sogar bei derselben Transaktion (z.B. 325* und 870*). Ähnlich wie bei MIX40 kumulieren sich über 25% aller logischen Seitenreferenzen auf den ersten drei Transaktionen der Liste, die bei der Auswertung sicherlich besonderer Beachtung bedürfen.

Für TER wurde auf eine ebenso ausführliche Zusammenstellung explizit verzichtet, weil dieser Seitenreferenz-String sich gegenüber den anderen durch eine ausgeprägte Homogenität seiner Transaktionen hinsichtlich der angelegten Kriterien auszeichnet, für die insbesondere die maximalen Größen der Lese- und Schreibmengen für DBTT- und FPA-Seiten von 3 bis 4 zeugen. Auch das vollständige Fehlen von logischen Seitenreferenzen auf temporäre Seiten und die maximale Lesemenge von 11 Seiten sprechen für die Homogenität der Transaktionen.

Zum Abschluß wird mit Bild 9.1 noch ein Eindruck über das zeitliche Aufkommen von Lese- und Änderungstransaktionen während der im Referenzstring widergespiegelten

Verarbeitungsperiode vermittelt. Die Zeitachse verläuft in der Horizontalen, in der Vertikalen sind in BOT-Reihenfolge des logischen Seitenreferenz-Strings jeweils für 5 Transaktionen bei MIX40, 10 bei DOD und WSOD und 20 bei KD die Anzahlen der darin enthaltenen Änderungstransaktionen aufgetragen. Obwohl von einem Meßwert zum nächsten oft recht bedeutende Unterschiede auszumachen sind, zeigt bereits ein gleitender Mittelwert zweier direkt aufeinanderfolgender Werte eine relativ große Stabilität, was auf ein gleichbleibendes Verhältnis von Lesern und Änderern über die gesamte Aufzeichnungsperiode der logischen Seitenreferenz-Strings hindeutet.

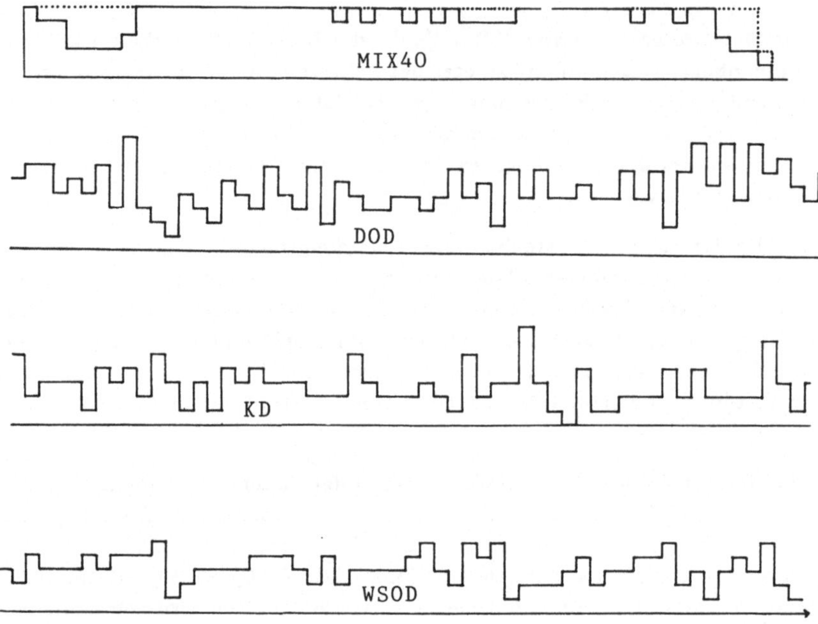

Bild 9.1: Zeitliche Verteilung der Lese- und Schreibtransaktionen in den Referenzstrings

9.2. Überblick über die Instrumentierung, Parametrisierung und die Auswertungsmöglichkeiten des Simulationsmodells

Neben der Verwendung realitätsnaher Lastprofile ist die **angemessene Parametrisierung** des Simulationsmodells eine der **Grundvoraussetzungen** für die **Erzielung praktisch relevanter Simulationsergebnisse**. Zur Interpretation müssen geeignete Meßgrößen zur Charakterisierung des dynamischen Verhaltens des simulierten Systems gesammelt und für die Analyse bereitgestellt werden. In diesem Abschnitt werden daher zum einen die Instrumentierungsmöglichkeiten des in Kapitel 8 ausführlich behandelten Simulationsmodells kurz skizziert und die konkret benutzten Parametrisierungen vorgestellt und gerechtfertigt, um die Sinnfälligkeit des gewählten Ansatzes plausibel zu machen. Zum anderen werden die bei der Simulation verfügbaren Aufzeichnungsmöglichkeiten überblicksartig diskutiert.

9.2.1. Klassifikation der Parameter des Simulationsmodells

Der in Kapitel 8 deutlich gemachte Detaillierungsgrad des Simulationsmodells und die damit einhergehende Komplexität des Simulationssystems manifestieren sich in einer Fülle von Parametern, mit denen sich das Verhalten des Modells beeinflussen läßt. Teilweise wurde ihre Funktion bereits im Verlauf von Kapitel 8 angesprochen. Hier wird im folgenden ein systematischer Überblick über die Instrumentierungsmöglichkeiten des Simulationssystems gegeben, um zumindest eine grobe Vorstellung von dem Spektrum der möglichen Untersuchungsrichtungen zu vermitteln.

In Bild 9.2 ist eine **hierarchische Gliederung** der **Parameter** des **Simulationssystems** graphisch veranschaulicht, die auf der obersten Ebene eine Dreiteilung in die Betriebsparameter des Simulationssystems, Parameter zur Instrumentierung der Teilmodelle und sogenannte zentrale Parameter vorsieht. Die Zusammenfassung der letzten Gruppe erfolgt aus darstellungstechnischen Gründen, denn gerade die in ihr enthaltenen Größen wurden bei der Leistungsanalyse systematisch variiert. Die links aufgetragenen Betriebsparameter des Simulationssystems sind nur um der Abrundung des Überblicks willen mitaufgenommen. Sie stellen strenggenommen keine Größen des Modells dar, sondern vielmehr des das Modell realisierenden Programms. Unter der Bezeichnung der Allokation von Hilfsstrukturen wird etwa die Reservierung ausreichend großer Speicherbereiche für Sperrtabellen oder Objektmengen bei den optimistischen Synchronisationsverfahren subsumiert.

Das Rückgrat der Instrumentierungsmöglichkeiten wird allerdings von der Vielzahl der in der Subhierarchie der Teilmodelle aufgehängten Größen gebildet. Auf dieser Ebene wird zwischen **Externspeichermodell, Scheduling-Modell, Referenzstring-Modell** und **Referenzverarbeitungsmodell** differenziert, deren Aufbau und Funktionsweise Kapitel 8 zum Gegenstand hatte. Unterhalb dieser Gliederungsstufe sind bei den meisten Teilmodellen bereits die Parameter selbst angeordnet, lediglich das Externspeicher- und das Scheduling-Modell sind weiter untergliedert. Beim Scheduling-Modell kann einerseits auf die Lastbalancierung, d.h. die Reaktion auf besondere, bei der Wiederholung von Transaktionen auftretende Betriebssituationen, und andererseits auf die Restart-Politik, d.h. die Entscheidung über den Zeitpunkt der Wiederholung zurückgesetzter Transaktionen, über Parameter Einfluß genommen werden. Das ausgefeilteste aller Teilmodelle, das Externspeichermodell, zerfällt gemäß der Klassifikation in das **Gerätemodell,** über dessen Parameter die technischen Eigenschaften der bei der Simulation unterstellten externen Speichermedien festgelegt werden, und das **Modell** der **physischen Datenbank,** welches die Zuordnung der logischen Datenbank-Bereiche (Areas) zu Plattenspeichern beschreibt.

Bereits der Umfang der Aufstellung in Bild 9.2 legt die **Konzentration** auf **wenige, systematisch zu variierende Einflußgrößen** nahe. Ihre Auswahl und die Festlegung angemessener Werte für die konstant gehaltenen Parameter ist Gegenstand des folgenden Abschnitts. Konstante Werte sind im übrigen eingetragen, für die variierten Größen sind die untersuchten Werte als Alternativenliste, durch Schrägstriche getrennt, aufgezählt.

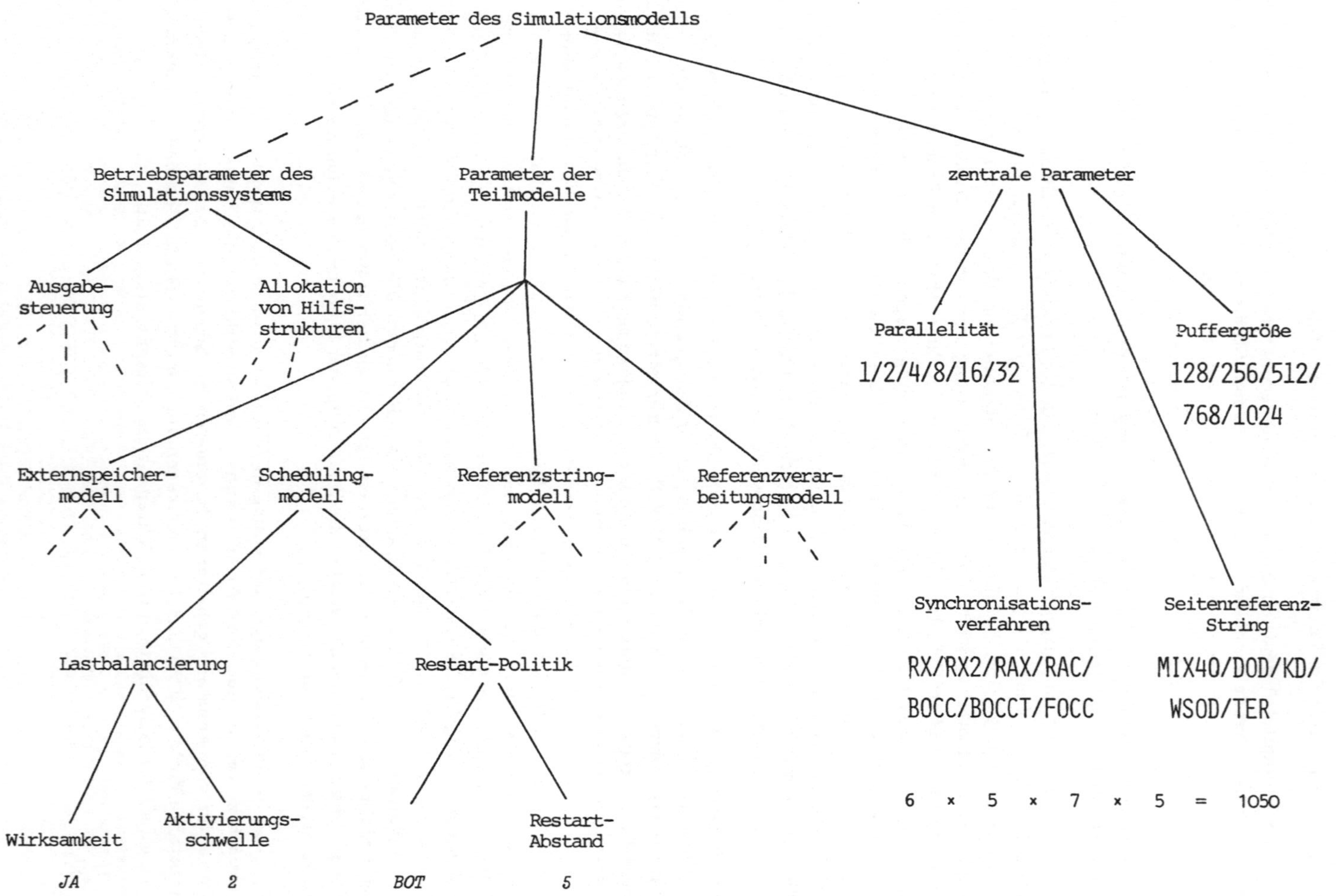

Bild 9.2: Klassifikation der Parameter des Simulationsmodells

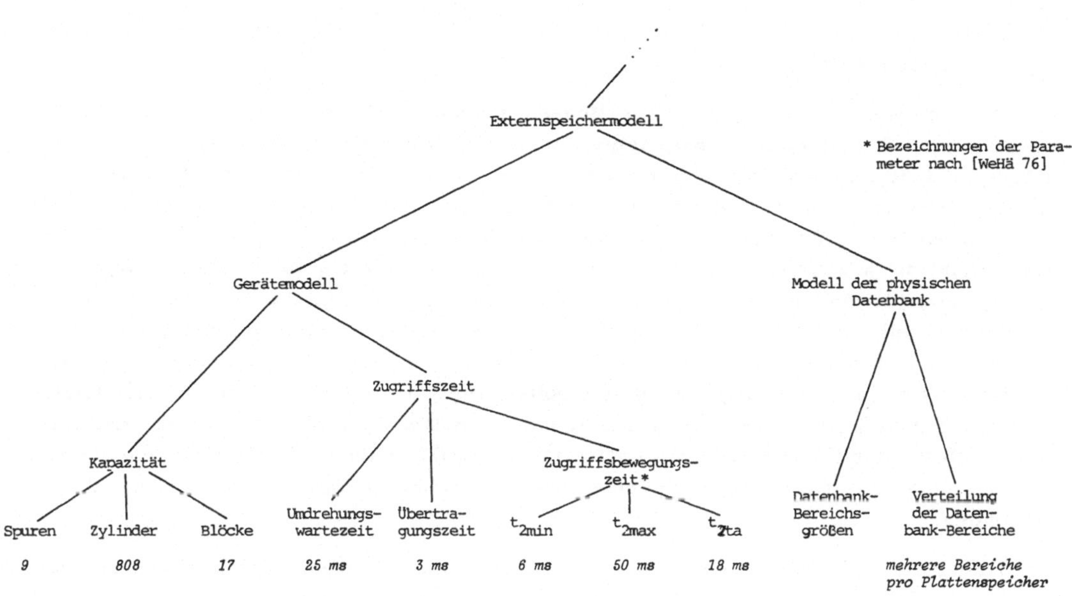

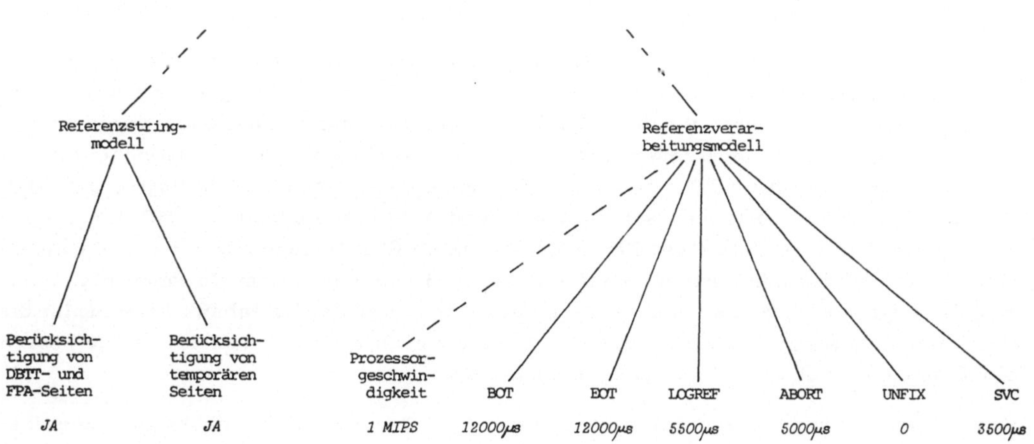

Bild 9.2: Klassifikation der Parameter des Simulationsmodells

9.2.2. Systematik und Parametrisierung der durchgeführten Leistungsanalyse von Synchronisationsverfahren

Mit der schon beim Entwurf des Modells getroffenen Entscheidung, die in Bild 9.2 spezifizierten **7 Synchronisationsverfahren** zu implementieren, und der Verfügbarkeit von insgesamt **5 logischen Seitenreferenz-Strings** sind alleine 35 verschiedene Kombinationen möglich, und das primäre Ziel der Untersuchung, den Einfluß unterschiedlicher Grade der Ablaufparallelität auf das Leistungsverhalten von Datenbanksystemen quantitativ zu bewerten, erhöht die Anzahl der Kombinationen bei nur **6 Parallelitätsgraden** auf 210. Wegen des großen Gewichts, das der Modellierung der Systempufferverwaltung beigemessen wurde, um einen eventuellen Einfluß der Puffergröße auf das dynamische Verhalten von Synchronisationsverfahren feststellen zu können, ist andererseits auch für diesen Parameter eine systematische Variation unumgänglich. Für die vollständige Auswertung von nur **5 Puffergrößen** wären demnach 2050 Programmläufe des Simulationssystems erforderlich. Bei durchschnittlich 500 Sekunden Prozessorzeit pro Lauf auf einer 2 MIPS schnellen Rechenanlage impliziert das geschilderte Versuchsprogramm immerhin einen Rechenzeit-Bedarf von über einer Million Sekunden.

Vornehmlich die zuletzt vorgebrachten Erwägungen führten zu der Entscheidung, alle **verbleibenden Parameter** des **Modells konstant** zu halten und statt dessen eine möglichst vollständige Auswertung der alternativen Kombinationen von Parallelitätsgraden, Puffergrößen, Synchronisationsverfahren und Seitenreferenz-Strings anzustreben. Dabei wurden für die konstanten Parameter, sofern solche Angaben aus anderen Quellen übernommen werden konnten, immer möglichst realistische Werte angenommen. Im einzelnen waren dabei die folgenden Überlegungen maßgeblich.

Beim Externspeichermodell ist zwischen dem vom logischen Seitenreferenz-String unabhängigen Gerätemodell und dem von diesem Parameter abhängigen **Modell der physischen Datenbank** zu unterscheiden. Bei der Instrumentierung des letzteren wurde die Option der möglichst **platzsparenden Anordnung** der logischen Datenbank-Bereiche auf den physischen Geräten ausgewählt. Weil dadurch möglicherweise der Parallelitätsgrad des simulierten E/A-Systems etwas eingeschränkt wird und Area-übergreifende Zugriffsbewegungen denkbar werden, impliziert diese Parametrisierung im Grunde genommen die ungünstigere Verhaltensweise des E/A-Systems, wenn nur die in 8.4 beschriebenen Optionen betrachtet werden. Wegen der Existenz relativ vieler nicht besonders großer Datenbank-Bereiche für die verfügbaren logischen Seitenreferenz-Strings erscheint diese Vorgehensweise von den durch das Modell unterstützten jedoch als die realistischere.

Bild 9.3 veranschaulicht zur Abrundung des in 9.1.1 gegebenen Überblicks über die charakteristischen Eigenschaften der logischen Seitenreferenz-Strings das bei der Simulation jeweils verwendete Modell der physischen Datenbank. Auf dem Bild ist für jedes belegte Gerät ein quadratisches Kästchen vorgesehen, innerhalb dessen die Nummern der Datenbank-Bereiche aufgeführt sind, die dem korrespondierenden Gerät zugewiesen sind. Obwohl die anteilige Zuordnung auf das einzelne Gerät aus der Darstellung nicht erkennbar ist, so wird doch immerhin ein plastisches Bild von der relativen Datenbank-Größe vermittelt.

Die **technischen Parameter** der in Bild 9.2 näher beschriebenen physischen Geräte stimmen mit den Kenngrößen desjenigen Plattenspeichertyps überein, auf dem einige der zur Erzeugung der logischen Seitenreferenz-Strings herangezogenen Datenbanken residierten.

Obwohl eine Speicherplatzkapazität von nur 144 MB pro Plattenstapel aus heutiger Sicht keinesfalls mehr dem Stand der Technik entspricht, ist zu bedenken, daß die Aufzeichnungen der Referenzstrings teilweise vor 1980 vorgenommen wurden. Auch das Zugriffszeitverhalten ist für heutige Verhältnisse nicht gerade beeindruckend.

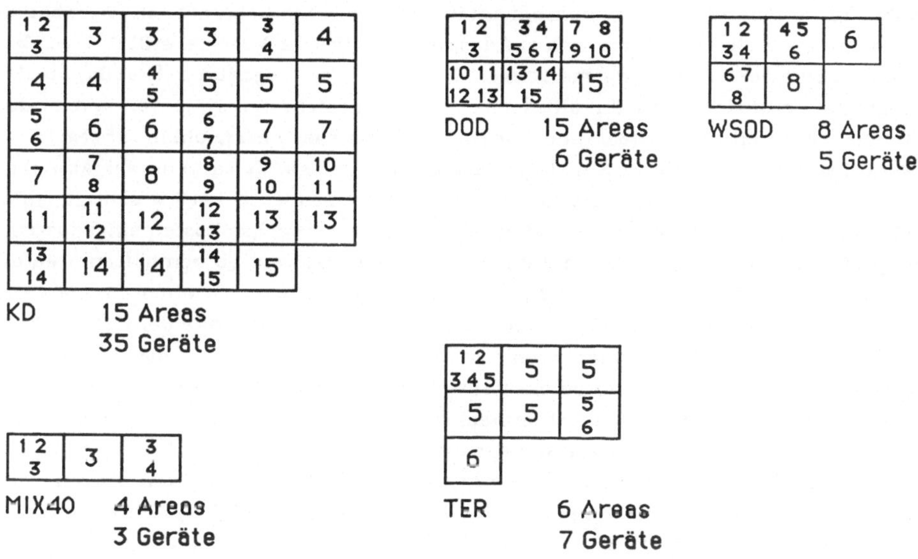

Bild 9.3:   Modelle der physischen Datenbanken für die logischen Seitenreferenz-Strings

Diesem Umstand trägt die uber das **Referenzverarbeitungsmodell** festgelegte **Geschwindigkeit** der simulierten **Zentraleinheit** Rechnung. Die in Bild 9.2 bei den Parametern des Referenzverarbeitungsmodells spezifizierten Werte stehen für den Rechenzeit-Bedarf (in Mikrosekunden) der verschiedenen Referenztypen bzw. anderer Ereignisse, die im Modell Prozessorressourcen verbrauchen, und berechnen sich als Produkt der Prozessorgeschwindigkeit mit der Anzahl der für die Abwicklung einer solchen Arbeitseinheit für notwendig erachteten Maschineninstruktionen. Bei unveränderten Annahmen hinsichtlich des zweiten Faktors könnte eine Verdopplung der Prozessorgeschwindigkeit also sehr einfach über eine Halbierung der Parameterwerte im Referenzverarbeitungsmodell simuliert werden. Für die hier beschriebene Leistungsuntersuchung wird eine Prozessorgeschwindigkeit von 1 MIPS unterstellt, so daß die Werte in Bild 9.2 auch der Anzahl der Maschineninstruktionen entsprechen. Die implizite Spezifikation der Prozessorgeschwindigkeit ist der eigentliche Grund für die in Bild 9.2 durch Strichelung besonders hervorgehobene Verbindung zum Referenzverarbeitungsmodell.

Die Prozessorgeschwindigkeit von 1 MIPS steht auf der einen Seite im Einklang mit der beim Gerätemodell angenommenen Technologie und beschreibt auch in grober Näherung die bei der Aufzeichnung der logischen Seitenreferenz-Strings eingesetzten Zentraleinheiten. Auf der anderen Seite spielt auch die Länge der verfügbaren Referenzstrings bei der Auswahl der simulierten Prozessorgeschwindigkeit eine nicht unwesentliche Rolle. Wie bereits in 9.1 grob abgeschätzt, würde eine bedeutend größere Geschwindigkeit zu sehr kleinen Werten für die Durchlaufzeit insbesondere der kürzeren Seitenreferenz-Strings führen, wobei allerdings das generelle Problem der extremen Unterschiede bei den Transaktionslängen und der damit verbundenen Aufrechterhaltung der Sollparallelität bis zum Ende der Simulation auch nicht gelöst werden kann.

Der aktuellen Parametrisierung des Referenzverarbeitungsmodells dient weitgehend die in [Rah84] zur Simulation eines Synchronisationsprotokolls für Mehrrechner-Datenbanksysteme verwendete als Richtschnur, die sich auf dasselbe empirische Material stützt. Diese Werte, die auf herstellereigenen Leistungsmessungen beruhen, sind gegenüber [Rah84] in der Weise geringfügig modifiziert, daß für alle logischen Seitenreferenz-Strings für jeweils denselben Typ von Verarbeitungseinheit auch identische **Instruktionsanzahlen** angesetzt werden. Obwohl das hier geschilderte Simulationsmodell bis auf die Zeitanteile zur Abwicklung von physischer Ein-/Ausgabe explizit keine Betriebssystemaspekte berücksichtigt, sind in die Größen des Referenzverarbeitungsmodells anteilige Prozeßwechselkosten eingeflossen, woraus sich größere Abweichungen zu den Zahlen in [Rah84] erklären. So beinhalten etwa die Werte für BOT, EOT und ABORT aus Bild 9.2 jeweils 5000 Instruktionen für einen Prozeßwechsel, bei logischen Seitenreferenzen (LOGREF) ist dieser Betrag nach Maßgabe der durchschnittlichen Anzahl·von logischen Seitenreferenzen pro DML-Anweisung anteilig umgelegt. Die praktisch mit Null bewerteten Kosten zur Rücksetzung von Transaktionen (ABORT) im engeren Sinne lassen sich mit der außerordentlich einfachen Vorgehensweise bei der Durchführung dieser Operation unter den im Modell zugrundegelegten Annahmen über die Pufferersetzung und die Nichtverfügbarkeit anderer Angaben vertreten. Die Größenordnung von 3500 Instruktionen pro E/A-Operation gilt für den Typ des unterstellten Betriebssystems (herkömmliches kommerzielles Mehrzwecksystem wie MVS, BS2000) als allgemein akzeptiert [Gra78, Här79b, HeMe80, Sto81]. Insofern werden bis auf die für Recovery-Zwecke verbrauchten Ressourcen, von deren Einbeziehung ins Modell aus pragmatischen Gründen (Komplexität) abgesehen wurde, alle bei der Bearbeitung von Datenbank-Anfragen verbrauchten Prozessorzeiten und E/A-Anteile in angemessener Weise und in einer realistischen Größenordnung berücksichtigt. Die Plausibilität der Annahme eines gleich hohen Aufwandes für Recovery-Maßnahmen bei allen simulierten Synchronisationsverfahren unter den im Modell gesetzten Randbedingungen (NOSTEAL, NOFORCE, [HäRe83b]) wurde außerdem schon in Kapitel 8, zumindest in bezug auf die Beanspruchung von E/A-Ressourcen, nachgewiesen.

Da in der Synchronisationskomponente und der Systempufferverwaltung alle Mechanismen zur Sonderbehandlung zum einen von temporären Seiten und zum anderen von **DBTT-** und **FPA-Seiten** implementiert sind, ist beim **Referenzstring-Modell** die **Berücksichtigung beider Seitentypen** spezifiziert. Insofern unterscheidet es sich von allen auf der Basis desselben empirischen Materials durchgeführten Untersuchungen und leistet eine wesentlich getreuere Nachbildung des tatsächlichen Referenzverhaltens realer Datenbanksysteme. Unmittelbare Auswirkungen hat das jedoch nur auf die Auslastung des Systempuffers und die dynamische, Seitentyp-bezogene Aufteilung des Speichers, da temporäre Seiten wegen ihres privaten Charakters grundsätzlich keiner Synchronisation bedürfen und auf DBTT- und FPA-Seiten im Modell wegen unzureichender Informationen in den logischen Seitenreferenz-Strings nicht synchronisiert wird.

9.2.3. Parametrisierung des Scheduling-Modells

Zur Vervollständigung der in 9.2.2 begonnenen Darlegung der Beschreibung und Rechtfertigung wird in diesem Abschnitt das im Vergleich zu Bild 9.2 noch fehlende **Scheduling-Modell** schwerpunktmäßig behandelt. Die Zuordnung eines eigenen Textabschnitts soll einmal rein optisch die besondere Bedeutung dieses Teilmodells hervorheben. Zum anderen haftet der Erörterung auch ein eher grundsätzlicher Charakter an, der die Ausgliederung aus 9.2.3 nahelegt. Darüber hinaus werden in diesem Abschnitt bereits einige Ergebnisse der Leistungsanalyse angesprochen, die aus darstellungstechnischen Gründen besser vorangestellt werden.

Die zentrale Bedeutung der unter der Bezeichnung Scheduling-Modell subsumierten Funktionen und die ihrer adäquaten Instrumentierung für die erzielten Simulationsergebnisse wurde schon durch vorangehende Untersuchungen [Ari83, Ger83, PeRe83b] mit gröber strukturierten, einfacheren Simulationsmodellen deutlich gemacht. Die Notwendigkeit derartiger Funktionen erwächst aus der Behandlung zurückgesetzter Transaktionen bei der Simulation, die ihrerseits aus der Forderung resultiert, den gesamten logischen Seitenreferenz-String vollständig abzuarbeiten, d.h. **jede aufgezeichnete Transaktion genau einmal erfolgreich durchzurechnen.**

Die Sinnfälligkeit dieser Forderung ist offenkundig, würde doch der Verzicht auf die Wiederholung einmalig zurückgesetzter Transaktionen gerade die konfliktträchtigen Bestandteile der logischen Seitenreferenz-Strings von der Betrachtung ausschließen und an erster Stelle diejenigen Synchronisationsverfahren begünstigen, die sich solcher Transaktionen am schnellsten entledigen. Vorrangiges Ziel der empirischen Leistungsuntersuchung soll demgegenüber die Auseinandersetzung mit allen Eigenarten sein, die in realen Anwendungsumgebungen auftreten, und die Bewertung der Fähigkeit der Synchronisationsverfahren, mit den Anforderungen realer Lastprofile fertigzuwerden. Aus diesem Grund kommt auch die Elimination von Transaktionen nicht in Betracht, die eine beliebige aber feste Anzahl Male abgebrochen wurden, weil an ihnen die Problemstellung in verstärkter Form zutage tritt.

Die konkrete Ausgestaltung der grundsätzlichen Entscheidung für die Wiederholung von zurückgesetzten Transaktionen obliegt im Modell der **Restart-Politik,** mit der der Wiederanlaufzeitpunkt exakt bestimmt werden kann. Ein sofortiger **Wiederanlauf,** das ist ebenfalls eines der in [PeRe83b] festgehaltenen Resultate, führt nur zur **potentiell unendlichen Wiederholung** mehrerer sich gegenseitig behindernder Transaktionen, da die in Konflikt stehenden Transaktionen mit Sicherheit noch vom Datenbanksystem bearbeitet werden. Demgegenüber ist das möglichst lange Hinausschieben des Wiederanlaufs ebenfalls keine vernünftige Alternative, da reale Benutzer in der Regel nach einer gewissen Zeit selbst die Wiederholung durchführen oder sie automatisch vom Datenbanksystem bzw. einem ihm vorgeschalteten TP-Monitor eingeleitet wird. Bei der Simulation wurde der Abstand zwischen der Rücksetzung und dem **Wiederanlauf** sehr pragmatisch so eingestellt, daß jeweils **genau 5 andere Transaktionen** aktiviert werden, **bevor** die **abgebrochene** erneut an die Reihe kommt.

Trotzdem reicht die Verzögerung des Wiederanlaufs allein nicht aus, um das Problem der potentiell unendlichen zyklischen Wiederholung, zumindest bei simulativen Ansätzen der hier diskutierten Art auf der Basis empirischer Lastprofile, gänzlich aus der Welt zu schaffen. Als Erklärung sei nur auf die in 9.1.3 eingehend beschriebenen überlangen Transaktionen verwiesen, die vornehmlich bei hohen Sollparallelitätsgraden von ihrem erstmaligen Auftreten bis zum Ende eines Simulationslaufs aktiv sind. Obwohl diese Aussage eigentlich ein Teilergebnis der durchgeführten Leistunganalyse festhält, muß sie aus darstellungstechnischen Gründen zur Motivation der Existenzberechtigung der mit **Lastbalancierung** bezeichneten Funktion schon an dieser Stelle eingebracht werden. Weil sowohl in [Ari83, Ger83, PeRe83b], bei denen einfachere Simulationsmodelle eingesetzt wurden, als auch mit dem hier beschriebenen Modell bei ersten Versuchen ohne zusätzliche Maßnahmen immer wieder nicht terminierende Verarbeitungsfolgen oder die Verdrängung besonders kritischer Transaktionen an das Ende des Simulationslaufes und ihre Beendigung im Einbenutzerbetrieb beobachtet werden konnten, basieren die später diskutierten quantitativen Resultate der Leistungsanalyse auf Simulationsläufen mit Lastbalancierung.

In Übereinstimmung mit bereits in [PeRe83b] beschriebenen Vorschlägen wird dabei so verfahren, daß mit dem Anlauf der ersten Transaktion, die zuvor mindestens so oft zurückgesetzt worden ist, wie der in Bild 9.2 mit **Aktivierungsschwelle** bezeichnete Parameter anzeigt, die Sollparallelität so lange nicht weiter aufrecht erhalten wird, bis die betreffende Transaktion entweder erfolgreich beendet oder ein weiteres Mal zurückgesetzt worden ist. Die prinzipielle Funktionsweise der Strategie ist in Bild 9.4 graphisch veranschaulicht.

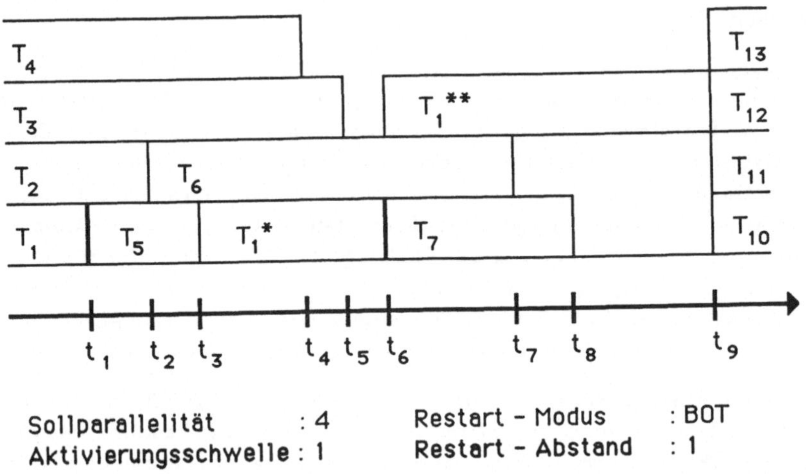

Bild 9.4: Prinzipielle Funktionsweise der Lastbalancierung

Auf ihm ist eine denkbare Verarbeitungsfolge von Transaktionen mit Lastbalancierung skizziert. Das Bild zeigt vier übereinander angeordnete Transaktionsstränge, entsprechend der verlangten Sollparallelität, in denen am Anfang T_1 bis T_4 ablaufen. Zum Zeitpunkt t_1 wird T_1 zurückgesetzt und T_5 an ihrer Stelle bearbeitet, bei t_2 vollzieht sich der Wechsel von T_2 auf T_6. Aufgrund der im Beispiel wirksamen Restart-Politik ersetzt T_1 (der Stern in Bild 9.4 bei T_1 signalisiert die zuvor erfolgte einmalige Rücksetzung) zu t_3 die erfolgreich beendete Transaktion T_5. In diesem Moment wird die Aktivierungsschwelle der Lastbalancierung überschritten, bis zum Ende von T_1 darf also keine neue Transaktion anlaufen. Deshalb sinkt die aktuelle Parallelität bei t_4 um eins ab und erreicht bei t_5 den Wert 2. Zum Zeitpunkt t_6 wird T_1 erneut zurückgesetzt. Damit wird die Aktivierungsschwelle unterschritten, neue Transaktionen werden zugelassen. Wegen der Restart-Politik kommt als nächstes T_1 zum Zuge und verhindert die weitere Auffüllung der Sollparallelität. An dieser Stelle wird auch deutlich, daß Transaktionen die Aktivierungsschwelle auch weit überschreiten können, allerdings erlaubt die Lastbalancierung das gleichzeitig immer nur für eine Transaktion. Im Beispiel sinkt die aktuelle Parallelität ab, bis T_1 schließlich im Einbenutzerbetrieb erfolgreich beendet wird und die aktuelle Parallelität bei t_9 den Wert der Sollparallelität wieder erreicht.

Diese offenkundig recht primitive Strategie reicht in allen Fällen zur Beseitigung unendlicher zyklischer Wiederanläufe aus, wenn auch zu dem hohen Preis einer im Extremfall auf den Einbenutzerbetrieb reduzierten Verarbeitung mit schlechter Ressourcenauslastung und einer potentiellen Antwortzeitsteigerung. Bei der Auswahl eines konkreten Wertes für die Aktivierungsschwelle muß zwischen dem Ziel einer möglichst hohen aktuellen Parallelität und dem der Verhinderung des dauernden Hinausschiebens besonders kritischer Transaktionen abgewogen werden. Um dem letzten Ziel Priorität einzuräumen, wurde dieser Wert mit Rücksicht auf Erfahrungen in [Ari83, Ger83, PeRe83b] auf 2 festgesetzt.

9.2.4. Überblick über die Auswertungsmöglichkeiten des Simulationssystems

Nachdem die Mächtigkeit und Vielseitigkeit des zur quantitativen Analyse von Synchronisationsverfahren entworfenen Simulationsmodells schon mit den Beschreibungen der Teilmodelle in Kapitel 8 und der Darstellung der Instrumentierungsmöglichkeiten in den unmittelbar vorangehenden Abschnitten plastisch vor Augen geführt wurde, leitet dieser Abschnitt zu den quantitativen Resultaten der Untersuchung über. Er gibt einen **groben Überblick** der **Auswertungsmöglichkeiten** des implementierten **Simulationssystems,** um zumindest einen Eindruck von dem Spektrum der möglichen Detailuntersuchungen zu vermitteln. Die Fülle der vom Simulationssystem zur Auswertung bereitgestellten Meßgrößen zur Charakterisierung des dynamischen Verhaltens der unterschiedlichen Teilmodelle macht zugleich klar, daß eine wirklich umfassende, alle Informationen berücksichtigende Analyse die Darstellung der Ergebnisse außerordentlich umfangreich ausfallen müßte. Unter Zugrundelegung des in 8.2.2 skizzierten Versuchsprogramms (rund 2000 Versuche) fallen bei nur 50 aufgezeichneten Meßgrößen schon 100.000 Einzelwerte an. Deshalb wird die Beschreibung der quantitativen Resultate der Leistungsuntersuchung von Synchronisationsverfahren in den folgenden Abschnitten auf eine repräsentative Auswahl besonders interessanter und wichtiger Größen beschränkt. Obwohl der Schwerpunkt der Erörterung selbstverständlich auf den Aspekten der Synchronisation in Datenbanksystemen liegt, werden doch einige sehr interessante, von der Untersuchung zutage gebrachte Beobachtungen und Ergebnisse geschildert, die auch die anderen simulierten Teilfunktionen von Datenbanksystemen betreffen.

Davor steht jedoch der knappe Überblick über die Aufzeichnungsmöglichkeiten des Simulationssystems, zu dessen graphischer Unterstützung in Bild 9.5 einige wenige Protokollauszüge der in Kapitel 8 näher erläuterten Komponenten zusammengestellt sind. Speziell die Protokollauszüge lassen am ehesten die Modellierungsgenauigkeit und den zu ihrer Erreichung erforderlichen Implementierungsaufwand ermessen, wobei die in Bild 9.5 gezeigten Auszüge noch nicht einmal die Hälfte der verfügbaren Information zum Ausdruck bringen.

Schon beim Entwurf des Simulationssystems wurde Wert darauf gelegt, die während eines Simulationslaufes eintretenden **Systemzustände** und **Kenngrößen** über das **Ablaufverhalten** des Gesamtsystems als auch seiner Komponenten **adäquat** zu **registrieren** und **ausführlich** und in gut lesbarer Weise zu **dokumentieren.** Insbesondere sollte der erreichte Detaillierungsgrad hinsichtlich der Modellbildung auch durch entsprechend spezialisierte Ablaufprotokolle und Statistiken der externen Analyse zugänglich gemacht werden. Deshalb sind im Prinzip in jede der in Kapitel 8 behandelten Komponenten zur Realisierung eines der Teil-modelle geeignete Aufzeichnungs- und Aufbereitungsfunktionen integriert, die entweder kontinuierlich während des Versuchsablaufs oder nach dem Abschluß der Simulation eine Reihe von Dateien mit Protokollen beschreiben. Über die in Bild 9.5 gezeigten Beispiele der Ausgaben von Scheduling-Komponente, Externspeicherverwaltung, Sperrkomponente und das globale Ablaufprotokoll hinaus werden ähnlich ausführliche Informationen noch von den ver-schiedenen Ebenen der Systempufferverwaltung, der Referenzstring-Verwaltung und dem für die optimistischen Verfahren verantwortlichen Teil der Synchronisationskomponente gelie-fert.

Da eine auch nur einigermaßen vollständige Erläuterung aller in Bild 9.5 zusammenge-faßten Informationen bei weitem den Rahmen eines Abschnitts sprengen würde, wird hier auf eine ausführliche Diskussion verzichtet. Weitere Informationen können darüber hinaus [Boh85, Käf85, Pro85, Sut85] oder [Pei86] entnommen werden. An dieser Stelle sollen deshalb einige knappe Bemerkungen zu den vier Teilen von Bild 9.5 genügen.

Das Protokoll der Scheduling-Komponente in Teil a von Bild 9.5 umfaßt in seiner oberen Hälfte die Anteile an der Rechenzeit, die auf die Bearbeitung der unterschiedlichen Referenz-typen entfallen, und die absolute Häufigkeit der zugehörigen Ereignisse, entwirft also ein ziemlich genaues Bild der herrschenden Auslastung des simulierten Prozessors. In der unteren Hälfte sind insbesondere die quantitativen Angaben hinsichtlich der in Kapitel 7 als Kosten- und Leistungsmaße definierten unterschiedlichen Parallelitätsbegriffe aufgeführt, sowie Angaben über das Blockierungs- und Rücksetzverhalten der Transaktionen des logi-schen Seitenreferenz-Strings.

Teil b von Bild 9.5 zeigt einen Teil der Protokolle der Externspeicherverwaltung. Sie zeich-nen das E/A-Verhalten des Datenbanksystems während der Simulation recht exakt nach. Neben der Aufschlüsselung der Zugriffe nach physischen Geräten und Datenbank-Bereichen umfassen die Protokolle außerdem eine Statistik der Zugriffskammbewegungen, die aus den Häufigkeiten der beim Zugriff überquerten Zylinderdistanzen besteht.

In Teil c von Bild 9.5 ist ein kurzer Ausschnitt des während eines gesamten Simulationslaufes geschriebenen globalen Ablaufprotokolls, in dem für jede Transaktionsausführung, unabhängig von ihrem Erfolg, charakteristische Angaben über referenzierte Objektmengen und den Systemzustand (Systempufferauslastung, simulierte Referenzen) aufgezeichnet wer-den.

Die von der Sperrkomponente zusammengetragenen Kennzahlen illustriert Teil d von Bild 9.5. Dort wird zwischen Informationen über simulierte Referenzen, dabei berührte Seiten und die verarbeiteten Transaktionen unterschieden. Diese Statistiken geben neben anderem über die Häufigkeiten und Ursachen von Rücksetzungen, die Anzahl der Sperrkonversionen und die Extrem- und Durchschnittswerte der Größen der schon in 9.1.3 besprochenen Objektmen-gen von Transaktionen Auskunft.

157

```
SCHED: STATISTIK FUER GESAMTEN LAUF BIS REFSTR-ENDE:
=====================================================
SYSTEMZEIT.ZEIT      (MICROSEC)              754091500
SYSTEMZEIT.FIX       (MICROSEC)              729778500
SYSTEMZEIT.UNFIX     (MICROSEC)                      0
SYSTEMZEIT.BOT       (MICROSEC)                3584000
SYSTEMZEIT.EOT       (MICROSEC)                3144000
SYSTEMZEIT.ABORT     (MICROSEC)                 100000
SYSTEMZEIT.SVC       (MICROSEC)               17038000
SYSTEMZEIT.COPY      (MICROSEC)                      0
SYSTEMZEIT.IDLE      (MICROSEC)                 647000
#AUFRUFE ZEITVERWALTUNG FIX                     132687
#AUFRUFE ZEITVERWALTUNG UNFIX                   132687
#AUFRUFE ZEITVERWALTUNG BOT                        282
#AUFRUFE ZEITVERWALTUNG EOT                        262
#AUFRUFE ZEITVERWALTUNG ABORT                       20
#AUFRUFE ZEITVERWALTUNG SVC                       4868
#AUFRUFE ZEITVERWALTUNG COPY                         0
#AUFRUFE ZEITVERWALTUNG IDLE                        26
SYSTEMZEIT.REFS                                 132687
SYSTEMZEIT.BOTS                                    282
# BEI EOT    NACHGENERIERTER UNFIXES                 0
# BEI ABORT NACHGENERIERTER UNFIXES                 25
# COMMIT_AUFRUFE                                   262
# SLEEP_AUFRUFE                                    335
# ABORT_AUFRUFE                                     20
# REFS NETTO                                    113927
# REFS BRUTTO                                   132687
WIEDERHOLUNGSFAKTOR                       1.16466685E+00
DURCHSCHN. PARALLELITAET (REF)            1.35284542E+01
DURCHSCHN. PARALLELITAET (ZEIT)           1.36748113E+01
EFFEKTIVE  PARALLELITAET (REF)            1.16157287E+01
DURCHSCHN. DEAKTIVIERUNGSDAUER (ZEIT)     2.91025625E+07
MAXIMALE  DEAKTIVIERUNGSDAUER (ZEIT)           394753500
MINIMALE  DEAKTIVIERUNGSDAUER (ZEIT)               11000
DURCHSCHNITTLICHE LAUFZEIT DER TRANSAKTIONEN:
 VOM 1. START BIS COMMIT ODER ABORT       8.61223830E+07
 VOM 1. START BIS COMMIT                  7.46465553E+07
 VOM AKT. START BIS COMMIT ODER ABORT     6.87547535E+07
 VOM AKT. START BIS ABORT                 1.32489325E+08
 VOM AKT. START BIS COMMIT                6.38895191E+07
DURCHSCHN. DEAKTIVIERUNGSDAUER (REFS)     5.11256410E+03
MAXIMALE  DEAKTIVIERUNGSDAUER (REFS)               68778
MINIMALE  DEAKTIVIERUNGSDAUER (REFS)                   1
```

a) Protokoll der Scheduling-Komponente

```
GERAETE-STATISTIK:
==================
(GERAETE-NR, #ZUGRIFFE, BUSY-TIME IN MS)
      1        4798        152514
      2           0             0
      3          70          1944


AREA-STATISTIK:
===============
(AREA, #ZUGRIFFE)
   1       7
   2       0
   3    4791
   4      70
```

```
AGGREGIERTE STATISTISCHE DATEN ZUR ZUGRIFFSKAMMBEWEGUNG:
========================================================
(#UEBERQUERTE       #EREIGNISSE, GESAMTZEIT    DURCHSCHNITTL.)
(ZYLINDER,                       IN MS,        ZEIT IN MS   )
    0 -   32        1534           9684              6
   33 -   65         598           7483             12
   66 -   98         704          13911             19
   99 -  131         501          11020             21
  132 -  164         470          10979             23
  165 -  197         349           8646             24
  198 -  230         278           7180             25
  231 -  263          87           2361             27
  264 -  296         201           5738             28
  297 -  329          97           2898             29
  330 -  362          33           1025             31
  363 -  395          15            480             32
  396 -  428           1             33             33
  429 -  461           0              0              0
  462 -  494           0              0              0
  792 -  824           0              0              0
```

```
STATISTISCHE DATEN ZUR ZUGRIFFSKAMMBEWEGUNG:
============================================
(#UEBERQUERTE       #EREIGNISSE, GESAMTZEIT    DURCHSCHNITTL.)
(ZYLINDER,                       IN MS,        ZEIT IN MS   )
    0               243              0              0
    1                71            426              6
    2                60            360              6
    3                67            402              6
    4                68            408              6
    5                59            354              6
    6                33            198              6
```

===== ENDE AUSGABE DES MODULS 'DEVICE'. =====

b) Protokoll der Externspeicherverwaltung

Bild 9.5: Auswertungsmöglichkeiten des Simulationssystems (Auszüge)

SYNCH CALLS	LOGREF	TA-NR	TYP	TERMINATION COMMIT	COMPLETE	ABORT	PARALLELITY ACT	AVERAGE	TYP	ABO	#T	#DR	#DW	#R	#W	#CF	#CV	BUFFER FREE	FIX	INFO REPL	PHYSICAL IO #READ	#WRITE	RUNTIME CPU-SEC
741	369	4	COM	1	1	0	15	20.7645	U	0	0	3	0	7	5	0	0	947	10	67	77	0	116.82
1501	751	6	COM	2	2	0	16	19.0240	U	0	0	4	0	7	7	1	0	892	23	109	132	0	130.66
2221	1108	11	COM	3	3	0	16	18.4399	U	0	0	15	3	9	8	0	0	856	23	145	168	0	145.96
2766	1378	2	COM	4	4	0	17	18.3802	U	0	0	3	0	7	5	2	0	831	35	158	193	0	158.39
3047	1520	27	COM	5	5	0	18	18.4418	U	0	0	1	0	7	4	1	0	820	39	165	204	0	163.64
3380	1679	8	COM	6	6	0	19	18.5799	U	0	0	3	0	7	5	1	0	811	34	179	213	0	172.38
4013	1998	10	COM	7	7	0	19	18.8343	U	0	0	3	0	7	5	1	0	791	45	188	233	0	186.72
4669	2326	12	COM	8	8	0	20	19.1262	U	0	0	3	0	7	5	1	0	764	54	206	260	0	199.64
5595	2790	13	COM	9	9	0	20	19.4796	U	0	0	27	0	8	8	1	0	740	65	219	284	0	219.57
6064	3019	15	COM	10	10	0	22	19.7340	U	0	0	3	3	10	8	1	0	730	65	229	294	0	229.37
6442	3208	40	COM	11	11	0	22	19.9752	U	0	0	1	0	5	4	1	0	721	72	231	303	0	238.89
6667	3321	7	COM	12	12	0	23	20.1086	U	0	0	1	3	7	4	1	0	716	72	236	308	0	243.40
7280	3621					0	23	20.4374	U	0	0	1	3	5	4	1	0	705	80	239	319	0	258.26
7302	3635							20.4568	U	0	0	3	0	9	8	1	0	704	75	245	320	0	261.07
8151	405[illegible]							[illegible]	U	0	0	1	3	5	4	2	0	687	86	251	337	0	279.66
9207	4[illegible]								"	0	0	3	3	11	10	1	0	663	97	264	361	0	303.29
9306												1	3	5	5	1	0	661	93	270	363	0	305.44
10228												1	3	5	4	1	0	646	100	278	378	0	327.[illegible]
10877												1	0	11	8	1	0	635	100	289	389	0	[illegible]
111[illegible]													0	5	4	1	0	629	105	290	395	0	
1[illegible]														5	[illegible]	1	0	613	114	297	411		
																0	0	609	109	306			

c) globales Ablaufprotokoll

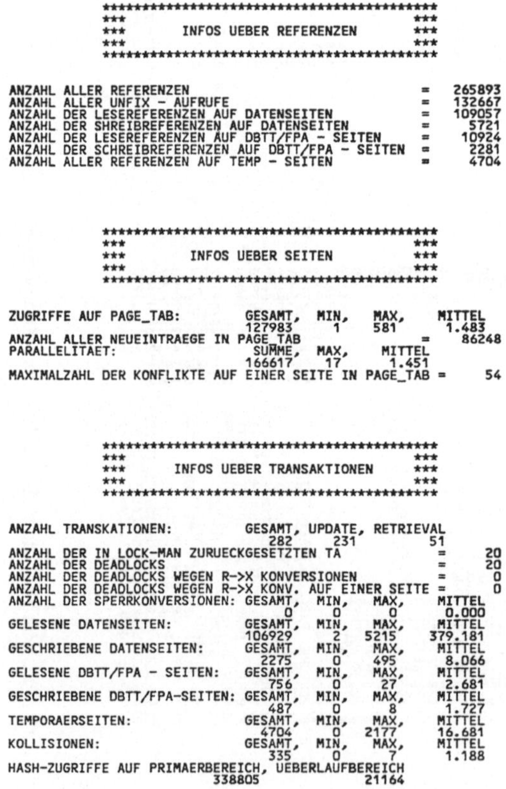

```
***********************************************
***                                         ***
***         INFOS UEBER REFERENZEN          ***
***                                         ***
***********************************************
```

ANZAHL ALLER REFERENZEN   = 265893
ANZAHL ALLER UNFIX - AUFRUFE   = 132667
ANZAHL DER LESEREFERENZEN AUF DATENSEITEN   = 109057
ANZAHL DER SHREIBREFERENZEN AUF DATENSEITEN   =   5721
ANZAHL DER LESEREFERENZEN AUF DBTT/FPA - SEITEN   =   10924
ANZAHL DER SCHREIBREFERENZEN AUF DBTT/FPA - SEITEN   =   2281
ANZAHL ALLER REFERENZEN AUF TEMP - SEITEN   =   4704

```
***********************************************
***                                         ***
***          INFOS UEBER SEITEN             ***
***                                         ***
***********************************************
```

ZUGRIFFE AUF PAGE_TAB: GESAMT,   MIN,   MAX,   MITTEL
                                127983   1   581   1.483
ANZAHL ALLER NEUEINTRAEGE IN PAGE_TAB   =   86248
PARALLELITAET: SUMME,   MAX,   MITTEL
                                166617   17   1.451
MAXIMALZAHL DER KONFLIKTE AUF EINER SEITE IN PAGE_TAB =   54

```
***********************************************
***                                         ***
***       INFOS UEBER TRANSAKTIONEN         ***
***                                         ***
***********************************************
```

ANZAHL TRANSAKTIONEN: GESAMT, UPDATE, RETRIEVAL
                                  282   231   51
ANZAHL DER IN LOCK-MAN ZURUECKGESETZTEN TA   =   20
ANZAHL DER DEADLOCKS   =   20
ANZAHL DER DEADLOCKS WEGEN R->X KONVERSIONEN   =   0
ANZAHL DER DEADLOCKS WEGEN R->X KONV. AUF EINER SEITE =   0
ANZAHL DER SPERRKONVERSIONEN: GESAMT, MIN,   MAX,   MITTEL
                                    0   0   0   0.000
GELESENE DATENSEITEN: GESAMT, MIN,   MAX,   MITTEL
                                106929   2   5215   379.181
GESCHRIEBENE DATENSEITEN: GESAMT, MIN,   MAX,   MITTEL
                                  2275   0   495   8.066
GELESENE DBTT/FPA - SEITEN: GESAMT, MIN,   MAX,   MITTEL
                                   756   0   27   2.681
GESCHRIEBENE DBTT/FPA-SEITEN: GESAMT, MIN,   MAX,   MITTEL
                                   487   0   8   1.727
TEMPORAERSEITEN: GESAMT, MIN,   MAX,   MITTEL
                                  4704   0   2177   16.681
KOLLISIONEN: GESAMT, MIN,   MAX,   MITTEL
                                   335   0   7   1.188
HASH-ZUGRIFFE AUF PRIMAERBEREICH, UEBERLAUFBEREICH
                                338805   21164

d) Protokoll der Sperrkomponente

Bild 9.5: Auswertungsmöglichkeiten des Simulationssystems

9.3. Grundsätzliches zur Leistungsuntersuchung der Synchronisationsverfahren

9.3.1. Die implementierten Verfahrensvarianten der simulierten Synchronisationsverfahren

Bei der Erläuterung des Versuchsprogramms für die hier diskutierte Leistungsuntersuchung von Synchronisationsverfahren wurden diese mit mnemonischen Namen versehen, die weitgehend für sich selbst sprechen. Andererseits wurde bei den knappen Verfahrenserläuterungen in Kapitel 4 und den Implementierungsvorschlägen für die Synchronisationskomponente in Kapitel 5 auf zahlreiche **Alternativen** bei der **Ausgestaltung der Algorithmen** hingewiesen, deren Untersuchung allerdings den Parameterraum weiter aufgebläht hätte. Die nachfolgenden Bemerkungen haben den Zweck, zumindest die grundlegenden Implementierungsentscheidungen der bei der Simulation eingesetzten Verfahrensalternativen hinreichend klarzustellen.

Hinsichtlich der Sperrverfahren ist eigentlich nur die Bedeutung des Kürzels **RX2** näher zu erläutern. Dabei handelt es sich um den Versuch, die in [GLPT76] mit **Konsistenzebene 2** bezeichnete Variante des herkömmlichen RX-Verfahrens nachzuempfinden, die auch den Untersuchungen in [Rah84] zugrundeliegt. Ziel der Aufnahme des RX2-Verfahrens in den Katalog der untersuchten ist die Abschätzung des Preises, der für den Übergang von dem in praktisch allen kommerziellen Datenbanksystemen implementierten Konsistenzbegriff auf den qualitativ höher stehenden der Serialisierbarkeit [EGLT76, BeGo79, DeGo81] zu zahlen ist. Die in [GLPT76] für Konsistenzebene 2 geforderten kurzen Lesesperren werden in der Simulation in Ermangelung exakterer Information jeweils von der logischen Seitenreferenz bis zur Bearbeitung der korrespondierenden UNFIX-Referenz gehalten.

Als **Warteschlangendisziplin** bei allen Sperrverfahren wird FIFO mit schubweiser Zulassung von Lesern eingesetzt, sofern diese nicht ohnehin sofort Zugriff zum Objekt erhalten (RA-Verfahren). Bei den RA-Verfahren wird mit dem **Eintragen** der **Kanten** in den **Abhängigkeitsgraphen** bis zum EOT-Aufruf der Transaktion gewartet, was der Validierungsprozedur bei den optimistischen Verfahren nahekommt. Die Existenz von Zyklen im Warte- bzw. Abhängigkeitsgraphen wird bei jeder Blockierung bzw. bei den RA-Verfahren im Rahmen der EOT-Verarbeitung abgeprüft, Zyklen werden immer durch Rücksetzen des Verursachers aufgelöst.

Die optimistischen Synchronisationsverfahren sind, zumindest was die Validierungsregeln angeht, weitgehend nach den in [KuRo81, Här84, Schl81, Schl82] gemachten Vorschlägen ausgerichtet, allerdings wird das **blinde Schreiben** wegen der Möglichkeit der verlorengegangenen Änderung auf Seitenebene explizit **ausgeschlossen**. Insofern unterscheidet sich das implementierte Verfahren von dem in [Ger83, PeRe83b] eingesetzten, wobei die quantitativen Auswirkungen dieser Entwurfsentscheidung sicherlich einen interessanten Untersuchungsgegenstand darstellen. Bei der mit **FOCC** abgekürzten Variante handelt es sich um das in [Här84a] vorgestellte **hybride Verfahren**, das zunächst zwei Rücksetzungen pro Transaktion bei Konflikten in der Validierungsphase in Kauf nimmt, bevor zur Rücksetzung noch laufender Transaktionen Zuflucht genommen wird. Die Auswahl des Wertes 2 resultiert aus in [PeRe83b] gesammelten Erfahrungen, die zeigen, daß die egoistische Methode des sofortigen Rücksetzens aller mit der validierenden Transaktion in Konflikt stehenden Transaktionen zwar zu den besten Ergebnissen führt, sehr lange Transaktionen aber immer wieder aufgeschoben werden. Andererseits steigt beim konsequenten Rücksetzen der validierenden Transaktion die absolute Anzahl der Rücksetzungen unverhältnismäßig stark an.

9.3.2. Der Speicherbedarf der Synchronisationsverfahren

Bei der Beschreibung des Versuchsprogramms für die Leistungsuntersuchung in 9.2.2 wurden die betrachteten Systempuffergrößen mit 128, 256, 512, 768 und 1024 Rahmen angegeben. Das entspricht bei 2 Kilobyte pro Rahmen immerhin einem Mindestbedarf von 256 Kilobyte für den Systempuffer bzw. 2 Megabyte im größten Fall. Der Minimalwert von 128 entspringt allerdings keiner willkürlichen Setzung, sondern wird durch die Eigenarten der betrachteten Synchronisationsverfahren und die der verwendeten logischen Seitenreferenz-Strings unmittelbar bestimmt. In Kapitel 6 wurde dargelegt, daß eine Implementierung der Verfahren eigentlich nur unter der Annahme der Nichtverdrängung geänderter Seiten aus dem Systempuffer vor Transaktionsende Sinn macht.

Als Konsequenz dieser Entwurfsentscheidung schreibt diejenige Transaktion des jeweiligen logischen Seitenreferenz-Strings die Untergrenze für die Größe des Systempuffers vor, deren Schreibmengen für normale Datenseiten und solche vom DBTT-FPA-Typ in der Summe ein Maximum erreichen. Strenggenommen müssen bei dem Betrag auch noch die von einer Transaktion zu einem Zeitpunkt im Lesemodus im Systempuffer fixierten Seiten berücksichtigt werden. Aufgrund der in 9.1.3 zusammengestellten Angaben leitet sich für MIX40 eine minimale Puffergröße von 498 (495 gewöhnliche Datenseiten, 3 DBTT- und FPA-Seiten) Seiten her, wobei die Anzahl der fixierten, nur gelesenen Seiten aus den Daten nicht abgelesen werden kann. Mit der Simulation konnte jedoch das Ausreichen von 512 Rahmen empirisch bestätigt werden. Für die anderen 4 logischen Seitenreferenz-Strings liegt die Untergrenze weit tiefer. Die Zahlen in 9.2.3 zeigen bei überschlägiger Rechnung, daß etwa 80 Rahmen in jedem Falle genügen sollten. Empirische Untersuchungen bestätigen das zumindest für 128 Rahmen, die in allen Fällen hinreichten und deshalb als gemeinsame Untergrenze für die Untersuchung gewählt wurden.

Implizite Annahme der vorstehenden Überlegungen ist allerdings immer der physische Einbenutzerbetrieb. Für den Mehrbenutzerbetrieb ließe sich zwar leicht eine äquivalente Abschätzung angeben, indem die n Transaktionen mit den größten Schreibmengen kombiniert werden, doch ist sie vermutlich zu pessimistisch, weil sie das gleichzeitige Aufeinandertreffen aller n Transaktionen nach dem vollständigen Aufbau der Schreibmengen unterstellt. Gemäß der in Tabelle 9.7 aufgelisteten Zahlen errechnet sich überschlägig für MIX40 bei Parallelität 2 schon ein Bedarf von 776 Rahmen (ohne Berücksichtigung von nur gelesenen Seiten). Bei DOD wird mit höchstens 6 parallelen Transaktionen die Grenze von 128 Rahmen überschritten, bei KD bereits mit 3 Transaktionen und bei WSOD mit 4. TER läßt sich aufgrund des Datenmaterials nicht so eindeutig taxieren, allerdings enthält dieser Seitenreferenz-String eine Transaktion mit einer Schreibmenge von 73 Seiten, alle anderen fallen dagegen wesentlich kleiner aus.

Die tatsächliche **dynamische Entwicklung** des **Speicherbedarfs** bei **unterschiedlichen Parallelitätsgraden, Puffergrößen, Synchronisationsverfahren** und den **logischen Seitenreferenz-Strings** kann zumindest tendenziell aus Bild 9.6 abgelesen werden. Es zeigt die Ergebnisse von Simulationen mit WSOD und KD für die kritischen kleinen Puffer mit 128 und 256 Rahmen. Die Kopfzeile zählt die jeweiligen Sollparallelitätsgrade auf, die Kopfspalte die betrachteten Synchronisationsverfahren. Die dunkel untermalten Bereiche umschließen die Parameterkombinationen, für die die Simulation aus Speicherplatzmangel im Systempuffer

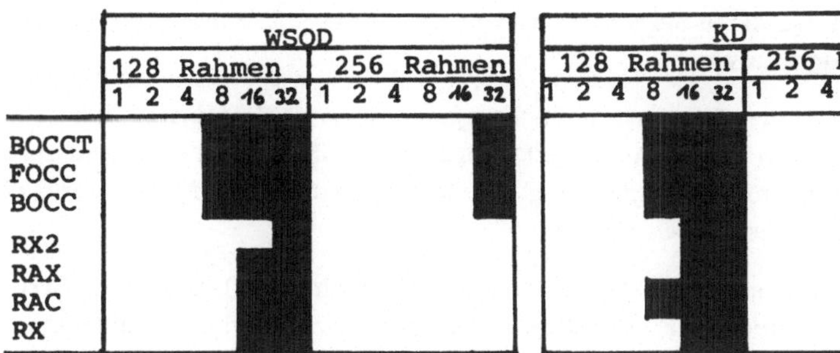

Bild 9.6: Speicherbedarf der Synchronisationsverfahren

abgebrochen werden mußte. Bei den nicht explizit genannten Referenzstrings DOD und TER reichten interessanterweise in allen Fällen 128 Rahmen aus, bei MIX40 waren dagegen immer 768 nötig, die dann aber ebenfalls allen Anforderungen genügten.

Aus dem Bild geht hervor, daß bei den **kleinen Puffergrößen** die **optimistischen Synchronisationsverfahren** als Gruppe jeweils bereits bei **kleineren Parallelitäten** als die Sperrverfahren auf **Speicherplatzprobleme** stoßen. Sie rühren von dem zunächst relativ ungezügelten Voranschreiten der Verarbeitung bis zur Validierungsphase her, was insgesamt in der Tendenz zu einem größeren Speicherplatzbedarf führt. Obwohl die Angaben von Bild 9.6 rein qualitativer Art und ihrer Natur nach unscharf sind, läßt sich immerhin ablesen, daß mit Ausnahme von MIX40, zumindest für kleinere Parallelitätsgrade, bei allen Synchronisationsverfahren auf der Basis des empirischen Materials mit Systempuffern relativ bescheidener Größe (128 Rahmen) auszukommen ist.

Dagegen bedeuten die in Bild 9.6 gemachten Angaben keinesfalls, daß hohe Verarbeitungsparallelität und kleine Systempuffer einander generell ausschließen, sondern sie führen vielmehr die Notwendigkeit geeigneter **Lastbalancierungsmaßnahmen** vor Augen. Ihre Aufgabe ist es, Betriebsmittelengpässe wie den beim Pufferspeicher rechtzeitig zu erkennen und vorbeugende Gegenmaßnahmen wie das Absenken der Sollparallelität zu ergreifen. In Situationen, in denen derartige Vorkehrungen auch keine Abhilfe schaffen, muß im äußersten Falle zum Abbruch von Transaktionen gegriffen werden und eventuell für eine gewisse Zeit physischer Einbenutzerbetrieb in Kauf genommen werden, eine Maßnahme, die an erster Stelle Synchronisationsverfahren trifft, die ansonsten eine hohe durchschnittliche Anzahl verarbeitungsfähiger Transaktionen bereithalten.

Selbst der physische Einbenutzerbetrieb ist, wie MIX40 demonstriert, bei Transaktionen mit extremem Betriebsmittelbedarf nicht in allen Fällen die angemessene Lösung. Da, wie an MIX40 deutlich wird, in praktischen Anwendungsumgebungen derartige, außerordentlich lange Transaktionen zum Ablauf kommen, muß das Datenbanksystem auch bei bescheidenen Größen des Systempuffers mit ihren Anforderungen fertig werden. Das impliziert die Fähigkeit, zumindest zeitweise geänderte Seiten vor Transaktionsende aus dem Puffer zu verdrängen, mit allen negativen Konsequenzen, die das für die Implementierung der optimistischen Verfahren hat (siehe Kapitel 6). Praktisch brauchbare Implementierungen optimistischer Verfahren müssen also zwingend mit Ausnahmemechanismen zur Behandlung überlanger Transaktionen versehen sein.

9.3.3. Grundsätzliche Probleme bei der Interpretation der quantitativen Resultate der empirischen Leistungsanalyse

Als Übergang auf die Präsentation der quantitativen Ergebnisse der empirischen Leistungsanalyse werden in diesem Abschnitt einige der bei ihrer Interpretation auftretenden Probleme angesprochen, ihr Zusammenhang mit der Meßmethode aufgezeigt und die prinzipielle Aussagekraft der Ergebnisse erörtert.

Bei der Darstellung der besonderen Eigenarten der 5 logischen Seitenreferenz-Strings wurde auf die großen Unterschiede der enthaltenen Lastprofile aufmerksam gemacht. Aufgrund dieser Unterschiede ist - dies haben auch schon andere Untersuchungen [Ari83, Ger83, Pet84, PeRe83b] auf der Basis empirischer Daten offengelegt - es sicherlich unrealistisch, von der Untersuchung lastunabhängige quantitative Reihungen der Synchronisationsverfahren zu erwarten oder etwa "goldene" Zahlen zur knappen und präzisen Beschreibung der Leistungseigenschaften. Schon eine auf quantitativen Aussagen fundierte konsistente qualitative Reihung der Verfahren bzw. der Gruppen von Verfahren wäre als Erfolg anzusehen.

Um die Qualität der aus den Meßergebnissen abgeleiteten Aussagen richtig zu ermessen, wird mit Hilfe von Tabelle 9.8 auf einige **prinzipielle, von der Meßmethode herrührende Schwierigkeiten** hingewiesen. Die Tabelle zeigt für die repräsentativ ausgewählten logischen Seitenreferenz-Strings WSOD und TER für einige Puffergrößen die in Kapitel 7 als eines der möglichen Kosten- und Leistungsmaße definierte durchschnittliche Parallelität. Im Vergleich zu allen auf der Basis von empirischen Lastprofilen durchgeführten Untersuchungen [Ari83, Ger83, PeRe83b, Pet84, Rah84] zur Leistungsanalyse von Synchronisationsverfahren ist der hier beschriebene Ansatz durch die Einbeziehung der Systempufferfunktion und der der Externspeicherverwaltung charakterisiert und liefert über den zusätzlichen Parameter der Puffergröße für alle Meßgrößen für jede einzelnen Parallelitätsgrad und jedes Verfahren mehrere Meßwerte.

Eine ins Auge stechende Beobachtung in Tabelle 9.8 ist die **große Reagibilität** der **durchschnittlichen Parallelität auf** den Parameter **Puffergröße.** Insbesondere bei hohen Sollparallelitätsgraden (16, 32) sind unschwer teilweise erhebliche Abweichungen der für ein Verfahren und einen logischen Seitenreferenz-String gemessenen Werte bei variierender Puffergröße erkennbar.

Bei TER treten beispielsweise für das RX-Verfahren Schwankungen zwischen 21.984 (bei 768 Pufferrahmen) und 23.234 (bei 1024 Pufferrahmen) beim höchsten untersuchten Parallelitätsgrad auf. Ähnliche Beobachtungen ließen sich auch bei den anderen Synchronisationsverfahren aufzählen, ebenfalls für den logischen Seitenreferenz-String WSOD. Da die beobachteten Abweichungen durchaus unsystematischen Charakter tragen und teilweise Bereiche überdecken, die für die qualitative Reihung der Verfahren kritisch sind, ist die Auseinandersetzung mit den Ursachen für die numerischen Schwankungen dringend geboten und bei der weiteren Interpretation angemessen zu berücksichtigen.

| WSOD 1024 | | | | | | |
PAR	BOCCT	FOCC	BOCC	RX2	RAX	RAC	RX
1	1.000	1.000	1.000	1.000	1.000	1.000	1.000
2	1.969	1.998	2.000	1.991	1.975	1.937	1.958
4	3.774	3.865	3.959	3.915	3.819	3.713	3.809
8	6.730	6.672	7.071	6.930	6.407	6.254	6.100
16	10.269	11.032	11.556	10.282	9.271	9.355	8.372
32	15.436	17.461	15.839	14.430	12.165	12.564	12.600

| WSOD 768 | | | | | | |
PAR	BOCCT	FOCC	BOCC	RX2	RAX	RAC	RX
1	1.000	1.000	1.000	1.000	1.000	1.000	1.000
2	1.975	2.000	2.000	1.991	1.982	1.944	1.966
4	3.809	3.740	3.953	3.906	3.743	3.599	3.729
8	6.901	6.723	7.197	6.940	6.428	6.226	6.066
16	10.555	10.879	11.178	9.785	9.173	9.495	8.627
32	14.027	16.210	16.959	14.077	13.076	12.309	10.634

| WSOD 512 | | | | | | |
PAR	BOCCT	FOCC	BOCC	RX2	RAX	RAC	RX
1	1.000	1.000	1.000	1.000	1.000	1.000	1.000
2	2.000	1.999	1.956	1.990	1.992	1.951	1.976
4	3.791	3.740	3.942	3.911	3.727	3.611	3.678
8	6.711	6.633	7.346	6.907	6.270	6.287	6.055
16	10.347	11.458	11.668	10.315	8.787	9.427	8.493
32	14.860	17.726	16.591	14.107	13.873	11.258	12.175

| WSOD 256 | | | | | | |
PAR	BOCCT	FOCC	BOCC	RX2	RAX	RAC	RX
1	1.000	1.000	1.000	1.000	1.000	1.000	1.000
2	1.911	2.000	1.955	1.990	1.988	1.980	1.948
4	3.790	3.755	3.940	3.903	3.699	3.612	3.843
8	6.756	6.631	7.018	6.894	6.434	6.219	6.050
16	10.289	10.584	11.423	9.829	8.862	9.268	7.108
32	------	------	------	14.306	13.497	11.548	12.287

| TER 1024 | | | | | | |
PAR	BOCCT	FOCC	DOCC	RX2	RAX	RAC	RX
1	1.000	1.000	1.000	1.000	1.000	1.000	1.000
2	1.995	2.000	2.000	1.003	3.000	2.000	1.992
4	4.000	3.959	4.000	3.954	3.976	3.979	3.952
8	7.702	7.640	7.623	7.734	7.824	7.805	7.621
16	13.552	13.650	13.898	14.750	13.774	13.894	13.597
32	22.157	22.918	23.690	26.843	22.652	23.626	22.088

| TER 768 | | | | | | |
PAR	BOCCT	FOCC	BOCC	RX2	RAX	RAC	RX
1	1.000	1.000	1.000	1.000	1.000	1.000	1.000
2	1.994	2.000	2.000	1.994	2.000	2.000	1.990
4	3.982	3.954	3.993	3.958	3.982	3.988	3.952
8	7.739	7.599	7.732	7.740	7.779	7.805	7.810
16	13.573	13.505	13.481	14.786	13.789	13.797	13.697
32	22.166	23.300	22.837	27.093	23.100	22.924	21.984

| TER 512 | | | | | | |
PAR	BOCCT	FOCC	BOCC	RX2	RAX	RAC	RX
1	1.000	1.000	1.000	1.000	1.000	1.000	1.000
2	1.994	1.996	2.000	1.995	2.000	2.000	1.993
4	3.982	3.956	3.991	3.959	3.982	3.987	3.950
8	7.780	7.652	7.702	7.736	7.731	7.784	7.622
16	13.614	13.584	13.593	14.741	13.920	14.158	13.763
32	22.901	22.365	22.546	26.879	23.367	22.706	22.730

| TER 256 | | | | | | |
PAR	BOCCT	FOCC	BOCC	RX2	RAX	RAC	RX
1	1.000	1.000	1.000	1.000	1.000	1.000	1.000
2	1.994	1.998	2.000	1.994	2.000	2.000	1.989
4	3.983	3.960	3.982	3.967	3.982	3.976	3.947
8	7.764	7.563	7.726	7.750	7.785	7.753	7.591
16	14.041	13.403	13.396	14.794	13.823	14.047	13.725
32	22.500	22.366	23.985	27.567	23.641	23.333	23.234

Tabelle 9.8: Die Meßergebnisse für die durchschnittliche Parallelität

Zur Verdeutlichung der hauptsächlichen Ursachen für das zunächst überraschende Phänomen der großen Bandbreiten sind in Bild 9.7 zwei kleine Szenarien möglicher Verarbeitungsfolgen graphisch illustriert. Bei der Definition der Kosten- und Leistungsmaße in Kapitel 7 wurde schon darauf hingewiesen, daß hinsichtlich der vorgeschlagenen Parallelitätsmaße sowohl die Messung des Wertes zu Beginn der Abklingphase (wenn die Referenzstring-Verwaltung keine weitere Transaktion bereitstellen kann) als auch am Ende der Simulation möglich ist. Die in Tabelle 9.8 aufgeführten Meßwerte wurden zu dem früheren der beiden Zeitpunkte bestimmt.

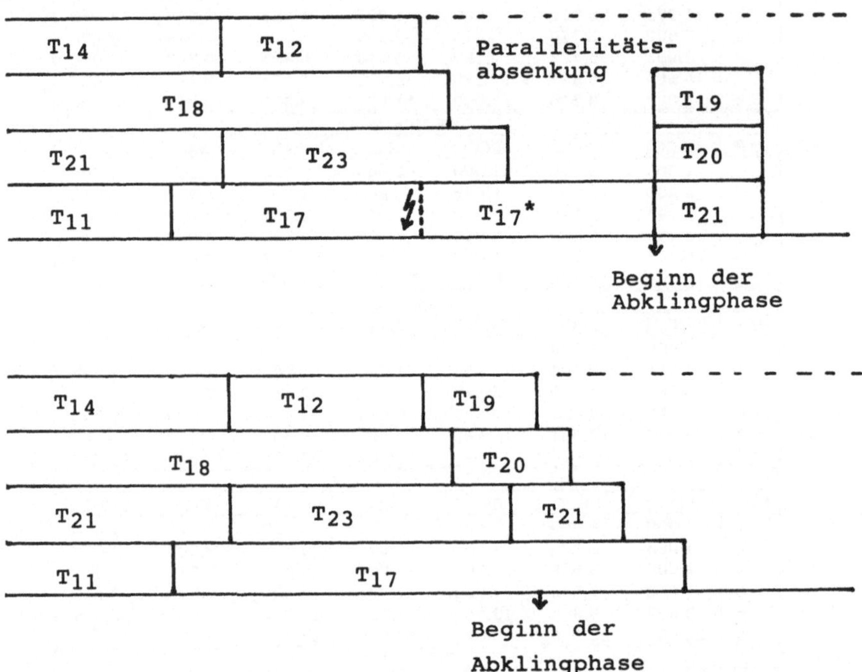

Bild 9.7:   Die Auswirkungen von Lastbalancierung und Ausklingphase auf die Meßergebnisse

Bild 9.7 zeigt das Ende zweier Verarbeitungsfolgen identischer Transaktionen bei verschiedenen Größen des Systempuffers kurz vor dem Anfang der Abklingphase bei einer Sollparallelität von 4. Bis zu dem im oberen Szenarium durch das Blitzsymbol dokumentierten Abbruch von Transaktion T_{17} werden weitgehend identische Verarbeitungsfolgen unterstellt. Die Rücksetzung von T_{17} sei durch eine geringfügig veränderte Reihenfolge der Referenzen verursacht, die bei verschiedenen Puffergrößen schon durch eine einzige zusätzliche Fehlseitenbedingung ausgelöst werden kann. Zur Vereinfachung der Darstellung wird T_{17} im oberen Szenarium sofort wiederholt und aktiviert dabei die Lastbalancierung. Erst nach dem erfolgreichen Abschluß von T_{17} im oberen Szenarium werden neue Transaktionen zugelassen, die Abklingphase beginnt. Bereits der optische Eindruck in Verbindung mit der Definition der durchschnittlichen Parallelität macht die Entstehung der beobachteten Abweichungen durchaus plausibel.

Der erste, in Tabelle 9.8 vermittelte Eindruck demonstriert zum einen die bei der Interpretation der quantitativen Ergebnisse angebrachte Vorsicht, zum anderen relativiert er deutlich die in [Ari83, Ger83, PeRe83b, Pet84, Rah84] gemachten Aussagen, die jeweils auf der Gegenüberstellung nur eines Wertes pro Meßgröße beruhen, und drittens lenkt er die Aufmerksamkeit auf die Rolle der Lastbalancierung, deren Bedeutung bisher offenbar als viel zu gering eingestuft wurde.

9.4. Zentrale Maße zur Charakterisierung des Leistungsverhaltens der simulierten Synchronisationsverfahren

In Kapitel 7 wurden als zentrale Maße zur Charakterisierung des Leistungsverhaltens von Synchronisationsverfahren in Datenbanksystemen die Größen durchschnittliche Parallelität ($\bar{n}$), Wiederholungsfaktor (q), effektive Parallelität (n^*) und Durchlaufzeit (t) definiert und ihre Sinnfälligkeit illustriert. Strenggenommen sind die Größen $\bar{n}$ und n^* eher auf ein Modell mit einer der Sollparallelität gleichen Anzahl von Prozessoren gemünzt, doch lassen sich die Größen, quasi als Nebenprodukt, in dem in Kapitel 8 erläuterten Simulationsmodell ermitteln und leisten bei der Interpretation der quantitativen Resultate wertvolle Dienste.

9.4.1. Durchschnittliche Parallelität und der Einfluß der Lastbalancierung auf das Leistungsverhalten von Datenbanksystemen

Die grundlegende, zur Definition von $\bar{n}$ führende Idee war es, ein **Maß** für die den einzelnen **Synchronisationsverfahren immanente natürliche Parallelität** zu erhalten. Bei den optimistischen Verfahren ist dieser Wert gleich der Sollparallelität, bei den Sperrverfahren wird er von den gegenseitigen Behinderungen der Transaktionen bestimmt. Das empirisch relevante Problem unendlicher Wiederholungen von Transaktionen und die mit **Lastbalancierung** bezeichnete Funktion zu seiner Lösung führen jedoch einen **zweiten Bestimmungsfaktor** ein, der möglicherweise erheblichen Einfluß auf $\bar{n}$ ausübt. Bei den optimistischen Synchronisationsverfahren ist dessen Bedeutung direkt aus dem Wert von $\bar{n}$ abzulesen, da Differenzen zur Sollparallelität allein der Lastbalancierung zuzurechnen sind. Diese zweite Funktion von $\bar{n}$ ist bei den Sperrverfahren allerdings quantitativ nicht zu isolieren.

In Tabelle 9.9 sind die Meßergebnisse für $\bar{n}$ bei den Referenzstrings MIX40, DOD und KD für die Puffergrößen 768 und 1024 zusammengestellt, WSOD und TER waren bereits Gegenstand von Tabelle 9.8. Bild 9.8 illustriert darüber hinaus die Werte bei 1024 Pufferrahmen in zweidimensional aufbereiteter Form, wobei für MIX40 die Werte für die nicht simulierten Verfahren RX2 und BOCCT fehlen. Entsprechende Diagramme für 768 Rahmen sind weggelassen, da sie hinsichtlich der Reihung der Verfahren keine wesentlichen Unterschiede aufweisen. Die in diesem Abschnitt gemachten qualitativen Aussagen gelten im übrigen auch für die anderen Puffergrößen. Dadurch geht jedoch einiges an Präzision verloren.

Bei allen 5 Seitenreferenz-Strings ergeben sich bis zur Sollparallelität 4 keinerlei wesentliche numerische Differenzen zwischen den Verfahren, die durchschnittliche Parallelität erreicht annähernd den maximalen Wert (bis auf WSOD). Erst bei größeren Sollparallelitätsgraden werden **Differenzen** der Verfahren erkennbar, die allerdings **erst ab** dem **Wert 16** so ausgeprägt sind, daß sie für mehrere Puffergrößen Gültigkeit haben. Insgesamt legt **TER** hinsichtlich aller Parallelitäten und Verfahren die **größte Homogenität** an den Tag, was auf dem völligen Fehlen langer Transaktionen beruhen dürfte. Aufgrund der Werte von $\bar{n}$ eine **Taxierung** der **Verfahren** vorzunehmen, ist allerdings **nicht möglich,** was auf die in 9.3.3 beschriebene Wechselwirkung von Lastbalancierung und Abklingphase zurückzuführen ist. Trotz der zunächst verwirrenden Divergenz der Ergebnisse werden einige generelle Trends deutlich.

MIX40 1024					
PAR	FOCC	BOCC	RAX	RAC	RX
1	1.000	1.000	1.000	1.000	1.000
2	1.961	1.970	1.758	1.778	1.849
4	3.584	3.450	2.718	2.884	2.907
8	5.724	6.075	4.353	4.803	4.974
16	10.530	------	7.767	7.411	8.002
32	16.494	20.516	13.306	15.186	13.271

MIX40 768					
PAR	FOCC	BOCC	RAX	RAC	RX
1	1.000	1.000	1.000	1.000	1.000
2	1.987	1.929	1.766	1.780	1.841
4	3.507	3.421	2.812	2.893	2.921
8	5.667	5.980	4.194	4.385	5.119
16	10.148	11.942	7.324	7.744	8.648
32	17.594	19.607	12.698	15.202	13.247

DOD 1024						
PAR	BOCCT	FOCC	BOCC	RX2	RAX	RAC	RX
1	1.000	1.000	1.000	1.000	1.000	1.000	1.000
2	1.974	2.000	1.975	1.997	1.975	1.984	1.987
4	3.930	3.894	3.895	3.931	3.732	3.866	3.637
8	7.164	7.460	7.723	7.509	6.611	6.852	6.164
16	11.640	13.009	13.645	13.443	10.516	11.585	9.058
32	17.444	17.573	20.593	23.521	17.161	16.899	12.176

DOD 768						
PAR	BOCCT	FOCC	BOCC	RX2	RAX	RAC	RX
1	1.000	1.000	1.000	1.000	1.000	1.000	1.000
2	1.975	2.000	1.974	1.998	1.986	1.996	1.968
4	3.904	3.980	3.891	3.928	3.742	3.868	3.649
8	7.348	7.375	7.709	7.478	6.640	6.945	6.029
16	11.342	13.173	13.512	13.450	10.024	11.755	8.122
32	16.923	18.231	23.469	23.489	16.460	16.686	12.221

KD 1024						
PAR	BOCCT	FOCC	BOCC	RX2	RAX	RAC	RX
1	1.000	1.000	1.000	1.000	1.000	1.000	1.000
2	2.000	2.000	1.997	1.998	1.998	1.999	1.997
4	3.900	3.978	3.918	3.959	3.943	3.939	3.876
8	6.983	7.550	7.034	7.623	7.440	7.032	6.682
16	-----	12.433	11.906	13.312	11.220	10.709	9.462
32	17.415	18.709	17.744	21.796	17.664	15.380	13.835

KD 768						
PAR	BOCCT	FOCC	BOCC	RX2	RAX	RAC	RX
1	1.000	1.000	1.000	1.000	1.000	1.000	1.000
2	2.000	2.000	1.997	1.998	1.998	1.998	1.997
4	3.871	3.995	3.900	3.963	3.957	3.950	3.886
8	6.969	7.479	6.983	7.603	7.418	7.037	6.638
16	10.942	12.527	11.815	13.296	11.723	10.544	9.388
32	18.918	18.752	16.428	21.656	17.034	15.593	13.547

Tabelle 9.9: Meßergebnisse für die durchschnittliche Parallelität

Werden die drei Varianten der optimistischen Synchronisationsverfahren als eine Gruppe, die Sperrverfahren ohne RX2 als eine zweite und letzteres als dritte betrachtet, dann ist bei **hohen Sollparallelitätsgraden** $\bar{n}$ für die **Sperrverfahren** meistens **deutlich geringer** oder liegt für Einzelfälle gleichauf, ein durchaus erwartetes Verhalten. Die absoluten und relativen Unterschiede der beiden genannten Verfahrensklassen entsprechen jedoch keinesfalls den Erwartungen, die erreichten Werte für die optimistischen Verfahren weichen teilweise erheblich vom theoretischen Maximum (Sollparallelität) ab. Die deutliche Überlegenheit des RX2-Vefahrens gegenüber den optimistischen bei allen Referenzstrings mit Ausnahme von WSOD und MIX40 (keine Simulation) überrascht dagegen sehr.

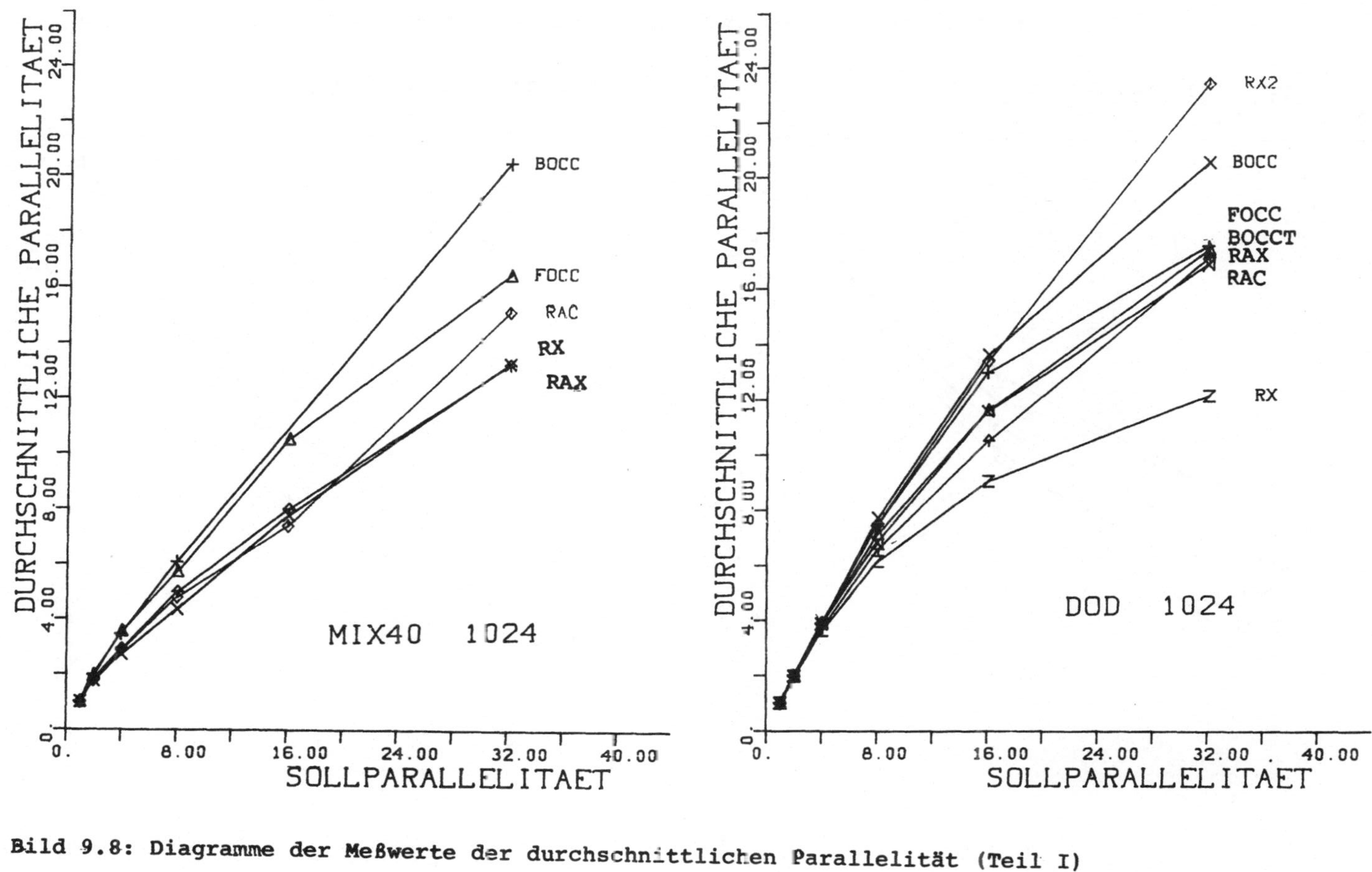

Bild 9.8: Diagramme der Meßwerte der durchschnittlichen Parallelität (Teil I)

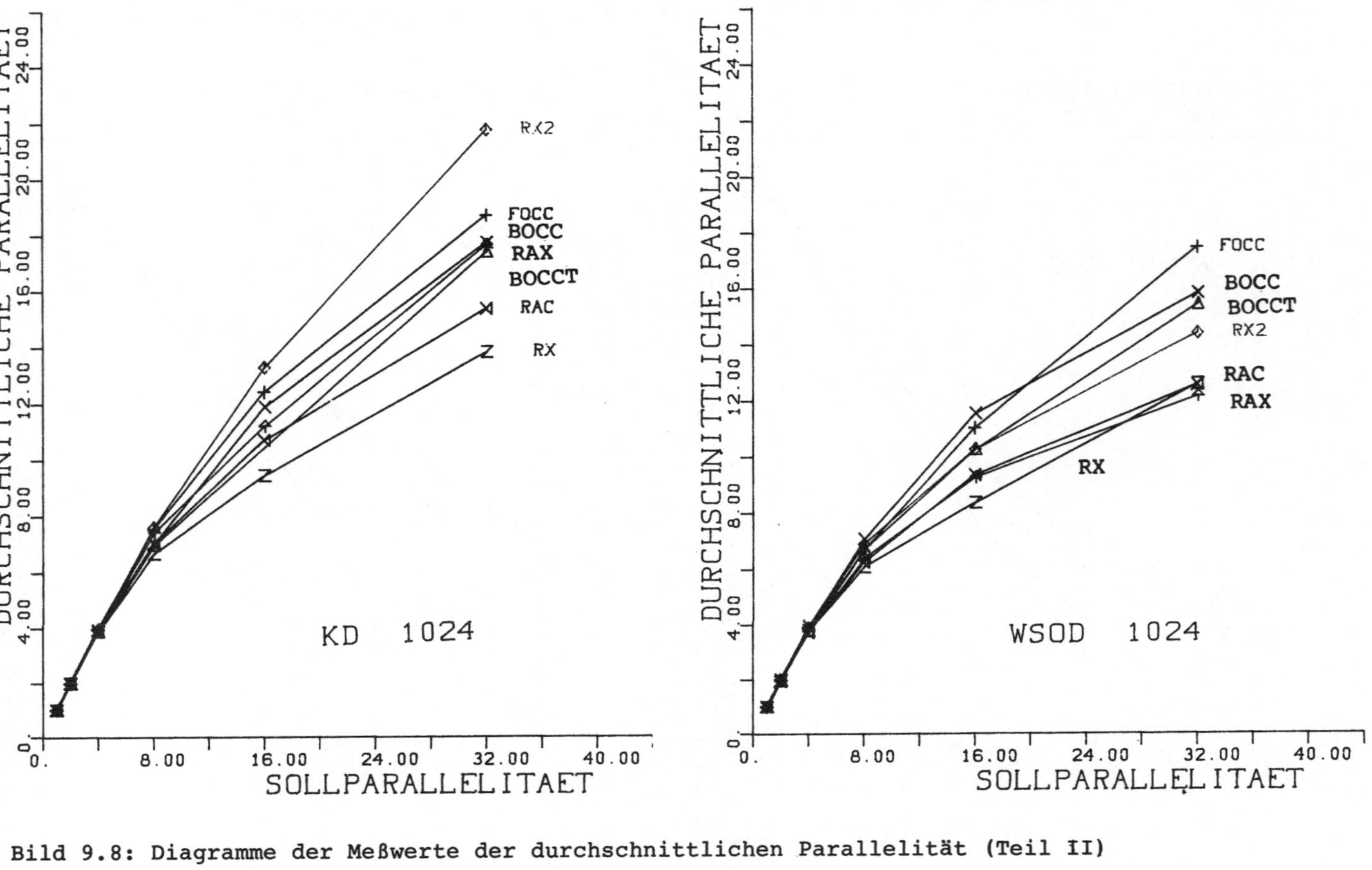

Bild 9.8: Diagramme der Meßwerte der durchschnittlichen Parallelität (Teil II)

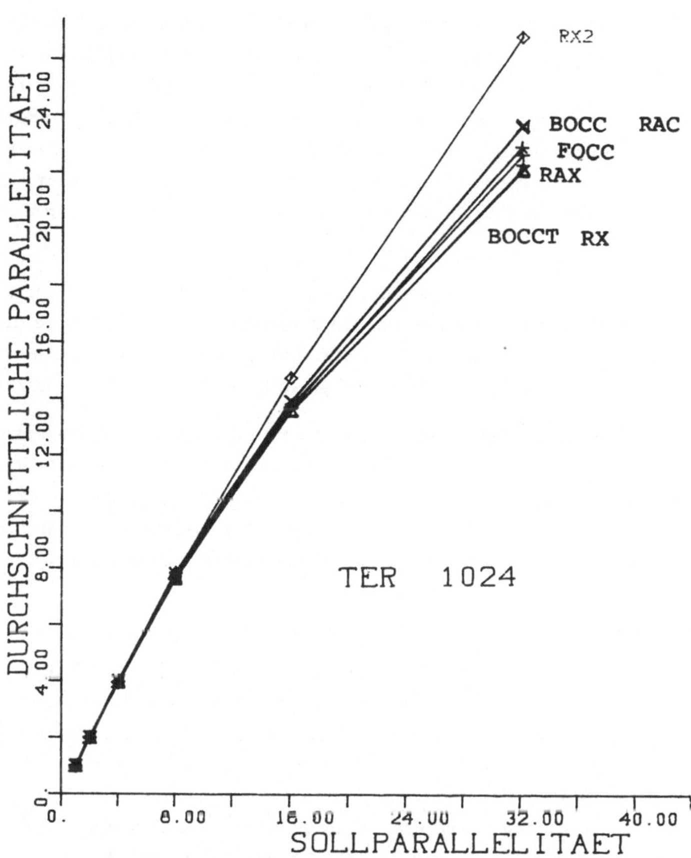

Bild 9.8: Diagramme der Meßwerte der durchschnittlichen Parallelität   (Teil III)

Überhaupt wird bei allen Referenzstrings bei hohen Sollparallelitätsgraden ein **völlig unbefriedigendes Niveau von** $\bar{n}$ erreicht. Bei MIX40 liegt der beste Wert (BOCC) bei Sollparallelität knapp über 20, bei WSOD wird in keinem Fall 18 überschritten, bei KD schafft RX2 gerade den Sprung über 21, das nächstbeste Verfahren (FOCC) dagegen nur 19. Obwohl bei DOD und TER die absoluten Werte etwas höher ausfallen (24 bei DOD und TER mit dem höchsten beobachteten Wert insgesamt von über 27), bleibt das Abschneiden der optimistischen Verfahren alles in allem enttäuschend. In diesem Punkt werden außerdem erhebliche Abweichungen zu den in [PeRe83b] veröffentlichten Ergebnissen sichtbar, nach denen $\bar{n}$ für die optimistischen Verfahren fast ausnahmslos ein Maximum erreicht. Diese beachtenswerten Unterschiede müssen von der geänderten Handhabung blinder Schreibvorgänge herrühren. Bei den in [PeRe83b] beschriebenen Simulationen wurde im Gegensatz zu dem in dieser Arbeit verfolgten Ansatz nicht verlangt, daß die Schreibmenge einer Transaktion Teilmenge der Lesemenge ist. Logische Seitenreferenzen mit Änderungsvermerk führen in [PeRe83b] nur zur Aufnahme der Seite in die Schreibmenge der Transaktion, bei dem hier geschilderten Ansatz jedoch darüber hinaus zur Aufnahme in die Lesemenge. Aufgrund der Validierungsregeln und der größeren Lesemengen führt der hier beschriebene Ansatz zu einer verstärkten Anzahl von Rücksetzungen und aktiviert frühzeitig die Lastbalancierung.

Alle Ergebnisse bezüglich der optimistischen Verfahren unterstreichen die **überragende Rolle**, die der **Lastbalancierung** zukommt. Bis auf das RX2-Sperrverfahren weisen alle Kurvenscharen in Bild 9.8 mit steigenden Werten der Sollparallelität einen zum Teil deutlich erkennbaren unterlinearen Verlauf aus. Da für die optimistischen Synchronisationsverfahren mit Sicherheit die Lastbalancierung als Verursacher verantwortlich ist, diese aber aus den geschilderten Gründen eine unverzichtbare Funktion des Datenbanksystems darstellt, werden allein schon anhand von $\bar{n}$ deutliche leistungsmäßige Grenzen dieser Verfahrensklasse sichtbar.

Die Auswirkungen von Lastbalancierungsmaßnahmen auf Sperrverfahren sind zwar anhand der Zahlen nicht zu quantifizieren, jedoch ist die relativ geringe Bandbreite erstaunlich, die durch das Zusammenspiel von Blockierungen und Lastbalancierung auf der einen und der Lastbalancierung allein auf der anderen Seite bei gleicher Sollparallelität zustandekommt.

Als Resümee bleibt festzuhalten, daß auf der Basis empirischer Daten eine der wesentlichen Grundannahmen für die angebliche Überlegenheit optimistischer Synchronisationsverfahren, nämlich die theoretisch unbegrenzte Parallelverarbeitung, vom praktischen Standpunkt aus betrachtet, nicht zu halten ist und daß der Lastbalancierung in der in der Literatur geführten Diskussion ein viel zu geringer Stellenwert eingeräumt wird.

9.4.2. Der Wiederholungsfaktor

Der in Kapitel 7 eingeführte Wiederholungsfaktor q ist ein grobes **Maß** für die aufgrund von Rücksetzungen vom Datenbanksystem **sinnlos geleistete Arbeit,** insofern also von entscheidender Bedeutung für die Leistungsfähigkeit der Synchronisationsverfahren. Die bei den Simulationen für q ermittelten Werte für eine Puffergröße von jeweils 1024 Rahmen sind in Form von Graphiken in Bild 9.9 zusammengefaßt. Für andere Puffergrößen ergeben sich weitgehend ähnliche qualitative Verläufe, quantitativ treten wieder die bereits zuvor geschilderten Abweichungen auf. Die aus den Graphiken zu ziehenden Schlüsse sind daher nur wieder von recht allgemeiner Natur.

Immerhin treten die **Unterschiede** zwischen den **drei Verfahrensklassen** beim Maß q **viel ausgeprägter** hervor als bei $\bar{n}$. Obwohl die Kurvenverläufe von einem Seitenreferenz-String zum anderen deutliche Unterschiede aufweisen, ist allen bis auf TER der steile Anstieg von q schon bei kleineren Sollparallelitätsgraden (4, 8) und eine darauf folgende Abschwächung des Anstiegs hin zu 32 bei den **optimistischen Verfahren** gemeinsam. In der Spitze erreichen die **Werte für q** bei ihnen **fast 2,** während die **Sperrverfahren** selbst beim Extremum der Sollparallelität **kaum 1.2 überschreiten** und das RX2-Verfahren fast unbeeinflußt von der Parallelität ziemlich stabile Werte knapp über 1 aufweist, eine bei den verringerten Konsistenzansprüchen und der reduzierten Anzahl von Sperren gegenüber dem gewöhnlichen RX-Sperrverfahren durchaus plausible Verhaltensweise.

Ausgeprägte Sonderentwicklungen werden bei MIX40 deutlich, die sich außerordentlich schwer interpretieren lassen. Die Zusammensetzung dieses Seitenreferenz-Strings ist nach 9.1.3 allerdings durch große Unterschiede in der Länge der Transaktionen und der Größe ihrer Objektmengen charakterisiert. Die Rücksetzung einer relativ langen Transaktion bei einer niedrigen Parallelität, die beim Ablauf mit einer höheren Parallelität nicht stattfindet, kann deshalb q relativ stark beeinflussen, was die Interpretation der Ergebnisse für diesen logischen Seitenreferenz-String generell erschwert.

Der sichtbar geringere Anstieg von q für die optimistischen Synchronisationsverfahren bei KD, WSOD und DOD beim Übergang von Sollparallelität 16 auf 32 korrespondiert mit der im vorigen Abschnitt für diese Werte beobachteten relativ geringen durchschnittlichen Parallelität im Vergleich zum theoretischen Maximum. An dieser Stelle manifestiert sich wieder einmal der **selbstregulierende Einfluß** der **Lastbalancierung,** die ab Parallelität 16 massiv den Ablauf beeinflußt. Der bis Parallelität 8 vorherrschende steile Anstieg von q würde vermutlich ohne diese Maßnahme ungebremst weitergehen. Das **widerlegt empirisch** eine zweite Grundannahme der optimistischen Synchronisationsverfahren, nämlich die der **weitgehenden Konfliktfreiheit realer Anwendungen.**

Wie schon beim Maß $\bar{n}$ zeigt TER bei q ebenfalls ein recht verschiedenes Verhalten, das mit den dort gemachten Beobachtungen in Einklang steht. Der Anstieg der Wiederholungsrate verläuft wesentlich schächer, vor allem aber erreichen die Sperrverfahren bei hohen Parallelitätsgraden höhere Werte für q als bei den anderen Referenzstrings.

Aufgrund der beobachteten Werte für q läßt sich innerhalb der Sperrverfahren keine Reihung vornehmen, da diese über mehrere Puffergrößen hinweg nicht stabil ist. In allen Fällen liegt RX2 jedoch wie erwartet besser, die optimistischen Verfahren liefern durchweg wesentlich schlechtere Werte als die Sperrverfahren, und die BOCCT-Variante führt tatsächlich überall zu geringeren Werten von q als bei BOCC.

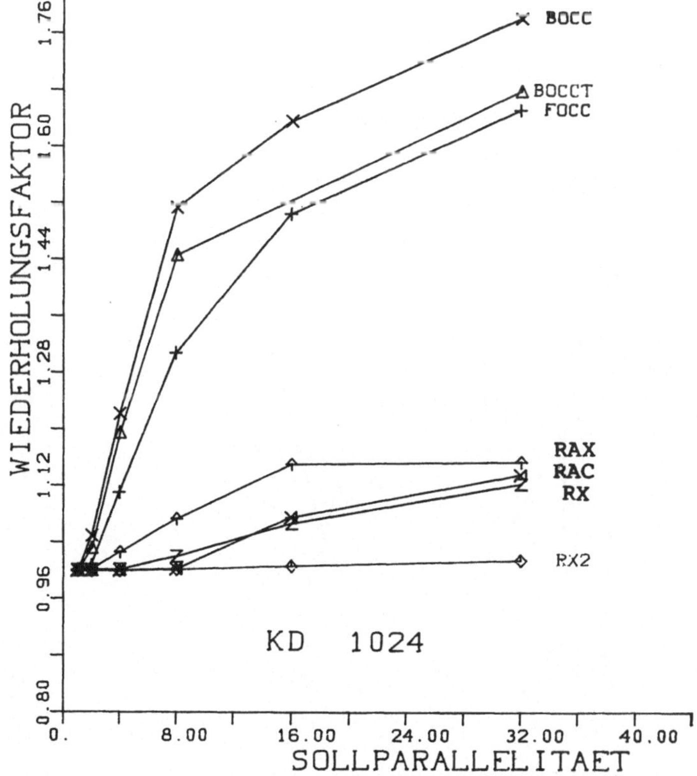

Bild 9.9: Diagramme der Meßwerte des Wiederholungsfaktors   (Teil I)

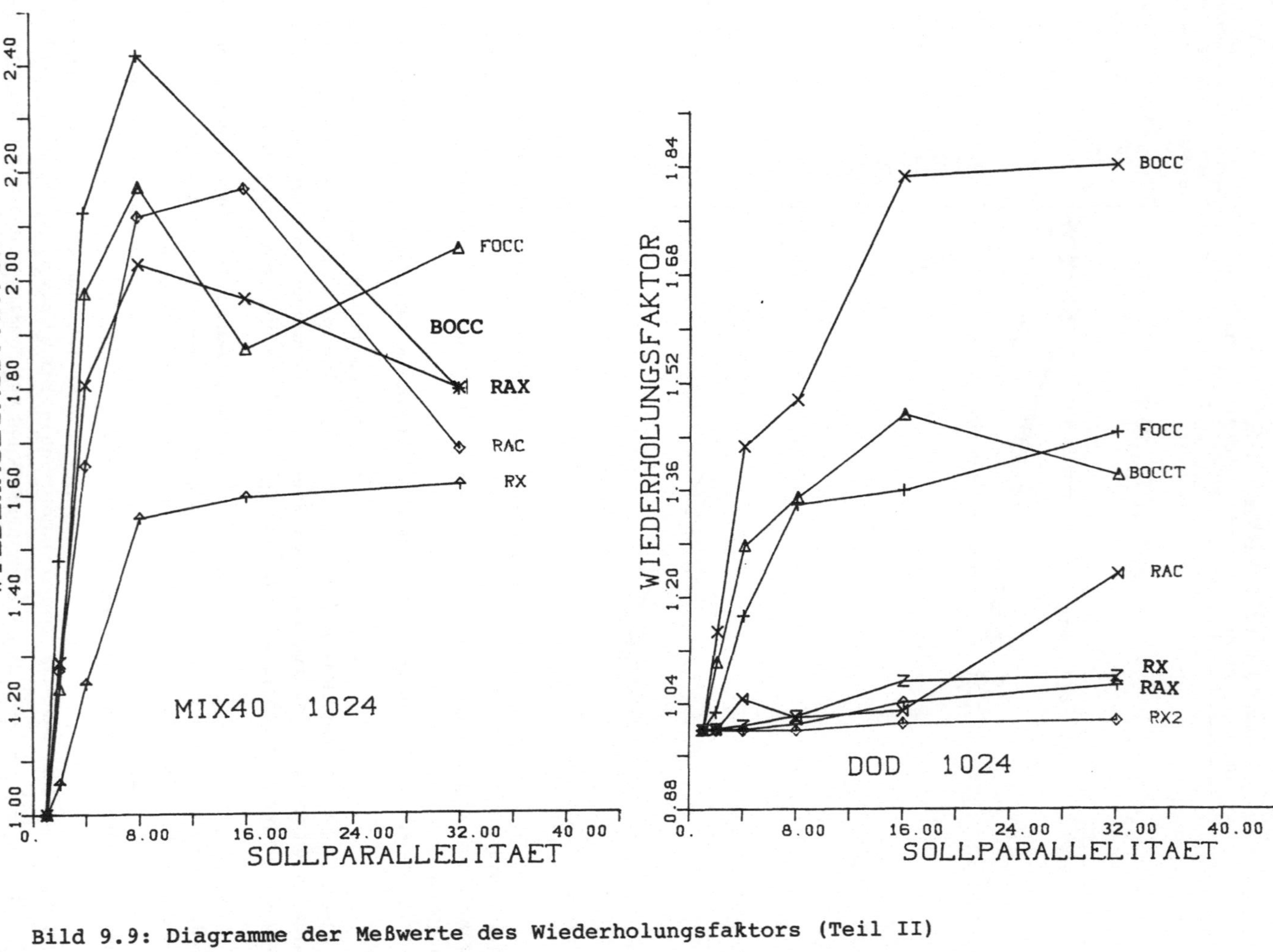

Bild 9.9: Diagramme der Meßwerte des Wiederholungsfaktors (Teil II)

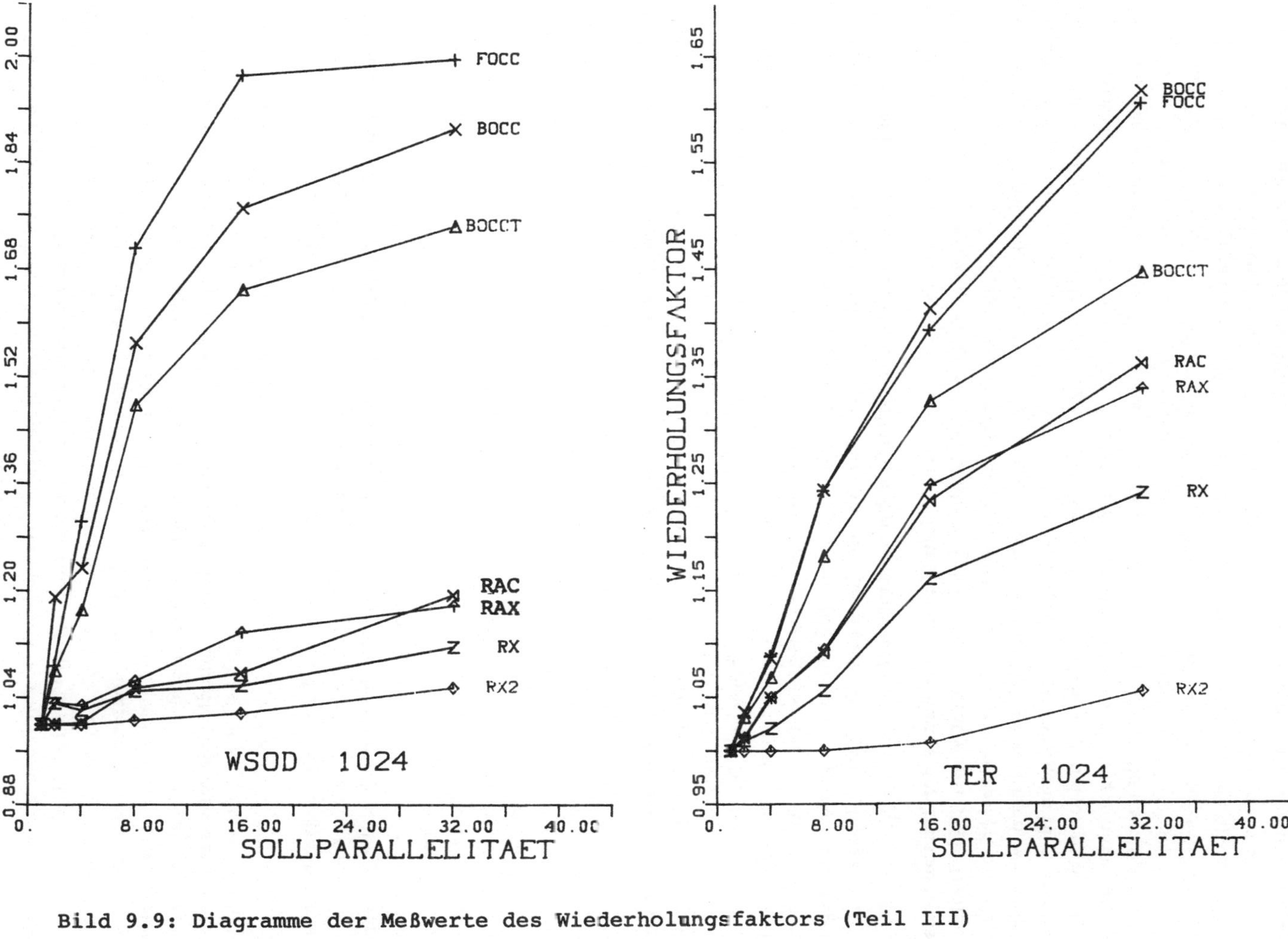

Bild 9.9: Diagramme der Meßwerte des Wiederholungsfaktors (Teil III)

9.4.3. Die effektive Parallelität

Die **effektive Parallelität** n* wurde in Kapitel 7 als der Quotient von n̄ und q definiert und beschreibt daher den **nützlichen Anteil** an der **durchschnittlichen Parallelität**, der nicht zur Wiederholung von durch Rücksetzungen verlorengegangener Arbeit eingesetzt werden muß. Wenn also n̄ ein Maß der möglichen natürlichen Parallelität, die einzelne Synchronisationsverfahren erlauben, darstellt, dann steht n* für den nützlichen Anteil daran. Ansatzweise zeigen jedoch schon die Ergebnisse in 9.4.1, daß neben der natürlichen Parallelität bei empirischen Lastprofilen wegen des darin enthaltenen Konfliktpotentials die Kontrolle der Ablaufparallelität durch Maßnahmen zur Lastbalancierung erheblichen Einfluß ausübt, was im folgenden näher untersucht wird.

Die Resultate der Simulationen sind einmal in Tabelle 9.10 und in Ausschnitten graphisch in Bild 9.10 zusammengestellt. Wurden in den beiden vorangehenden Abschnitten auf Kosten der Präzision der möglichen Schlußfolgerungen die Abweichungen der Werte für n̄ und q bei verschiedenen Puffergrößen nur sehr summarisch behandelt, so zeigt Tabelle 9.10 mehr Aspekte der entsprechenden Werte der effektiven Parallelität. Für die logischen Seitenreferenz-Strings DOD, KD, WSOD und TER sind in der Tabelle für die untersuchten Verfahren und Sollparallelitätsgrade hinsichtlich der effektiven Parallelität die minimal und maximal gemessenen Werte sowie der über allen Puffergrößen berechnete Durchschnitt der Ergebnisse aufgetragen. Auf MIX40 wurde wegen der zuvor bei q beobachteten Unregelmäßigkeiten, die durch außerordentliche Konfliktraten und bei hohen Parallelitätsgraden nahezu permanente Aktivierung der Lastbalancierung entstehen, ganz verzichtet.

Bis einschließlich der Sollparallelität 8 bewegen sich die numerischen Schwankungen der effektiven Parallelität für ein Verfahren bei einer bestimmten Sollparallelität über alle Puffergrößen hinweg in sehr engen Grenzen (bei 8 kleiner als 0.5), bei höheren Parallelitätsgraden dagegen ist ein deutlicher Anstieg nicht zu übersehen. Das RX2-Vefahren unterliegt mit Abstand von allen betrachteten Synchronisationsverfahren der geringsten Bandbreite. Von den 4 in Tabelle 9.10 verglichenen logischen Seitenreferenz-Strings liefern KD und TER wesentlich homogenere Werte als WSOD und DOD. Beim letztgenannten treten sowohl für Sollparallelität 16 als auch für 32 die höchsten überhaupt festgestellten Differenzen auf, und zwar bei praktisch allen Synchronisationsverfahren.

Diese **Abweichungen** werden durch die **unterschiedliche Zusammensetzung** der **Transaktionsmenge** verursacht, die bis zum Eintreten in die Abklingphase bearbeitet worden ist. Tendenziell müssen die Unterschiede umso deutlicher ausgeprägt sein, je extremer die Charakteristiken der Transaktionen eines logischen Seitenreferenz-Strings variieren, wobei der Transaktionslänge die dominante Rolle zufällt. Das erklärt das recht homogene Bild, welches TER bei allen betrachteten Maßen abgibt, und die größeren Differenzen bei allen anderen Referenzstrings. Bei den Extremwerten von n* in Tabelle 9.10 überrascht eigentlich nur die Stabilität der Daten von KD im Vergleich zu WSOD und DOD, obwohl doch alle nach 9.1.3 sehr lange Transaktionen enthalten. Zum einen ist das auf die viel kleinere durchschnittliche Länge der Transaktionen von KD zurückzuführen, die im Mittel nur 29.8 logische Seitenreferenzen ausführen, gegenüber mehr als der doppelten Anzahl bei DOD (62.4) und WSOD (64.6). Darüber hinaus betreffen bei DOD 88% aller logischen Seitenreferenzen normale Datenseiten, bei KD dagegen nur 80%. Schließlich zeichnet sich das Referenzverhalten der in 9.1.3 herausgestellten langen Transaktionen durch große Einheitlichkeit (sequentielle Suche) aus, und einige Stichproben haben ergeben, daß dieser Transaktionstyp weitgehend behinderungsfrei abläuft, was die geringeren Schwankungen der Extremwerte von n^* ausreichend erklärt.

Die Interpretation der numerischen Resultate im Lichte der Differenzen fällt dagegen außerordentlich schwer. Jedenfalls demonstrieren die Schwankungen anschaulich, daß selbst die Zahl von 100.000 logischen Seitenreferenzen besonders bei extremen Unterschieden im Transaktionsprofil noch relativ bescheiden bemessen ist. Der Versuch, eine relative Ordnung der betrachteten Verfahren auf der Basis nicht überlappender Bandbreiten eindeutig zu definieren, scheitert bis auf die ohne weiteres erkennbare Überlegenheit des RX2-Verfahrens über alle anderen. Die Vorteile der optimistischen Synchronisationsverfahren in bezug auf $\bar{n}$ bei hohen Sollparallelitätsgraden (8, 16, 32) gegenüber der Klasse der mit Konsistenzebene 3 arbeitenden Sperrverfahren gehen beim Übergang auf n^* für KD, WSOD und TER verloren, und zwar auch unter Berücksichtigung der Schwankungen bei Änderung der Puffergröße, wofür die ungleich höheren Wiederholungsfaktoren den Ausschlag geben. Entsprechende Aussagen für DOD sind aufgrund der Bandbreiten unmöglich.

Bei Zugrundelegung der in Bild 9.10 aufgetragenen Durchschnittswerte sticht an erster Stelle der **deutliche Vorsprung** des **RX2-Verfahrens** gegenüber allen anderen ins Auge, der bei TER und Sollparallelität 32 immerhin rund 9, bei KD rund 6 und bei DOD rund 8 ausmacht. WSOD bildet dagegen eine Ausnahme, denn dort beträgt der korrespondierende Abstand lediglich rund 2. Die **Sperrverfahren** (RX, RAX, RAC) weisen **untereinander relativ geringe Unterschiede** auf. Dasselbe gilt für die Klasse der optimistischen Verfahren, wobei die optimistischen schlechter abschneiden (mit Ausnahme von RX bei DOD). Bei DOD, KD und TER verlaufen die Kurven für RAX und RAC nahezu deckungsgleich, wobei RAX geringfügig bessere Werte liefert, die sich allerdings nicht signifikant von denen des RAC-Vefahrens abheben. Aus der empirischen Sicht ist demnach die von RAC im Vergleich zu RAX postulierte Verbesserung nicht zu validieren. Die gegenüber dem RX-Verfahren durch die RA-Varianten geltende Bevorzugung von Lesetransaktionen wird bei DOD und KD deutlich, bei denen beide RA-Verfahren vor allen anderen bis auf RX2 rangieren. Im Gegensatz zu den anderen Referenzstrings machen bei DOD die logischen Seitenreferenzen von Lesetransaktionen 73%, bei KD 71% aus.

Ähnlich wie bei $\bar{n}$ nimmt bei n^* der **Anteil** der **tatsächlich erreichten Parallelität am theoretischen Maximum** mit steigender Sollparallelität **rapide ab,** obwohl Bild 9.10 wegen des aus darstellungstechnischen Gründen gewählten logarithmischen Maßstabes optisch eher den gegenteiligen Eindruck vermittelt. Abgesehen vom RX2-Verfahren erreicht das nächstbeste Verfahren für TER bei Sollparallelität 16 den Wert 11.78 für n^*, bei Sollparallelität 32 gerade 17.82. Die entsprechenden Angaben für DOD liegen mit 10.72 und 15.10 schon um einiges niedriger, während WSOD gar nur 8.38 und 11.43 erreicht. Das deutet wie schon die Entwicklung von $\bar{n}$ auf ein überproportionales Anwachsen des Konfliktpotentials bei hohen Parallelitätsgraden hin, die die Aufzeichnungsparallelität des Referenzstrings weit übersteigen. Im Simulationsmodell steuert dem die Lastbalancierung entgegen, die übermäßige Rücksetzungen verhindern soll und eine gewisse Fairness bei der Behandlung besonders konfliktträchtiger Transaktionen gewährleisten will.

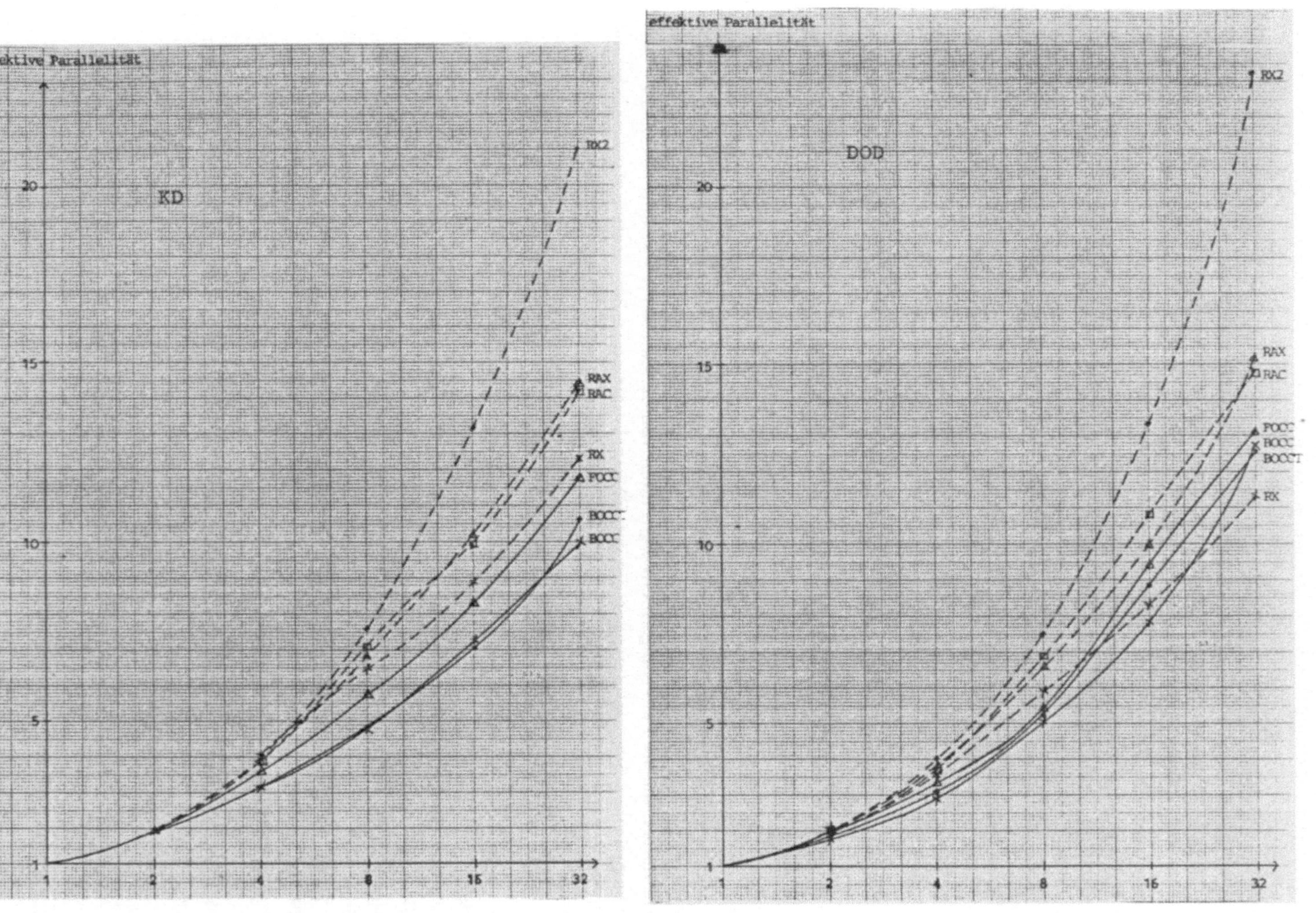

Bild 9.10: Durchschnittswerte der effektiven Parallelität bei Variation der Systempuffergröße

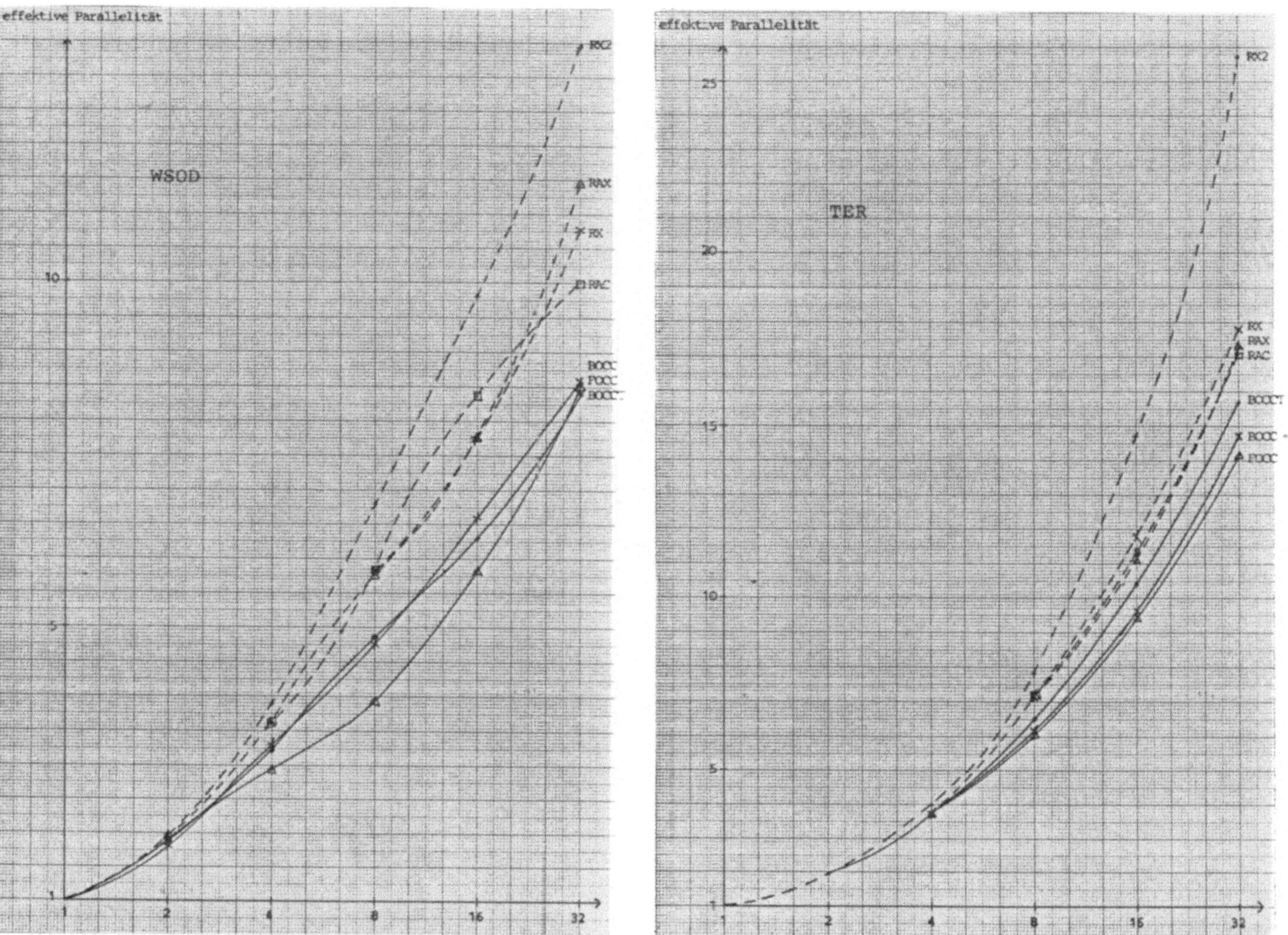

Bild 9.10: Durchschnittswerte der effektiven Parallelität bei Variation der Systempuffergröße

DOD

PAR	BOCCT Min	BOCCT Max	BOCCT Avg	FOCC Min	FOCC Max	FOCC Avg	BOCC Min	BOCC Max	BOCC Avg	RX2 Min	RX2 Max	RX2 Avg
1	1.00	1.00	1.00	1.00	1.00	1.00	1.00	1.00	1.00	1.00	1.00	1.00
2	1.79	1.82	1.80	1.95	1.96	1.95	1.73	1.83	1.75	1.99	2.00	2.00
4	3.03	3.24	3.13	3.20	3.62	3.46	2.73	3.04	2.87	3.93	3.94	3.93
8	5.14	5.37	5.29	5.04	5.58	5.37	4.90	5.28	5.14	7.47	7.54	7.50
16	7.59	10.13	8.80	9.13	9.58	9.42	7.48	8.27	7.80	13.27	13.42	13.35
32	11.86	13.87	12.56	11.49	15.29	13.13	10.10	15.11	12.72	22.80	23.76	23.22

DOD

PAR	RAX Min	RAX Max	RAX Avg	RAC Min	RAC Max	RAC Avg	RX Min	RX Max	RX Avg
1	1.00	1.00	1.00	1.00	1.00	1.00	1.00	1.00	1.00
2	1.97	1.99	1.98	1.98	2.00	1.99	1.96	1.97	1.97
4	3.73	3.76	3.74	3.69	3.70	3.70	3.61	3.68	3.64
8	6.48	6.61	6.57	6.72	6.97	6.87	5.93	6.04	5.98
16	9.59	10.01	9.89	9.61	11.42	10.72	7.41	8.49	8.25
32	13.60	16.10	15.10	13.70	15.51	14.68	10.10	12.23	11.40

KD

PAR	BOCCT Min	BOCCT Max	BOCCT Avg	FOCC Min	FOCC Max	FOCC Avg	BOCC Min	BOCC Max	BOCC Avg	RX2 Min	RX2 Max	RX2 Avg
1	1.00	1.00	1.00	1.00	1.00	1.00	1.00	1.00	1.00	1.00	1.00	1.00
2	1.92	1.94	1.94	1.99	1.99	1.99	1.89	1.92	1.90	2.00	2.00	2.00
4	3.18	3.28	3.22	3.58	3.77	3.69	3.10	3.21	3.16	3.95	3.98	3.98
8	4.80	4.91	4.84	5.70	5.80	5.75	4.65	4.75	4.69	7.52	7.61	7.57
16	6.89	7.27	7.03	8.18	8.47	8.32	7.12	7.33	7.23	13.16	13.22	13.20
32	10.36	10.90	10.63	11.33	12.06	11.80	9.67	10.36	9.99	20.66	21.46	20.97

KD

PAR	RAX Min	RAX Max	RAX Avg	RAC Min	RAC Max	RAC Avg	RX Min	RX Max	RX Avg
1	1.00	1.00	1.00	1.00	1.00	1.00	1.00	1.00	1.00
2	2.00	2.00	2.00	2.00	2.00	2.00	1.99	2.00	1.99
4	3.85	3.87	3.86	3.94	3.98	3.98	3.87	3.93	3.90
8	6.91	6.96	6.93	7.02	7.07	7.03	6.48	6.59	6.54
16	9.76	10.18	9.93	9.96	10.16	9.94	8.69	8.87	8.80
32	13.55	15.31	14.30	13.55	14.54	14.18	11.80	12.67	12.28

WSOD

PAR	BOCCT Min	BOCCT Max	BOCCT Avg	FOCC Min	FOCC Max	FOCC Avg	BOCC Min	BOCC Max	BOCC Avg	RX2 Min	RX2 Max	RX2 Avg
1	1.00	1.00	1.00	1.00	1.00	1.00	1.00	1.00	1.00	1.00	1.00	1.00
2	1.57	1.85	1.73	1.84	1.90	1.88	1.54	1.70	1.63	1.99	1.99	1.99
4	3.17	3.28	3.22	2.83	2.99	2.93	3.21	3.32	3.28	3.89	3.92	3.91
8	4.56	4.77	4.69	3.90	3.92	3.91	4.50	4.96	4.75	6.80	6.90	6.88
16	6.23	6.42	6.33	5.60	6.02	5.72	6.45	6.76	6.62	9.39	10.11	9.72
32	7.96	8.86	8.47	8.15	8.86	8.59	8.38	9.02	8.64	13.37	13.67	13.48

WSOD

PAR	RAX Min	RAX Max	RAX Avg	RAC Min	RAC Max	RAC Avg	RX Min	RX Max	RX Avg
1	1.00	1.00	1.00	1.00	1.00	1.00	1.00	1.00	1.00
2	1.92	1.96	1.93	1.94	1.96	1.95	1.84	1.95	1.91
4	3.60	3.71	3.64	3.57	3.72	3.64	3.56	3.73	3.63
8	4.44	6.14	5.71	5.54	5.94	5.88	5.70	5.83	5.78
16	7.16	8.16	7.76	7.69	8.80	8.38	6.81	8.10	7.78
32	10.33	12.04	11.43	9.22	10.53	10.00	9.69	11.30	10.85

TER											
	BOCCT			FOCC			BOCC			RX2		
PAR	Min	Max	Avg	Min	Max	Avg	Min	Max	Avg	Min	Max	Avg
1	1.00	1.00	1.00	1.00	1.00	1.00	1.00	1.00	1.00	1.00	1.00	1.00
2	1.93	1.94	1.93	1.01	1.96	1.93	1.92	1.95	1.93	1.99	1.99	1.99
4	3.70	3.75	3.73	3.58	3.64	3.60	3.67	3.69	3.67	3.95	3.97	3.96
8	6.50	6.64	6.56	5.91	6.19	6.05	6.13	6.29	6.23	7.73	7.75	7.74
16	10.22	10.49	10.34	9.09	9.80	9.45	9.32	9.84	9.57	14.65	14.75	14.68
32	15.13	16.32	15.70	13.99	14.40	14.25	14.35	15.14	14.74	25.41	26.37	25.70

TER									
	RAX			RAC			RX		
PAR	Min	Max	Avg	Min	Max	Avg	Min	Max	Avg
1	1.00	1.00	1.00	1.00	1.00	1.00	1.00	1.00	1.00
2	1.97	1.98	1.98	1.97	1.98	1.98	1.97	1.98	1.97
4	3.78	3.83	3.80	3.78	3.82	3.80	3.85	3.87	3.86
8	7.07	7.15	7.12	6.99	7.16	7.08	7.09	7.22	7.17
16	11.04	11.30	11.15	11.11	11.61	11.38	11.72	11.89	11.79
32	16.94	17.38	17.23	16.88	17.49	17.16	17.43	18.33	17.82

Tabelle 9.10: Minimale, maximale und durchschnittliche Meßwerte der effektiven Parallelität bei Variation der Systempuffergröße

Das Konfliktverhalten bei sehr hohen Sollparallelitätsgraden gibt Anlaß zu der Annahme, daß die **logischen Seitenreferenz-Strings potentiell sehr häufig benutzte Datenelemente enthalten**, deren Bedeutung aufgrund der niedrigen Aufzeichnungsparallelität in den realen Anwendungsumgebungen bisher nicht zum Tragen kam. Darauf wird in 9.5 näher eingegangen. Besonders die relative Stagnation aller auf Konsistenzebene 3 arbeitenden Synchronisationsverfahren verdeutlicht den hohen Preis, der für diese Art der Datenqualität zu zahlen ist.

9.5. Die Durchlaufzeit als das zentrale Maß des Simulationsmodells

9.5.1. Grundsätzliche Bedeutung und Bestimmungsfaktoren der Durchlaufzeit

Das vierte betrachtete Maß zur Bewertung des Leistungsverhaltens von Synchronisationsverfahren, die **Durchlaufzeit** t, ist als der mit dem Simulationssystem gemessene Zeitraum definiert, der zur vollständigen Bearbeitung aller im logischen Seitenreferenz-String enthaltenen Transaktionen benötigt wird. Von den drei anderen zuvor erörterten Mäßen unterscheidet sich t in zwei für seine Aussagefähigkeit bedeutsamen Punkten.

Auf der einen Seite **steht** die **Definition von t**, im Gegensatz zu der von $\bar{n}$ und n^*, mit dem simulierten **Prozessormodell in Einklang**. Niedrige Werte von $\bar{n}$ und n^* signalisieren zwar in einem aus n Prozessoren bestehenden System die schlechte Auslastung der Rechenkapazitäten, die sich annähernd proportional zu $\bar{n}$ bzw. n^* verhält, jedoch implizieren schlechte Werte dieser beiden Größen nicht automatisch längere Durchlaufzeiten, denn der angenommene einzige Prozessor ist bei Blockierungen oder dem zeitweiligen Zurücknehmen der Sollparallelität immerhin noch in der Lage, die übrigen Transaktionen häufiger zu bedienen. In dem der Definition von $\bar{n}$ und n^* zugrundeliegenden Modell bleibt dagegen eine entsprechende Anzahl Prozessoren gänzlich ungenutzt.

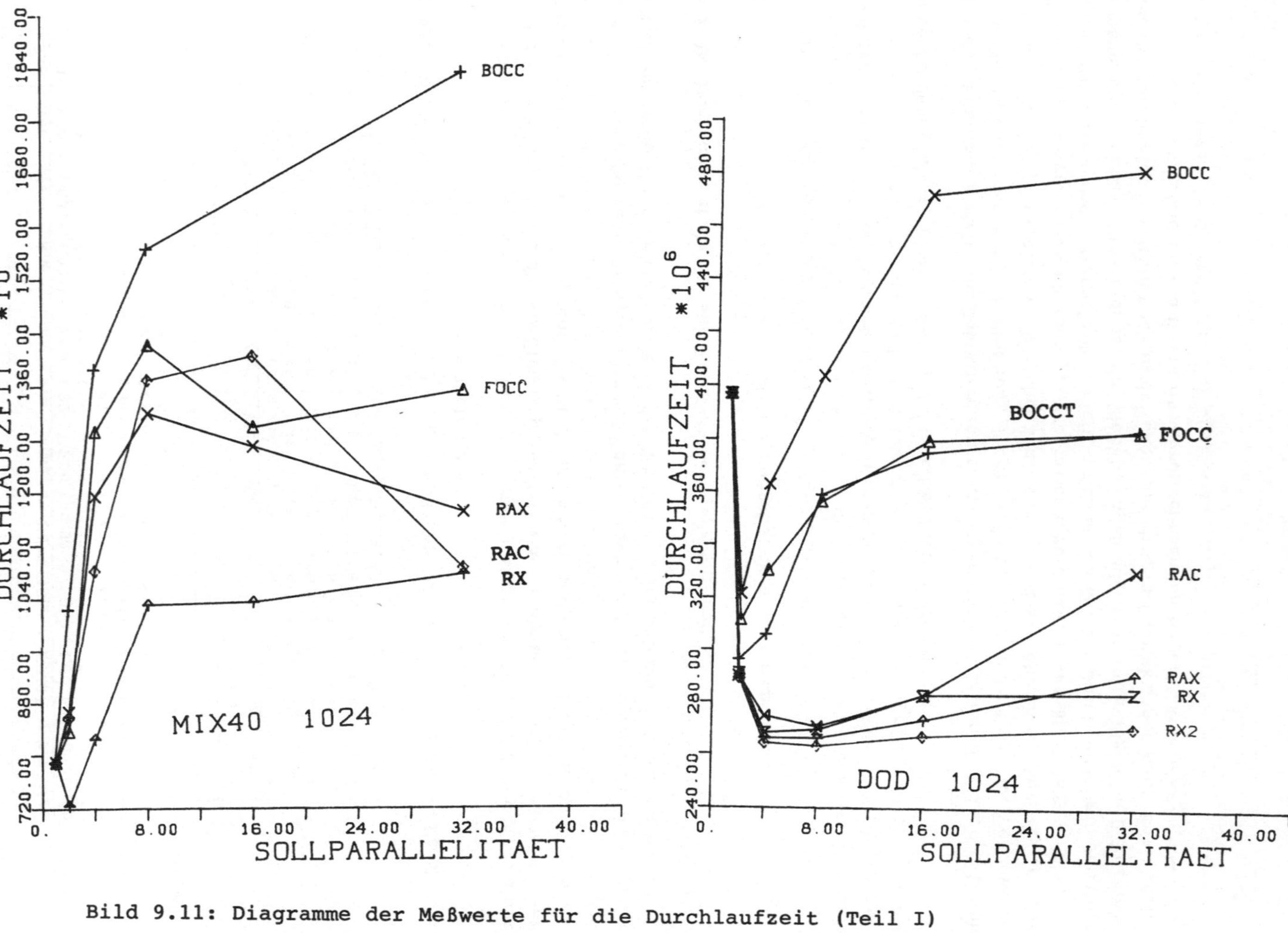

Bild 9.11: Diagramme der Meßwerte für die Durchlaufzeit (Teil I)

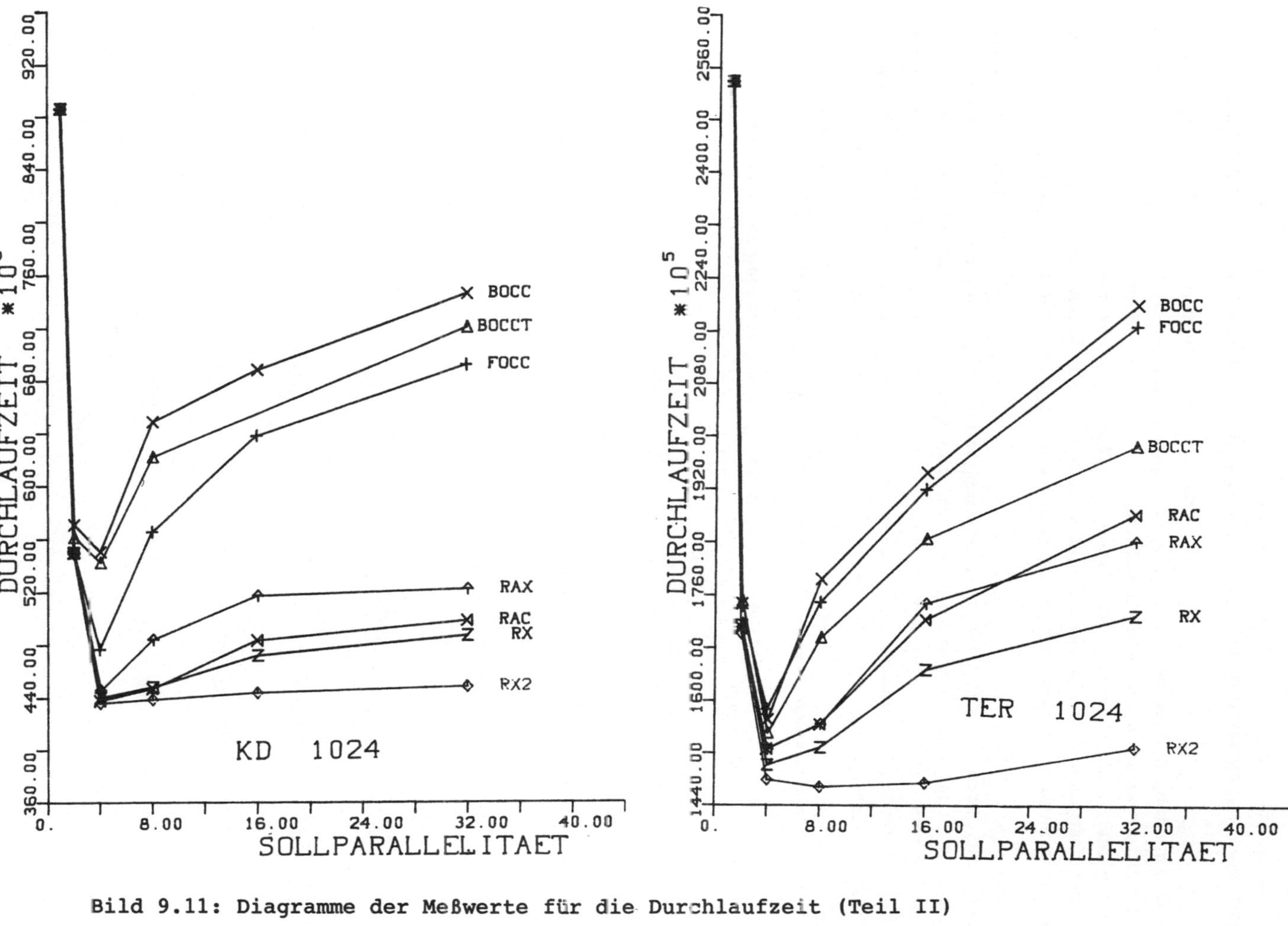

Bild 9.11: Diagramme der Meßwerte für die Durchlaufzeit (Teil II)

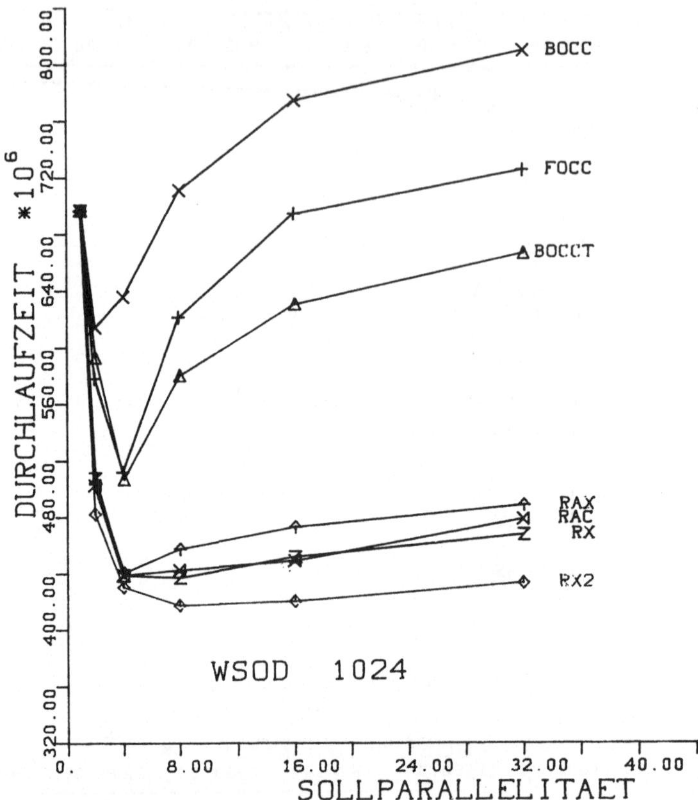

Bild 9.11: Diagramme der Meßwerte für die Durchlaufzeit   (Teil III)

Der zweite Grund, der t als zentrales Maß zur Beurteilung des Einflusses von Synchronisationsverfahren auf das Leistungsverhalten von Datenbanksystemen nahelegt, ist die **Konstanz** der in seine Berechnung **eingehenden Grundlast** für jeden logischen Seitenreferenz-String, unabhängig von der simulierten Puffergröße. Da weiterhin die Anzahl und die individuellen Opfer von Rücksetzungen über die Puffergrößen variieren, sind für ein Synchronisationsverfahren bei demselben logischen Seitenreferenz-String und derselben Sollparallelität immer noch Unterschiede bei der Gesamtmenge der Referenzen zu erwarten, die aber tendenziell geringer ausfallen sollten.

Die Durchlaufzeit berücksichtigt auch die in die Endphase der Simulation verdrängten Transaktionen, die bei der Berechnung von $\bar{n}$ und n^* unzulässigerweise unter den Tisch fallen. Besonders im Falle sehr langer, in die Abklingphase verschobener Transaktionen kann das zu wesentlich besseren Ergebnissen für $\bar{n}$ und n^* bei Synchronisationsverfahren führen, die diese Verschiebung am wirkungsvollsten durchführen, sofern die Lastbalancierung als gegensteuerndes Regulativ das nicht ohnehin verhindert.

Zwar vermindert die in der Abklingphase sinkende aktuelle Parallelität das Konfliktpotential, doch ermöglicht das einigen extremen Transaktionen überhaupt erst den erfolgreichen Abschluß. Andererseits gehen lange Verarbeitungsphasen im Einbenutzerbetrieb mit einer schlechteren Prozessorauslastung einher und implizieren größere Werte für die Durchlaufzeit.

DOD 1024						
PAR	BOCCT	FOCC	BOCC	RAX	RAC	RX
1	0	0	0	0	0	0
2	8	2	11	0	0	1
4	25	16	37	1	4	1
8	35	36	53	1	3	2
16	42	41	77	2	6	6
32	41	42	78	7	22	5

KD 1024						
PAR	BOCCT	FOCC	BOCC	RAX	RAC	RX
1	0	0	0	0	0	0
2	2	0	4	0	0	0
4	24	9	26	2	0	1
8	42	29	48	10	2	2
16	--	44	55	16	9	6
32	61	54	66	16	11	9

WSOD 1024						
PAR	BOCCT	FOCC	BOCC	RAX	RAC	RX
1	0	0	0	0	0	0
2	23	20	27	4	4	5
4	18	19	48	2	2	2
8	39	49	70	9	6	5
16	50	65	84	12	7	7
32	54	67	87	13	10	8

TER 1024						
PAR	BOCCT	FOCC	BOCC	RAX	RAC	RX
1	0	0	0	0	0	0
2	3	2	2	0	0	1
4	5	7	6	3	3	1
8	15	19	21	6	6	4
16	25	30	32	19	17	12
32	30	42	44	20	23	13

Tabelle 9.11: Zunahme der Durchlaufzeit (in %) im Vergleich zum besten Verfahren (RX2)

Dadurch werden gerechterweise solche Synchronisationsverfahren benachteiligt, die sich der Konflikte zunächst durch Vertagung des Problems entledigen. Die Benachteiligung ergibt sich aus der im Einbenutzerbetrieb nutzlos verstreichenden Zeit, während deren eine E/A-Anforderung befriedigt wird. Nach einer sehr groben Abschätzung könnten bei der gewählten Parametrisierung des Modells in der Zeitspanne, während deren eine Transaktion auf das Ende einer E/A-Operation synchron wartet (3 ms Übertragungszeit, 12,5 ms Umdrehungswartezeit plus 20 ms Zugriffsbewegungszeit), etwa 7 logische Seitenreferenzen bearbeitet werden. Deshalb führen ausgedehnte Abklingphasen wegen überlanger Transaktionen bei nicht zu vernachlässigenden Fehlseitenraten und geringer aktueller Parallelität zur überproportionalen Verlängerung von t. Die durch die Verschiebung gewonnenen Vorteile in der Phase voller Parallelität werden dadurch angemessen kompensiert.

Tabelle 9.11 veranschaulicht zusammen mit Bild 9.11 die numerischen Ergebnisse für die Durchlaufzeit. Obwohl tendenziell die Bandbreite der Resultate für unterschiedliche Puffergrößen durch die mit der Definition von t verbundene Ausdehnung des Beobachtungszeitraums vermindert wird, verschwindet sie nicht vollkommen. Für die Zusammenstellung in Bild 9.11 war einerseits maßgeblich, hinsichtlich Kurvenverlauf und Reihung der Verfahren möglichst typische Diagramme ausfindig zu machen, und andererseits eine einheitliche Puffergröße zu finden, die diese Voraussetzung erfüllt. Diesen Bedingungen genügt am ehesten die Puffergröße 1024. Da die Ordinaten für jeden logischen Seitenreferenz-String aus darstellungstechnischen Gründen unterschiedlich skaliert sind und die relativen Unterschiede der Durchlaufzeiten in dieser Darstellungweise teilweise stark überzeichnet werden, stellt Tabelle 9.11 die prozentualen Verlängerungen von t in Relation zum jeweils besten Synchronisationsverfahren (immer RX2) gegenüber. Bei Bild 9.11 ist MIX40 noch mit angeführt, allerdings nur um das bei ihm beobachtete irreguläre Verhalten zu illustrieren, in der zugehörigen Tabelle wurde er dagegen weggelassen.

Mit Ausnahme von MIX40 bildet sich in Bild 9.11 bei allen Referenzstrings und Synchronisationsverfahren eine **charakteristische Wannenform** aus. Sie wird von zwei gegenläufigen Faktoren bestimmt, deren Ineinanderwirken zusätzlich in Bild 9.12 graphisch demonstriert wird. Auf der einen Seite wird die Auslastung des Prozessors durch die Hinzunahme von Transak-

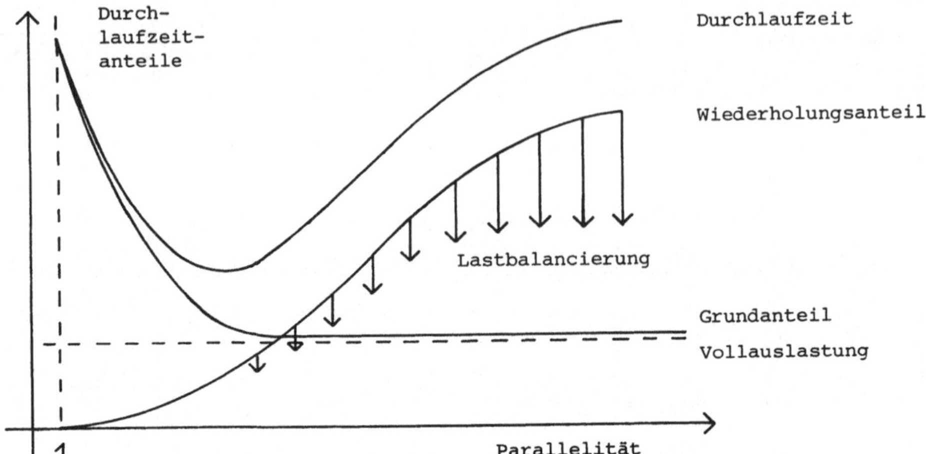

Bild 9.12: Bestimmungsfaktoren der Durchlaufzeit

WSOD 1024						
PAR	BOCCT	FOCC	BOCC	RX2	RAX	RAC	RX
1	9984	9984	9984	9984	9984	9984	9984
2	7848	7436	6611	5532	5808	5984	5890
4	3855	3356	5672	3449	3524	3714	3517
8	3201	3065	4934	2596	3298	2985	2910
16	3110	2937	4901	2591	3072	2821	3157
32	3383	3173	4904	2591	3172	2800	3171

DOD 1024						
PAR	BOCCT	FOCC	BOCC	RX2	RAX	RAC	RX
1	4864	4864	4864	4864	4864	4864	4864
2	1623	1734	1584	1719	1725	1719	1788
4	59	105	50	149	208	94	256
8	108	37	17	17	26	31	53
16	36	23	8	27	5	40	90
32	70	40	5	28	8	70	46

Tabelle 9.12: Häufigkeit von Leerphasen des Prozessors

tionen fortlaufend verbessert, da die Wahrscheinlichkeit, daß gleichzeitig alle Transaktionen das Einlesen einer Seite in den Systempuffer erwarten, mit steigender Parallelität nahezu verschwindet. Dieser in Bild 9.12 mit Grundanteil bezeichnete Bestandteil der Durchlaufzeit beschreibt die Zeit, die zur Verarbeitung der durch den Referenzstring vorgegebenen Last bei fehlender Synchronisation nötig wäre. Ihre theoretische Untergrenze wird bei Vollauslastung des Prozessors erreicht. Die empirische Bestätigung und eine etwas genauere Quantifizierung dieser Feststellungen findet sich in Tabelle 9.12, die für die logischen Seitenreferenz-Strings WSOD und DOD bei 1024 Rahmen die Anzahlen der Leerphasen des Prozessors wiedergibt. Bei DOD nehmen die absoluten Werte bis zur Sollparallelität 4 unverkennbar deutlich ab, ab diesem Wert ist der Prozessor de facto voll ausgelastet. Die Werte für KD und TER folgen qualitativ derselben Entwicklung, die Stagnation der Anzahl der Leerphasen bei WSOD auf hohem Niveau wird später erklärt.

Der zweite, mit Wiederholungsanteil bezeichnete Bestandteil der Durchlaufzeit umfaßt die Belegung des Prozessors zur nochmaligen Ausführung zurückgesetzter Transaktionen. Die qualitative Form des Kurvenverlaufs ist von den Erfahrungen abgeleitet, die hinsichtlich der Lastbalancierung in den vorangehenden Abschnitten geschildert wurden. Der Kurvenverlauf bringt insbesondere zum Ausdruck, daß der Wiederholungsfaktor durch derartige Maßnahmen sehr wirksam begrenzt werden kann. Die Summation beider Kurven ergibt schließlich die typische Wannenform der Funktion für die Durchlaufzeit.

9.5.2. Die Durchlaufzeit bei Lastprofilen mit sehr langen Transaktionen und hohem Änderungsanteil am Beispiel des logischen Seitenreferenz-Strings MIX40

Bei dem Bemühen, eine einzige sinnvolle quantitative Reihung der betrachteten Synchronisationsverfahren zu erstellen, lassen sich die für MIX40 gemessenen, in Bild 9.11a aufgetragenen Werte am schwierigsten interpretieren. Die Verkürzung der Durchlaufzeit für RAC bei Sollparallelität 32 im Vergleich zu 16 (nicht so ausgeprägt auch bei RAX), die ebenfalls in einer deutlichen Verringerung des Wiederholungsfaktors in Bild 9.9a zum Ausdruck kommt, wird durch zahlreiche, der Interpretation im Wege stehende Sondereinflüsse ausgelöst. Sie signalisieren einerseits Schwachstellen in dem prinzipiell sehr einfachen Lastbalancierungsalgorithmus und rühren vor allem von den außergewöhnlichen Unterschieden im Transaktionsprofil her.

Auf die längste Transaktion von MIX40 konzentrieren sich immerhin 7,5% aller logischen Seitenreferenzen und auf die nächstkürzeren 3 Transaktionen noch einmal je 4,8%. Des weiteren steht die längste Transaktion (Nummer 3 nach 9.1.3) fast an der Spitze des Referenzstrings und ist bei einer Sollparallelität größer als 2 vom Beginn der Simulation an aktiv. Selbst wenn die Bearbeitung von MIX40 vollkommen konfliktfrei abläuft, ist Transaktion 3 wegen ihrer Überlänge ab Sollparallelität 16 bis weit in die Abklingphase hinein aktiv. Gerade die langen Transaktionen von MIX40 sind jedoch nachweislich nicht frei von Konflikten, sondern in der Regel mehrfache Opfer von Rücksetzungen. Einer zusätzlichen vollständigen Ausführung der längsten Transaktion entspricht jedoch, um einmal einen optischen Eindruck zu geben, bei Vollauslastung des Prozessors in Bild 9.11a der Abstand des Wertes des RX-Verfahrens von dem des RAX-Verfahrens.

Am einfachsten zu erklären ist das in Bild 9.11a dargestellte Verhalten des BOCC-Verfahrens, dessen große Differenz zu allen anderen Verfahren bei hohen Parallelitätsgraden auf die ans Transaktionsende verschobene Validierung zurückzuführen ist. Transaktion 3 an erster Stelle, aber auch die anderen Langläufer, werden dadurch gezwungen, gegen fast alle Transaktionen von MIX40 zu validieren und müssen wegen der entgegen den Annahmen der optimistischen Synchronisationsverfahren tatsächlich auftretenden häufigen Konflikte Rücksetzungen in Kauf nehmen. Die einmalige Wiederholung der in Tabelle 9.7a zusammengestellten 8 längsten Transaktionen von MIX40 impliziert bereits einen Wiederholungsfaktor von 1,37. Da die Lastbalancierung erst nach der zweiten Wiederholung einschreitet, wirkt sich an dieser Stelle besonders nachteilig aus, daß MIX40 mit weitem Abstand die größte durchschnittliche Transaktionslänge besitzt. Der Kurvenverlauf des BOCC-Verfahrens ist bis Sollparallelität 8 durch einen rapiden Anstieg gekennzeichnet, der später klar abflacht. Wird die Vollauslastung des Prozessors unterstellt, eine bei 1024 Pufferrahmen und laut Tabelle 9.2 nur 3543 verschiedenen referenzierten Seiten durchaus vernünftige Annahme, dann ist der Anstieg der Durchlaufzeit von Sollparallelität 1 nach 2 etwa mit dem Aufwand vergleichbar, den die jeweils zweifache Wiederholung der längsten 3 Transaktionen verursacht. Ab Sollparallelität 8 erfüllt dann die Lastbalancierung ihre Aufgabe und verhindert weitere übermäßige Zuwächse der Durchlaufzeit. Ganz grob gerechnet müßte die Lastbalancierung eigentlich in der Lage sein, den Wiederholungsfaktor für die gesamte Laufzeit, der bei hoher Prozessorauslastung eine gute Approximation der Durchlaufzeit liefert, auf höchstens bzw. knapp über 3 zu limitieren. Dieser Wert wird allerdings nicht einmal bei MIX40 erreicht, wenn Bild 9.11a zugrundegelegt wird.

Die Werte für das FOCC-Verfahren in Bild 9.11a nehmen einen gänzlich anderen Verlauf. Die Verlängerung der Durchlaufzeit von Sollparallelität 1 auf 2 ist kaum als nennenswert zu bezeichnen. Demgegenüber beträgt die Zunahme beim Übergang auf Sollparallelität 4 rund 50%, um für die restlichen Parallelitätsgrade leicht (in der Größenordnung einer Wiederholung der längsten Transaktion) zu schwanken. Bei Sollparallelität 2 laufen die langen kritischen Transaktionen immer mit einigen kurzen parallel, die im Falle tatsächlich auftretender Konflikte sehr schnell die Parallelitätsabsenkung einleiten, die sofort den physischen Einbenutzerbetrieb nach sich zieht. Wenn etwa die längste Transaktion nacheinander parallel zu je einer kurzen, in Konflikt stehenden abläuft, dann setzt jede der kurzen Transaktionen nach zwei freiwilligen eigenen Wiederholungen die lange zurück. Spätestens bei der nächsten Zulassung der langen Transaktion wird dann relativ schnell auf Einbenutzerbetrieb umgeschaltet, und die lange Transaktion erreicht sicher ihr Ende. Bei Sollparallelität 4 benötigt das Zurücknehmen der aktuellen Parallelität längere Zeit, außerdem treffen öfter längere Transaktionen aufeinander. Bei noch größeren Werten für die Sollparallelität und sich häufenden Konflikten bremst daraufhin die Lastbalancierung den Anstieg des Wiederholungsfaktors und der Durchlaufzeit nachhaltig ab.

| | | WIEDERHOLUNGSFAKTOR | REFERENZEN | | |
| | | MIX40 | 1024 | | |
PAR	FOCC	BOCC	RAX	RAC	RX
1	1.00	1.00	1.00	1.00	1.00
2	1.24	1.52	1.29	1.27	1.06
4	2.00	2.12	1.81	1.66	1.25
8	2.17	2.43	2.03	2.12	1.59
16	1.98	----	1.96	2.17	1.60
32	2.05	2.83	1.80	1.69	1.64

| | | WIEDERHOLUNGSFAKTOR | TRANSAKTIONEN | | |
| | | MIX40 | 1024 | | |
PAR	FOCC	BOCC	RAX	RAC	RX
1	1.00	1.00	1.00	1.00	1.00
2	1.10	1.15	1.06	1.07	1.04
4	1.60	1.34	1.18	1.13	1.09
8	2.45	1.86	1.42	1.55	1.37
16	2.41	----	1.44	1.55	1.38
32	3.14	2.91	1.42	1.45	1.44

WIEDERHOLUNGSLÄNGENFAKTOR
MIX40 1024

PAR	FOCC	BOCC	RAX	RAC	RX
1	0	0	0	0	0
2	2.34	3.41	5.04	4.20	1.36
4	1.67	3.30	4.62	4.90	2.68
8	0.80	1.66	2.45	2.03	1.57
16	0.69	----	2.19	2.11	1.58
32	0.49	0.96	1.91	1.53	1.44

WIEDERHOLUNGSFAKTOR REFERENZEN
DOD 1024

PAR	BOCCT	FOCC	BOCC	RX2	RAX	RAC	RX
1	1.00	1.00	1.00	1.00	1.00	1.00	1.00
2	1.10	1.03	1.15	1.00	1.00	1.00	1.00
4	1.29	1.17	1.43	1.00	1.00	1.05	1.01
8	1.38	1.39	1.60	1.00	1.01	1.03	1.02
16	1.48	1.45	1.89	1.01	1.04	1.07	1.07
32	1.48	1.47	1.91	1.03	1.11	1.26	1.08

WIEDERHOLUNGSFAKTOR TRANSAKTIONEN
DOD 1024

PAR	BOCCT	FOCC	BOCC	RX2	RAX	RAC	RX
1	1.00	1.00	1.00	1.00	1.00	1.00	1.00
2	1.02	1.02	1.02	1.00	1.00	1.00	1.00
4	1.06	1.08	1.06	1.00	1.00	1.00	1.01
8	1.13	1.18	1.10	1.00	1.02	1.01	1.03
16	1.22	1.30	1.16	1.01	1.06	1.05	1.11
32	1.37	1.40	1.29	1.02	1.15	1.23	1.11

WIEDERHOLUNGSLÄNGENFAKTOR
DOD 1024

PAR	BOCCT	FOCC	BOCC	RX2	RAX	RAC	RX
1	0	0	0	0	0	0	0
2	5.37	1.50	9.31	0	1.00	0	0.33
4	5.18	2.17	7.75	0	0.33	11.75	0.54
8	3.04	2.10	6.18	0	0.56	3.00	0.65
16	2.27	1.49	5.40	2.33	0.69	1.42	0.66
32	1.29	1.19	3.08	1.42	0.70	1.11	0.71

WIEDERHOLUNGSFAKTOR REFERENZEN
KD 1024

PAR	BOCCT	FOCC	BOCC	RX2	RAX	RAC	RX
1	1.00	1.00	1.00	1.00	1.00	1.00	1.00
2	1.03	1.01	1.00	1.00	1.00	1.00	1.00
4	1.25	1.11	1.28	1.00	1.03	1.00	1.00
8	1.48	1.32	1.55	1.00	1.12	1.00	1.02
16	----	1.51	1.65	1.01	1.20	1.08	1.07
32	1.75	1.66	1.83	1.01	1.22	1.14	1.11

WIEDERHOLUNGSFAKTOR TRANSAKTIONEN
KD 1024

PAR	BOCCT	FOCC	BOCC	RX2	RAX	RAC	RX
1	1.00	1.00	1.00	1.00	1.00	1.00	1.00
2	1.01	1.00	1.01	1.00	1.00	1.00	1.00
4	1.05	1.03	1.05	1.00	1.00	1.00	1.00
8	1.10	1.10	1.10	1.00	1.01	1.00	1.04
16	----	1.18	1.16	1.04	1.05	1.05	1.14
32	1.20	1.22	1.19	1.10	1.08	1.10	1.08

WIEDERHOLUNGSLÄNGENFAKTOR
KD 1024

PAR	BOCCT	FOCC	BOCC	RX2	RAX	RAC	RX
1	0	0	0	0	0	0	0
2	2.38	2.33	3.50	0	0	0	0
4	4.59	4.23	5.50	0	13.00	0	1.00
8	4.60	3.24	5.25	2.00	17.00	2.00	0.48
16	----	2.85	4.16	0.14	3.70	1.67	0.52
32	3.76	3.01	4.42	0.13	2.77	1.38	1.33

WIEDERHOLUNGSFAKTOR REFERENZEN
WSOD 1024

PAR	BOCCT	FOCC	BOCC	RX2	RAX	RAC	RX
1	1.00	1.00	1.00	1.00	1.00	1.00	1.00
2	1.15	1.14	1.33	1.00	1.03	1.00	1.03
4	1.19	1.25	1.49	1.00	1.02	1.00	1.02
8	1.44	1.57	1.74	1.01	1.06	1.05	1.04
16	1.58	1.78	1.92	1.01	1.11	1.06	1.05
32	1.67	1.83	2.02	1.05	1.14	1.15	1.09

WIEDERHOLUNGSFAKTOR TRANSAKTIONEN
WSOD 1024

PAR	BOCCT	FOCC	BOCC	RX2	RAX	RAC	RX
1	1.00	1.00	1.00	1.00	1.00	1.00	1.00
2	1.02	1.03	1.01	1.00	1.00	1.00	1.00
4	1.07	1.10	1.06	1.00	1.01	1.01	1.00
8	1.21	1.29	1.20	1.00	1.10	1.12	1.03
16	1.33	1.43	1.33	1.05	1.34	1.16	1.05
32	1.40	1.50	1.40	1.26	1.43	1.44	1.20

WIEDERHOLUNGSLÄNGENFAKTOR
WSOD 1024

PAR	BOCCT	FOCC	BOCC	RX2	RAX	RAC	RX
1	0	0	0	0	0	0	0
2	7.60	4.57	23.64	0	10.33	0	15.50
4	2.55	2.46	8.51	0	4.60	0.33	17.00
8	2.07	1.99	3.73	2.50	0.55	0.38	1.24
16	1.76	1.83	2.75	0.25	0.32	0.39	0.89
32	1.68	1.47	2.56	0.18	0.33	0.35	0.43

WIEDERHOLUNGSFAKTOR REFERENZEN
TER 1024

PAR	BOCCT	FOCC	BOCC	RX2	RAX	RAC	RX
1	1.00	1.00	1.00	1.00	1.00	1.00	1.00
2	1.03	1.03	1.03	1.00	1.01	1.01	1.01
4	1.07	1.09	1.09	1.00	1.05	1.05	1.02
8	1.18	1.24	1.24	1.00	1.09	1.09	1.06
16	1.33	1.39	1.41	1.01	1.25	1.23	1.16
32	1.45	1.60	1.61	1.05	1.33	1.37	1.24

WIEDERHOLUNGSFAKTOR TRANSAKTIONEN
TER 1024

PAR	BOCCT	FOCC	BOCC	RX2	RAX	RAC	RX
1	1.00	1.00	1.00	1.00	1.00	1.00	1.00
2	1.01	1.01	1.01	1.00	1.00	1.00	1.00
4	1.03	1.02	1.03	1.00	1.02	1.02	1.01
8	1.08	1.07	1.00	1.00	1.04	1.04	1.02
16	1.13	1.13	1.12	1.01	1.09	1.09	1.06
32	1.17	1.20	1.19	1.05	1.12	1.13	1.09

| | WIEDERHOLUNGSLÄNGENFAKTOR | | | | | | |
| | | TER | 1024 | | | | |
PAR	BOCCT	FOCC	BOCC	RX2	RAX	RAC	RX
1	0	0	0	0	0	0	0
2	3.44	4.57	5.14	0	3.00	3.00	3.00
4	2.52	3.67	3.07	0	2.72	2.72	2.63
8	2.41	3.47	3.47	0	2.47	2.60	2.55
16	2.59	3.04	3.37	1.00	2.73	2.73	2.52
32	2.56	2.97	3.21	1.04	2.76	2.79	2.60

Tabelle 9.13: Verschiedene Ausprägungen von Wiederholungsfaktoren

Die These wird auch durch die in Tabelle 9.13a vorgenommene Gegenüberstellung des Wiederholungsfaktors für Referenzen (q), auf den bisher einfach mit Wiederholungsfaktor Bezug genommen wurde, mit dem Wiederholungsfaktor für Transaktionen (q_{ta}), der ganz analog wie q berechnet wird, bekräftigt. Beide in Tabelle 9.13 aufgelisteten Werte sind, im Gegensatz etwa zu Bild 9.9, erst am Schluß der Abklingphase gemessen und deshalb besser mit der Durchlaufzeit vereinbar. Dazu ist in Tabelle 9.13 noch der Wiederholungslängenfaktor (ql) genannte Quotient (q-1)/(q_{ta} -1) angegeben, der ausdrückt, wie groß die pro Rücksetzung verlorengegangene Arbeit im Verhältnis zur durchschnittlichen Transaktionslänge ist. Obwohl für MIX40 alle Synchronisationsverfahren bei steigender Sollparallelität fallende Werte von ql aufweisen, ist der Rückgang bei FOCC am stärksten ausgeprägt. Bezüglich MIX40 ist mit einer Rücksetzung für Werte der Sollparallelität über 2 bei Benutzung des FOCC-Verfahrens der geringste Verlust an Nutzbarkeit verbunden, was allerdings nichts über die absolute Häufigkeit von Rücksetzungen aussagt.

Am schwierigsten zu erklären ist der Kurvenverlauf für RAC und RAX, insbesondere der deutliche Rückgang der Durchlaufzeit von Sollparallelität 16 auf 32. Genau wie die optimistischen Synchronisationsverfahren tendieren die RA-Verfahren zur Vertagung von Entscheidungen zur Behandlung von Konflikten bis ans Transaktionsende, zumindest wenn sie einen Änderer und einen oder mehrere Leser betreffen. Das Ansteigen der Durchlaufzeit bis zur Sollparallelität 8 kann damit erklärt werden, daß bei den in MIX40 vorhandenen vielfachen Konflikten bei den RA-Verfahren erst einmal so viele Transaktionen parallel ablaufen müssen, daß schon vor der Überprüfung der Serialisierbarkeit am Ende der Transaktion die ohnehin unumgänglichen Rücksetzungen dadurch erzwungen werden, daß vermehrte Anforderungen von A-Sperren zusätzlicher Transaktionen bei hohen Parallelitätsgraden Blockierungen und zyklische Wartesituationen hervorrufen, die bereits bei ihrer Entstehung erkannt werden. Insbesondere die langen Änderungstransaktionen konvertieren nämlich hunderte von Sperren erst im Rahmen der EOT-Verarbeitung. In diesem Zusammenhang fällt die Stagnation bzw. sogar leichte Zunahme von ql für beide RA-Verfahren bei den Sollparallelitäten 8 und 16 auf.

Das RX-Verfahren zeichnet sich bei MIX40 durch relativ konstante Werte von ql unabhängig von der Sollparallelität aus. Das spricht zusammen mit dem beobachteten Verhalten der RA-Verfahren und der relativ hohen Anzahl von Blockierungen beim RX-Verfahren, auf die in 9.6 eingegangen wird, dafür, daß solchen Konfliktsituationen bei langen Änderungstransaktionen vom RX-Verfahren wirksamer gegengesteuert wird. Außerdem machen die Beobachtungen bei den optimistischen Synchronisationsverfahren deren weitgehende Unbrauchbarkeit bei Transaktionsprofilen von der Art des MIX40 mit vielen langen Änderungstransaktionen offenkundig.

9.5.3. Die Durchlaufzeit bei ausgeglichenen Lastprofilen am Beispiel der logischen Seitenreferenz-Strings DOD, KD, WSOD und TER

Im Vergleich zu MIX40 ergeben sich für die 4 anderen verfügbaren logischen Seitenreferenz-Strings, wie Bild 9.11 bestätigt, wesentlich monotonere Kurvenverläufe der Durchlaufzeit. Sie beruhen auf der größeren Gleichmäßigkeit des Lastprofils in den Referenzstrings, die sich in deutlich geringeren Extremwerten nach 9.1.3 manifestiert, und einer gegenüber MIX40 teilweise fast zehnfachen Steigerung der Transaktionsanzahl. Obwohl weiterhin klare Unterschiede bei den charakteristischen Merkmalen der logischen Seitenreferenz-Strings DOD, KD, WSOD und TER bestehen, werden im folgenden an erster Stelle die erkennbaren Gemeinsamkeiten herausgestellt.

Die sich schon bei der Analyse der effektiven Parallelität andeutenden Bewertungen der Synchronisationsverfahren werden von Bild 9.11 recht eindeutig bekräftigt. Erwartungsgemäß liefert das **RX2-Verfahren** in jedem Fall das **beste Ergebnis, gefolgt** von der **Klasse** der drei auf **Konsistenzebene 3** arbeitenden **Sperrverfahren. Am schlechtesten** schneiden die drei untersuchten Varianten **optimistischer Synchronisationsverfahren** ab, wobei die optimierte BOCCT-Variante das ursprüngliche BOCC-Verfahren durchweg, teilweise sogar mit weitem Abstand schlägt. In allen Fällen erweist sich das herkömmliche RX-Verfahren entweder als das zweitbeste und damit als das beste Konsistenzebene 3 garantierende Verfahren, oder es liefert Werte für die Durchlaufzeit, die von denen des zweitbesten Verfahrens nicht signifikant abweichen. Das FOCC-Verfahren schlägt, teilweise klar, die BOCC-Variante, ist allerdings überraschenderweise bei WSOD und TER dem BOCCT-Verfahren unterlegen. Die Resultate für DOD müssen als Gleichstand von BOCCT und FOCC gewertet werden, für KD erzielt FOCC die besten Ergebnisse der optimistischen Synchronisationsverfahren.

Rein optisch sind die Abstände der Kurven des BOCC-Verfahrens von denen der übrigen Synchronisationsverfahren in Bild 9.11 bei WSOD und DOD am ausgeprägtesten, die numerische Bestätigung dieser Beobachtung findet sich in Tabelle 9.11, nach der bei den beiden logischen Seitenreferenz-Strings das BOCC-Verfahren bei hohen Graden der Sollparallelität mehr als 20% über dem nächstbesten Verfahren (ebenfalls ein optimistisches) liegt. Nach den Erkenntnissen, die bei der Analyse der Ergebnisse von MIX40 gesammelt wurden, ist bei BOCC vordringlich auf das Schicksal sehr langer Transaktionen zu achten, die gemessen an der durchschnittlichen Transaktionslänge sowohl in WSOD als auch in DOD, aber auch in KD vertreten sind. Detailanalysen der Simulationsergebnisse für WSOD und DOD decken die Konfliktträchtigkeit der langen Transaktionen, die Daten nur lesen, auf. Einige davon tauchen in großer Regelmäßigkeit mit zwei oder mehr Wiederholungen in der Abklingphase auf, bei WSOD insbesondere die längste Transaktion (Nummer 823) mit über 7000 logischen Seitenreferenzen, die bei großen Werten der Sollparallelität nach zwei Rücksetzungen und wegen ihres späten Erscheinens im Referenzstring im Einbenutzerbetrieb zu Ende gebracht wird. Der dadurch bedingte große zeitliche Anteil der Abklingphase an der Durchlaufzeit sorgt auch für die insgesamt schlechtere Prozessorauslastung bei WSOD, die sich schon in Tabelle 9.12 in der großen Anzahl von Leerphasen bei Werten der Sollparallelität größer als 4 niedergeschlagen hat. Die etwas besseren Werte von BOCC bei KD, die aber immer noch schlechter als die der anderen Verfahren sind, lassen sich durch die Konfliktfreiheit der in 9.1.3 aufgezählten längsten Transaktionen erklären, die offenbar ohne Behinderungen durch andere Transaktionen Teile der Datenbank sequentiell lesen.

Das teilweise bessere, in manchen Fällen aber auch schlechtere Abschneiden der BOCCT-Variante im Vergleich zu FOCC läßt sich nicht vollkommen schlüssig erklären. Daß das BOCCT-Verfahren aus der Klasse der optimistischen Synchronisationsverfahren manchmal so gut abschneidet, muß als Überraschung bezeichnet werden. Eine mögliche Konstellation von Transaktionen, die im Mehrbenutzerbetrieb klare Vorteile für das BOCCT-Verfahren impliziert, ist in Bild 9.13 festgehalten.

Das Bild zeigt zwei Szenarien, wobei im oberen nach Maßgabe des FOCC-Verfahrens mit der Rücksetzung fremder Transaktionen erst nach zwei erfolglosen eigenen Validierungen begonnen wird. Im unteren Szenarium dagegen wird die BOCCT-Variante angewendet. Der besseren Übersicht wegen sind in Bild 9.13 jeweils nur zwei parallele Transaktionen eingezeichnet, denn es wird für die Diskussion des Beispiels von der Konfliktfreiheit der abgebildeten Transaktionen mit eventuell vorhandenen, nicht dargestellten ausgegangen. Das Bild zeigt zwei kürzere Transaktionen (T_2 und T_3) und eine etwas längere (T_1), die einige gemeinsame Objekte ändern. T_1 liest mehrfach solche Objekte, was jeweils durch ein Kreuzchen auf der den zeitlichen Ablauf von T_1 repräsentierenden Linie angedeutet wird. Da blinde Schreibvorgänge explizit ausgeschlossen wurden, führt die Änderung derselben Seite durch gleichzeitig ablaufende Transaktionen bei den optimistischen Synchronisationsverfahren immer zur Rücksetzung mindestens einer der beteiligten Transaktionen.

Im oberen Szenarium von Bild 9.13 wird T_2 zunächst zweimal zurückgesetzt, weil sie eine Seite ändern will, die T_1 gelesen hat. Erst beim dritten Versuch setzt sich T_2 auf Kosten von T_1 durch, die wenig später erneut zugelassen wird. Anschließend gerät T_1 in ähnlicher Weise mit T_3 in Konflikt und wird nach zwei Rücksetzungen von T_3 dann selbst zum zweiten Male abgebrochen. Wegen der Aktivierung der Lastbalancierung bei der dritten Zulassung von T_1 erreicht die Transaktion danach ihr erfolgreiches Ende. Im unteren Szenarium, das den Ablauf derselben drei Transaktionen unter der BOCCT-Strategie wiedergibt, führen die ersten Validierungen von T_2 und T_3 direkt zum Erfolg, darüber hinaus erkennt T_1 zweimal kurz nach dem Abschluß der parallel abgewickelten Transaktionen die mangelnden Erfolgsaussichten weiterer eigener Bemühungen und setzt sich selbst frühzeitig zurück. Im Beispiel werden also je zwei Wiederholungen von T_2 und T_3 gegenüber dem FOCC-Verfahren eingespart, T_1 wird bedeutend früher zurückgesetzt und die Lastbalancierung eher aktiviert. Alles in allem folgt daraus ein viel geringerer Ressourcenverbrauch der BOCCT-Variante für das Beispiel, was ihre Überlegenheit in manchen Fällen plausibel macht.

Hinsichtlich der drei Konsistenzebene 3 garantierenden Sperrverfahren verblüfft an erster Stelle die am besten in Tabelle 9.11 reflektierte marginale Differenz, die zwischen ihnen besteht. Diese Feststellung wird noch durch die bei einigen Puffergrößen und logischen Seitenreferenz-Strings beobachtete Vertauschung der Reihenfolgen der Sperrverfahren bekräftigt. Die mit der Einführung von A-Sperren angestrebte höhere Parallelität kommt

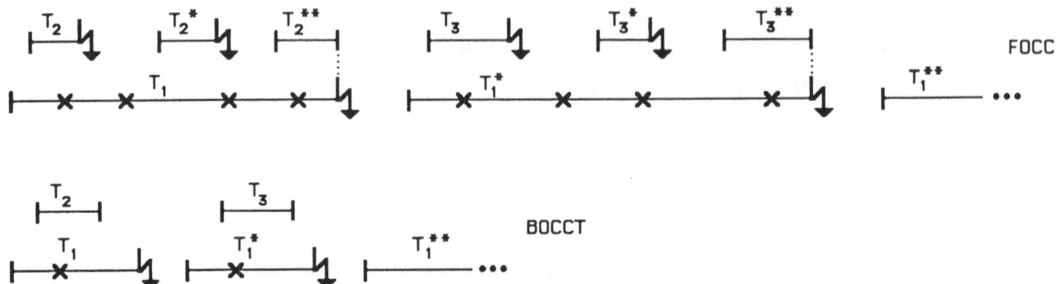

Bild 9.13: Beispielszenarium zum qualitativen Vergleich des FOCC-Verfahrens mit dem BOCCT-Verfahren

offenkundig nicht zum Tragen oder wird durch vermehrte Rücksetzungen zunichte gemacht. Über eventuelle Ursachen gibt der nächste Abschnitt Auskunft, der das Rücksetzverhalten der einzelnen Verfahren genauer begutachtet.

Interessant und überraschend ist des weiteren die Relation des zur **Erreichung** von **Konsistenzebene 3 notwendigen Aufwands** und desjenigen für den eingeschränkten Konsistenzbegriff des RX2-Verfahrens. Selbst bei Sollparallelität 32 überschreitet der **zusätzliche Aufwand** nur bei TER die 10-Prozent-Grenze geringfügig, und auch die anderen Sperrverfahren liegen nach Tabelle 9.11 wieder mit Ausnahme von TER und einem Ausrutscher von RAC bei DOD **um bzw. unter 15%**. Bei kleineren Parallelitätsgraden dagegen müssen die Unterschiede auch wegen der Wirkungsweise der Lastbalancierung als marginal angesehen werden, wodurch der Preis für die bessere Qualität der Daten auf der Basis empirischer Lastprofile gar nicht einmal so hoch ausfällt, wenn die Durchlaufzeit als Maß zugrundegelegt wird. Bei dieser Betrachtung muß außerdem in Rechnung gestellt werden, daß die bei der Simulation des RX2-Verfahrens praktizierte Freigabestrategie für Lesesperren mit der jeweiligen UNFIX-Referenz sicherlich nur die minimale Haltedauer selbst bei Konsistenzebene 2 realisiert. Beim Traversieren von Baumstrukturen und anderen physischen Zugriffspfaden ist es mit Sicherheit zur Vermeidung inkonsistenter Sichten der Zugriffspfadverwaltung auf die Speicherungsstrukturen notwendig, gleichzeitig mehrere Lesesperren zu halten. Möglicherweise gibt die transaktionsbezogene Abfolge logischer Seitenreferenzen und UNFIX-Referenzen in den logischen Seitenreferenz-Strings diese Sperrdisziplin nicht adäquat wieder, so daß die Werte für das RX2-Verfahren tendenziell einen besseren Eindruck vermitteln, als bei einer realen Implementierung zu erwarten wäre, wodurch der Preis zur Erreichung von Konsistenzebene 3 in Relation zu dem für Konsistenzebene 2 weiter relativiert wird.

Eine letzte Beobachtung, die im Zusammenhang mit der Durchlaufzeit interessiert, ist in Tabelle 9.14 dokumentiert. In ihr sind für eine Puffergröße von 1024 Rahmen und die logischen Seitenreferenz-Strings KD und TER jeweils für die betrachteten Synchronisationsverfahren und Grade der Sollparallelität die Zeitdauern aufgelistet, die für die Bearbeitung einer logischen Seitenreferenz benötigt werden. Zur Berechnung eines solchen Wertes wird der Quotient aus der Laufzeit bis zum Beginn der Abklingphase und der Anzahl der bearbeiteten logischen Seitenreferenzen ohne Wiederholungen gebildet. Somit repräsentiert der Quo-

TER 1024						
PAR	BOCCT	FOCC	BOCC	RX2	RAX	RAC	RX
1	1.730E+04	1.730E+04	1.730E+04	1.730E+04	1.730E+04	1.730E+04	1.730E+04
2	1.193E+04	1.186E+04	1.190E+04	1.160E+04	1.166E+04	1.166E+04	1.168E+04
4	1.056E+04	1.081E+04	1.070E+04	1.008E+04	1.040E+04	1.040E+04	1.023E+04
8	1.155E+04	1.191E+04	1.216E+04	1.001E+04	1.066E+04	1.066E+04	1.042E+04
16	1.258E+04	1.309E+04	1.326E+04	1.005E+04	1.192E+04	1.175E+04	1.124E+04
32	1.353E+04	1.480E+04	1.505E+04	1.043E+04	1.258E+04	1.279E+04	1.179E+04

KD 1024						
PAR	BOCCT	FOCC	BOCC	RX2	RAX	RAC	RX
1	1.475E+04	1.475E+04	1.475E+04	1.475E+04	1.475E+04	1.475E+04	1.475E+04
2	9.340E+03	9.169E+03	9.500E+03	9.143E+03	9.144E+03	9.141E+03	9.149E+03
4	8.508E+03	7.933E+03	8.844E+03	7.262E+03	7.416E+03	7.287E+03	7.326E+03
8	9.984E+03	9.136E+03	1.042E+04	7.199E+03	7.661E+03	7.336E+03	7.358E+03
16	---------	1.040E+04	1.126E+04	7.328E+03	8.258E+03	7.967E+03	7.757E+03
32	1.148E+04	1.133E+04	1.211E+04	7.470E+03	8.224E+03	8.291E+03	8.143E+03

Tabelle 9.14: Laufzeit pro logischer Seitenreferenz im Original-Referenzstring

tient ein Maß für den Aufwand zur Verrichtung eines normierten Betrages nützlicher Arbeit, in das sowohl die mit höheren Parallelitätsgraden steigende Auslastung der Rechenkapazitäten eingeht als auch der zusätzliche Aufwand für die Wiederholung von Arbeit, die durch Rücksetzungen von Transaktionen verlorengeht. Letzteres beruht auf der Nichtberücksichtigung von wiederholten Referenzen, die bei gleichem Divisor und größerem Dividenden wegen notwendiger Wiederholungen höhere Werte für das zuvor definierte Leistungsmaß ergeben. Die in Tabelle 9.14 zusammmengestellten Daten bringen in etwas anderer Form die in 9.5.1 diskutierte Wannenform der Durchlaufzeit zum Ausdruck. Bis zur Sollparallelität 8 beim RX2-Verfahren und nur bis 4 bei den anderen Synchronisationsverfahren wird die steigende Prozessorauslastung nicht von zusätzlichen Wiederholungen nutzlos verbraucht.

9.6. Die Bedeutung von Rücksetzungen und ihr Einfluß auf die Leistungsfähigkeit von Datenbanksystemen

Die in den vorangegangenen Abschnitten ausführlich diskutierten zentralen Maße $\bar{n}$, q, n* und t erlauben eine umfassende verfahrensunabhängige Charakterisierung des Einflusses von Synchronisationsmaßnahmen auf die Leistungsfähigkeit von Datenbanksystemen. Die Maße vermitteln eine ganzheitliche Sicht des extern beobachteten Verhaltens von Datenbanksystemen als das Ergebnis dynamischer Interaktionen zur Aufrechterhaltung der Ablaufintegrität im Mehrbenutzerbetrieb. Waren die letzten Abschnitte primär auf die Darstellung der quantitativen Resultate dieser dynamischen Interaktionen ausgerichtet, so beleuchten die folgenden Abschnitte etwas intensiver die Ursachen der unterschiedlichen Werte für die zentralen Maße. Dabei wird insbesondere auf die Eigenarten der einzelnen Synchronisationsverfahren bzw. der schon gebildeten Verfahrensklassen eingegangen.

Aus der Definition und der Diskussion der zentralen Maße wird die Schlüsselrolle derjenigen Nutzarbeit offenkundig, die aufgrund von Transaktionswiederholungen verlorengeht. Letztere sind die Konsequenz von Rücksetzungsoperationen als der Kernmaßnahme zur Gewährleistung der Serialisierbarkeit von parallelen Transaktionsabläufen. Wegen des überragenden Einflusses von Rücksetzungen und der von einem Synchronisationsverfahren zum anderen äußerst unterschiedlichen Kriterien zu ihrer Auslösung stehen sie im Mittelpunkt der Betrachtung in den folgenden Abschnitten.

Zunächst wird der Einfluß von Puffergröße, Sollparallelität und Synchronisationsverfahren auf die Häufigkeit von Rücksetzungen genauer untersucht. Daran schließt eine Detailanalyse der Rücksetzungsursachen bei den Sperrverfahren an, und am Ende stehen einige Bemerkungen zu Auswirkungen der Konsistenzebene auf das Leistungsverhalten von Datenbanksystemen.

9.6.1. Der Einfluß von Puffergröße, Sollparallelität und Synchronisationsverfahren auf die Häufigkeit von Rücksetzungen

Auch wenn absolute Häufigkeit von Rücksetzungen kein Maß für die von Datenbanksystemen nutzlos geleistete Arbeit darstellt, denn diese wird erst durch die mit q erfolgende Gewichtung über den Abbruchzeitpunkt innerhalb der Transaktionsausführung exakt ausgedrückt, so ist die Rücksetzungshäufigkeit insoweit von Bedeutung, als sie eine unerwünschte, aber unvermeidliche Nebenwirkung der Maßnahmen zur Wahrung der Ablaufintegrität extern sichtbar macht, die im Einbenutzerbetrieb nicht vorkommt. Insofern wirkt sich eine große Anzahl von Rücksetzungen, selbst wenn der individuelle Arbeitsverlust keine größeren Ausmaße annimmt, negativ auf die Gesamtbeurteilung eines Synchronisationsverfahrens aus.

Ähnlich wie bei der durchschnittlichen Parallelität in 9.4.1 wird zuerst der Einfluß der Größe des Systempuffers auf die Anzahl der Rücksetzungen genauer betrachtet. Dazu sind in Tabelle 9.15 die Rücksetzungshäufigkeiten aller untersuchten Synchronisationsverfahren während der Durchlaufzeit für die 4 logischen Seitenreferenz-Strings DOD, KD, WSOD und TER in Abhängigkeit von der Puffergröße zusammengestellt. Um die Variation mit der Puffergröße besonders eindrucksvoll zu demonstrieren, gibt Tabelle 9.15 die Werte für den höchsten simulierten Grad der Sollparallelität, 32, wieder, bei dem für alle Synchronisationsverfahren auch mit Abstand die meisten Rücksetzungen auftreten.

DOD 32							
PUFFER	BOCCT	FOCC	BOCC	RX2	RAX	RAC	RX
128	229	266	208	18	98	91	132
256	236	283	214	22	--	101	141
512	232	297	204	13	93	78	100
768	239	288	201	14	107	78	61
1024	246	266	197	13	100	154	75

KD 32							
PUFFER	BOCCT	FOCC	BOCC	RX2	RAX	RAC	RX
128	---	---	---	---	---	---	---
256	---	---	---	115	193	158	342
512	373	447	397	---	170	175	231
768	389	419	374	176	176	146	256
1024	401	441	376	206	158	198	168

WSOD 32							
PUFFER	BOCCT	FOCC	BOCC	RX2	RAX	RAC	RX
128	---	---	---	---	---	---	---
256	---	---	---	189	215	515	145
512	341	432	368	147	204	229	101
768	349	438	343	129	207	435	102
1024	342	433	343	225	368	378	174

TER 32							
PUFFER	BOCCT	FOCC	BOCC	RX2	RAX	RAC	RX
128	434	452	---	105	284	292	236
256	383	442	455	98	301	299	241
512	396	460	394	127	299	272	234
768	405	483	385	121	286	292	224
1024	399	484	434	119	276	299	211

Tabelle 9.15: Anzahl der Rücksetzungen über die gesamte Laufzeit bei unterschiedlicher Puffergröße und Sollparallelität 32

Tabelle 9.15 ist weniger wegen der konkreten Anzahlen für die Rücksetzungen interessant als wegen der extremen Abweichungen der Werte bei unterschiedlichen Puffergrößen, die die Sperrverfahren kennzeichnet, und der relativen Stabilität dieser Größe bei den optimistischen Synchronisationsverfahren. Beispielsweise differiert die Anzahl der Rücksetzungen beim RX-Verfahren und DOD um mehr als 100% (61 bei Puffergröße 768 versus 141 bei Puffergröße 256), dasselbe trifft auf das RAC-Verfahren bei WSOD zu (229 Rücksetzungen bei Puffergröße 512 versus 515 bei Puffergröße 256), um nur die weitesten Divergenzen herauszugreifen. Demgegenüber beträgt die Bandbreite bei den optimistischen Synchronisationsverfahren kaum 20%. Wie bei den anderen erörterten Maßen liefert TER auch für die Anzahl der Rücksetzungen bei der Variation der Puffergröße die homogensten Werte, die anderen logischen Seitenreferenz-Strings weisen jeweils mindestens bei einem Sperrverfahren Differenzen von über 100% vom niedrigsten zum höchsten gemessenen Wert bei Variation der Puffergröße aus.

Die Abweichungen verdeutlichen erneut die Notwendigkeit einer vorsichtigen und sorgfältigen Interpretation der auf empirischer Basis ermittelten numerischen Resultate. Zum zweiten führen sie wieder einmal vor Augen, daß der in den logischen Seitenreferenz-Strings aufgezeichnete Ausschnitt des realen Betriebs kommerzieller Anwendungsumgebungen trotz der auf den ersten Blick beeindruckenden Zahl von mehreren Zehntausenden logischen Seitenreferenzen im Grunde genommen noch äußerst knapp bemessen ist. Obwohl die Gründe für die von allen betrachteten Maßen größten prozentualen Bandbreiten bei Variation der Puffergröße für die Anzahl der Rücksetzungen mit dem verfügbaren Datenmaterial nicht vollkommen aufzuklären sind, ergeben sich doch einige Anhaltspunkte für die Interpretation.

In den vorangegangenen Abschnitten wurde mehrfach die Arbeitsweise der Lastbalancierung als Ursache der Schwankungen der gemessenen Werte für die zentralen Maße bei unterschiedlichen Puffergrößen identifiziert. Diese Feststellung gilt auch hinsichtlich der Rücksetzungen, denn besonders bei diesem Maß ist es von entscheidender Bedeutung, ob beim Auftreten konfliktträchtiger Transaktionen und hoher Sollparallelität die aktuelle Parallelität sehr schnell oder erst recht spät abgesenkt wird. Die Primitivität des Entscheidungskriteriums zur Aktivierung der Lastbalancierung, das allein die Anzahl der zuvor erfolgten Rücksetzungen von Transaktionen berücksichtigt und nicht etwa das Konfliktpotential der bereits laufenden Transaktionen, und die im nächsten Abschnitt genauer beschriebene hohe Nutzungshäufigkeit einzelner Datenelemente können sehr leicht große Divergenzen hinsichtlich der Anzahl der Rücksetzungen herbeiführen.

Im Zusammenhang mit Sperrkonversionen bei den RA-Verfahren sind außerdem Ablauffolgen denkbar, bei denen der Lastbalancierungsalgorithmus aufgrund seiner Einfachheit nicht zufriedenstellend arbeitet. Versucht nämlich eine Transaktion bei einem der RA-Verfahren eine bereits gewährte R-Sperre auf einer Seite, die von einer anderen Transaktion im A-Modus gesperrt ist, in eine A-Sperre zu konvertieren, dann muß eine der beiden Transaktionen zur Erhaltung der Konsistenz zurückgesetzt werden. Da bei der Simulation immer diejenige Transaktion abgebrochen wird, bei deren Sperranforderung die drohende Inkonsistenz erstmalig erkannt wird, trifft es in der geschilderten Situation immer die konvertierende Transaktion. Nach deren zweimaliger Rücksetzung wird zwar die Lastbalancierung aktiviert; wenn die Transaktion zum dritten Male anläuft, verhindert das jedoch nicht das nochmalige Scheitern der Sperrkonversion, denn dabei kommt es nur darauf an, ob die die A-Sperre auf der fraglichen Seite haltende Transaktion schon beendet ist. In diesem Szenarium verfehlt einerseits die Lastbalancierung das Ziel der Begrenzung des Anstiegs der individuellen Anzahl von Rücksetzungen, andererseits gibt das Beispiel einen Einblick in die Schwierigkeiten, die bei der Behandlung von Sperrkonversionen auftreten und die im folgenden Abschnitt genauer analysiert werden.

Unter Berücksichtigung der zuletzt diskutierten Randbedingungen wird im folgenden die Abhängigkeit der Anzahl der Rücksetzungen von der Sollparallelität und dem Synchronisationsverfahren eingehender analysiert. Tabelle 9.16 zeigt dazu für die logischen Seitenreferenz-Strings DOD, KD, WSOD und TER die bei einer Puffergröße von 512 Rahmen gemessene Anzahl der Rücksetzungen, für MIX40 wurde von den zwei verfügbaren Puffergrößen die mit 1024 Rahmen ausgewählt. In Bild 9.14 sind diese Werte für die vier erstgenannten Referenzstrings graphisch dargestellt. Bei KD wurde allerdings auf Puffergröße 768 zurückgegriffen, um ein beim RX2-Verfahren beobachtetes Phänomen auch optisch unterstreichen zu können, das bei hohen Werten der Sollparallelität zum Vorschein kommt. Bei 512 Pufferrahmen konnte die Simulation aus programmtechnischen Gründen nämlich nicht erfolgreich zu Ende gebracht werden.

Wie bei $\bar{n}$, q, n^* und t ist es auch für die Anzahl der Rücksetzungen wegen der großen Schwankungen der Häufigkeiten mit der Größe des Systempuffers nahezu unmöglich, eine quantitativ fundierte Reihung der einzelnen Synchronisationsverfahren vorzunehmen. Für die Verfahrensklassen ergibt sich dagegen wiederum ein wesentlich einheitlicheres Bild, in dem erneut die **optimistischen Synchronisationsverfahren deutlich schlechter als** die **Sperrverfahren** abschneiden. Hinsichtlich der Sperrverfahren weichen die Ergebnisse von einer Puffergröße zur anderen und über die logischen Seitenreferenz-Strings hinweg betrachtet

MIX40 1024					
PAR	FOCC	BOCC	RAX	RAC	RX
1	0	0	0	0	0
2	27	40	15	17	11
4	156	89	46	35	24
8	381	225	110	144	98
16	369	---	115	145	99
32	561	500	109	117	116

DOD 512						
PAR	BOCCT	FOCC	BOCC	RX2	RAX	RAC	RX
1	0	0	0	0	0	0	0
2	10	10	11	0	1	0	2
4	28	54	42	0	3	2	7
8	90	138	68	0	10	3	21
16	139	206	107	4	48	42	98
32	232	297	204	13	93	78	100

KD 512						
PAR	BOCCT	FOCC	BOCC	RX2	RAX	RAC	RX
1	0	0	0	0	0	0	0
2	22	6	26	0	1	0	2
4	105	41	101	0	2	0	1
8	214	188	216	2	14	4	80
16	333	358	318	41	96	89	226
32	373	447	397	--	170	175	231

WSOD 512						
PAR	BOCCT	FOCC	BOCC	RX2	RAX	RAC	RX
1	0	0	0	0	0	0	0
2	18	21	15	0	1	0	1
4	61	85	48	0	4	12	1
8	168	235	162	1	77	100	25
16	289	326	286	110	437	442	48
32	341	432	368	147	204	229	101

TER 512						
PAR	BOCCT	FOCC	BOCC	RX2	RAX	RAC	RX
1	0	0	0	0	0	0	0
2	18	26	16	0	13	13	10
4	56	63	59	0	41	44	21
8	174	159	162	1	82	84	54
16	292	305	303	14	193	187	153
32	396	460	394	127	299	272	234

Tabelle 9.16: Anzahl der Rücksetzungen

derart stark voneinander ab, daß eine Reihung der Verfahren sich quantitativ nicht rechtfertigen läßt. Die Kurven für WSOD, KD und TER veranschaulichen jedoch eine unerwartete und deshalb bemerkenswerte Entwicklung beim RX2-Verfahren, bei dem ab Sollparallelität 16 plötzlich ein ziemlich steiler Anstieg der Rücksetzungshäufigkeit zutage tritt.

Ganz allgemein unterscheidet sich der Anstieg der Rücksetzungshäufigkeiten bei den Sperrverfahren grundlegend von dem bei den optimistischen Synchronisationsverfahren. Während bei den Sperrverfahren nennenswerte Anzahlen von Rücksetzungen erst ab Sollparallelität 8 auftreten, und damit erst oberhalb der Aufzeichnungsparallelität, verzeichnen die optimistischen Synchronisationsverfahren schon bei Sollparallelität 4 größtenteils mehr als 50 Rücksetzungen. Das zeigt einerseits die Häufigkeit von Konflikten in empirischen Lastprofilen und stellt andererseits die Voreiligkeit der optimistischen Verfahren unter Beweis, die bei der Validierung sehr pessimistisch Rücksetzungen schon bei der geringsten Möglichkeit einer Inkonsistenz durchführen, während die vorbeugende Blockierung offenbar eine Vielzahl von Konflikten durch Abwarten zu beheben erlaubt. Oberhalb von Sollparallelität 4 steigt das Konfliktpotential aber auch unter Benutzung von Sperrverfahren zur Synchronisation derart an, daß Blockierungen allein keinen Ausweg mehr bedeuten, sondern es kommt **verstärkt** zu **Rücksetzungen,** von denen überraschenderweise auch das **RX2-Verfahren nicht verschont bleibt.**

Trotz der großen Zunahme der Rücksetzungen auch bei den Sperrverfahren für Parallelitätsgrade über 4 erreichen die optimistischen Synchronisationsverfahren in nahezu allen Fällen fast bzw. über das Eineinhalbfache der Rücksetzungen der Sperrverfahren, wobei die FOCC-Variante einheitlich die absolut meisten Rücksetzungen in Kauf zu nehmen hat. Daß sie bei der Durchlaufzeit trotzdem besser als die BOCC-Variante und teilweise besser als die BOCCT-Variante abschneidet, liegt darin begründet, daß nach Tabelle 9.13 die Sinnlosigkeit der Weiterarbeit im Transaktionsablauf im Mittel bei der FOCC-Variante frühzeitiger erkannt wird.

Bis auf die Ausnahme von MIX40, der wegen seiner langen, konfliktträchtigen Transaktionen ohnehin eine Sonderrolle spielt, weisen alle Kurven zunächst einen überlinearen Verlauf auf, der noch deutlicher ausgeprägt ist als bei den anderen Leistungsmaßen. Bei hohen Graden der Sollparallelität wird der Anstieg dann durch Maßnahmen der Lastbalancierung abgebremst, die die Durchführung der Simulation überhaupt erst möglich macht. Die Unvollkommenheit dieser Maßnahmen demonstrieren allerdings die für WSOD ermittelten Anzahlen der Rücksetzungen. Bei Sollparallelität 16 geraten in der Abklingphase mehrere kurze Transaktionen in Konflikt mit der längsten Transaktion im Referenzstring und versuchen teilweise mehr als 20 mal, eine Sperre in der schon erläuterten Weise vom R-Modus in den A-Modus zu konvertieren. Das erklärt auch den unverkennbaren Ausschlag der Kurven für das RAX- und das RAC-Verfahren in Bild 9.14c.

9.6.2. Ursachen und Häufigkeiten von Rücksetzungen bei Sperrverfahren

Konnten im vorangehenden Abschnitt die Rücksetzungen nur summarisch als das Ergebnis der dynamischen Interaktion der Synchronisationskomponente behandelt werden, so deckt die folgende Erörterung mit Hilfe zusätzlicher, während der Simulation gesammelter Information einiges über die Ursachen von Rücksetzungen und gleichermaßen über die Beschaffenheit der logischen Seitenreferenz-Strings auf. Obwohl sich die zusätzlichen Informationen nur auf die Sperrverfahren beziehen, sind auch Rückschlüsse auf das Verhalten optimistischer Synchronisationsverfahren möglich. Eine erste detaillierte Analyse basiert auf den in den Tabellen 9.17 und 9.18 zusammengetragenen Angaben über Blockierungen von Transaktionen und die Existenz sehr häufig genutzter Datenelemente in den logischen Seitenreferenz-Strings.

Tabelle 9.17 stellt den Rücksetzungen bei den 4 simulierten Sperrverfahren die Anzahlen der Blockierungen wegen Anforderung einer mit den gewährten Sperren nicht kompatiblen Sperre gegenüber und geht insoweit über die in Tabelle 9.16 für alle Synchronisationsverfahren gemachten Angaben hinaus. Zur Sicherstellung der Vergleichbarkeit liegt beiden Tabellen dieselbe Puffergröße von 512 Rahmen zugrunde. Das gilt ebenfalls für Tabelle 9.18, in der für die 4 logischen Seitenreferenz-Strings DOD, KD, WSOD und TER für alle untersuchten Parallelitätsgrade und das RX-, das RAX- und das RAC-Sperrverfahren aufgeführt ist, wie groß die maximale Anzahl der gleichzeitig auf irgendeine Seite der Datenbank gerichteten

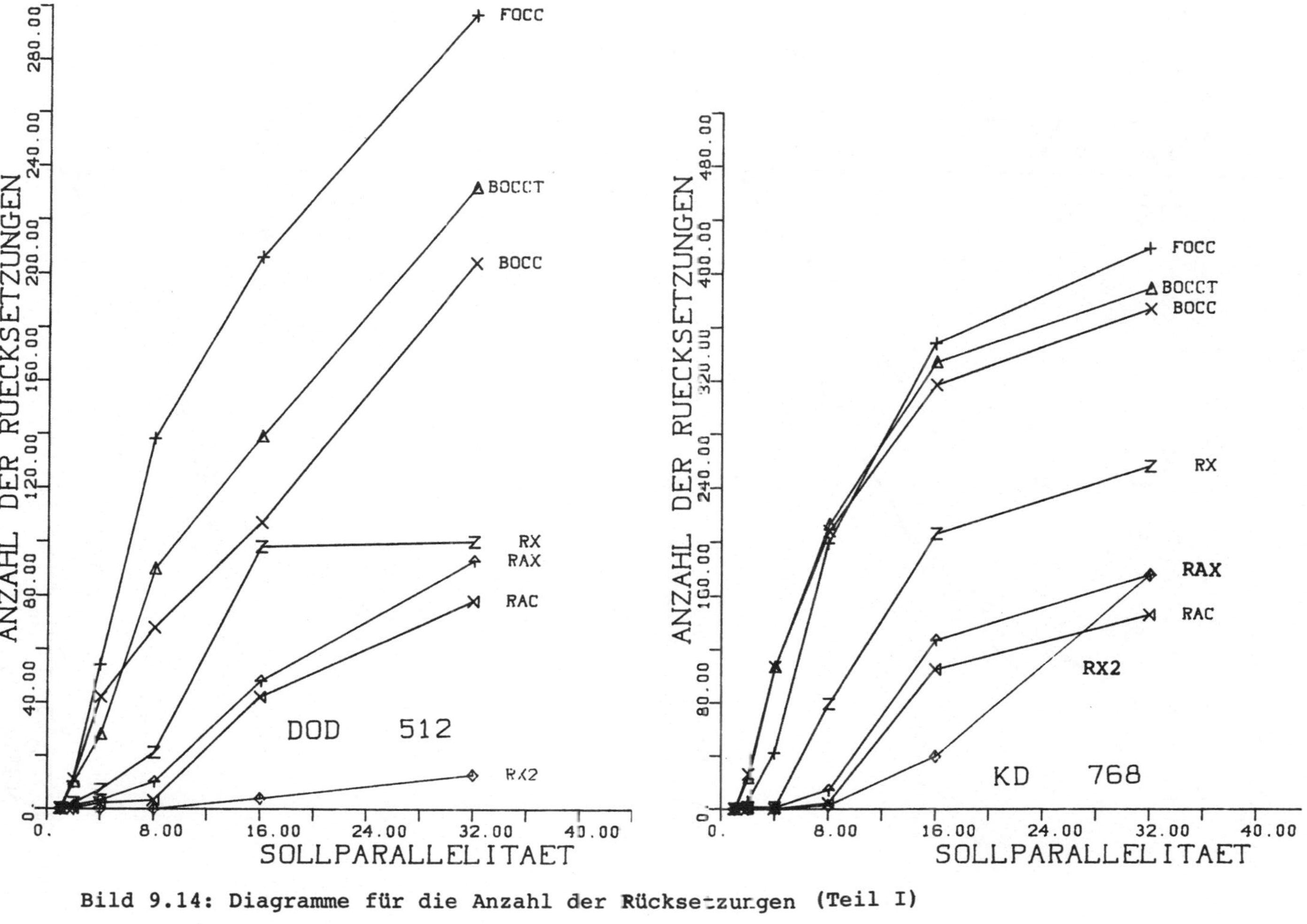

Bild 9.14: Diagramme für die Anzahl der Rücksetzungen (Teil I)

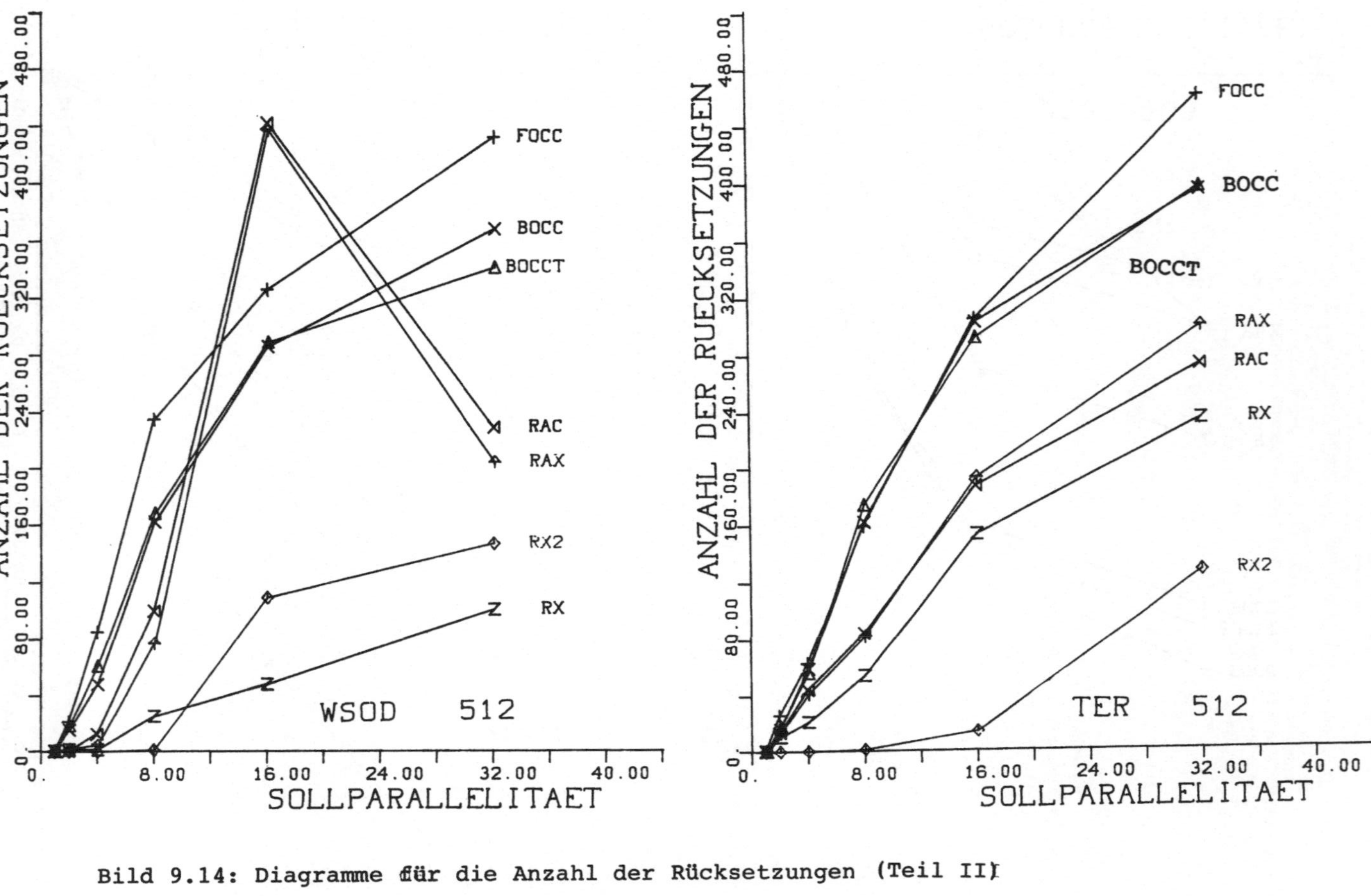

Bild 9.14: Diagramme für die Anzahl der Rücksetzungen (Teil II)

Sperranforderungen ist. Dabei zählen sowohl die gewährten Anforderungen als auch solche, die wegen Inkompatibilität mit gewährten Sperren zunächst verzögert worden sind. Tabelle 9.18 erlaubt also das Auffinden sehr häufig benutzter Datenelemente.

	RX2		RX		RAX		RAC		
PAR	#BL	#RS	#BL	#RS	#BL	#RS	#BL	#RS	
1	0	0	0	0	0	0	0	0	
2	3	0	10	2	5	1	2	0	
4	24	0	58	7	28	3	11	2	DOD
8	61	0	140	21	65	10	35	3	
16	104	4	260	98	188	48	113	42	
32	183	13	391	100	241	93	179	78	
1	0	0	0	0	0	0	0	0	
2	11	0	16	2	7	1	5	0	
4	38	0	53	1	22	2	22	0	KD
8	142	2	285	80	109	14	108	4	
16	351	41	609	226	288	96	283	89	
32	---	---	760	231	382	170	371	175	
1	0	0	0	0	0	0	0	0	
2	12	0	16	1	7	1	7	0	
4	29	0	49	1	26	4	32	12	WSOD
8	118	1	215	25	177	77	182	100	
16	350	110	372	48	596	437	576	442	
32	443	147	499	101	405	204	420	229	
1	0	0	0	0	0	0	0	0	
2	8	0	27	10	14	13	13	13	
4	37	0	73	21	44	41	45	44	TER
8	109	1	217	54	107	82	88	84	
16	275	14	524	153	269	193	198	187	
32	591	127	723	234	405	299	310	272	

#BL : Anzahl der Blockierungen   #RS : Anzahl der Rücksetzungen

Tabelle 9.17: Gegenüberstellung von Blockierungen und Rücksetzungen bei den untersuchten Sperrverfahren und Puffergröße 512

Die konkreten Werte für die Anzahl der **Blockierungen** bestätigen mehrere der im letzten Abschnitt aufgestellten Vermutungen. Die **zahlenmäßige Entwicklung** dieser Größe mit dem Grad der Sollparallelität **verläuft allmählicher** als die der **Rücksetzungen.** Vor allem erreicht die Anzahl der Blockierungen schon bei Parallelität 4 eine signifikante Größenordnung, obwohl bis dahin außer bei TER kaum Rücksetzungen auftreten. Selbst bei Sollparallelität 8 ist das Verhältnis von Blockierungen zu Rücksetzungen zumeist größer als 3, allerdings mit beträchtlichen Unterschieden zwischen den logischen Seitenreferenz-Strings und den einzelnen Sperrverfahren. Für DOD und KD hat diese Aussage uneingeschränkt Gültigkeit, für die beiden anderen in Tabelle 9.17 abgebildeten Referenzstrings dagegen nur für das RX2 und das RX-Verfahren. Mit Ausnahme des zuvor erörterten Sonderfalls bei WSOD und Sollparallelität 16 liegen die **Blockierungsanzahlen** der beiden **RA-Verfahren deutlich unter** denen der beiden **anderen Sperrverfahren,** eine Folge der zunächst größeren Parallelität durch die zweite verfügbare Seiteninkarnation. Auf der anderen Seite bewegt sich die Anzahl der Rücksetzungen bei den RA-Verfahren etwa auf der gleichen Höhe wie beim RX-Verfahren oder übersteigt sie sogar, was sich insgesamt bei den RA-Verfahren in einem relativ geringen Wert für das Verhältnis von Blockierungen zu Rücksetzungen niederschlägt. Beispielsweise werden bei TER und Sollparallelität 8 bei den RA-Verfahren fast 80% der blockierten Transaktionen dann auch zurückgesetzt.

PAR	RX	RAX	RAC		RX	RAX	RAC	
1	1	1	1		1	1	1	
2	2	2	2		2	2	2	
4	3	3	4	DOD	4	4	4	KD
8	5	6	6		8	8	-	
16	7	8	10		13	-	-	
32	10	10	12		24	24	26	
1	1	1	1		1	1	1	
2	2	2	2		2	2	2	
4	4	4	4	WSOD	4	4	4	TER
8	7	8	8		7	7	8	
16	12	12	13		13	12	13	
32	18	20	24		21	26	20	

Tabelle 9.18: Maximale Anzahl von gleichzeitigen Sperranforderungen (gewährte und verzögerte) auf einer Seite bei Abarbeitung der logischen Seitenreferenz-Strings

Zur Erklärung der großen Anzahl von Blockierungen und Rücksetzungen, die bei der Leistungsanalyse der Synchronisationsverfahren auf der Basis empirischer Lastprofile in Erscheinung treten, leistet Tabelle 9.18 wertvolle Dienste. In ihr manifestiert sich die **Existenz außerordentlich häufig genutzter Datenelemente in allen 4 logischen Seitenreferenz-Strings.** Im großen und ganzen sind die Werte in Tabelle 9.18 bis zur Sollparallelität 8 weitgehend identisch, darüber hinaus bewegen sich die Werte zu Sollparallelität 16 und 32 in derselben Größenordnung. Nicht die von einem logischen Seitenreferenz-String zum anderen variierenden Zahlen im einzelnen lösen Verblüffung aus, sondern die allen gemeinsame Größenordnung. Bei Sollparallelität 32 gibt es innerhalb von KD, WSOD und TER jeweils mindestens eine Seite, auf die **mehr als 20 Transaktionen parallel zugreifen** wollen, und das bei teilweise aktivierter Lastbalancierung. Lediglich bei DOD fällt der entsprechende Wert mit 10 bzw. 12 eindeutig geringer aus, allerdings erreicht er damit immer noch eine unerwartete Größenordnung.

Die zweifelsohne nachgewiesene Existenz solcher häufig benutzten Datenelemente versagt einer der Grundannahmen der optimistischen Synchronisationsverfahren die empirische Bestätigung und erklärt die schon bei niedrigen Sollparallelitätsgraden hohe Rücksetzrate. Fast alle logischen Seitenreferenz-Strings enthalten bis Sollparallelität 4 mindestens eine Seite, die auch von der maximal möglichen Anzahl Transaktionen berührt wird. Offensichtlich gestaltet sich jedoch bei den Sperrverfahren die zeitliche Überlappung der Anforderungen derart, daß rechtzeitig durch Blockierung die Bildung von Zyklen im Abhängigkeitsgraphen verhindert wird. Derselbe Konflikt bei den optimistischen Synchronisationsverfahren dagegen führt meistens schon zu einer Rücksetzung.

Oberhalb von Sollparallelität 4, bei TER und den RA-Verfahren bereits bei diesem Wert, büßt auch die Blockierung als Maßnahme zur Beschränkung der Parallelität und der Vorbeugung von Rücksetzungen offenbar an Wirksamkeit ein. Zwar trifft diese Beobachtung erst bei Sollparallelität 32 zweifelsfrei auch auf das RX2-Verfahren zu, jedoch ist die Tendenz unverkennbar. Daß auch das RX2-Verfahren bei hohen Sollparallelitätsgraden nachhaltig von Rücksetzungen betroffen ist, läßt auf das Vorhandensein von jeweils mindestens zwei häufig benutzten Seiten pro Referenzstring schließen, denn andernfalls würde das Problem durch Serialisierung der Transaktionen auf der einzigen betroffenen Seite ohne Rücksetzungen gelöst.

Die höchste maximale Parallelität auf einer Seite wird beim RAX-Verfahren mit 26 für den logischen Seitenreferenz-String TER erreicht. Dieser verfügt auch über das größte Konfliktpotential der in Tabelle 9.17 gezeigten Referenzstrings. Zwar treten auch bei KD ähnlich viele Blockierungen auf, doch müssen diese zur Anzahl der logischen Seitenreferenzen ins Verhältnis gesetzt werden, um ein unverzerrtes Bild des Konfliktpotentials zu erhalten. Tabelle 9.19 stellt die zu einer sehr groben Abschätzung dieser Größe notwendigen Daten in sehr kompakter Form bereit. Aus den Tabellen 9.1 und 9.2 wurden dazu die Anzahlen der logischen Seitenreferenzen auf normale Datenseiten, denn nur solche können Konflikte hervorrufen, und die Anzahl der verschiedenen Seiten des jeweiligen logischen Seitenreferenz-Strings übernommen. Die höchste Anzahl von Blockierungen bei einem Sperrverfahren stammt aus Tabelle 9.17 und wird bei Sollparallelität 32 angenommen. Der in der vorletzten Spalte von Tabelle 9.19 aufgeführte Quotient charakterisiert sehr grob das Konfliktpotential der logischen Seitenreferenz-Strings. Er macht deutlich, daß bei TER pro 16 Referenzen im Original-Referenzstring (ohne Wiederholungen) bei hoher Sollparallelität eine Blockierung erfolgt, bei den anderen Referenzstrings jedoch wesentlich seltener. Ein weiteres Indiz für die Konfliktträchtigkeit von TER bildet die absolut geringste Anzahl verschiedener referenzierter Seiten aller Referenzstrings.

Referenz-string	logische Seiten-referenzen auf normale Datenseiten	höchste Anzahl von Blockierungen bei einem Sperrverfahren	Quotient der beiden Vorgänger-spalten	verschiedene Seiten im Referenz-string
DOD	36653	391	94	3025
KD	50094	760	66	8515
WSOD	44198	596	74	6389
TER	11309	723	16	2188

Tabelle 9.19: Grobe Chrakterisierung des Konfliktpotentials der logischen Seitenreferenz-Strings

Noch besseren Aufschluß über die Ursachen von Rücksetzungen gibt Tabelle 9.20, die eine detaillierte Aufstellung der unterschiedlichen Konstellationen gibt, bei denen eine Sperranforderung zur Erkennung der Nicht-Serialisierbarkeit und damit zur Rücksetzung führt. Das überraschendste Ergebnis von Tabelle 9.20 ist der **hohe Anteil von Sperrkonversionen als die Rücksetzungen auslösender Faktor,** die im folgenden etwas eingehender analysiert werden. Tabelle 9.20 differenziert für das RX-, das RAX- und das RAC-Verfahren jeweils zwischen drei Konstellationen, das RX2-Verfahren fehlt in dieser Aufstellung ganz, da bei ihm mangels Sperrkonversionen bei Anlegung desselben Maßstabs wie bei den anderen Sperrverfahren alle Rücksetzungen ohnehin in eine einzige Kategorie einzuordnen wären.

Beim RX-Verfahren hebt Tabelle 9.20 solche Rücksetzungen hervor, die als Ergebnis einer Konversion auftreten (symbolisiert durch das Kürzel R -> X im Tabellenkopf). Alle anderen Rücksetzungen werden unter dem Kürzel ZYK im Tabellenkopf subsumiert, so daß die Summe der beiden Spalten den Werten in den Tabellen 9.16 und 9.17 entspricht. Die mittlere, in Tabelle 9.20 dem RX-Verfahren zugeordnete Spalte erfaßt einen Sonderfall der Rücksetzungen aufgrund von Sperrkonversionen. Dabei versucht eine zweite Transaktion eine R-Sperre auf derselben Seite in eine X-Sperre zu konvertieren, auf der eine andere Transaktion wegen derselben Operation bereits blockiert ist. Diese Situation resultiert notwendigerweise im Abbruch einer der beiden Transaktionen und ist allein aus den Sperranforderungen auf einer

PAR	RX			RAX			RAC			
	#RS R->X	#RS R=>X	#RS ZYK	#RS R->A	#RS A->X	#RS ZYK	#RS R->A	#RS A->C	#RS ZYK	
1	0	0	0	0	0	0	0	0	0	
2	1	0	1	0	0	0	0	0	0	
4	5	0	2	1	0	2	0	0	2	DOD
8	11	0	10	3	0	7	1	1	1	
16	13	2	85	12	14	22	14	21	9	
32	23	2	67	52	10	31	50	21	7	
1	0	0	0	0	0	0	0	0	0	
2	1	0	1	0	0	1	0	0	0	
4	0	0	1	0	0	2	0	0	0	KD
8	0	0	80	1	1	12	-	-	-	
16	35	2	191	-	-	-	-	-	-	
32	74	21	157	99	45	26	125	40	10	
1	0	0	0	0	0	0	0	0	0	
2	0	0	1	0	0	1	0	0	0	
4	0	0	1	0	0	4	12	0	0	WSOD
8	20	8	5	58	9	10	90	7	3	
16	41	28	7	410	17	10	422	13	7	
32	37	42	34	170	17	17	200	15	14	
1	0	0	0	0	0	0	0	0	0	
2	10	10	0	12	0	1	13	0	0	
4	21	21	0	40	0	1	44	0	0	TER
8	52	45	2	76	4	2	75	8	1	
16	145	126	8	167	24	2	171	14	2	
32	220	186	14	263	33	3	238	32	2	

#RS   : Anzahl der Rücksetzungen
R->X : Rücksetzung bei der Konversion vom Modus R nach X
R=>X : Rücksetzung bei der Konversion vom Modus R nach X, die mit einer
        wartenden Konversion kollidiert
R->A : Rücksetzung bei der Konversion vom Modus R nach A
A->X : Rücksetzung bei der Konversion vom Modus A nach X
A->C : Rücksetzung bei der Konversion vom Modus A nach C
ZYK   : Rücksetzung, die nicht durch eine Sperrkonversion ausgelöst wird

Tabelle 9.20: Ursachen von Rücksetzungen bei den 3 Sperrverfahren RX, RAC und RAC und
              Puffergröße 512

Seite erkennbar, ohne daß eine Notwendigkeit zur Zyklensuche im Abhängigkeitsgraphen besteht.

Beim RAX-Verfahren bildet Tabelle 9.20 ebenfalls drei Kategorien für Konstellationen, die Rücksetzungen unabdingbar machen. Die erste, im Tabellenkopf mit dem Kürzel R -> A bezeichnete, faßt die Fälle zusammen, in denen eine Konversion vom lesenden Modus in den schreibenden eine Rücksetzung erzwingt. Eine solche ist immer dann unvermeidlich, wenn schon eine Transaktion die Seite im A-Modus hält, wie bereits in 9.6.1 erklärt wurde. Die mittlere Spalte unter dem RAX-Verfahren in Tabelle 9.20 quantifiziert die Situationen, in denen bei der validierungsähnlichen Konversion von A- in X-Sperren im Rahmen der Behandlung am Transaktionsende nicht serialisierbare Abläufe entdeckt und durch eine Rücksetzung eliminiert werden. Alle Blockierungen im Verlauf der Transaktionsverarbeitung, etwa beim Aufeinandertreffen mehrerer Sperranforderungen für dieselbe Seite im A-Modus oder wenn die Seite im X-Modus gehalten wird, die Zyklen im Abhängigkeitsgraphen und damit Rücksetzungen implizieren, bilden schließlich die dritte Kategorie beim RAX-Verfahren in Tabelle 9.20.

Ganz analog zu der Einteilung beim RAX-Verfahren ist die Vorgehensweise beim RAC-Verfahren in Tabelle 9.20, wo sinngemäß lediglich der X-Modus durch den C-Modus ersetzt wird.

Obzwar die konkreten Anzahlen in Tabelle 9.20 wieder einmal große Unterschiede aufweisen, ist der überraschend **hohe Anteil von Sperrkonversionen** vom **Lese-** in den **Schreibmodus** (R nach X bzw. A) als **primäre Ursache** von Rücksetzungen augenfällig. Mit Ausnahme des RX-Verfahrens bei DOD und KD wird die Liste der Ursachen überall von den Sperrkonversionen der zuletzt erwähnten Art angeführt, bei WSOD und TER drängen sie vor allem bei den RA-Verfahren die anderen Ursachen zahlenmäßig in den Hintergrund. Hieran wird ein Hauptproblem der ordnungsgemäßen Synchronisation des navigierenden Zugriffs in CODASYL-Systemen offenkundig. Die Auslegung der Programmschnittstelle verlangt, daß vor der Modifikation bereits abgespeicherter Daten die Currency-Information mittels lesender Zugriffe auf die erforderlichen Satz- bzw. Set-Ausprägungen positioniert wird. Letzteres geht unter dem Schutz von R-Sperren vonstatten. Schließt sich dann eine Änderungsoperation an, dann impliziert das unabhängig vom Sperrverfahren auf Seitenebene die Konversion in den ändernden Modus (X-Modus beim RX-Verfahren, A-Modus bei den RA-Verfahren). Diese Art der Konversion ist laut Tabelle 9.20 für einen beträchtlichen Anteil der Rücksetzungen verantwortlich zu machen.

Eine **erhebliche Verschärfung dieses Problems** tritt ein, falls derartige Modifikationen **sehr häufig zugegriffene Datenelemente** zum Ziel haben. Wenn nämlich zwei oder mehr Transaktionen eine Seite lesen, also eine R-Sperre erwerben, und anschließend eine Änderung durchführen, dann tritt genau die in der zweiten Spalte zum RX-Verfahren in Tabelle 9.20 gesondert ausgewiesene Konstellation ein. Während beim RX-Verfahren eine Sperrkonversion auch deshalb scheitern kann, weil Wartebeziehungen über andere Objekte einen Zyklus im Abhängigkeitsgraphen schließen, kann bei den RA-Verfahren allein aufgrund der auf die betreffende Seite gerichteten Sperranforderungen entschieden werden, ob die Konversion vom R-Modus in den A-Modus die Ablaufintegrität zerstören würde. Befindet sich auf dem Objekt bereits eine gewährte A-Sperre, so wird der Konversionsversuch mit einer Rücksetzung beantwortet, andernfalls wird die Konversion ohne Verzögerung ausgeführt. Wegen dieser Sachlage entfällt bei den RA-Verfahren eine weitere Unterscheidung bei den Konversionen vom R-Modus in den A-Modus.

Die **empirische Relevanz dieses Problems** wird durch die numerischen Resultate in Tabelle 9.20 eindrucksvoll **unterstrichen.** Bei WSOD und TER ist der überwältigende Anteil der Sperrkonversionen vom lesenden in den jeweiligen ändernden Modus bei allen Sperrverfahren, ganz besonders aber den RA-Verfahren, nicht zu übersehen. Bei KD ist dieses Phänomen nicht so deutlich ausgeprägt, während DOD davon kaum tangiert wird. Jedoch entfällt bei TER der Löwenanteil der Rücksetzungen auf die Konstellation, in der mehrere Transaktionen nahezu gleichzeitig versuchen, auf derselben Seite eine R-Sperre in eine X-Sperre umzuwandeln. Lösungsmöglichkeiten für dieses in CODASYL-Systemen praktisch sehr relevante Problem und weitere Konsequenzen der numerischen Resultate für diesen Spezialfall werden anschließend in 9.6.3 etwas näher beleuchtet.

In gleichem Maße wie die große Anzahl von Rücksetzungen wegen der Konversion von R-Sperren in A-Sperren überrascht, kommt die **relativ geringe Zahl von Rücksetzungen** im Rahmen der **EOT-Behandlung** bei den **RA-Verfahren** unerwartet. Interessanterweise treten Rücksetzungen in dieser Kategorie bis inklusive Sollparallelität 4 in keinem logischen

Seitenreferenz-String auf, auch bei der nächsthöheren Sollparallelität sind die gemessenen Werte minimal. Erst bei Sollparallelität 16 und 32 übersteigen die Rücksetzungen in dieser Kategorie die Zahl 10.

Eine an den logischen Seitenreferenz-Strings orientierte Betrachtung verdeutlicht große Unterschiede zwischen DOD und KD auf der einen und WSOD und TER auf der anderen Seite. Bei den beiden erstgenannten machen Sperrkonversionen beim RX-Verfahren nur einen geringen Teil aus, ganz im Gegensatz zu den beiden anderen Referenzstrings. Recht ähnlich verhalten sich auch die beiden RA-Verfahren hinsichtlich der Paare DOD-KD und WSOD-TER. Werden die Rücksetzungen wegen der Konversion vom R-Modus in den A-Modus der Summe der Rücksetzungen aus den beiden anderen Kategorien gegenübergestellt, dann ist das Übergewicht des erstgenannten Faktors, sofern überhaupt vorhanden, bei den logischen Seitenreferenz-Strings DOD und KD viel schwächer als bei WSOD und TER. Diese Beobachtung zusammengenommen mit den vorangehenden Analysen anderer Leistungsmaße, bei denen sich keine signifikanten Unterschiede innerhalb der **drei auf Konsistenzebene 3 arbeitenden Sperrverfahren** ausmachen ließen, belegen einmal mehr die These, daß die drei Verfahren sich **bei empirischen Lastprofilen nur relativ geringfügig unterscheiden.** Einerseits sind Konflikte selbst bei hohen Parallelitätsgraden mit Ausnahme von TER gar nicht einmal so häufig, andererseits scheinen alle Konsistenzebene 3 gewährleistenden Sperrverfahren mit vergleichbaren Konfliktsituationen ähnlich gut bzw. schlecht fertigzuwerden. Die durch die RA-Verfahren angestrebte Bevorzugung von Lesetransaktionen hat ebenfalls gemäß den gemessenen numerischen Ergebnissen nicht den erwarteten Einfluß, vielmehr scheinen die in den **logischen Seitenreferenz-Strings enthaltenen Änderungstransaktionen** eine **kritische Masse** zu bilden, die nach den in Tabelle 9.20 enthaltenen Zahlen von allen Sperrverfahren in etwa gleichermaßen schlecht bewältigt wird.

9.6.3. Die Bedeutung von Lese-Schreib-Konversionen und Ansätze zur Reduktion der Rücksetzungshäufigkeit

Im vorigen Abschnitt wurden **Sperrkonversionen** vom lesenden in den schreibenden Modus mit Hilfe von Tabelle 9.20 als eine der Hauptursachen für Rücksetzungen bei der Simulation von Sperrverfahren zur Synchronisation identifiziert. Wegen der großen praktischen Bedeutung des Problems behandelt dieser Abschnitt die Ursachen und **mögliche Lösungsansätze** genauer. Um ein plastisches Bild der teilweise schon skizzierten Abläufe zu vermitteln, sind in Bild 9.15 jeweils zwei, in Teil f drei Transaktionen dargestellt, die sich um dasselbe Objekt in der Datenbank bewerben. Die Art der gehaltenen Sperren und die Phasen erzwungener Untätigkeit aufgrund der Blockierung von Transaktionen wegen unverträglicher Sperranforderungen werden durch verschiedene Schraffuren zum Ausdruck gebracht, die der Legende von Bild 9.15 zu entnehmen sind.

In allen 6 Szenarien stehen die mit T_1 und T_2 bezeichneten Transaktionen im Mittelpunkt, die in Teil f hinzugenommene Transaktion T_3 dient lediglich der besseren Demonstration der speziellen Eigenarten eines Verfahrensvorschlages zur Behebung des Problems mehrfacher, gleichzeitiger Konversionsanforderungen auf derselben Seite. Ansonsten besitzen T_1 bzw. T_2 in allen 6 Szenarien identische Zugriffsmuster, denen gemäß die Seite zuerst gelesen und anschließend geändert wird. Auf der in Bild 9.15 horizontal verlaufenden Zeitachse vergehen zunächst 4 bzw. 6 Zeiteinheiten, bevor T_1 bzw. T_2 lesenden Zugriff auf die Seite verlangen. Nach 4 bzw. 5 weiteren Zeiteinheiten nehmen T_1 bzw. T_2 diese Anforderung zurück, was im logischen Seitenreferenz-String an einer UNFIX-Referenz zu erkennen ist. Nochmals 2 Zeiteinheiten später verlangen beide Transaktionen ändernden Zugriff auf die Seite, der durch eine entsprechende logische Seitenreferenz angezeigt wird. Alle bisher gemachten Zeitangaben gehen vom unbehinderten Fortschritt beider Transaktionen aus. Die sich unter der Kontrolle der simulierten Sperrverfahren ergebenden Abläufe im Mehrbenutzerbetrieb werden im folgenden an den 6 Szenarien in Bild 9.15 veranschaulicht.

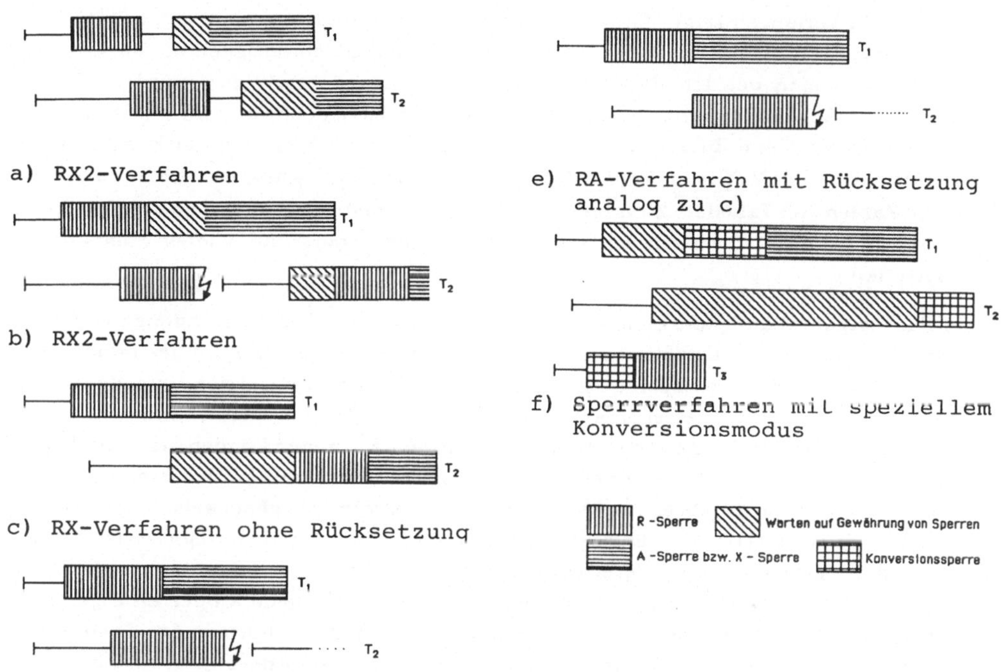

Bild 9.15: Szenarien zur Behandlung von Sperrkonversionen durch die betrachteten Sperrverfahren

Bild 9.15a zeigt den Ablauf der beiden Transaktionen bei Synchronisation durch das **RX2-Sperrverfahren**, das den Bedingungen bei der Aufzeichnung der logischen Seitenreferenz-Strings am nächsten kommt und erklärt gleichzeitig, warum in den realen Seitenreferenz-Strings Konversionen nicht als Ursache von Rücksetzungen erscheinen. Durch die Freigabe der Lesesperre und die spätere Neuanforderung im X-Modus wird eine **Sperrkonversion** nämlich einfach **umgangen**. Der Übergang zu Konsistenzebene 3 ist in den Teilen b bis f von Bild 9.15 vollzogen.

Für das **RX-Verfahren** werden in Bild 9.15b und c zwei Abläufe verglichen, die hinsichtlich des Abstandes der Anfangszeitpunkte von T_1 und T_2 geringfügig voneinander abweichen. In 9.15b erwirbt T_2 die R-Sperre auf der betreffenden Seite, bevor T_1 die Konvertierung versucht. Dieser Versuch endet anschließend mit der Blockierung von T_1. Würde T_2 danach ohne Konversion das Transaktionsende erreichen, könnte T_1 die X-Sperre gewähren und die Situation ohne Rücksetzung erfolgreich gemeistert werden. In Bild 9.15b verlangt allerdings auch T_2 die Konversion in den X-Modus, wodurch eine durch das Blitzsymbol signalisierte Rücksetzung unvermeidlich wird. Wenig später wird T_2 erneut zugelassen, diesmal aber schon bei Anforderung der Lesesperre blockiert, da T_1 das Objekt inzwischen im X-Modus hält.

In Bild 9.15c läuft T_2 4 Zeiteinheiten später an als in Bild 9.15b. Dadurch kann die Sperrkonversion von T_1 ohne Verzögerung vonstatten gehen, denn T_2 hat zu diesem Zeitpunkt noch keine Sperranforderung gestellt. In diesem Szenarium wird also eine Rücksetzung vermieden, wodurch es sich grundlegend von 9.15e unterscheidet, das die gleiche Ablauffolge nur unter Kontrolle der RA-Verfahren zeigt. Bild 9.15b stellt darüber hinaus das Analogon zu 9.15d dar. Eine detaillierte Erläuterung des Ablaufs erübrigt sich, da die Schwierigkeiten mit dieser Art von Sperrkonversionen bei den RA-Verfahren schon mehrfach geschildert wurden. Bemerkenswert an der Gegenüberstellung von 9.15c und 9.15e ist jedoch, daß im ersten Fall der **restriktivere X-Modus** eine **Rücksetzung verhindert,** die in 9.15e aufgrund der Kompatibilität des A-Modus mit dem R-Modus und der sofortigen Zulassung von T_2 als Leser nicht zu vermeiden ist. Die Zahlen von Tabelle 9.20 tragen dem Rechnung, denn dort sind beide RA-Verfahren bei den hohen Parallelitätsgraden von mehr Rücksetzungen aufgrund solcher Sperrkonversionen betroffen.

Die Rücksetzungshäufigkeit beim RX-Verfahren und zahlreichen Konversionen vom Lese- in den Schreibmodus wird im übrigen stark von der Warteschlangendisziplin beeinflußt. Sind auf einem Objekt mehrere Lesesperren gewährt und wartet eine Konversionsanforderung auf die Beendigung der die Lesesperre haltenden Transaktionen, dann existieren zwei Möglichkeiten zur Behandlung neuer Leseanforderungen. Entweder können sie ohne Verzug gewährt werden oder bis nach der Erledigung der Sperrkonversion und der Beendigung der zugehörigen Transaktion verzögert werden. Die letztgenannte Vorgehensweise liegt den hier beschriebenen quantitativen Ergebnissen zugrunde und erweist sich im Lichte der Zusammensetzung der logischen Seitenreferenz-Strings als vorteilhaft. Bei der erstgenannten Strategie würden nämlich ähnlich zu den RA-Verfahren immer wieder neue R-Sperren zugelassen, die im Falle einer späteren Konversion unausweichlich in den Abbruch der Transaktion münden. Außerdem impliziert die Blockierung weiterer Sperranforderungen, nachdem eine anstehende Konversion nicht sofort befriedigt werden kann, eine faire Ressourcenzuteilung mit dem Ziel, keine Anforderung unbegrenzt warten zu lassen.

Bild 9.15f skizziert den Ablauf, der sich bei leichter Modifikation eines in [UDS82] vorgeschlagenen **Verfahrens zur Lösung des Konversionsproblems** ergibt. Die Grundidee dieses Verfahrens besteht in der Einführung eines neuen, **speziellen Sperrmodus** für Zugriffsanforderungen, bei denen später mit einer Konversion gerechnet wird. Dieser Sperrmodus soll nach [UDS82] nur mit dem R-Modus verträglich sein, wodurch Anforderungen in diesem besonderen **Konversionsmodus** physisch serialisiert werden. Die Verträglichkeit dieses Modus gleicht also der des A-Modus bei den RA-Verfahren und der des X-Modus beim RX-Verfahren. Die Auswahl des Sperrmodus beim lesenden Zugriff wird durch das Datenbanksystem transparent für das Anwendungsprogramm durchgeführt. Da beim CODASYL-Modell prinzipiell auf jede Leseoperation eine Modifikation folgen kann, wird in [UDS82] empfohlen, bei Transaktionen, die in ihrer BOT-Operation ihre Änderungsabsicht erklärt haben, grundsätzlich überhaupt keine R-Sperren anzufordern, sondern immer nur den neuen Konversionsmodus. Wenn die im Anwendungsprogramm unmittelbar danach ausgeführte Operation tatsächlich eine Änderung durchführt, dann kann die Konversionssperre als X-Sperre weitergeführt werden. Da das in [UDS82] beschriebene Verfahren nur auf Konsistenzebene 2 zugeschnitten ist, wird die Konversionssperre ganz freigegeben, wenn keine Änderungsoperation folgt.

Die Grundidee läßt sich jedoch ohne weiteres auch auf die Konsistenzebene 3 gewährleistenden Sperrverfahren sinngemäß übertragen, indem anstelle des speziellen Konversionsmodus der X-Modus beim RX-Verfahren und der A-Modus bei den RA-Verfahren gesetzt wird. Des weiteren wird bei nicht unmittelbar nachfolgender Änderung eine Herabstufung der Sperre in den R-Modus vorgenommen. Letzteres verstößt zwar gegen das Zweiphasen-Sperrprotokoll, verletzt jedoch die Ablaufintegrität mit Sicherheit nicht, weil von dem mit A- oder X-Sperren verbundenen Änderungsrecht kein Gebrauch gemacht wurde. Bild 9.15f zeigt den Ablauf der Transaktionen T_1 und T_2 unter Kontrolle des soeben geschilderten Sperrprotokolls. Mit T_3 wurde eine Transaktion hinzugenommen, die von dem Konversionsrecht keinen Gebrauch macht. Tatsächlich verhindert das Protokoll in Bild 9.15f jegliche Rücksetzung.

Allerdings ist auch diesem Verfahren der Erfolg versagt, wenn zwischen der Leseoperation und der Änderungsoperation weitere Operationen ausgeführt werden. In diesem Fall tritt genau dieselbe Konstellation ein, die zuvor die Rücksetzungen auslöste, weil abermals eine R-Sperre in den A-Modus bzw. X-Modus konvertiert werden muß. Ohne zusätzliches Wissen vom Anwendungsprogramm, wie es etwa durch die Hold-Option bei Leseoperationen im Datenbanksystem IMS [Obe80a] verkörpert wird, läßt sich das Problem bei satzorientierten, navigierenden Zugriffsoperationen aber nicht vollkommen befriedigend lösen.

Zwar illustriert Bild 9.15f eine einigermaßen befriedigende Lösung des Problems mehrfacher Sperrkonversionen auf derselben Datenseite, das in den empirischen Lastprofilen so große Schwierigkeiten bereitet, jedoch zeigen die Anzahlen der Rücksetzungen des RX2-Verfahrens in Tabelle 9.16, daß bei einigen der logischen Seitenreferenz-Strings die Konversionen als Ursache der Rücksetzungen durch andere, zyklische Wartebeziehungen ersetzt werden. Die zahlreichen, bei Sollparallelität 32 beim RX2-Verfahren beobachteten Rücksetzungen deuten zweifelsohne auf die Existenz mehrerer häufig benutzter Datenelemente in den Referenzstrings hin, wobei die abgebrochenen Transaktionen jeweils auf mindestens zwei verschiedene Objekte zugreifen. Andernfalls könnte beim RX2-Verfahren nämlich kein Zyklus im Wartegraphen zustandekommen.

Eine **weitere Verbesserung** des **Leistungsverhaltens** von Datenbanksystemen verlangt daher zwingend die Implementierung **spezieller Protokolle** zur Behandlung solcher **häufig benutzter Datenelemente.** Einige Vorschläge zur Parallelisierung der Verarbeitung auf häufig traversierten baumstrukturierten Zugriffspfaden werden in [BaSc77, KwWo82, Sam76] gemacht. Eine weitere Möglichkeit liegt in der Einführung spezieller kommutierender Operationen an der Programmierschnittstelle, wie sie seit langem erfolgreich in der Fast-path-Variante des Datenbanksystems IMS [Gaw84] zum Einsatz kommen. Weiterentwicklungen und Verallgemeinerungen dieser Ansätze werden in [Gar83, ONe85, Reu82] diskutiert. Nach den empirisch gemessenen Ergebnissen der Simulation erreichen alle untersuchten Verfahren, inklusive der RX2-Variante, ab einem bestimmten Parallelitätsgrad einen Betriebszustand, in dem eine Vergrößerung der Rechnerleistung wegen der Parallelitätsbeschränkung durch Maßnahmen zur Lastbalancierung nicht mehr adäquat genutzt werden kann. In Konsequenz dieser empirisch fundierten Beobachtung empfiehlt sich bei herkömmlichen, zentralisierten Rechnerkonfigurationen hauptsächlich die Verfolgung der in den zuletzt genannten Verfahren angedachten Ansätze zur weiteren Beschleunigung der Verarbeitung derartiger kommerzieller Lastprofile.

9.7. Die Lokalität des Zugriffsverhaltens auf der physischen Datenbank

Neben Aussagen über den Einfluß von Synchronisationsverfahren auf die Leistungsfähigkeit von Datenbanksystemen gestattet der Detaillierungsgrad, der auch für die Modellierung der nicht unmittelbar mit der Synchronisation befaßten Komponenten beibehalten wurde, tiefe Einblicke in die Arbeitsweise anderer zentraler Komponenten von Datenbanksystemen. Zur Begrenzung des Umfangs der Darstellung wird an dieser Stelle nur eines der empirisch beobachteten Phänomene genauer beschrieben, obwohl die Fülle der aufgezeichneten Meßgrößen eine fast beliebige Weiterführung der Diskussion erlauben würde. Dieses Phänomen wird hier in Anlehnung an vergleichbare Verhaltensmuster bei der Verwaltung des Virtuellen Speichers in Betriebssystemen [ADU71, Bel66, DeSc72] mit **Lokaliät** bezeichnet. Sie kann nach den quantitativen Resultaten der hierin beschriebenen Leistungsanalyse auch beim Zugriff auf die physische, auf Externspeichermedien residierende Datenbank beobachtet werden.

Mit dem Begriff der Lokalität in Betriebssystemen wird das charakteristische Referenzverhalten von im Virtuellen Speicher ablaufenden Programmen beschrieben, insbesondere die weit von einer Gleichverteilung entfernte Referenzwahrscheinlichkeit auf Seiten des virtuellen Adreßraums, die den Ausgangspunkt von Maßnahmen zur Optimierung der Seitenersetzung bildet [ADU71, Bel66]. Auch bei der Verwaltung des Systempuffers in Datenbanksystemen [Eff81, EfHä84] läßt sich das Referenzverhalten von Datenbanksystemen, das in [Bru81, Dre81, Rod76] auf der Basis empirischer Lastprofile untersucht wird, vorteilhaft zur Verminderung von E/A-Vorgängen ausnutzen.

Auf der anderen Seite wird in praktisch allen **analytischen Modellen** bei der Abschätzung von **Zugriffszeiten** auf **Externspeichermedien** eine **Gleichverteilung der Zugriffsarmbewegung** über den gesamten physischen Datenbestand **unterstellt**. Das geschieht sowohl bei der Analyse des Zugriffsverhaltens von Speicherungsstrukturen [WeHä76] als auch in den Fällen, in denen bei der quantitativen Analyse von Synchronisationsverfahren E/A-Vorgänge mitbetrachtet werden, wie etwa in [Car84b, CaSt84, RiSt77, RiSt79]. Bei dem hier benutzten Simulationsmodell wird im Externspeichermodell von dieser Annahme mit dem Ziel einer wesentlich exakteren Nachbildung des physischen Referenzverhaltens von Datenbanksystemen abgewichen. Die während der Simulation aufgezeichneten Daten erlauben die empirische Überprüfung der Gleichverteilungshypothese.

In Tabelle 9.21 sind für die 4 logischen Seitenreferenz-Strings DOD, KD, WSOD und TER die Verteilungen der physischen Referenzen auf die Bereiche der physischen Datenbank bei Sollparallelität 1 und einer Puffergröße von 512 Rahmen abgebildet. Darüber hinaus zeigt Tabelle 9.22 die zugehörigen aggregierten Statistiken für die Distanzen der Zugriffskammbewegung. Tabelle 9.21 beweist auf den ersten Blick, daß die **Lokalität** nicht beim Referenzverhalten im Systempuffer endet, sondern sich durchaus **bis zu den physischen E/A-Vorgängen** hin fortsetzt. Bei WSOD und KD konzentrieren sich die physischen Referenzen auf nur 2 bzw. 3 der 8 bzw. 6 vorhandenen Datenbank-Bereiche, einige davon werden überhaupt nicht referenziert. Auch bei DOD häufen sich die physischen Referenzen auf nur 3 Areas, allerdings existieren weitere 4 Areas mit einer mittelgroßen Anzahl physischer Referenzen. Das Zugriffsverhalten bei KD ist das ausgeglichenste der 4 betrachteten logischen Seitenreferenz-Strings, gleichwohl variiert die Area-bezogene Anzahl der Zugriffe immer noch in beträchtlichem Umfang.

DOD		KD		WSOD		TER	
Area	#Ref.	Area	#Ref.	Area	#Ref.	Area	#Ref.
1	11	1	0	1	12	1	18
2	0	2	0	2	0	2	0
3	2048	3	541	3	3976	3	1202
4	72	4	128	4	4002	4	58
5	10	5	525	5	53	5	2250
6	0	6	605	6	2868	6	0
7	346	7	470	7	44		
8	0	8	172	8	86		
9	0	9	1286				
10	1569	10	555				
11	29	11	3798				
12	434	12	1779				
13	979	13	3602				
14	248	14	1280				
15	524	15	1359				

Tabelle 9.21: Verteilung der physischen Referenzen auf die Datenbank

DISTANZEN		ÜBERQUERUNGEN			
		DOD	KD	WSOD	TER
0	- 32	3654	6409	3840	1198
33	- 65	575	1359	1003	191
66	- 98	349	1143	838	218
99	- 131	234	1061	736	154
132	- 164	140	637	664	121
165	- 197	120	604	636	131
198	- 230	119	463	310	125
231	- 263	77	296	272	202
264	- 296	71	361	322	130
297	- 329	174	268	249	146
330	- 362	271	253	235	138
363	- 395	127	247	319	104
396	- 428	93	197	234	122
429	- 461	36	293	276	103
462	- 494	58	290	265	72
495	- 527	25	500	277	76
528	- 560	15	284	184	51
561	- 593	21	290	182	59
594	- 626	26	197	83	53
627	- 659	43	251	78	43
660	- 692	19	341	34	38
693	- 725	1	169	13	17
726	- 758	13	120	2	16
759	- 791	9	63	0	11
792	- 824	0	4	0	1

Tabelle 9.22: Aggregierte Statistik der Zugriffskammbewegungen bei Sollparallelität 1 und Puffergröße 512

Tabelle 9.22 bringt die Lokalität der physischen Referenzen noch klarer zum Ausdruck. Von insgesamt 6270 E/A-Operationen führen 4578 oder 73% zur Überquerung von nicht mehr als 100 Zylindern auf dem Plattengerät. Die entsprechenden Werte für die anderen logischen Seitenreferenz-Strings lauten für KD 17100 zu 8908 oder 52%, für WSOD 11041 zu 5681 oder 51% und schließlich für TER 3528 zu 1607 oder 46%. Darüber hinaus ist der schnelle Rückgang der Häufigkeiten mit steigender Zylinderdistanz ohne weiteres erkennbar.

DISTANZEN	ÜBERQUERUNGEN	
	DOD	TER
	RX2	BOCC
0 - 32	2236	2813
33 - 65	763	183
66 - 98	482	319
99 - 131	374	157
132 - 164	247	122
165 - 197	271	135
198 - 230	219	131
231 - 263	201	181
264 - 296	185	147
297 - 329	241	143
330 - 362	231	126
363 - 395	177	112
396 - 428	253	148
429 - 461	80	91
462 - 494	150	79
495 - 527	81	68
528 - 560	101	60
561 - 593	69	53
594 - 626	118	49
627 - 659	133	39
660 - 692	73	32
693 - 725	67	22
726 - 758	158	14
759 - 791	49	15
792 - 824	0	2

Tabelle 9.23: Aggregierte Statistik der Zugriffskammbewegung für Sollparallelität 32 und Puffergröße 512

Zwar belegen schon die in Tabelle 9.22 aufgetragenen Werte für die aggregierte Statistik der Zugriffskammbewegungen unzweifelhaft die in den logischen Seitenreferenz-Strings reflektierte Lokalität auch der physischen Referenzen. Vollständig überzeugen kann allerdings erst die in Tabelle 9.23 vorgenommene Zusammenstellung. Sie zeigt die korrespondierenden Statistiken für DOD und TER bei einer Sollparallelität von 32. Obwohl die konkreten Zahlen über die Referenzstrings, die Parallelitätsgrade und die Synchronisationsverfahren hinweg variieren, bleibt in allen Fällen das große Übergewicht bei den Distanzen kleiner als 100 Zylinder gewahrt. In Tabelle 9.23 entfallen bei DOD 3481 von 6959 E/A-Operationen oder 50% auf Distanzen kleiner als 100 Zylinder, für TER lauten die Werte 3315 von 5241 oder 63%. Diese Werte widerlegen ganz eindeutig die vielen analytischen Modellen immanente Annahme der Gleichverteilung der Zugriffskammbewegungen, die in [ScTh83] auch als Zugriffszeit-Mythos (access time myth) bezeichnet wird. In [ScTh83] wird dasselbe Phänomen durch Messungen in kommerziellen Anwendungen auf der Basis des Datenbanksystems IMS nachgewiesen, allerdings ergeben sich dort noch wesentlich stärkere Häufungen der Zugriffe bei kleinen Distanzen. [ScTh83] enthält ebenfalls einige sehr interessante Anregungen zu Konsequenzen dieser **ausgeprägten Lokalität** von **E/A-Operationen beim Betrieb von Datenbanksystemen** in typischen kommerziellen Anwendungsumgebungen im Hinblick auf die Weiterentwicklung der Gerätetechnologie.

V. Resümee

10. Resümee

Ziel dieser Arbeit war die **gründliche Untersuchung** von **Maßnahmen zur Gewährleistung der Ablaufintegrität in Datenbanksystemen.** Im Rahmen der Arbeit wurde deshalb sowohl ein Überblick über die konzeptionellen Grundlagen der Synchronisation in Datenbanksystemen gegeben als auch Techniken zu ihrer Implementierung beschrieben. Dabei wurden insbesondere auf dem Gebiet der Speicherungsstrukturen zur Darstellung der synchronisationsrelevanten Information einige neue Vorschläge gemacht. Der **Schwerpunkt** der Arbeit lag hingegen auf dem Gebiet der **Leistungsbewertung von Synchronisationsverfahren** in zentralisierten Datenbanksystemen, als Analysemethode wurde die Simulation eingesetzt. Dabei wurden bei der Entwicklung eines sehr **detaillierten Simulationsmodells** für den Aufbau und die Funktionsweise zentralisierter Datenbanksysteme sowohl methodische Aspekte im Hinblick auf die Konstruktion solcher Modelle betrachtet als auch ein mächtiges Werkzeug zur Gewinnung quantitativer Aussagen über den Einfluß von Synchronisationsverfahren auf das Leistungsverhalten von Datenbanksystemen geschaffen. Neben dem außerordentlichen Detaillierungsgrad des entwickelten Simulationsmodells unterscheidet sich der hierin verfolgte Ansatz von anderen in methodischer Hinsicht vor allem durch die Art der Lastgenerierung zum Treiben der Simulation, und zwar durch die Verwendung **empirischer Lasten** aus kommerziellen Anwendungen realer Datenbanksysteme in Form von **logischen Seitenreferenz-Strings.**

Diese gestatten es, die Eigenarten realer Anwendungen mit vertretbarem Aufwand bei der Leistungsbewertung zu berücksichtigen. Allerdings nimmt, wie die praktischen Resultate der Leistungsuntersuchung gezeigt haben, die Eindeutigkeit und die Einheitlichkeit der erzielten Simulationsergebnisse in demselben Maße ab, wie der Einsatz logischer Seitenreferenz Strings die Eigenarten beim Referenzverhalten realer Anwendungen für die Leistungsanalyse zugänglich macht. Das wird nicht zuletzt durch die Art und den Umfang der Ausführungen in Kapitel 9 unterstrichen, in dem bei der Analyse der Ergebnisse zum Teil auf sehr weitgehende Kenntnisse über die Eigenheiten der der Simulation zugrundeliegenden Lasten zurückgegriffen und dadurch in manchen Fällen eine sinnvolle Interpretation erst möglich gemacht wurde. Diese recht partikuläre Sichtweise ist jedoch bei der Verallgemeinerung der hier gewonnenen Simulationsergebnisse und dem Vergleich mit denen ähnlicher Untersuchungen zum Teil recht hinderlich.

Nach der sehr ins einzelne gehenden Analyse im vorangehenden Kapitel soll deshalb in diesem abschließenden Kapitel der Versuch gemacht werden, die **gewonnenen Ergebnisse,** soweit methodisch vertretbar, den **Resultaten ähnlicher Untersuchungen** zu demselben Thema **gegenüberzustellen** und deren Gemeinsamkeiten und Unterschiede zu diskutieren. Der resümierende Charakter dieses Kapitels findet seinen Ausdruck in einer thesenförmigen Zusammenstellung der wichtigsten im Rahmen dieser Arbeit gesammelten Erkenntnisse. Bei dieser Zusammenstellung bietet sich gleichermaßen die Gelegenheit zu einer kritischen Bewertung des hierin verfolgten Ansatzes und zum Ausblick auf weitere mögliche Untersuchungen.

Ein Vergleich der hierin gewonnenen quantitativen Resultate zum Leistungsverhalten von Datenbanksystemen unter dem Einfluß verschiedener Synchronisationsverfahren mit den Ergebnissen anderer Untersuchungen wird vor allem durch drei Tatsachen erschwert.

[1] Erstens wurde in den letzten Jahren gerade auf dem Gebiet der Synchronisation in Datenbanksystemen eine sehr intensive Forschungsarbeit geleistet, die, wie in Kapitel 7 angedeutet, ihren Niederschlag in einer so großen Anzahl von Veröffentlichungen fand, daß ein allgemeiner und sehr umfassender Vergleich sehr umfangreich ausfallen müßte.

[2] Zweitens weicht auch die Methodik, insbesondere im Hinblick auf die zur Bewertung der Synchronisationsverfahren herangezogenen Leistungsmaße, das Datenbank-Modell und das Lastmodell, zum Teil so erheblich von dem hier verfolgten Ansatz ab, daß ein sinnvoller Vergleich kaum möglich ist.

[3] Drittens schließlich decken sich die zum Gegenstand von ähnlichen Untersuchungen gemachten Synchronisationsverfahren nur recht selten mit den hierin betrachteten.

Aufgrund dieser drei Randbedingungen wird im folgenden auch auf einen umfassenden Vergleich verzichtet. Statt dessen werden die hierin erzielten Ergebnisse denen von drei anderen Untersuchungen gegenübergestellt. Dabei handelt es sich um die in Kapitel 7 zum Teil schon skizzierten Arbeiten von Tay et al. [TaSu84, Tay84, TGS84, TSG84], Carey [Car83a, Car83b, Car83c, Car84a, Car84b, CaSt84] und die von Kießling und Landherr [KiLa83]. Obwohl bei der Auswahl gerade dieser drei Ansätze sicherlich auch subjektive Wertungen eine Rolle spielen, so ist allen immerhin ihre Aktualität und eine zumindest ähnliche Modellierung für Transaktionen, Datenbank und das Verhalten des Datenbanksystems gemeinsam. Auch stimmen die in den oben angeführten Arbeiten untersuchten Synchronisationsverfahren in wesentlichen Teilen mit den hierin betrachteten überein.

Der **Ansatz von Tay et al.** zur Leistungsbewertung von Synchronisationsverfahren für Datenbanksysteme unterscheidet sich methodisch schon fundamental von der hierin verfolgten Vorgehensweise. Anstatt ein sehr detailliertes Simulationsmodell eines Datenbanksystems als Hilfsmittel zur Leistungsanalyse einzusetzen, machen Tay et al. den Versuch, das **dynamische Verhalten eines Datenbanksystems** im Mehrbenutzerbetrieb **durch relativ einfache mathematische Modelle,** die sich geschlossen lösen lassen, zu **beschreiben.** Um die Lösbarkeit des mathematischen Modells sicherzustellen, muß allerdings ein sehr einfaches Transaktions- und Datenbankmodell in Kauf genommen werden, das zunächst von gleichförmigen Transaktionen und gleichverteiltem Zugriff auf eine feste Menge gleichartiger Datenelemente ausgeht. Außerdem werden lediglich Varianten des RX-Sperrverfahrens behandelt. Immerhin lassen sich in diesem einfachen Modell **geschlossene Formeln** unter anderem für den **Durchsatz** und die **Antwortzeit** von Transaktionen im eingeschwungenen Systemzustand **angeben.** Eine interessante Beobachtung der Modelle von Tay et al. ist außerdem, daß sich die entsprechenden Werte für Durchsatz und Antwortzeit bei nicht gleichverteiltem Zugriff auf Klassen von Datenelementen auch aus den Werten für eine Datenbank mit gleichverteiltem Zugriff berechnen lassen, deren Größe sich aus einer einfachen Funktion der ursprünglichen Datenbank-Größe und der Zugriffshäufigkeiten ergibt. Entsprechendes gilt auch für unterschiedliche Transaktionsklassen. Derartige Regelmäßigkeiten lassen sich für das RX-Verfahren in den in dieser Arbeit gewonnenen Ergebnissen schwerlich erkennen, da die zur Lastbeschreibung verwendeten logischen Seitenreferenz-Strings nach den Feststellungen in Kapitel 9 eine Fülle von Eigenarten realer Anwendungen reflektieren, die sich kaum in die Form einfacher Linearkombinationen pressen lassen. Auch **finden** in den Modellen von Tay et al. etwa **Sperrkonversionen** und die durch sie verursachten Konflikte und Rücksetzungen **keinen Niederschlag,** insbesondere solche auf sehr häufig benutzten Datenelementen. Ein weiterer Faktor, der maßgeblichen Einfluß auf die Uneinheitlichkeit der Simulationsergebnisse im Vergleich zu analytischen Modellen hat, ist die **Behandlung zu wiederholender Transaktionen** und der dabei auftretenden Konflikte. Sind im Simulationsmodell zum Teil erhebliche Eingriffe in den Mehrbenutzerbetrieb im Sinne von **Lastbalancierungsalgorithmen** erforderlich, um den erfolgreichen Abschluß "kritischer" Transaktionen zu gewährleisten, wird dieses Problem in **analytischen Modellen** übergangen bzw. ist dort **nicht behandelbar**. Insofern ist ein quantitativer Vergleich der Ergebnisse kaum möglich.

Die von **Kießling und Landherr** [KiLa83] publizierten Ergebnisse basieren wie die in dieser Arbeit ermittelten auf einem mehr oder weniger umfangreichen **Simulationssystem**, dessen Detaillierungsgrad allerdings deutlich geringer ist als der des in Kapitel 8 erläuterten DBSS. Immerhin sind die Synchronisationsverfahren in [KiLa83] tatsächlich codiert, und die Simulation wird mit einem dem im DBSS mit Referenzstring-Verwaltung bezeichneten ähnlichen Verfahren getrieben. Jedoch benutzen Kießling und Landherr **keine logischen Seitenreferenz-Strings aus realen Anwendungsumgebungen**, sondern **synthetische**, mit Hilfe von Zufallszahlengeneratoren auf der Basis vorgegebener Verteilungsfunktionen für Transaktionslänge und Änderungshäufigkeiten erzeugte. Somit entspricht die Analysemethode grob der in dieser Arbeit angewendeten, das Lastmodell ist dagegen mit gewissen Einschränkungen dem von Tay et al. gleichzusetzen. Kießling und Landherr befassen sich nicht nur mit dem RX-Verfahren, sondern auch mit den in dieser Arbeit ebenfalls begutachteten **versionsgestützten Verfahren (RAX und RAC)**, kommen dort allerdings zu **erheblich anderen Aussagen** über die Güte der Verfahren als diese Arbeit. Während [KiLa83] teilweise deutliche Vorteile für die versionsbasierten Sperrverfahren gegenüber dem herkömmlichen RX-Verfahren feststellen, führen die mit dem DBSS vorgenommenen Simulationen im günstigsten Fall zur Gleichwertigkeit aller Konsistenzebene 3 garantierenden Sperrverfahren, während das RX-Verfahren in der Regel geringfügig besser abschneidet. Für die Diskrepanz in der Bewertung sind besonders die folgenden Gründe verantwortlich. In [KiLa83] werden als **Leistungsmaße keine das globale Systemverhalten charakterisierenden Größen** wie etwa der Durchsatz, sondern Häufigkeiten von besonderen Ereignissen im Simulationsablauf wie Blockierungen und Rücksetzungen herangezogen. Letztere sind aber, wie die in dieser Arbeit ermittelten Ergebnisse zeigen, nur recht unvollkommen in der Lage, über den tatsächlichen Ressourcenverbrauch Auskunft zu geben. So wird gerade bei den RA-Verfahren zwar der Fortgang der Transaktionsbearbeitung aufgrund der Verfügbarkeit mehrerer Objektinkarnationen durch Sperren weniger behindert als beim RX-Verfahren, jedoch kommen durch die relative Freizügigkeit mehr erst sehr spät erkannte Abläufe zustande, in denen die Serialisierbarkeit nur durch eine Rücksetzung am Transaktionsende erreicht wird. Hinsichtlich der Berücksichtigung von Sperrkonversionen und der Besonderheiten im Referenzverhalten realer Datenbank-Anwendungen gelten die schon bei der Gegenüberstellung des hier verfolgten Ansatzes mit Tay et al. getroffenen Feststellungen.

Der dritte **Ansatz**, mit dem die Ergebnisse dieser Arbeit verglichen werden sollen, wurde **von Carey** entwickelt. Das dabei verwendete **Simulationsmodell** kommt in seinem Detaillierungsgrad näher als das in [KiLa83] vorgestellte Modell an das in dieser Arbeit beschriebene DBSS heran. So berücksichtigt Carey in seinem Modell nicht nur den Verbrauch von Prozessorzeit, sondern bindet auch ein einfaches E/A-Subsystem zur Darstellung der physischen Datenbank in sein Modell mit ein. Entsprechend der Vorgehensweise des DBSS sind alle Synchronisationsverfahren explizit codiert. Hauptunterschiede des Modells von Carey zum DBSS sind das Fehlen einer Systempufferverwaltung und die Verwendung synthetischer Lasten. Carey untersucht ein breites Spektrum möglicher Synchronisationsverfahren, wobei teilweise auch über den Umfang des DBSS hinausgegangen wird. Anstatt der beiden RA-Verfahren wird ein allgemeines **Mehr-Versionen-Sperrverfahren** begutachtet, ebenso wie das **herkömmliche RX-Verfahren** und eine Variante der **optimistischen Synchronisationsverfahren**. Als Leistungsmaße dienen hauptsächlich Durchsatz und Antwortzeit. Als Konsequenz der Verwendung synthetischer Lasten ergeben sich wesentlich homogenere und leichter zu interpretierende Ergebnisse, die unter anderem auf die Überlegenheit des RX-Verfahrens gegenüber den optimistischen hindeuten, in Übereinstimmung mit den auch in dieser Arbeit gemachten Beobachtungen. Daß die Mehr-Versionen-Sperrverfahren besonders in Anwesenheit größerer Anteile reiner Lesetransaktionen allen anderen Verfahren überlegen sind, ist nicht weiter verwunderlich, da solche Transaktionen bei dieser Art von Synchronisationsverfahren garantiert konfliktfrei ablaufen. Wie bei den beiden zuvor betrachteten Ansätzen mangelt es auch den Untersuchungen von Carey an einem hinreichend realistischen Lastmodell, das etwa Konversionen oder besonderes Lokalitätsverhalten von Transaktionen miteinbezieht, die beiden Problemkreise, die bei den in dieser Arbeit durchgeführten Simulationen das beobachtete Leistungsverhalten sehr wesentlich beeinflußt haben.

Insgesamt sind also **deutliche Abweichungen** der auf der Basis **empirischer Lasten** ermittelten Ergebnisse von denen unter Benutzung synthetischer Lasten festzustellen, die durch die Besonderheiten der logischen Seitenreferenz-Strings hervorgerufen werden. Zum Abschluß sollen deshalb **einige der wesentlichen Erkenntnisse** noch einmal **kurz zusammengefaßt** werden. Damit sind nicht nur die quantitativen Resultate der Simulationen gemeint, sondern auch die hinsichtlich der Implementierung von Synchronisationsverfahren.

Das wohl wesentlichste Ergebnis der eingehenden Überlegungen zur Auswahl geeigneter Speicherungsstrukturen zur Darstellung der synchronisationsrelevanten Information ist die Erkenntnis, daß sich so **unterschiedliche Synchronisationsverfahren** wie die auf Sperren basierenden und die optimistischen unter Benutzung **identischer Speicherungsstrukturen realisieren lassen**. Für die optimistischen Verfahren ergeben sich daraus gegenüber der ursprünglich vorgeschlagenen Validierung am Transaktionsende Möglichkeiten, bestimmte nicht serialisierbare Abläufe frühzeitig zu erkennen, ohne daß zusätzliche Kosten entstehen. Andererseits weist das Vorhandensein gemeinsamer Speicherungsstrukturen für Sperrverfahren und optimistische Synchronisationsverfahren einen Weg zur Implementierung hybrider Verfahren und eventuell zu einer gemeinsamen Beschreibung aller Synchronisationsverfahren.

Die **Implementierung** der unterschiedlichen Typen von Synchronisationsverfahren brachte **deutliche Unterschiede** hinsichtlich ihrer **algorithmischen Komplexität** zutage. Während die Implementierung der Validierungsregeln für die optimistischen Verfahren auf einen einfachen Disjunktheitstest zweier Mengen hinausläuft, wächst die Komplexität der Sperrverfahren mit jedem zusätzlichen Sperrmodus. Insbesondere die Behandlung von Sperrkonversionen, womöglich auch noch mehrerer unterschiedlicher Arten wie bei den RA-Verfahren, steigert die mögliche Anzahl der Belegungssituationen von Betriebsmitteln, die alle von der Sperrverwaltung zu erkennen und zu behandeln sind, um ein Vielfaches, was sich im Umfang und der strukturellen Komplexität des entsprechenden Programmcodes niederschlägt. Zur Milderung dieses Problems wurde in Kapitel 7 eine verfahrensunabhängige Sperrverwaltung vorgeschlagen.

Diejenigen Synchronisationsverfahren, die jeweils mehr als eine Objektinkarnation gleichzeitig zulassen, also alle in dieser Arbeit untersuchten bis auf das herkömmliche RX-Verfahren, stellen **erhebliche funktionelle Ansprüche an die Systempufferverwaltung**, wie in Kapitel 6 deutlich gemacht wurde. Wie dort gezeigt wurde, ist es schon aus Gründen der Komplexität der Systempufferverwaltung unumgänglich, hinsichtlich der Pufferersetzung die NOSTEAL-Strategie zu unterstellen, um eine umfangreiche Versionenhaltung auf den Externspeichermedien zu vermeiden. Andererseits bedeutet gerade die NOSTEAL-Strategie eine gravierende Einschränkung besonders für lange Transaktionen, deren Durchführbarkeit dadurch in Frage gestellt wird. Da ein reales Datenbanksystem jedoch in der Lage sein muß, Transaktionen beliebiger Länge erfolgreich zu Ende zu bringen, lassen sich weder die RA-Verfahren noch die optimistischen in ihrer reinen Form implementieren, was angesichts des mehrfachen Implementierungsaufwandes die Befürwortung solcher Verfahren eigentlich nur dann rechtfertigt, wenn die dadurch erzielbaren Leistungsverbesserungen einen Ausgleich für den gestiegenen Implementierungsaufwand versprechen.

Eine solche Entscheidung läßt sich zumindest auf der Basis der hier benutzten logischen Seitenreferenz-Strings nicht begründen. In **keinem Falle erreicht** etwa eine der untersuchten Varianten der **optimistischen Synchronisationsverfahren** unter Zugrundelegung des zentralen Maßes der Durchlaufzeit **bessere Ergebnisse als das herkömmliche RX-Verfahren**, wobei sich der leistungsmäßige Abstand mit zunehmender Parallelität vergrößert. Die beiden untersuchten RA-Verfahren liefern zumeist schlechtere, teilweise aber auch geringfügig bessere Ergebnisse für die Durchlaufzeit als das RX-Verfahren. Die relativen Unterschiede fallen jedoch so gering aus, daß eine Implementierung aus Gründen der Leistungssteigerung nicht erfolgversprechend erscheint. Etwas überraschend ist die Tatsache, daß bei den gegebenen logischen Seitenreferenz-Strings der Verzicht auf Konsistenzebene 3 gemessen in der Durchlaufzeit nur eine Leistungsverbesserung von maximal 15% ergibt, zum Teil aber noch deutlich darunterliegende Werte liefert, obwohl in einigen Referenzstrings sowohl sehr lange Lese- als auch sehr lange Änderungstransaktionen enthalten sind.

Inwieweit diese Ergebnisse durch die spezifischen Eigenarten der benutzten logischen Seitenreferenz-Strings verursacht werden, läßt sich aufgrund des verfügbaren Datenmaterials nicht schlüssig beantworten. In Bezug auf den Einfluß der Simulationsmethode läßt sich zumindest feststellen, daß die Anzahl der zusätzlichen Konflikte bei Erhöhung der Ablaufparallelität während der Simulation weit über den bei der Aufzeichnung herrschenden Grad an Parallelität hinaus zu einem deutlichen Anstieg der Rücksetzungen führt. Da die logischen Seitenreferenz-Strings nur unvollständige Information über das tatsächliche Transaktionsverhalten beinhalten, läßt sich nicht zweifelsfrei feststellen, ob die bei einem hohen Grad der Sollparallelität auftretenden Konflikte tatsächlich auch bei Erhöhung der Ablaufparallelität nachweisbar wären. Jedoch kann auch bei Außerachtlassung der Parallelitätsgrade 16 und 32 der hierin beschriebenen Simulationsergebnisse keine Überlegenheit der anderen Synchronisationsverfahren gegenüber dem RX-Verfahren nachgewiesen werden. Um diese Fragestellung schlüssig für hohe Parallelitätsgrade beantworten zu können, bedürfte es einer erheblichen Erweiterung des Informationsgehaltes der logischen Seitenreferenz-Strings.

Immerhin erlauben die durchgeführten Simulationen zumindest **drei interessante Beobachtungen,** die in der Literatur über Synchronisationsverfahren bisher noch nicht gebührend berücksichtigt werden.

[1] Einmal zeigen die Simulationsergebnisse ganz deutlich die **praktische Bedeutung von Sperrkonversionen** auf, die für den größten Teil der gemessenen Rücksetzungen verantwortlich zu machen sind. In Kapitel 9 werden einige Vorschläge zur Milderung dieses Problems gemacht.

[2] Zweitens offenbaren die benutzten logischen Seitenreferenz-Strings die **Existenz** etlicher **sehr häufig benutzter Datenelemente**, die ebenfalls nicht unerheblich zur Erhöhung der Rücksetzungshäufigkeit beitragen. Insofern erscheint es tatsächlich vielversprechender, die Konfliktraten durch die Nutzung von mehr Semantik über die die Daten manipulierenden Operationen zu verringern, als auf rein syntaktischer Ebene etwa durch den Einsatz des Versionenkonzeptes.

[3] Die dritte wichtige Beobachtung betrifft die **unverzichtbare Rolle der Lastbalancierung** als Maßnahme zur Verhinderung von Betriebssituationen, in denen wegen zu großer Konfliktträchtigkeit einer Reihe gleichzeitig ablaufender Transaktionen kaum mehr nützliche Systemarbeit geleistet wird. Der bei den Simulationen eingesetzte, sehr einfache Algorithmus verhindert zwar die Dauerhaftigkeit solcher unerwünschten Systemzustände, auf diesem Gebiet ist jedoch noch viel Forschungsarbeit zu leisten mit dem Ziel, effiziente und wirksame Lastbalancierungsalgorithmen zu entwickeln und ihre Leistungsfähigkeit praktisch unter Beweis zu stellen.

Das unerwartet schlechte Abschneiden der vielfach geradezu euphorisch proklamierten **optimistischen Synchronisationsverfahren**, zumindest im zentralisierten Fall, sollte jedoch keinesfalls dazu führen, sie für Synchronisationszwecke als gänzlich ungeeignet zu qualifizieren. Die in Kapitel 7 demonstrierte Verträglichkeit mit Sperrverfahren auf der Speicherungsstrukturebene machen sie zu einem **untersuchenswerten Kandidaten für verteilte Systeme**, in denen dann lokal mit Hilfe der üblichen Sperrverfahren synchronisiert werden könnte, global dagegen erst am Ende der Transaktion im Sinne des optimistischen Prinzips, um teures synchrones Warten auf Sperranforderungen zunächst zu vermeiden.

Literaturverzeichnis

ADU71 *Aho, A.V., Denning, P.J., Ullman, J.D.:* Principles of Optimal Page Replacement, in: Journal of the ACM, Vol. 18, No. 1, Jan. 1971, pp. 80-93

AgDe83 *Agrawal, R., DeWitt, D.J.:* Integrated Concurrency Control and Recovery Mechanisms: Design and Performance Evaluation, Technical Report #497, University of Wisconsin, Madison, 1983

And83 *Andrews, G.R.:* Synchronizing Resources, in: Computing Surveys, Vol. 15, No. 1, March 1983, pp. 3-44

Anon85 *A non et.al.:* A Measure of Transaction Processing Power, Technical Report TR85.1, TANDEM Computers, 1985

AnSc81 *Andrews, G.R., Schneider, F.B.:* Concepts and Notations for Concurrent Programming, in: ACM TOPLAS, Vol. 3, No. 4, Oct. 1981, pp. 405-430

APS83 *Augustin, R., Prädel, U., Scholten, H.:* Leistungsanalyse von Concurrency-Control-Algorithmen in Datenbanksystemen, Technischer Bericht, Universität Dortmund, 1983

Ari83 *Arifin, I.:* Empirische Untersuchungen von Sperrprotokollen für Datenbanksysteme, Diplomarbeit, FB Informatik, Universität Kaiserslautern, 1983

Bac73 *Bachman, C.W.:* The Programmer as Navigator, in: CACM, Vol. 16, No. 11, Nov. 1973, pp. 653-658

BAC81 *Blasgen, M.W., Astrahan, M.M., Chamberlin, D.D., et al.:* System R: An Architectural Overview, in: IBM Systems Journal, Vol. 20, No. 1, 1981, pp. 41-61

BaSc77 *Bayer, R., Schkolnick, M.:* Concurrency of Operations on B-Trees, in: Acta Informatica, Vol. 9, 1977, pp. 1-21

Bay76 *Bayer, R:* On the Integrity of Data Bases and Resource Locking, in: Proceedings of the ECI Conference, Amsterdam, Lecture Notes in Computer Science 44, Springer-Verlag, Berlin, 1976, pp. 77-106

BCG79 *Bernstein, P.A., Casanova, M.A., Goodman, N.:* Errors in 'Process Synchronization in Database Systems', ACM SIGMOD Record, Vol. 9, No. 1, 1979, pp. 9-29

BeGo79 *Bernstein, P.A., Goodman, N.:* Approaches to Concurrency Control in Distributed Data Base Systems, in: Proceedings 1979 National Computer Conference, AFIPS Press, Arlington, Va., June 1979, pp. 813-820

BeGo80 *Bernstein, P.A., Goodman, N.:* Timestamp-based Algorithms for Concurrency Control in Distributed Database Systems, in: Proceedings 6th International Conference on Very Large Data Bases, Montreal, 1980, pp. 285-300

BeGo81 *Bernstein, P.A., Goodman, N.:* Concurrency Control in Distributed Database Systems, in: Computing Surveys, Vol. 13, No. 2, June 1981, pp. 185-221

BeGo82 *Bernstein, P.A., Goodman, N.:* A Sophisticate's Introduction to Distributed Database Concurrency Control, in: Proceedings 8th Conference on Very Large Data Bases, Mexico-City, 1982, pp. 62-76

BeGo83 *Bernstein, P.A., Goodman, N.:* Multiversion Concurrency Control - Theory and Algorithms, in: ACM TODS, Vol. 8, No. 4, Dec. 1983, pp. 465-483

BEHR80 *Bayer, R., Elhardt, K., Heller, H., Reiser, A.:* Distributed Concurrency Control in Database Systems, in: Proceedings 6th International Conference on Very Large Data Bases, Montreal, 1980, pp. 275-284

BEHR81 *Bayer, R., Elhardt, K., Heigert, J., Reiser, A.:* Dynamic Timestamp Allocation and its Applications to the BEHR-Method, Technischer Bericht TUM-18107, Technische Universität München, Juli 1981

BEHR82 *Bayer, R., Elhardt, K., Heigert, J., Reiser, A.:* Dynamic Timestamp Allocation for Transactions in Database Systems, in: Proceedings 2nd International Symposium on Distributed Data Bases, Berlin, North Holland Publishing Company, Amsterdam, 1982, pp. 9-20

BEKK84   *Bayer, R., Elhardt, K., Kießling, W., Killar, D.:* Verteilte Datenbanksysteme. Eine Übersicht über den heutigen Entwicklungsstand, in: Informatik-Spektrum, Band 7, Heft 1, Feb. 1984, S. 1-19

Bel66   *Belady, L.A.:* A Study of Replacement Algorithms for a Virtual-Storage Computer, in: IBM Systems Journal, Vol. 5, No. 2, 1966, pp. 78-101

BeSh69   *Bernstein, P.A., Shoshani, A.:* Synchronization in a Parallel-accessed Database, in: CACM, Vol. 12, No. 11, Nov. 1969, pp. 604-607

BGH83   *Bernstein, P.A., Goodman, N., Hadzilacos, V.:* Recovery Algorithms for Database Systems, in: IFIP Information Processing 83, Proceedings of the IFIP 9th World Computer Congress, Paris, 1983, pp. 799-807

BGMP79   *Blasgen, M., Gray, J., Mitoma, M., Price, T.:* The Convoy Phenomenon, in: ACM SIGOPS Operating Systems Review, Vol. 13, No. 2, March 1979

BHR80   *Bayer, R., Heller, H. Reiser, A.:* Parallelism and Recovery in Database Systems, in: ACM TODS, Vol. 5, No. 2, June 1980, pp. 139-156

Blo70   *Bloom, B.H.:* Space/Time Trade-offs in Hash Coding with Allowable Errors, in: CACM, Vol. 13, No. 7, July 1970, pp. 422-426

Boh85   *Bohn, V.:* Entwurf und Implementierung von Transaktions- und Geräteverwaltung in einem Datenbanksystem-Simulator, Projektarbeit, FB Informatik, Universität Kaiserslautern, 1985

BoNa78   *Boari, M., Natali, A.:* Multiple Access to a Tree in the Context of Readers and Writers Problem, in: Information Processing Letters, Vol. 7, No. 2, Feb. 1978, pp. 112-123

Bri72   *Brinch Hansen, P.:* Structured Multiprogramming, in: CACM, Vol. 15, No. 7, July 1972, pp. 574-578

Bri73   *Brinch Hansen, P.:* Operating System Principles, Prentice-Hall, Englewood Cliffs, 1973

Bri75   *Brinch Hansen, P.:* The Programming Language Concurrent Pascal, in: IEEE Transactions on Software Engineering, Vol. SE-1, No. 2, June 1975, pp. 199-207

Bru80   *Brunner, M.:* Untersuchung der Sperrstrategie von UDS in B*-Baum-orientierten Zugriffspfadstrukturen, Studienarbeit, FB Informatik, Technische Hochschule Darmstadt, 1980

Bru81   *Brunner, M.:* Untersuchung von Seitenersetzungsverfahren für die Systempufferverwaltung von Datenbanksystemen, Diplomarbeit, FB Informatik, Technische Hochschule Darmstadt, 1981

BSR80   *Bernstein, P.A., Shipman, D.W., Rothnie, J.B.:* Concurrency Control in a System for Distributed Databases (SDD-1), in: ACM TODS, Vol. 5, No. 1, March 1980, pp. 18-51

BSW79   *Bernstein, P.A., Shipman, D.W., Wong, W.S.:* Formal Aspects of Serializability in Database Concurrency Control, in: IEEE Transactions on Software Engineering, Vol. SE-5, No.3, May 1979, pp. 203-215

Car83a   *Carey M.J.:* Modeling and Evaluation of Database Concurrency Control Algorithms, Memorandum No. UCB/ERL 83/56, Ph. D. Thesis, Electronic Research Laboratory,

Car83b   *Carey, M.J.:* Multiple Versions and the Performance of Optimistic Concurrency Control, Research Report, Computer Sciences Department, University of Wisconsin, Madison, Oct. 1983

Car83c   *Carey, M.J.:* An Abstract Model of Database Concurrency Control Algorithms, in: Proceedings ACM SIGMOD Conference, San Jose, Cal., 1983, pp. 97-107

Car84a   *Carey, M.J.:* Multiple Versions and the Performance of Optimistic Concurrency Control, Research Report, Computer Sciences Department, University of Wisconsin, Madison, 1984

Car84b   *Carey, M.J.:* The Performance of Concurrency Control Algorithms for Database Management Systems, Research Report, Computer Sciences Department, University of Wisconsin, Madison, Jan. 1984

CaSt84   *Carey, M.J., Stonebraker, M.:* The Performance of Concurrency Control Algorithms for DBMS, in: Proceedings 10th International Conference on Very Large Data Bases, Singapore, 1984, pp. 107-118

CBT74   *Chamberlin, D.D., Boyce, R.F., Traiger, I.L.:* Deadlock-free Scheme for Resource Locking in a Data-Base Environment, in: Proceedings IFIP Conference, 1974, pp. 340-343

CES71   *Coffman, E.G., Elphick, M.J., Shoshani, A.:* System Deadlocks, in: Computing Surveys, Vol. 3, No. 2, 1971, pp. 67-78

CFLN82   *Chan, A., Fox, S., Lin, W.-T. K., Nori, A., Ries, D.R.:* The Implementation of an Integrated Concurrency Control and Recovery Scheme, in: Proceedings ACM SIGMOD Conference, Orlando, Fla., 1982, pp. 184-191

CHP73   *Courtois N., Heymans C., Parnas, D.L.* : Concurrent control with 'readers' and 'writers', in: CACM, Vol. 14, No. 10, Oct. 1973, pp. 667-668

Col71   Collier, W.W.: System Deadlocks, IBM Technical Report TR 00.1756-1, Poughkeepsie Lab, 1971

Dad81a   *Dadam, P.:* Synchronisation in Datenbanksystemen: Ein Überblick, in: Informatik-Spektrum,
Band 4, Heft 3, Aug. 1981, S. 175-184 (Teil 1)
Band 4, Heft 4, Okt. 1981, S. 261-270 (Teil 2)

Dad81b   *Dadam, P.:* Einführung in die Synchronisation in Datenbanksystemen, in: Elektronische Rechenanlagen, 23. Jahrgang, Heft 1, Jan. 1981, S. 4-11

Dad82   *Dadam, P.:* Synchronisation und Recovery in verteilten Datenbanksystemen: Konzepte und Grundlagen, Dissertation, FernUniversität Hagen, 1982

Dav78   *Davies, C.T.:* Data Processing Spheres of Control, in: IBM Systems Journal, Vol. 17, No. 2, 1978, pp. 1-15

DeSc72   *Denning, P., Schwartz, S.* : Properties of the Working-Set Model, in: CACM, Vol. 15, No. 3, March 1972, pp. 191-198

Dij68   *Dijkstra, E.W.:* The Structure of the THE Multiprogramming System, in: CACM, Vol. 11, No. 5, May 1968, pp. 341-346

Dre81   *Dreschers, I.:* Empirische Untersuchung des Seitenreferenzverhaltens eines CODASYL-Datenbanksystems, Diplomarbeit, FB Informatik, Technische Hochschule Darmstadt, 1981

Dub82   *Dubourdieu, D.J.:* Implementation of Distributed Transactions, in: Proceedings 1982 Berkeley Workshop on Distributed Data Management and Computer Networks, 1982, pp. 81-84

Eff81   *Effelsberg, W.:* Systempufferverwaltung in Datenbanksystemen, Dissertation, FB Informatik, Technische Hochschule Darmstadt, 1981

Eff83   *Effelsberg, W.:* Fixing Pages in a Database Buffer, in: ACM SIGMOD RECORD, Vol. 13, No. 2, Jan. 1983, pp. 52-59

EfHä84   *Effelsberg, W., Härder, T.:* Principles of Database Buffer Management, in: ACM TODS, Vol. 9, No. 4, Dec. 1984, pp. 560-595

EGLT76   *Eswaran, K.P., Gray, J.N., Lorie, R.A., Traiger, I.L.:* The Notions of Consistency and Predicate Locks in a Database System, in: CACM, Vol. 19, No. 11, Nov. 1976, pp. 624-633

EHRS81a   *Effelsberg, W., Härder, T., Reuter, A., Schultze-Bohl, J.:* Leistungsmessung von Datenbanksystemen - Modellbildung, Interpretation und Bewertung, in: Tagungsband Messung, Modellierung und Bewertung von Rechensystemen, Jülich, Informatik Fachberichte 41, Springer-Verlag, Berlin, Feb. 1981, S. 279-293

EHRS81b   *Effelsberg, W., Härder, T., Reuter, A., Schultze-Bohl, J.:* Leistungsmessung von Datenbanksystemen - Meßmethoden und Meßumgebung, in: Tagungsband Messung, Modellierung und Bewertung von Rechensystemen, Jülich, Informatik Fachberichte 41, Springer-Verlag, Berlin, Feb. 1981, S. 294-315

EHRS81c   *Effelsberg, W., Härder, T., Reuter, A., Schultze-Bohl, J.:* Leistungsanalyse und Vorhersage des Betriebsverhaltens beim Datenbanksystem UDS, Interner Bericht 41/81, FB Informatik, Universität Kaiserslautern, 1981

Elh82   *Elhardt, K.:* Das Datenbank-Cache: Entwurfsprinzipien, Algorithmen, Eigenschaften, Technischer Bericht und Dissertation, Institute für Mathematik und Informatik, TU München, 1982

Gar83   *Garcia-Molina, H.:* Using Semantic Knowledge for Transaction Processing in a Distributed Database, in: ACM TODS, Vol. 8, No. 2, June 1983, pp. 186-213

Gaw84   *Gawlick, D.:* Hochleistungsdatenbanksysteme - IMS Fast Path, FB Informatik, Universität Kaiserslautern, Kolloquium, Oct. 1984

Ger83   *Gerstner, E.:* Empirische Untersuchungen optimistischer Synchronisationsverfahren in Datenbanksystemen, Diplomarbeit, FB Informatik, Universität Kaiserslautern, 1983

GGGH85   *Gray, J., Good, B., Gawlick, D., Homan, P., Sammer, H. :* One Thousand Transactions per Second, in: Proceedings IEEE Spring Computer Conference, San Francisco, Feb. 1985, pp. 13-1 - 13-18

GHOK81   *Gray, J., Homan, P., Obermarck, R., Korth, H.:* A Straw Man Analysis of Probability of Waiting and Deadlock, Research Report RS 3066, IBM San Jose, 1981

GMBL81   *Gray, J., McJones, P., Blasgen, M., Lindsay, B., Lorie, R., Price, T., Putzolu, F., Traiger, I.:* The Recovery Manager of the System R Database Manager, in: Computing Surveys, Vol. 13, No. 2, June 1981, pp. 223-242

GLP75   *Gray, J.N., Lorie, R.A., Putzolu, G.R.:* Granularity of Locks in a Shared Data Base, in: Proceedings 1st International Conference on Very Large Data Bases, Boston, 1975, pp. 241-252

GLPT76   *Gray, J.N., Lorie, R.A., Putzolu, G.R., Traiger, I.L.:* Granularity of Locks and Degrees of Consistency in a Shared Data Base, in: Proceedings IFIP Working Conference on Modelling of Data Base Management Systems, Freudenstadt, Germany, North Holland Publishing Company, Amsterdam, Jan. 1976, pp. 365-394

Gra78   *Gray, J.N.:* Notes on Database Operating Systems, in: Operating Systems: An Advanced Course, Lecture Notes in Computer Science 60, Springer-Verlag, Berlin, 1978, pp. 393-481

Gra81   *Gray, J.N.:* The Transaction Concept: Virtues and Limitations, in: Proceedings 7th Conference on Very Large Data Bases, Cannes, 1981, pp. 144-154

GrWa79   *Gray, J.N., Watson, V.:* A Shared Segment and Interprocess Communication Facility for VM/370, IBM Research Report RJ2450 (32255), San Jose, 1979

Hab72   *Haberman, N.:* Synchronisation of Communicating Processes, in: CACM, Vol. 15, No. 3, March 1972, pp. 171-176

Hab75   *Haberman, N.:* Path Expressions, Technical Report, Department of Computer Science, Carnegie Mellon University, Pittsburgh, 1975

HäMe85   *Härder, T, Meyer-Wegener, K. :* Transaktionssysteme, TP-Monitore, DB/DC-Systeme - Eine Systematik ihrer Aufgabenstellung und Implementierung -, Interner Bericht 144/85, FB Informatik, Universität Kaiserslautern, 1985

HäPe84   *Härder, T., Peinl, P.:* Evaluating Multiple Server DBMS in General Purpose Operating System Environments, in: Proceedings 10th International Conference on Very Large Data Bases, Singapore, 1984, pp. 129-140

Här78a   *Härder, T.:* Entwurfsüberlegungen zur Protokollkomponente von Datenbanksystemen, in: Angewandte Informatik, Band 20, Nr. 10, Okt. 1978, S. 423-431

Här78b   *Härder, T.:* Implementierung von Datenbanksystemen, Hanser Verlag, München-Wien, 1978

Här79a   *Härder, T.:* Leistungsanalyse von Datenbanksystemen, in: Angewandte Informatik, Band 21, Nr. 4, Apr. 1979, S. 141-150

Här79b   *Härder, T.:* Die Einbettung eines Datenbanksystems in eine Betriebssystemumgebung, in: Datenbanktechnologie, J. Niedereichholz (ed.), Tagungsband II/1979 German Chapter of the ACM, B.G. Teubner Verlag, Stuttgart, 1979, S. 9-24

Här81a   *Härder, T.:* Das Transaktionskonzept in Datenbanksystemen, in: Informatik-Spektrum (Das aktuelle Schlagwort), Band 4, Heft 3, Aug. 1981, S. 186-188

Här81b   *Härder, T.:* Datenbanksysteme 1, Skriptum, FB Informatik, Universität Kaiserslautern, 1981

Här84a   *Härder, T.:* Observations on Optimistic Concurrency Control Schemes, in: Information Systems, Vol. 9, No. 2, 1984, pp. 111-120

Här84b   *Härder, T.:* Überlegungen zur Modellierung und Integration der Zeit in temporalen Datenbanksystemen, Interner Bericht 19/84, SFB 124, "VLSI Entwurfsmethoden und Parallelität", Kaiserslautern, 1984

HäRa85   *Härder, T., Rahm, E.:* Klassifikation und Eigenschaften von Mehrrechner-Datenbanksystemen, Interner Bericht 145/85, FB Informatik, Universität Kaiserslautern

HäRe80   *Härder, T., Reuter, A.:* Abhängigkeiten von Systemkomponenten in Datenbanksystemen, in: Tagungsband 10. GI-Jahrestagung, R. Wilhelm (Hrsg.), Saarbrücken, Informatik Fachberichte 33, Springer-Verlag, Berlin, 1980, pp. 243-257

HäRe81   *Härder, T., Reuter, A.:* Datenbanksysteme 2, Skriptum, FB Informatik, Universität Kaiserslautern, 1981

HäRe83a *Härder, T., Reuter, A.:* Concepts for Implementing a Centralized Database Management System, in: Proceedings of the International Computing Symposium ICS, H.J. Schneider (ed.), Nürnberg, B.G. Teubner Verlag, Stuttgart, March 1983, pp. 28-60

HäRe83b *Härder, T., Reuter, A.:* Principles of Transaction-Oriented Database Recovery, in: Computing Surveys, Vol. 15, No. 4, Dec. 1983, pp. 287-317

HäRe83c *Härder, T., Reuter, A.:* Database Systems for Non-Standard Applications, in: Proceedings International Computing Symposium ICS, Nürnberg, B.G. Teubner Verlag, Stuttgart, 1983, pp. 452-466

HäRe85   *Härder, T., Reuter, A.:* Architekturen von Datenbanksystemen für Non-Standard-Anwendungen, in: Tagungsband GI-Fachtagung - Datenbanken für Büro, Technik und Wissenschaft, Informatik Fachberichte 94, Springer-Verlag, Berlin, 1985, S. 253-286

HeMe80   *Heubach, U., Meyer-Rassow, H. P.:* Ergebnisse von Performance-Messungen Ablaufverhalten im Mehrbenutzerbetrieb, Sup.Doc.Nr. 444176/0100V00 11-24-1980, SIEMENS AG, München, Nov. 1980

Hoa74   *Hoare, C.A.R.: Monitors:* An Operating System Structuring Concept, in: CACM, Vol. 17, No. 10, Oct. 1974, pp. 549-557

Hoa78   *Hoare, C.A.R.:* Communicating Sequential Processes, in: CACM, Vol. 21, No. 8, Aug. 1978, pp. 666-677

HPR85   *Härder, T. Peinl, P., Reuter, A.:* Performance Analysis of Synchronisation and Recovery Schemes, in: IEEE Transactions on Database Engineering, June 1985

IBM78   *IBM System/370:* Principles of Operation, Order No.: GA22-7000, Armonk, 1978

Käf85   *Käfer, W.:* Entwurf und Implementierung der Synchronisationskomponente (Sperrverfahren) in einem Datenbanksystem-Simulator, Projektarbeit, FB Informatik, Universität Kaiserslautern, 1985

KeTe84   *Kersten, M., Tebra, H.:* Application of an Optimistic Concurrency Control Method, in: Software Practice and Experience, Vol. 14, No. 2, Feb. 1984, pp. 153-168

KiKo81   *Kinzinger, H., Koser, W.:* Entwicklung eines Systems zur Optimierung der Speicherungsstrukturen in CODASYL-Datenbanksystemen, Diplomarbeit, FB Informatik, Technische Hochschule Darmstadt, 1981

KiLa83   *Kießling, W., Landherr, G.:* A Quantitative Comparison of Lockprotocols for Centralized Databases, in: Proceedings 9th International Conference on Very Large Data Bases, Florence, 1983, pp. 120-130

KiPf85   *Kießling, W., Pfeiffer, H.* : A Comprehensive Analysis of Concurrency Control Performance for Centralized Databases, in: Preceedings of the Fourth International Workshop on Database Machines, Grand Bahama Island, March 1985, pp. 277-299

KKMP84   *Kinzinger, H., Küspert, K., Meyer-Wegener, K., Peinl, P.:* An Integrated Environment for the Performance Measurement and Evaluation in a DB/DC System, in: Computer Performance, Vol. 5, No. 4, Dec. 1984, pp. 207-221

Kle76   *Kleinrock, L. : Queuing Systems :* Computer Applications, Wiley Interscience, New York, 1976

KLS83   *Karszt, J., Lausen, G., Salz, R.:* Implementation Aspects of a Database Concurrency Controller in a Personal Computer Network, Technischer Bericht, Institut für Angewandte Informatik und Formale Beschreibungsverfahren, Universität Karlsruhe, Feb. 1983

Koh81   *Kohler, W.H.:* A Survey of Techniques for Synchronization and Recovery in Decentralized Computer Systems, in: Computing Surveys, Vol. 13, No. 2, June 1981, pp. 149-183

KrWo81   *Kriegel, H.P., Kwong, Y.S.:* Insertion-safeness in Balanced Trees, Forschungsbericht Nr. 126, Lehrstuhl Informatik IV, Universität Dortmund, 1981

KuRo81   *Kung, H.T., Robinson, J.T.:* On Optimistic Methods for Concurrency Control, in: ACM TODS, Vol. 6, No. 2, June 1981, pp. 213-226

KWS83   *Kohler, W.H., Wilner, K.C., Stankovic, J.A.:* An Experimental Comparison of Locking Policies in a Testbed Database System, in: Proceedings ACM SIGMOD Conference, San Jose, 1983, pp. 108-119

KwWo82   *Kwong, Y.-S., Wood, D.:* A New Method for Concurrency in B-Trees, in: IEEE Transactions on Software Engineering, Vol. SE-8, No. 3, May 1982, pp. 211-222

Lam83   *Lamport, L.:* Solved Problems and Non-problems in Concurrency, in: ACM SIGOPS Operating Systems Review, Vol. 19, No. 4, Oct. 1983, pp. 34-44, Reprint from Proceedings of the 3rd Conference on Principles of Distributed Computing

Lau82   *Lausen, G.:* Concurrency-Control in Versionen-Datenbanksystemen, in: Tagungsband 12. GI-Jahrestagung, Kaiserslautern, J. Nehmer (Hrsg.), Informatik Fachberichte 57, Springer-Verlag, Berlin, 1982, S. 670-683

Lom76   *Lomet, D.B.:* A Practical Deadlock Avoidance Algorithm for Database Systems, IBM Research Report RC 6288 (#26989), Yorktown Heights, 1976

Lor77   *Lorie, R.A.:* Physical Integrity in a Large Shared Data Base, in: ACM TODS, Vol. 2, No. 1, March 1977, pp. 91-104

Mäg83   *Mägel, K.:* Simulation von Strategien zur Einbettung eines Datenbanksystems in eine Betriebssystemumgebung, Diplomarbeit, FB Informatik, Universität Kaiserslautern, 1983

MaLa84   *Manber, U., Ladner, R.E.:* Concurrency Control in a Dynamic Search Structure, in: ACM TODS, Vol. 9, No. 3, Sep. 1984, pp. 439-455

MeNa82   *Menasce, D.A., Nakanishi, T.:* Optimistic versus Pessimistic Concurrency Control Mechanisms in Database Management Systems, in: Information Systems, Vol. 7, No. 1, pp. 13-27, 1982

Mos82   *Moss, E.B.:* Nested Transactions and Reliable Distributed Computing, in: Proceedings 2nd IEEE Symposium on Reliability of Distributed Software and Database Systems, 1982, pp. 33-39

MoSi81   *Mohan, C., Silberschatz, A.:* A Perspective of Distributed Computing: Languages, Issues & Applications, in: Advances in Distributed Processing Management, Vol. 2, Heyden & Son Publishing Company, 1981

Mül85   *Müller, T.:* Simulation einer Einbettungsvariante eines Datenbanksystems in eine Betriebssystemumgebung (asynchrone E/A), Projektarbeit, FB Informatik, Universität Kaiserslautern, 1985

Obe80   *Obermarck, R.:* IMS/VS Program Isolation Feature, IBM Technical Report RJ2879, San Jose, July 1980

ObTr82   *Obermarck, R.L., Treiber, R.K.:* Practical Uses of Hashing for Main Storage Searching, IBM Research Report RJ3483 (41340), San Jose, 1982

ONe85   *O'Neil, P.E.:* Escrow Transactions Permitting Concurrent Record Updates, Computer Corporation of America (CCA), Preprint, 1985

PaKa82   *Papadimitriou, C.H., Kanellakis, P.C.:* On Concurrency Control by Multiple Versions, in: Proceedings SIGMOD Conference 1982, Orlando, Fla., pp. 76-82

Pei85   *Peinl, P.:* Einige Bemerkungen zu Synchronisationsverfahren in Datenbanksystemen, Technischer Bericht, FB Informatik, Universität Kaiserslautern, 1985

Pei86   *Peinl, P.:* Synchronisation in zentralisierten Datenbanksystemen - Algorithmen, Realisierungsmöglichkeiten und quantitative Bewertung -, Dissertation, FB Informatik, Universität Kaiserslautern, 1986

PeRe83a   *Peinl, P., Reuter, A.:* Empirical Comparison of Database Concurrency Control Schemes, in: Proceedings 9th International Conference on Very Large Data Bases, Florence, 1983, pp. 97-108

PeRe83b   *Peinl, P., Reuter, A.:* Synchronizing Multiple Database Processes in a Tightly Coupled Multiprocessor Environment, in: ACM SIGOPS Operating Systems Review, Vol. 17, No. 1, Jan. 1983, pp. 30-37

Pet84   *Petry, E.:* Simulation und Analyse eines impliziten Versionenkonzepts für Datenbanksysteme, Diplomarbeit, FB Informatik, Universität Kaiserslautern, 1984

PoLe80   *Potier, D., Leblanc, Ph.:* Analysis of Locking Policies in Database Management Systems, in: CACM, Vol. 23, No. 10, Oct. 1980, pp. 584-593

Pro85   *Profit, M.:* Entwurf und Implementierung der Synchronisationskomponente (optimistische Verfahren) in einem Datenbanksystem-Simulator, Projektarbeit, FB Informatik, Universität Kaiserslautern, 1985

PSU82a   *Prädel, U., Schlageter, C., Unland, R.:* Einige Verbesserungen optimistischer Synchronisationsverfahren, in: Tagungsband 12. GI-Jahrestagung, J. Nehmer (Hrsg.), Kaiserslautern, Springer-Verlag, Berlin, 1982, S. 684-698

PSU82b   *Prädel, U., Schlageter, G., Unland, R.:* Ideas on Optimistic Concurrency Control 1, in: Informatik Berichte, Nr. 26, 10/1982, FernUniversität Hagen

Rah84   *Rahm, E.:* Quantitative Analyse eines Synchronisationsprotokolls für Mehrrechner-Datenbanksysteme, Diplomarbeit, FB Informatik, Universität Kaiserslautern, 1984

RBAM79   *RBAM :* RBAM Studie, Systemdokumentation, SIEMENS AG, München, 1979

Ree78   *Reed, D.:* Naming and Synchronization in a Decentralized Computer System, Ph. D. Dissertation, MIT 02139, Cambridge, Massachusetts, Sep. 1978

ReSh84   *Reuter, A., Shoens, K.:* Synchronization in a Data Sharing Environment, IBM Research Report, San Jose, Aug. 1984

Reu81   *Reuter, A.:* Fehlerbehandlung in Datenbanksystemen, Carl Hanser Verlag, München, 1981

Reu82   *Reuter, A.:* Concurrency on High-Traffic Data Elements, in: Proceedings 1982 Conference on Principles of Database Systems, Los Angeles, 1982, pp. 83-93

Reu83   *Reuter, A.:* An Analytic Model of Transaction Interference in Database Systems, Technischer Bericht 68/83, Universität Kaiserslautern, 1983

Reu84   *Reuter, A.:* Performance Analysis of Recovery Techniques, in: ACM TODS, Vol. 9, No. 4, Dec. 1984, pp. 526-559

RiSt77   *Ries, D.R., Stonebraker, M.:* Effects of Locking Granularity in a Database Management System, in: ACM TODS, Vol. 2, No. 3, Sep. 1977, pp. 233-246

RiSt79   *Ries, D.D., Stonebraker, M.R.:* Locking Granularity Revisited, in: ACM TODS, Vol. 4, No. 2, June 1979, pp. 210-227

Rob82   *Robinson, J.T.:* Separating Policy from Correctness in Concurrency Control Design, IBM Research Report RC9308, Yorktown Heights, 1982

Rod76   *Rodriguez-Rosell, J.:* Empirical Data Reference Behaviour in Data Base Systems, Computer, Nov. 1976, pp. 9-13

RSL78   *Rosenkrantz, D.J., Stearns, R.E., Lewis, P.M.:* System Level Concurrency Control for Distributed Database Systems, in: ACM TODS, Vol. 3, No. 2, June 1978, pp. 178-198

Sam76   *Samadi, B.:* B-Trees in a System with Multiple Users, in: Information Processing Letters, Vol. 5, No. 4, Oct. 1976, pp. 107-112

Schl75   *Schlageter, G.:* Access Synchronization and Deadlock-Analysis in Database Systems : An Implementation-oriented Approach, in: Information Systems, Vol. 1, 1975, pp. 97-102

Schl76   *Schlageter, G.:* The Problem of Lock by Value in Large Data Bases, in: Computer Journal, Vol. 19, 1976, pp. 17-20

Schl78   *Schlageter, G.:* Process Synchronization in Database Systems, in: ACM TODS, Vol. 3, No. 3, Sep. 1978, pp. 248-271

Schl81   *Schlageter, G.:* Optimistic Methods for Concurrency Control in Distributed Systems, in: Proceedings 7th International Conference on Very Large Data Bases, Cannes, 1983, pp. 125-130

Schl82   *Schlageter, G.:* Problems of Optimistic Methods for Concurrency Control in Distributed Systems, in: ACM SIGMOD RECORD, Vol. 12, No. 3, Apr. 1982, pp. 62-66

ScTo83   *Scranton, R.A., Thompson, D.A.:* The Access Time Myth, IBM Research Report RJ10197(#45223) 9/21/83, Yorktown Heights, Sep. 1983

ShBr76   *Sherman, S.W., Brice, R.S.:* Performance of a Database Manager in a Virtual Memory System, in: ACM TODS, Vol. 1, No. 4, Dec. 1976, pp. 317-343

SIE79   *SIEMENS System 7.700:* Beschreibung und Befehlsliste, Bestell-Nr.: D15/5104-03, SIEMENS AG, München, 1979

Sik83   *Sikeler, A.:* Entwicklung eines Systems zur parametrisierbaren Definition und Ablaufsteuerung von synthetischen Datenbank-Transaktionslasten im Mehrbenutzerbetrieb, Diplomarbeit, FB Informatik, Universität Kaiserslautern, 1983

SiKe82   *Silberschatz, A., Kedem, Z.M.:* A Family of Locking Protocols for Database Systems that are Modelled by Directed Graphs, in: IEEE Transactions on Software Engineering, Vol. SE-8, No. 6, Nov. 1982, pp. 558-562

SpSc83   *Spector, A.Z., Schwarz, P.M.:* Transactions: A Construct for Reliable Distributed Computing, in: ACM SIGOPS Operating Systems Review, Vol. 17, No. 2, Apr. 1983, pp. 18-35

Sto79   *Stonebraker, M.:* Concurrency Control and Consistency of Multiple Copies of Data in Distributed INGRES, in: IEEE Transactions on Software Engineering, Vol. SE-5, No. 3, May 1979, pp. 188-194

Sto81   *Stonebraker, M.:* Operating System Support for Database Management, in: CACM, Vol. 24, No. 7, July 1981, pp. 412-418

StRo81   *Stearns, R.E., Rosenkrantz, D.J.:* Distributed Database Concurrency Control Using Before-Values, in: Proceedings International Conference on Management of Data, 1981, pp. 74-83

Sut85   *Sutter, B. :* Entwurf und Implementierung der Systempufferverwaltung in einem Datenbanksystem-Simulator, Projektarbeit, FB Informatik, Universität Kaiserslautern, 1985

TaSu84   *Tay, Y.C., Suri, R.:* Choice and Performance in Locking for Database, in: Proceedings 10th International Conference on Very Large Data Bases, Singapore, 1984, pp. 119-128

Tay84   *Tay, Y.C.:* A Mean Value Performance Model for Locking in Databases, Ph. D. Thesis, Harvard University, Cambridge, Massachusetts, Feb. 1984

TGS84   *Tay, Y.C., Goodman, N., Suri, R.:* Performance Evaluation of Locking in Databases : A Survey, Technical Report TR-17-84, Harvard University, Cambridge, Massachusetts, 1984

TSG84   *Tay, Y.C., Suri, R., Goodman, N.:* A Mean Value Performance Model for Locking in Databases : The Waiting Case, in: Proceedings 3rd ACM SIGACT-SIGMOD Symposium on Principles of Database Systems, Waterloo, Apr. 1984, pp. 67-78

UDS79   *UDS :* UDS-V2.0 - Physical Structures, Systemdokumentation, SIEMENS AG, München 1982

UDS82   *UDS :* UDS-Lockprozessor V4.0 - Leistungsbeschreibung, Systemdokumentation, SIEMENS AG, München 1982

UDS84a   *UDS :* UDS V4.0 - Anwendungen programmieren, Benutzerhandbuch, Bestell-Nr.: U390-J-Z55-2, SIEMENS AG, München, Feb. 1984

UDS84b   *UDS :* UDS V4.0 - Aufbauen und Umstrukturieren, Benutzerhandbuch, Bestell-Nr.: U931-J2-Z55-3, SIEMENS AG, München, Feb. 1984

UDS84c   *UDS :* UDS V4.0 - Verwalten und Bedienen, Benutzerhandbuch, Bestell-Nr.: U932-J1-Z55-2, SIEMENS AG, München, Feb. 1984

UPS83   *Unland, R., Prädel, U., Schlageter, G.:* Ideas on Optimistic Concurrency Control 2 : Design Alternatives for Optimistic Concurrency Control Schemes, Informatik Berichte, FernUniversität Hagen, 1983

Wag84   *Wagner, T.:* Simulation einer Variante zur Einbettung eines Datenbanksystems in eine Betriebssystemumgebung, Projektarbeit, Universität Kaiserslautern, 1984

Wal84   *Walter, B.:* Nested Transactions with Multiple Commit Points: An Approach to the Structuring of Advanced Database Applications, in: Proceedings 10th International Conference on Very Large Data Bases, Singapore, 1984, pp. 161-171

WeHä76   *Wedekind, H., Härder, T.:* Datenbanksysteme 2, Bibliographisches Institut, Mannheim, 1976